二十世紀人文大師的風範與思想

——中葉

東吳大學人文社會學院 編

臺灣 學ㄟ書局 印行

總　序

　　西元 2000 年東吳大學建校一百年。百年校慶活動籌備委員會主任委員前校長劉源俊教授，委託文學院（95 學年度更名為「人文社會學院」）舉辦「二十世紀前半葉人文社會學術研討會」，作為東吳大學建校百年的獻禮。時任院長的蔡明哲教授勠力從公，努力籌劃，與文學院各學系經一年多的共同準備和通力合作，非常成功地舉辦了該次會議。三年後即西元 2003 年，時任文學院院長的楊孝濚教授再接再厲，在院內各學系的全力支持下，亦成功地舉辦了「二十世紀中葉人文社會學術研討會」。

　　兩次會議總共發表論文三十八篇。論文探討的對象均為二十世紀前半葉及中葉人文社會學科方面的學術巨擘，而論文發表者亦皆一時之選（個人大概是唯一的例外）。然而，由於經費短缺，以上兩次會議均未能於會後出版會議論文集，這是非常可惜的。2004 年 8 月兆強承乏院長一職，上任後始得悉前半葉會議之論文早已彙集成合訂本約一百冊，惟未嘗寄送各與會者；爰乃責成承辦者趕快寄出該合訂本。之後更經常思考編列經費，甚或往外籌措經費，俾正式出版前後兩次會議的論文集。

　　今年年初，本院同仁認為前二次之學術會議宜有所承續，於是促請年內召開二十世紀後半葉研討會。上面所說的出版論文集及年

內盡速召開後續研討會便成為一體的兩面；其「共通點」是在在需
財。人社院十多年來每年均編列一定的經費，用以舉辦系際學術研
討會；兆強徵得各系主任同意，今年乃以「二十世紀後半葉人文社
會學術」的探討為基調召開該學術會議。部份籌辦經費便由是而獲
得解決。剛巧中文系亦擬於今年舉辦學術研討會。與該系前主任陳
松雄教授研商請益後，得陳主任慨允把中文系今年的研討會融入於
本院系際研討會中而一起舉辦。會議籌辦經費便由是而得以充實。
同時歷史系李聖光主任亦同意編列部份經費以支援該會議。兆強銘
感五內，今必須利用這個機會向陳、李二位主任致上最深的謝意與
敬意。以上各項經費，再加上教育部部份的補助，舉辦研討會
（2006 年 12 月中旬舉辦）及出版前後三次會議論文集的構想便由是得
以實現。

　　惟必須向讀者致歉的是前二次會議的三十多位論文發表者，其
中卜趙如蘭教授、唐德剛教授和艾愷教授，因無法獲悉彼等是否同
意把各該大文收錄於論文集內，今以智慧財產權的考量而不得不割
愛。另劉龍心教授以有其他考量而不擬把所撰大文納入論文集內。
是以兩論文集未為完璧，心中至感愧疚。

　　各論文的發表者，他們耗費不少精神、時間來修改、潤飾各該
大文，我更要致上由衷的謝意與敬意。東吳大學前校長劉源俊教授
及前院長蔡明哲教授嘗為「二十世紀前半葉人文社會學術研討會」
合訂本的出版各撰有序文一篇，感謝他們惠允把序文迻錄於首冊論
文集內。最後我更要感謝人社院技士倪佩君小姐。她做事的幹勁和
耐煩的精神是我非常感佩的。如果不是她任勞任怨的付出，我看論
文集的出版恐怕是「頭白可期，而殺青無日」了！當然作為主編來

說，前後三冊論文集在出版上的任何問題，我都是責無旁貸的。在此敬祈讀者隨時惠賜教誨為幸！

又：本書原為學術會議的論文集，今接受學生書局的建議，以現今　的書名付梓

黃兆強 2006 年 11 月於
東吳大學人社院辦公室

二十世紀中葉人文社會
學術研討會議程表

Symposium on the Humanities and Social
Sciences in the Middle Period of the 20ᵗʰ Century

第一天

日期	時間	議程	地點
二〇〇三年五月十五日（星期四）	08:30－09:00	報到	安素堂
	09:00－09:30	開幕典禮：楊孝濚院長（東吳大學文學院） 致歡迎詞：劉源俊校長（東吳大學） 貴賓致詞：勞思光教授（中央研究院院士 東吳大學端木愷講座教授）	安素堂
	09:30－10:40	第一場 主持人：楊孝濚（東吳大學文學院院長） 講題一：方東美的生命哲學與文化理想（1899-1978） 主講人：劉述先教授（東吳大學端木愷講座教授） 評論人：葉海煙教授（東吳大學哲學系主任） 講題二：唐君毅先生及其愛情哲學析述（1909-1978） 主講人：黃兆強教授（東吳大學歷史學系） 評論人：陳振崑教授（元陪科技學院通識中心助理教授兼主任）	安素堂
	10:40－10:50	茶敘	
	10:50－12:10	第二場	安素堂

	主持人：方銘健（輔仁大學藝術學院院長）	
	講題三：史惟亮的音樂理念（1925-1976）	
	主講人：吳丁連教授（國立交通大學音樂研究所）	
	評論人：彭廣林教授（東吳大學音樂系主任）	
	講題四：從文人精神到音樂教育的道路上——周文中（1923-）	
	主講人：潘世姬教授（國立台北藝術大學音樂學系）	
	評論人：張己任教授（東吳大學音樂系教授兼生務長）	
12:10－13:30	午餐	舜文廳
13:30－14:40	第三場	安素堂
	主持人：葉海煙（東吳大學哲學系主任）	
	講題五：殷海光先生的志業與台灣民主發展（1919-1969）	
	主講人：林毓生教授（中央研究院院士）	
	評論人：錢永祥教授（中央研究院社科所研究員）	
	講題六：臺靜農先生的學術研究成果管窺——以民間文學·小說·戲曲為範圍（1902-1990）	
	主講人：王國良教授（國立台北大學古典文獻學研究所所長）	
	評論人：曾永義教授（臺灣大學中國文學系）	
14:40－14:50	休息	
14:50－16:00	第四場	安素堂
	主持人：許清雲（東吳大學中文系主任）	

	講題七：王力先生與中國語言學（1900-1986） 主講人：竺家寧教授（國立中正大學中文系教授） 評論人：葉鍵得教授（台北市市立師範學院語文中 　　　　心主任） 講題八：蔣復璁先生對於圖書館事業與圖書館學術 　　　　之貢獻（1898-1990） 主講人：胡楚生教授（東吳大學中文系客座教授） 評論人：劉家駒教授（東吳大學歷史系教授）	
16:00－16:10	茶敘	
16:10－17:20	第五場 主持人：林素雯（東吳大學社會系主任） 講題九：張鴻鈞先生對台灣社會工作發展的貢獻 　　　　（1901-1973） 主講人：莫藜藜教授（東吳大學社會工作學系主 　　　　任） 評論人：徐　震教授（東吳大學社會工作學系研究 　　　　教授） 講題十：楊懋春教授論經濟倫理與社會均富——以 　　　　《致富有道》為例（1904-1988） 主講人：蔡明哲教授（東吳大學社會系） 評論人：蔡勇美教授（美國德州理工大學社會系教 　　　　授，東吳大學社會系專任客座教授）	安素堂

每場 70 分鐘，時間分配：主講人 15 分鐘／評論人 8 分鐘／討論 24 分鐘

第二天

日期	時間	議程	地點
二○○三年五月十六日（星期五）	09:00－09:30	報到	國際會議廳
	09:30－10:40	第一場 主持人：陶晉生（中央研究院院士） 講題一：郭沫若與王國維：建構史學實踐的「論述社群」（1892-1978） 主講人：潘光哲教授（中央研究院近史所助研究員） 評論人：劉龍心教授（東吳大學歷史系） 講題二：尋找大師・追隨大師・超越大師——以陳寅恪《隋唐制度淵源略論稿》為例（1890-1969） 主講人：宋德熹教授（國立中興大學歷史系） 評論人：黃兆強教授（東吳大學歷史系主任）	國際會議廳
	10:40－10:50	茶敘	
	10:50－12:10	第二場 主持人：黃兆強（東吳大學歷史系主任） 講題三：一代旗手傅斯年——一個學術網絡的觀察（1896-1950） 主講人：劉龍心教授（東吳大學歷史系） 評論人：劉季倫教授（政治大學歷史學系） 講題四：林語堂生活的幽默（1896-1950） 主講人：沈　謙教授（玄奘大學中文系） 評論人：謝鵬雄教授（專欄作家）	國際會議廳
	12:00－13:30	午餐	舜文廳
	13:30－14:40	第三場	國際會議廳

	主持人：胡　佛教授（中央研究院院士）	
	講題五：從歷史詮釋循環的角度解讀尹仲容的《年譜初稿》（1903-1963） 主講人：徐振國教授（東吳大學政治系） 評論人：蕭全政教授（國立台灣大學政治學系） 講題六：薩孟武先生對政治學的研究與貢獻（1894-1984） 主講人：袁頌西教授（國立台灣大學政治學系） 　　　　趙永茂教授（國立台灣大學政治學系） 評論人：張治安教授（國立政治大學政治學系）	
14:40－14:50	休息	
14:50－16:00	第四場 主持人：林慶彰教授（中央研究院中國文哲所副所長） 講題七：屈萬里先生之學術成就及對中國圖書館事業之貢獻（1907-1979） 主講人：劉兆祐教授（東吳大學端木愷講座教授） 評論人：張錦郎教授（台北市立師範學院應用語文研究所兼任教授） 講題八：潘重規先生與二十世紀敦煌學（1908-2003） 主講人：鄭阿財教授（中正大學中國文學系） 評論人：金榮華教授（文化大學中文研究所）	國際會議廳
16:00	閉幕	國際會議廳

每場 70 分鐘，時間分配：主講人 15 分鐘／評論人 8 分鐘／討論 24 分鐘。

二十世紀人文大師的風範與思想
——中葉

目　錄

方東美的生命哲學與文化理想

劉述先

東吳大學講座教授
中央研究院文哲所兼任研究員

　　方東美先生（Thomé H. Fang, 1899-1977），名珣，以字行。出生於安徽桐城，為方苞十六世孫。幼穎悟，家學淵源，飽讀詩書。青年時期醉心西方哲學，就讀於金陵大學，然後留學美國威斯康辛大學。碩士論文寫柏格森（Bergson）的生命哲學，博士論文比較英美的新實在論（Neo-Realism），通過答辯之後，未及將論文付梓，即束裝歸國。在武漢任教一年之後，即轉任南京東南大學（中央大學前身）教授，並曾任教中央政治學校（政治大學前身）。由民國十八年起，擔任中央大學哲學教授，一直到民國三十七年為止。民國三十六年渡海到台灣，翌年起在台灣大學哲學系執教，到民國六十二年退休為止。同年開始任輔仁大學講座教授。民國六十六年因肺癌逝世，享年七十八歲。❶先生思想體大思精，一生從事哲學教育，桃

---

❶　先生之生平簡述，參拙作：〈方東美傳〉，《國史擬傳·第十輯》（台北：國史館，2001 年），頁 87-113。

李滿天下，作育英才無數。下面略述先生思想發展之軌跡。

先生青年時期加入少年中國學會，深感過份熱中現實政治只能造成分崩離析的結果，故一生絕意仕途，潛心哲學文化問題之深入思考與研究。先生返國之後出版的第一部專書為：《科學哲學與人生》（1936），比論古希臘與近代歐洲的世界觀與人生觀，頗驚心於西方現代文明背後的虛無主義，而迴心嚮往古典希臘理性和諧的境界。下年初在中國哲學會第三屆年會宣讀論文：〈哲學三慧〉。此篇言簡意賅，一生思想規模俱在，比論希臘、歐洲、中國之哲學智慧，暢發三慧互補之旨，架局恢宏，嚮往完美境界，以寄望於哲學發展的未來。

抗戰軍興，日寇迅速席捲華東，中央大學由南京遷沙坪壩，藏書、存稿盡失，生命進入另一階段。民國二十六年春，應教育部之邀，透過中央廣播電台，向全國青年宣講中國先哲的人生哲學，仿費希德（Fichte）在法軍兵臨城下之際發表〈告德意志人民書〉，揭發文化根源，砥礪民族氣節。而七七事變發生，全民共赴國難矣。先生寄情佛廟之內，潛心佛教經論，作深入之研究，並由佛學回溯印度哲學根源。在重慶時期適逢印度大哲拉達克里希南（S. Radhakrishnan）率團訪華，問及先生是否滿意西方對中國哲學的著作與翻譯。先生以此受到極大刺激，乃誓言以英文闡述中國哲學智慧，此後竟成為其終身職志。

民國三十四年，抗戰勝利，先生遷回南京。然內戰不止，國事日非，先生洞燭機先，渡海來台。曾短期任系主任，改革課程，充實圖書。此後即專職教學之事，曾兩度獲得教育部頒發之傑出教師獎。先生東西哲學造詣深湛，自抗戰以來，即惜墨如金。到民國四

十五年才出版〈黑格爾哲學之當前難題與歷史背景〉長文，意在借
題發揮，論「系統建立」，暫使我國數十年來科學與玄學、實徵論
與唯心論之爭告一結束。這是先生晚年親筆所寫唯一有份量的中文
著作。民國四十六年，先生在香港友聯（Union Press）出版第一本英
文書：*The Chinese View of Life*（《中國人的人生觀》）。此書文字典
雅，闡揚中國人的智慧，在體現生生而和諧之旨，不似近代西方心
靈每每陷入二元對立之絕境。惜曲高和寡，少有解人。但卻促成了
先生出國訪問的機緣，曾兩度赴美講學，並應邀參加在夏威夷舉行
之第四、五屆東西哲學家會議（1964、1969），以及王陽明五百週年
紀念會（1972），發表了份量很重的論文。1976 年以英文撰寫之巨
著：*Chinese Philosophy: Its Spirit and Its Development*（《中國哲學之
精神及其發展》）終於完稿。❷惜尚在接洽出版之中，先生即遽爾仙
逝。抑且先生龐大的寫作計畫還遠不止此，他擬寫一部《比較人生
哲學導論》，內容遍及宇宙人生問題，通貫希臘、近代歐洲、印
度、中國文化，歷年積蓄思緒，已有相當眉目，可惜只餘存目，❸
空餘悵茫之情，令人感到遺憾。先生著作全集，中文部分由黎明文
化公司出版，除本人著作外，包括在輔仁大學授課，根據錄音整理
出來的《原始儒家道家哲學》、《中國大乘佛教》、《華嚴宗哲
學》《新儒家十八講》四部講錄，英文著作除前述兩書外，包括論

---

❷　此書上冊有孫智燊譯本（台北：成均出版社，1984 年），現改由聯經出全書
　　（2006 年）。

❸　Appendix Ⅲ: Outline of "Prolegomena to a Comparative Philosophy of Life", in
　　Chinese Philosophy: Its Spirit and Its Development (Taipei: Linking pub. co. 1981),
　　pp.535-538.

文集，由 Linking（聯經）出版。由這些著述大致可以見到先生思想之全貌。❹

　　由以上的簡述就可以明白，先生決不是一位把興趣侷限在一個小小的專題做細緻分析的專技哲學家。他的學問博極古今，興趣流注到中外各家各派的哲學，再加上豐富的才情，思緒如天馬行空，難以湊泊。他所表現的是一個極端複雜的矛盾統一體。一方面他有濃厚的理論興趣，譬如他處理易之邏輯問題，在批評各家之後，用現代的符號邏輯的方法把六十四卦有條不紊地依次演繹出來。但在另一方面，他又表現一種熱情奔放、忘其所以地陶醉在一種美的形相與高超的境界之間的詩人的氣質與情調。他寫的文字自成一種風格，旁徵博引，信手拈來，皆成妙諦，如神龍之見首不見尾，決非拘泥於繩墨者所能望其項背。但對不熟悉先生思路與文字表達風格的人來說，卻不免造成在理解上的障礙。因此我對於他的哲學思想的介紹，第一步就是要把他思想中潛隱的方法次第和預設的哲學原理顯發出來，這樣方能使讀者得以充分體察先生哲學思想的層層理論效果，而進一步對於他所宣說的奧義有更深一層的了解和證會。

---

❹　先生的論著輯要在大陸出版，參蔣國保、周亞洲主編：《生命理想與文化類型：方東美新儒學論著輯要》（北京：中國廣播電視出版社，1992 年）。當前在大陸主流的意見把先生當作現代新儒家的代表人物之一，原因在先生思想雖東西兼顧，兼容並蓄，但以原始儒家為最健康之生命情調，並主張在今日更應具有廣大的心胸，汲取各家思想的精神，把中華文化弘揚光大。而現在流行的這種觀點最早是出於受業劉述先的倡導，參所作：〈當代新儒家的探索〉，原刊於美國出刊的《知識份子》1985 年秋季號，現收入所著《文化與哲學的探索》（台北：學生書局，1986 年），頁 279-307。

我曾經把他哲學思想之大旨約歸成為下列數項：❺

　　1.洪濛宇宙，生生運轉，產生萬類，只有人才能蘊發智慧，創造文化。智與慧原非二事，理與情本來一貫。大智度大慧解為哲學家所託命。而人之大患端在喪失智慧，墮於無明。

　　2.哲學智慧生於各個人之聞、思、修，自成系統，名自證慧。哲學智慧寄於全民族之文化精神，互相攝受，名共命慧。共命慧依民族天才，自證慧仗個人天才。個人天才乃從民族天才劃分，民族天才復由個人天才集積。共命慧為根底，自證慧是枝幹。

　　3.人可以成就各種不同型態，研究這樣不同型態的人則可以成立「哲學的人類學」。而有怎樣的人物即有怎樣的境界，人境之間自有一種互相呼應的關係。不同的人生觀世界觀使人得以生存在不同的意義系絡之內。

　　4.而存在與價值問題也一樣不可以互相切斷，分開來考慮。人對價值的觀念不能脫離他對存在的觀念。對於存在境界的選擇決定了一個文化發展的前途。

　　5.各種不同文化蘊含了各種不同的智慧，開展出不同的人生觀、世界觀、價值觀。首先我們不能不對之有一如實的了解，而後又不能不在價值上明分軒輊。由哲學的觀點著眼，世界有四個偉大的傳統：希臘、近代歐洲、印度、中國。這些文化傳統各有所長，各有所短。而最健康的生命情調畢竟是中國哲學所展現的生生（creative creativity）而和諧（comprehensive harmony）的精神。

---

❺　參拙作：〈方東美先生哲學思想概述〉，1982 年刊於《中國論壇》，現收入拙著：《中西哲學論文集》（台北：學生書局，1987 年），頁 3-40。

6.既能燭照各文化所開展的環境之是非短長,則又必依生態學的觀念嚮往,開創一更博大高明的綜合境界。在這一慧識的指導之下,人對真理的追求、道德的實踐、政治的抱負、藝術的理想,各各得到其適當的定位,始能真正建立一情理交融的真實世界。

總之,先生的哲學頗似一闋規模宏大、冠絕古今的交響樂。它的主題曲在各個不同樂章之內一次又一次地以不同的形式表現出來,卻又萬變不離其宗,在極端複雜的旋律中顯示了它統一的基調。可惜的是,由於印度方面資料搜集不足,這闋奇麗恢宏的交響樂終未能譜成,令人深深感到遺憾。但由先生已出版的著作中,已可找到足夠的線索,為之指點一個確定的指向。在這篇短文之中,自不可能將這一偉構的全貌呈現在讀者面前,所幸先生早年留下〈哲學三慧〉之奇文,除印度方面未加涉獵之外,對於先生思入精微的義理有一重要撮述而不見於其他論著,此處特加徵引,即可見其比較哲學之綱領,以及實際運用時所衍生之理論效果:**❻**

甲、釋名言

1. 太初有指,指本無名,熏生力用,顯情與理。

1.1 情理為哲學名言系統中之原始意象。情緣理有,理依情生,妙如連環,彼是相因,其界繫統會可以直觀,難以詮表。

2. 衡情度理,遊心於現實及可能境界,妙有深造者謂之哲學家。

---

❻ 〈哲學三慧〉,現收入全集中之《生生之德》(台北:黎明文化事業公司,1979 年),頁 137-158。

4.1 哲學智慧生於各個人之聞、思、修，自成系統，名自證慧。哲學智慧寄於全民族之文化精神，互相攝受，名共命慧。本篇詮釋依共命慧，所論列者，據時標名哲學三慧：一曰希臘，二曰歐洲，三曰中國。

乙、建議例

一、標總義

1. 觀摩哲學可分兩途：一、智慧本義；二、智慧申義。共命慧屬本義，自證慧屬申義，共命慧統攝種種自證慧，自證慧分受一種或多種共命慧。

2.1 希臘人以實智照理，起如實慧。

2.2 歐洲人以方便應機，生方便慧。形之於業力，又稱方便巧。

2.3 中國人以妙性知化，依如實慧，運方便巧，成平等慧。

4.1 希臘如實慧演為契理文化，要在援理證真。

4.2 歐洲方便巧演為尚能文化，要在馳情入幻。

4.3 中國平等慧演為妙性文化，要在契幻歸真。

二、立別義

1. 哲學生於智慧，智慧現行又基於智慧種子，故為哲學立義諦，必須窮源返本，以智慧種子為發端。希臘人之「名理探」，歐洲人之權能欲，中國人之覺悟心，皆為甚深甚奧之哲學源泉。

13. 中國人悟道之妙，體易之元，兼墨之愛，會通統貫，原可轟轟烈烈，啟發偉大思想，保真持久，光耀民族。但一考諸史乘，則四千年來智慧照明之時少，闇昧錮蔽之

　　日多。遂致文化墮墜，生命沓泄。

　丙、判效果

4.　希臘思想實慧紛披，歐洲學術善巧迭出，中國哲理妙性
　　流露，然均不能無弊。希臘之失在達情輕生，歐洲之失
　　在馳慮逞幻，中國之失在乖方斁理。矯正諸失，約分兩
　　途。一者自救，二者他助。希臘人應據實智照理而不輕
　　生，歐洲人當以方便應機而不誕妄，中國人合依妙悟知
　　化而不膚淺，是為自救之道。……希臘人之輕率棄世，
　　可救之以歐洲之靈幻生奇，歐洲之誕妄行權，可救之以
　　中國之厚重善生，中國之膚淺蹈空，又可救之以希臘之
　　質實妥帖與歐洲之善巧多方，是為他益之助。

7.　尼采之超人理想真切不虛，但據其臆斷，超人應鄙棄一
　　切過去人類，毋乃誣妄特甚。……超人空洞理想更當以
　　希臘歐洲中國三人合德所成就之哲學智慧充實之，乃能
　　負荷宇宙內新價值，擔當文化大責任。

　　這樣的概括與論斷不免容易引起爭議，但這些都是深入研究的
結果，並非隨意發表的意見。近代西方文明外面表現得轟轟烈烈，
內部卻含藏著虛無的種子。對於近代西方文明發展的軌跡，先生主
要是依據佛銳德諾（E. Friedell）的研究。❼對於先生來說，哲學不可
能不是文化哲學，而理想與現實有著巨大的差距，有賴於哲學家的
智慧的反省與凝聚在民族生命力的造命。很明顯，在文化型態學方

❼　參《科學哲學與人生》（台北：黎明，1978 年），頁 229-230。

面,先生受到史賓格勒(O. Spengler)深刻的影響,但拒絕其定命論。在生命哲學方面,先生激賞尼采的大地福音,但拒絕其非理性主義,以及徹底否定傳統的態度。超人空洞理想既必須要實之以傳統的哲學智慧,先生即身體力行,後期(1966-1976)即傾全力以英文著述,闡釋傳統中國哲學智慧而完成其扛鼎之作:《中國哲學之精神及其發展》。

全書除導論介紹全書節次並在第一章縱論中國哲學之特質以外,共分四部:㈠原始儒家。㈡道家及其影響。㈢佛家哲學之充量發展。㈣新儒家之三種型態。最後終結以書尾之讚辭。依先生之見,原始儒家成就了一種境界上的「時間人」型態,道家則是「太空人」型態,佛家為「時空人」型態(兼空而迭遣),新儒家乃是一種雜揉的同時為「時空人」的型態(兼綜時空而不遣)。而貫通四家表現為中國哲學的通性有三個方面。㈠旁通統貫論。儒釋道三教均主「一以貫之」,不會落到分崩離析的境地。㈡道論。對於「道」的理解,則各家有所不同。儒家是天地人三極之道,道家是超脫解救之道,佛家是菩提道。㈢人格超昇論。人能夠變化氣質,超凡入聖,轉識成智,這不能訴之於科學的平面心理學,也不能訴之於心理分析的深層心理學,而必須訴之於嚮往成聖成賢成仙成佛的高層心理學。❽

就分論而言,先生盛讚原始儒家之智慧。其根源可以上溯到上古,第一個重要的文獻即《尚書》之〈洪範〉篇。箕子的啟示來自

---

❽ 高層心理學(Height Psychology)觀念乃首次在 1969 年第五屆東西哲學家會議論「疏離」(Alienation)一文提出,參《生生之德》,頁 350。

夏禹，加以推衍以成是篇，最可以注意的是「五行」和「皇極」觀念。五行本來只是五種材質，但《管子》一書論水土，以其為萬物之根源，則推想古代中國可能有一種萬物有生論之思想，五行之論也可以是上古時代神話宗教之遺留，後來才加以理性化，人性化。這樣的思想逐漸與陰陽家、《易傳》的思想合流。「皇極」的符號更值得我們注意。「皇極」應訓作「大中」。最初它顯然有宗教的意思，然後才慢慢取得哲學的含義，為真實之標準與價值之典範，而有其深遠的意義。中國自古即「天」（生源）「人」（現世）不隔，特缺「原罪」觀念。

　　另一部極為重要的典籍為《易經》。易的六十四卦可以通過一系統方式演繹出來，但其符號之意義則待解釋而定。先生提議，釋詩所用的「賦」、「比」、「興」觀念也可用來解析《易經》。先生斷定，孔子的思想決不能侷限於《論語》，由太史公的證詞知道他晚而好易，從孔子到商瞿，另有一條傳易的線索。《易傳》大體上有四個方面的發展：首先是發展了一套生生不已的自然觀，其次是肯定人性內在的道德價值，再次則發展了一套普汎的價值論，最後完成一套天人合一、以價值為中心的存有論。生生，廣生，普遍和諧，孔子以後，孟荀雖各有所偏，也進一步發展了人文主義的理想，獲致了輝煌的成就。

　　道家則走上了一條不同的道路。「太空人」居高臨下，汎觀萬有，把握一種猶如夢境的理想境界。玄之又玄，眾妙之門，道家突破了凡俗的世界，獨自與天地精神相往來，表達了一種超脫、自由的境界。後世註釋家轉往黃老治術，道教煉丹，不免墮落。但道家哲學影響深遠，以後通過王弼、向、郭，影響到僧肇、道生，經歷

「格義」階段，在長期消化的過程之後，中國佛學才有成熟的發展。

佛家的「時空人」，有時候忘記時的觀念，有時忘記空的觀念，互相輪替，循環不已。中國佛學不只祖述印度思想而另有開創。印度的空宗開啟了三論、天台，有宗則開啟了法相、唯識，進一步發展了華嚴之圓教。此外禪宗頓教，不立文字。彼曾盛極一時，但末流氾濫，不可收拾，故良莠互見。除禪宗之外，先生均詳加疏釋，對於華嚴用力猶深，此處不及深論。

先生對於宋明清新儒學不無微辭，格局轉隘，互相攻訐，觀念雜揉，不免陷於矛盾。宋儒受二氏影響，在孔子時間人的體驗之外雜入了道家空間人的體證。宋代還能繼承原始儒家生生之旨，這是其超卓處。但宋儒能道性善，而劃分人心、道心；氣質之性、天地之性；陽為孟子信徒，其實是荀子的追隨者，架局褊小，排他性強，易啟事端，自亦意料中事。新儒家表現為三種型態：朱子繼承北宋周、張、二程，倡唯實論，企圖作成一大綜合，結果不免破綻百出，不能自圓其說。陽明繼承象山，倡唯心論，返歸孟子本心，心理合一，知行合一。惜王門後學議論紛紜，引起許多事端。清儒如船山、習齋、東原乃轉歸自然主義。此數派者希望由天上轉回人間，求人性之充分發展，使至善之理想得以完成實現於世間。現代西方自然主義者競相呼號，謹守價值之中立性。反觀中國哲人則於宇宙觀與人性論必繫之以價值之樞紐。蓋違此理想，即成智障，殊不足以遊心慧境也矣。

由此可見，先生論中國哲學各派，也有一宏闊之比較哲學架構作為背景，這一架構由〈哲學三慧〉提出雛型。論集諸文不斷加以

繁演，條分縷析，最後作成藍圖，可惜未能建造成為包羅萬有之大觀園，先生遽歸道山，如今只空留存目，令人悵惘。❾

　　以上我們把先生的學術略說了一個梗概。究竟我們要怎樣了解他這樣一個人呢？好像不容易說得清楚。幸虧他自己給與我們一個簡單的描述：在教養上，他是儒家；在氣質上，他是道家；在宗教嚮往上，他是佛家；在訓練上，他是西方人；可謂得其神髓。先生思想貫通東西，博採眾家，本難歸於一門一派。當前大陸流行觀點把他歸入廣義現代新儒家行列，如前註四所述，也可以言之成理。但他以詩哲的身份，表現成為一種十分特殊的型態。民國二十年，先生在中央大學《文藝叢刊》創刊號發表：〈生命情調與美感〉文❿，所謂「乾坤一戲場」，俞曲園嘗曰：「一部廿四史衍成古今傳奇，英雄事業，兒女情懷。都付與紅牙檀板。」深入的中西文化研究，結合了絢麗多彩的美感欣趣，正宣洩了一代詩哲的生命情調，借戲場所見為喻，以見其特殊美感之所託。此雖似遊戲筆墨，實涵至理，受業劉述先，曾補上印度人之戲情，一併傳抄在這裡，以供

---

❾　存目與〈哲學三慧〉不同，在以一種四分法為基準，論智慧時又在四分法之下再作三分以作進一步的分析與檢討，其分目如下：

希臘：1.愛波羅，2.大安尼索斯，3.奧林坪。

歐洲：1.文藝復興，2.巴羅刻，3.羅考課。

印度：1.奧義書，2.佛，3.薄伽梵歌。

中國：1.道，2.儒，3.墨。

先把這些不同精神面貌如實地展示出來，入乎其內，欣賞其智慧，卻又出乎其外，指陳其得失。分析、綜合迭用，得其緊要，最後歸結於人生之不朽、精神之超昇與自由。

❿　此文現收入《生生之德》，頁 111-136。

參考、玩味，作為本文之結尾：**⑪**

> 燈彩流翠，滿場坐客屏息傾聽台前序幕人語：
> 戲中人物：希臘人；近代西洋人；印度人；中國人。
> 背景：有限乾坤；無窮宇宙；輪迴世界、冥證超越；荒遠雲野，沖虛綿邈。
> 場合：雅典萬聖廟；歌德式教堂；恆河聖地；深山古寺。
> 綴景：裸體雕刻；油畫與樂器；神靈造象；山水畫與香花。
> 主角：愛波羅；浮士德；苦行聖者；詩人詞客。
> 表演：謳歌；舞蹈；頌讚；吟詠。
> 音樂：七弦琴；提琴、鋼琴；梵唄；鐘磬簫管。
> 境況：雨過天青；晴天霹靂；長夜漫漫，一線天開；明月簫聲。
> 景象：逼真；似真而幻；幻幻真真；似幻而真。
> 時令：清秋；長夏與嚴冬；炎夏與早春之間；和春。
> 情韻：色在眉頭，素雅朗麗；急雷過耳，震盪感激；頂禮膜拜，莊嚴肅穆；花香入夢，紆餘蘊藉。

---

⑪ 參拙作：〈方東美先生哲學思想概述〉《中西哲學論文集》，頁 20-21，同注**⑤**。

· 二十世紀人文大師的風範與思想——中葉 ·

唐君毅先生及其愛情哲學析述[*]

黃兆強

東吳大學歷史學系教授兼人文社會學院院長

一、唐先生的文化事業與生命情懷

　　三十多年前，在香港唸高中時，我的課外讀物之一是錢穆先生的《中國文化叢談》。[1]錢先生的精闢見解，尤其是他一往情深的對中國傳統文化的熱愛，在我的心中生起了一種莫名的衝動。中國文化廟堂之美盡在於是了。錢先生成為了我的偶像，成為了文化救國（當時是中共文革發展最熾熱的年代）的中流柢柱。天下偉人盡在於一身——錢先生。這種想法，我在大學階段未嘗稍改易。一九七六年，我入讀新亞研究所，忝列新儒學三大師門牆，始知文化、學術另有天地。唐師之博、牟師之精、徐師之霸，使我視野豁然開朗、眼界大開。

---

* 本文始稿於 2003.05.09，完稿於 2003.05.12；發表於東吳大學文學院（2006年更名為人文社會學院）舉辦之廿世紀中葉人文社會學術研討會上。該會議舉辦日期為 2003.05.15-16。2006.06.04 修訂。

❶ 筆者閱讀的是三民書局 1969 年出版的本子，共上下兩冊。

余生也晚，親炙唐師一年又半，師即歸道山。然其儒者風範長縈繫心中。於唐先生的告別式上，牟宗三先生以「文化意識宇宙中的巨人」讚歎繫之。牟先生生平少所許可，以此誌黃壚之痛以悼念死友，亦可謂至矣。❷唐先生博雅，中、西、印諸哲學，無不通貫涵詠。人或僅視為只懂得中國傳統哲學，甚至只懂得儒家哲學的新儒家，這可以說是天大的誤會及無知；於唐先生之學術，實不契至甚。這只要稍翻閱先生的著作，尤其遺作《生命存在與心靈境界》便知其梗概。唐先生學問難懂，以其博也；以其於眾多價值及各種歸趨，皆一一予以承認首肯也。然而，承認歸承認，這並不意味著唐先生皆予以同等之位階。唐先生對不同的價值是有其一己的分判的。其對偉大人物之分判定位即係一明證。如把歷史人物按其偉大程度之高下，依次分為學者與事業家型、天才型、英雄型、豪傑型、超越的聖賢型及圓滿的聖賢型等六級即是其例。❸先生絕不因為以儒為宗便抹煞其他價值，或全盤否定代表此價值的學人／學派。其包容萬物的胸懷心量，是我至為欽佩的。唐師學問廣博無涯

---

❷ 按：牟先生最喜歡月旦人物，猶記得在一次國際學術會議上，先生嘗用三個小時作主題演講。我的一位學長心思細密，把牟先生品評的當代人物來個統計，經指名道姓的便有二十六人！

❸ 圓滿的聖賢型，唐先生僅舉孔子一例。其說見〈孔子與人格世界〉（撰寫於1950年8月，先生時年四十二歲），收入先生所著《人文精神之重建》（香港：香港新亞研究所，1974），頁204-235。該文乃以比較之進路來論述孔子之偉大勝於其他歷史人物，此相對於先生他文或他人之只是「提出幾點孔子學術思想，或孔子對中國歷史文化之貢獻來講」（語出先生該文之〈前言〉），是很特別，且亦能顯示先生博通中西印回思想的一個論述。該文非常值得一讀。

涘（只要一讀其兩大冊的《哲學概論》便知之）。讀其書，有時如墮五里霧中，不知究竟。且師又承認一切價值，使人摸不著頭緒；到底主軸宗趣何在，未易知也。❹其實，萬種學術，老師必以儒為宗、為至高無上。這種定見，只要我們抓得緊、握得住，那老師的學問便不至太難懂了。老師的學問博，其生命情懷亦類似：廣包萬物，無所遺棄。猶記得有位學長曾經在老師面前指出某人的哲學素養一塌糊塗。老師回應說：這個人很孝順。這個回應真的是風馬牛不相及！這學長事後對我說：你看唐先生多糊塗。我說的是學問範疇內之事；唐先生竟以道德倫理範疇回應！其實唐先生再糊塗也不至於學問、道德混為一談。唐先生是要我的學長轉移視線、提升視野。唐先生是從更高的層次看問題：學問非人生的唯一考量。盡管其人學問一無是處，但仍有作為人的價值在，孝順即一端也。上文說過唐師的學問難懂，甚至使人摸不著頭緒；明說學問而竟以道德應，你教人家如何瞭解認識你的學問精神呢？這的確困難。但如果知道唐先生是多元價值的承認者、包容者，然而核心思想是萬殊不離儒為宗的話，那唐先生也不是這麼讓人難懂的。

　　唐先生是中國傳統知識分子的典型。一言以蔽之，欲內聖外王是也。其格致修齊之道（可籠統視為內聖方面的表現），尤其格、致方面，學術界早有定評，不必我多說。其外王（事功）方面的表現，則見之於新亞書院及新亞研究所之創辦也。❺新亞在五〇、六〇，

---

❹　當然，唐師行文語句過長──常三四十字一語句，當係其文章難懂之另一原因。

❺　一般的說法是，新亞書院的創辦人是錢穆先生，這是不爭的事實。但牟先生則有如下的見解，現謹提供參考：新亞是靠三個人起家和支撐的：錢先生的

甚至七○年代對香港高等教育的貢獻及所扮演的角色，是有目共睹的。錢穆先生一九六四年退休不再主持新亞校務後，唐先生所肩負的責任便更重。先生與牟先生、徐復觀先生、吳俊升先生❻、羅夢冊先生❼等諸師長繼續為新亞打拚；其為文化事業、為教育下一代而繼續拼搏之精神，可與天比高、與地比大，實長存宇宙而為人間一永恆價值無疑。唐先生因勞瘁而壽終於新亞研究所所長任上，❽其畢生為教育而作出的奉獻，「鞠躬盡瘁，死而後已」猶不足以道其萬一也。赤手搏龍蛇的書生事業以此告終，亦可謂至矣。

二、《愛情之福音》的作者

民國三十四年一月，太平洋戰爭即將結束之時，臺灣正中書局出版了《愛情之福音》一書（以下簡稱《福音》），是為初版❾。民國

大名、唐先生的文化理想、張丕介先生的實幹。無大名不足以號召，無理想則缺方向，無實幹則事情落實不了。筆者以為這三人就新亞創始的階段來說，猶如鐵三角，三位一體，各有貢獻。唐先生迭任新亞書院教務長、文學院院長及新亞研究所所長等職。按：張丕介先生為經濟學家，新亞書院草創期間擔任總務長兼經濟學系主任。有關張丕介先生，參唐先生高足唐端正先生所撰《唐君毅先生年譜》，《唐君毅全集》本（台北：台灣學生書局，1990），頁72。

❻ 吳先生為留法教育學家，嘗任中華民國教育部政務次長、1964-1968年間擔任新亞研究所所長。有關吳先生在新亞任所長一職，參《新亞研究所概況·本所創辦簡史》。

❼ 羅先生之學術專業為歷史學，所著書《孔子未王而王論》為唐先生所稱許。

❽ 唐先生任新亞研究所所長一職凡十一年（1968-1978）。

❾ 筆者所據之本子是民國六十六年（1977）四月台七版。所謂民國三十四年一月台北正中書局初版，是根據台七版版權頁上之資訊而來。

六十六年台七版，其封面及版權頁作如下標示：著者：Killosky，
譯者：唐君毅。筆者廿多年前讀該書的時候，嘗認定該書之撰著者
即係唐先生。換言之，唐先生不是所謂的譯者。同儕間多半亦如是
認定，然筆者未嘗細詢其由。就筆者閱讀過唐先生的眾多著作中，
書前沒有序文說明撰著緣起或稍述書中旨趣的，似乎便只有這一部
書。❿

　　現今嘗試從「事」、「理」兩方面入手以說明何以筆者斷言該
書之作者為唐先生，而絕非所謂 Killosky。⓫著者 Killosky 云云，
實不知何許人。根據《福音》一九四七年滬一版唐先生在〈譯序〉
中之描述，Killosky 乃十九世紀末波蘭作家，後來翻譯成英文者乃
約翰貝勒（Janh Balley）⓬，英文譯名為 *Gospel of Love*。⓭

　　現今先從「事」（含文獻）方面來說明該書實係唐先生所撰；
證據有三：

---

❿　《愛情之福音》收入《唐君毅全集》中，作為該書之卷二（1982 年版）。相
　　關之附錄指出一九四七年滬一版之《福音》原有一譯序（據序末所示，該譯
　　序撰寫於民國二十九年十一月三十日），一九四九年台北正中書局版則刪掉
　　該序文。換言之，各種版本中，有序文者唯一九四七年之版本而已。其他各
　　版不再安插序文，大抵乃唐先生本人之意思。

⓫　上揭〈譯序〉則作"Kileosky"，蓋為誤植。見《唐君毅全集》本，卷二，頁
　　88。

⓬　"Janh"蓋為"John"之誤植。

⓭　*Gospel of Love*，其作者為 Killosky，譯者為 John Balley，各種百科全書上皆
　　未能找到相關資訊。張燦輝先生對這個問題亦有所探討，今茲筆者在這方面
　　修訂拙文，實緣乎拜讀張先生之大文而來。張燦輝，〈唐君毅之情愛哲
　　學〉，《毅圃》（香港：弘毅文化教育學會，2006 年 2 月），第四十一期，
　　頁 47。

㈠上揭〈譯序〉，其前載有編者如下之按語：「……關於本書，唐
　夫人謝廷光（方回）一次接受訪問時曾有如下說明：『《愛情之
　福音》這本書是唐先生在一九四〇年寫成的。（以下為解釋唐先生
　撰寫該書之原因，茲從略）』」❹

㈡《致廷光書》（上篇）收錄了唐先生結婚前寫給師母的三十六封
　信，其中寫於一九四一年底的第廿六封信說：「我那論婚姻之道
　一書，不知你可能找著人鈔否？」。❺按《愛情之福音》一書為
　現今所見唐先生惟一論愛情婚姻方面的專著，第廿六封信明言
　「我那論婚姻之道一書」，則該書當為自撰，而非翻譯無疑。

㈢根據唐先生早年在香港受教的入室弟子唐端正先生及李杜先生的
　記述，唐先生曾承認其本人即係《福音》之作者。❻

　　現今試從「理」（理當如此）方面來伸述《福音》一書的作者。
筆者敢斷言，《福音》一書所展露之思想及論辯之理路，除唐師
外，想無他人可有同一表現也。再者，唐先生才大、思如泉湧，筆
桿既快且勤。譯事最重信、達、雅；由是，耐性及時間尤不可或
缺。如果真有他人撰就《福音》一書，而唐先生所為者乃是靜下來
句斟字酌的從事翻譯，那唐先生所選擇者定然是寧可自己動筆撰寫

---

❹　《唐君毅全集》本，卷二，頁 87。上揭〈譯序〉撰於民國二十九年。序中云
　　「去年五月」完成該書，是該書完成於民國二十八年（公元 1939 年）。唐師
　　母云寫成於「1940 年」者，蓋一時誤記。

❺　《唐君毅全集》本，卷二十五，頁 244。按「廷光」，為唐師母另一名字。
　　師母姓謝，名方回。

❻　此說據張燦輝，上揭文，頁 47；頁 54，註八。惟張燦輝在註八中只指出唐端
　　正告訴他唐先生承認撰書事，未嘗再提及李杜。

之，而不是翻譯。所以無論如何，該書不可能是他人的製成品而唐先生只是予以翻譯而已。

　　然而，唐先生本自撰該書，而「自貶」為譯者，其故安在？我忖度如下：唐先生所撰各著作，除專門學術鉅著外，便是談文化、談教育、談宗教等等的一般性著作（其中不少源自演講記錄）。這些著作，其主題都可以說是相當嚴肅的。（唐先生亦撰有不少應酬性文章，其性質亦不為例外，不具論。）以愛情為題而寫成專著的，與前述各著作之性質或風格不相侔；且《愛情之福音》撰就時，唐先生剛滿三十歲，❶愛情經驗並不豐富的三十歲的青年便寫就一部看來類似愛情指南、愛情秘笈、愛情天書的著作，大概沒有人要看，更沒有會接受其中的道理的。世人多貴遠賤近。唐先生最懂得這個道理，因此便乾脆以譯者自居了。❶

三、唐先生的愛情觀

　　《福音》一書，可不要誤會是什麼追求愛情幸福或性福之愛情指南，或愛情天書。至少，不能視為時下坊間的一般指導如何可獲得幸福愛情生活的專書。這是一部體不大而思甚精的著作。唐先生早熟，三十歲前後，以儒家為宗的思想大體上已定型了。《福音》中每句話，或至少每一段話，都充滿著智慧。唐先生承認多元價值但以儒為宗的思想特色，書中隨處可見。其黑格爾式的辯證思考模

---

❶　該書完成於民國二十八年（公元 1939），參上註❶。先生生於民國前三年（公元 1909），是成書年齡為三十歲。

❶　唐先生自撰該書而以譯者自居的原因，上揭張燦輝文亦有所論述，讀者宜並參。

式綜貫全書。⓳其豐富的想像力，及如何針對某一主題所糾纏、衍生的諸問題，予以分述疏解的能力，書中隨處可見。再者，先指點開示一理想價值，然後相關論說全然熔鑄貫串以證成之的思想特色及行文佈局，書中亦隨處可見。

道不遠人；極高明而道中庸。《中庸》說：「君子之道，造端乎夫婦；及其至也，察乎天地。」愛情之終極為結為夫婦，共偕連理。唐先生的學問，固以察乎天地為宗趣。但萬丈高樓從地起，因此唐先生便先從所謂愚夫愚婦的情愛問題說起。德國詩哲席勒說過：「無論哲學家們怎麼想，世界還是被愛情與飢餓支配著。」⓴然而，人世間狹義的情愛問題（譬如如何求愛、自增性愛魅力、三角戀愛如何致勝等等），絕非唐先生所關注的。《福音》一書，主旨在於賦予男女間的愛情一形而上的意義、道德意義、精神意義。㉑這便使得愚夫愚婦的情愛有其背後崇高的價值在了。

《福音》一書是以一個充滿智慧的長者名德拉斯與渴望獲悉愛情真諦的一群年輕人的對話為內容而敷陳的。「一切的話，都是對問題而有意義。」（頁 4）唐先生於是思考、設計年輕人所提的各種問題；并逐一予以回應。這種文章佈局是比較生動活潑的。有問有答，這當然比一個長者自個兒獨白來說明愛情的各種形上意義及

⓳ 按：先生甚鍾愛黑格爾哲學；此與牟師之酷愛康德，各別蹊徑。

⓴ 就愛情所具有的支配力量來說，只要看看任何一個連續劇便知。如劇情只是打打殺殺，不談情愛，保證三集便下檔沒戲唱了。劇情中如有情愛的成份，則演個三五十集都不成問題。

㉑ 《福音》（台北：中正書局，1977 年第七版），頁 2。以下徵引該書，僅標示頁碼。

價值更容易讓人接受，也使讀者彷彿自身參予其中而儼然成為提問的青年。所以《福音》的結構、佈局，應算是很成功的。其實，這種設計很能夠反映唐先生固有的思想。先生在某一著作中（今未克尋其出處）說過，哲學是對問題而生起。如本無問題（當然指的是人生問題、價值問題、宇宙存有起源等等大問題），那根本不必唸哲學或讀哲學書籍。可見《福音》的佈局設計，實源出先生的固有思想，亦可視為其固有思想之具體落實。

　　全書分五章，共約五萬字；標題依次如下：〈靈與肉〉、〈愛之一源〉、〈愛情中的道德〉、〈愛情之創造與條件〉、〈論愛情中之罪過與苦痛〉。茲分述其內容如次，並隨文揭示唐先生思想的特質。

　　〈靈與肉〉一章云：

　　……一切人生活動，都剝去牠深遠的意義，而平凡化、方式化，這樣將阻塞了人類了解精神的哲學之路。現代的學問家，是從人生比較低的活動解釋到比較高的活動，於是以為比較高的活動是不真實的虛幻。所以我們現在的確需要翻轉過來，對於所謂比較低的活動，都從更高的活動之眼光來重加解釋，賦與他更高的意義。愛情在人生的活動中通常是站在比較低的地位，我們現在是首先要把牠的意義提升，使人在愛情生活本身中可以發現他道德求進步精神求上升之路，而可以通到形而上之真實。（頁4）

　　以上唐生先的意見，其實可視為全書的旨趣所在。一方面賦予愛情一形而上的解釋，他方面更鼓勵過愛情生活的人能夠精進其道

德、提升其精神。唐先生把人間各色各樣的活動都歸攝到道德層面上去並給予解釋（道德形上學——對人世間的各種活動給予一富有道德意涵的形上解釋），上段話可說是唐先生一貫主張下的一個例證。要領悟唐先生的相關思想及言論，莫如看他的《文化意識與道德理性》一書。㉒

唐先生又說：「一切的愛都是一種愛的分化。宇宙間只有一種愛，因為只有一種精神實在生命本體。」（頁 8）這句話也很可以讓人嗅出形上學的味道。「一切的愛」，其範圍可以是很廣的，我們可以無窮盡的開列其項目。先生在〈靈與肉〉一章中特別歸納為四方面：愛真、愛善、愛美、愛神聖，並指出男女之愛中，其背後便隱含這四愛；且強調必以實現此四愛為愛情生活之終極歸趨，並藉以提升人生價值。

〈靈與肉〉一章亦特別強調男女之愛中的敬與信的問題。這個問題，唐先生是如此敷陳的：

> 敬是你敬對方。信是信對方對你。你必須有敬而後願意信，你必須有信而後更堅固你的敬。你之敬他信他增進他之自敬與自信，而他對你亦將以敬信來增進你之自敬自信，報答你對他之敬信。（頁 10）

唐先生環繞一主題，不斷轉進、深入的思辯模式，以上引文可以概見。此外，敬與信是儒家最主要的德目之一。於此亦可概見唐先生以儒為宗的影子。上文說過唐先生鍾情黑格爾。現今說到唐先

㉒　台北：台灣學生書局，1978。

生的思辯模式，我們正不妨藉〈靈與肉〉一章稍舉一例說明先生如
何受到黑氏之影響。當有青年問何以世間只有男女兩性，如何沒有
第三性，又何以不只是一性時，先生說：

> 孩子，一切現實存在的東西，都是相對而存在，有一必須另
> 一與之相對。因為一切正面者必須與為其反面者相對，正面
> 者即反「反面者」，必有反面者來為其所反，故必要有反面
> 者才使正成為正。相對者皆互為正反。……而只有相對的東
> 西才總都是在互相轉易，互相補足，互相依賴，互相扶持，
> 互相含攝。（頁 17）

黑格爾正反合的辨證邏輯思維，唐先生不是很好的發揚光大者嗎？
　　唐先生感情豐富、想像力豐富，思想上下開合無涯涘，光是
〈靈與肉〉章便可以概見，不贅說。說到想像力豐富，年前讀《致
廷光書》，真使人驚嘆叫絕。該書輯錄先生致師母信函一百一十多
通。感情洋溢其中不必說。最使人拍案叫絕的是先生憑空虛構杜撰
了不少生活小故事，借以慰藉師母思念之苦。如果不是在信末明說
以上所述為虛構杜撰，則絲絲入扣，讀來使人動容色變的各故事，
實無人會懷疑其真實性！先生想像力之豐富，筆者實五體投地。
　　第二章〈愛之一源〉。這章可說是進一步闡發首章的要旨而來
的。先生指出一切愛都源自於宇宙靈魂，因此皆可以息息相通。就
人世間來說，男女之愛為愛之始基。男女之愛之結晶則為子女的誕
生。男女之愛之延續及擴大即成父母對子女之愛。子女回饋父母之
愛便成子女對父母之愛（孝）。子女回饋父母之愛之擴大便成子女
間（即兄弟姊妹間）的相親相愛。依此往外推廣，則天下間莫不有

愛。這個道理是很好懂的。我們現在需要闡述的是，唐先生這章書
的思想根源蓋來自墨家的兼愛及儒家差等式的愛。先生說：

> ……然而我們已說一切的愛之光，都自同一的宇宙靈魂放
> 射，所以當你們由你們間之愛，而體味到宇宙靈魂之存在還
> 歸於那宇宙靈魂時，你便可立刻轉化你的男女之愛為對於一
> 切人類之愛。因為你還歸於宇宙靈魂時，即與之合一，而你
> 的心便已成宇宙靈魂表現其愛的虛廓了。所以最了解男女之
> 愛、家庭之愛者，同時便是最偉大的人類愛者。（頁 22-23）

這便使人聯想到墨家兼愛與此正同。能夠普遍化男女之愛於一切人
類，這當然是最偉大的人類愛者。

　　猶記得修讀牟先生宋明理學課時，下課後與諸同學陪伴牟先生
返家的路上，嘗鼓起最大勇氣，向牟先生提出以下問題：「聽老師
課後，得悉墨子兼愛學說應為最偉大的學說；但為什麼老師偏愛儒
家？」大家猜猜老師怎樣回答。老師說：「你回家看看我的書。」
天啊！牟師著作等身。我大學是唸歷史的，在新亞研究所也是唸歷
史。聽老師宋明理學課，說實在的，實有點慕名而來。現今要我看
他的書，但又不明說是何書，實猶同大海撈針。當然，後來我終於
弄懂了何以牟先生偏愛儒家所說的愛，反而比較不欣賞所謂更偉大
的墨家的兼愛。一言以蔽之，儒家愛有差等的學說及相應的作法是
較符合人性的；反之，兼愛只能是一理想，是難以落實的。

　　唐先生的說法最能說明這個道理。他說：

> ……愛光之放射自然是由近及遠，於近者總要親些，於遠者

總要疏些。這并不是表示我們所放出的愛之不公平，而正是
表示愛之真正的公平。這一種於近者親些似乎是私，但這私
是本於宇宙靈魂之要綿延他所表現的一切生命。這私本於宇
宙靈魂之要普徧繼續的表現，所以這私即宇宙之普遍律則，
即是公。（頁25）

原來儒家親疏有差等的愛是宇宙之普遍律則，此所以同為唐先生、
牟先生所讚嘆也。

《福音》第三章〈愛情中的道德〉含若干子目，分別討論專
一、堅貞、信心等等問題，今分述如次。

當青年提出根據甚麼理由不可以泛愛時，德拉斯便強調愛情
得專一的道理。他說：我首先同你們解釋，當你與人定情
時，由無數中擇一。一能代替無數，一便等於無數。真正的
定情者當他自無數中擇一時，他對他的對方說：「從今以
後，任憑弱水三千，我只取一瓢飲。」這句話尚待修正，因
為你真正飲一瓢時，一瓢代替三千，一瓢即三千。（頁40）

至於論堅貞方面，青年問：「先知，我有一個問題，我過去曾愛一
人，但現在覺得他人更可愛，我可以辜負她嗎？」德拉斯回答說：

孩子，這問題的關鍵，是你過去曾否真與她定情。如果定了
情，你便絕對不可另愛別人，不管你們之間有無社會的儀
式、法律的根據。這理由是因為當你同人定情的頃刻之間，
你必覺得你的對方代替了無數的異性，你這時只有對方一人
在你心目中，你已把其他一切異性排開了。（頁42）

可見唐先生是要青年對定情時的心境負責，並為了落實一貫的人格
而做出如上忠告的。

青年又向先知德拉斯說自己很有信心不會變心，但如何可以擔
保對方也不會變心？德拉斯回應道：

> 孩子，你錯了。誠然他人是他人，你不能絕對的擔保他人與
> 你一樣，但是你必須相信他與你一樣。因為你能有的美德，
> 便是人類能共有的美德。你真希望人有此美德，你便自然透
> 過此希望去看人，把人看作有此美德者。你說他人是他人，
> 你不能絕對擔保，你又如何能絕對擔保你未來的自己？未來
> 的自己對你現在的自己不是一他人嗎？你之所以能相信你未
> 來的自己，只因為你能推你現在的心，到現在的自我以外，
> 以透視你未來的自己。你何以不能推你現在的自我以外以透
> 視他人呢？（頁43）

每一個心，其背後可說都源自同一個心。我們姑以「天心」稱
之。這猶如任何道德行為，其背後都源自同一個精神實體——天
道。（此或以上帝、宇宙靈魂稱之亦無不可）唐先生因相信形而上精神實
體乃係一確實的存在，因此便得出依此實體下貫而各別呈現之人心
己心必無不同的結論。此外，唐先生如上的說法也可說源自儒家的
忠恕之道。「盡己之謂忠，推己及人之謂恕」。既相信自己不變
心，依此外推，則亦當相信他人也不會變心。

當青年提問「對他人之愛之態度又當如何」時，唐先生借德拉
斯之口說：「孩子，你要愛，須用整個的心去愛；不愛，便根本的
不愛。」（頁 47）這揭示針對愛與不愛做抉擇時，我們便得決斷，

不應拖泥帶水;否則害己害人。

討論「求愛中之道德」的問題,唐先生指出:如對方不接受你的愛,你便得好好自我把持,不能神魂顛倒、陷溺自己的精神於所求的對方;「真正的愛者決不作一往的追求,他寶貴他自己的愛情,他尊重他人的意旨。」(頁49)但唐先生話峰一轉,又指出,如果對方是你靈魂唯一之寄託所,你非追求他不可,那你亦可以一往情深盡其在我的追求他。這種追求便成為為盡責任而來的追求。而這種為盡責任而推動的行為是不怕失敗的。因此這種行為便表現一極高之道德價值了。(頁48-49)書中所見這種知其不可而為之的盡其在我的精神,大抵源自唐先生的儒家思想。

〈論陷溺於愛情中之罪過〉,唐先生指出追求愛情時,不可忘了世界,忘了你在世界應盡的其他責任。並指出求愛者應該知道:

> 你忘了世界,世界的他人并不曾忘記你。……有許多無告的人們在啼饑號寒,有許多痴男怨女在咨嗟嘆怨,他們希望任何人與他們一點幫助與慰安,這「任何人」三字的意義中便包含了你。(頁51)

這反映人溺己溺的精神及反映儒家修齊治平的精神實長存唐先生心中。

〈論二人同等愛時如何選擇〉,唐先生認為當考量何者更需要我的愛,並當順從父母兄弟的意見後,乃據以作出抉擇。所謂順從他人的意見,並不是為了順從而順從。而是這種順從可以滿足他人的希望。這便展示了、增加了你的愛的實現。所以你的選擇更能呈現你的大愛。

第四章〈愛情之創造與條件〉重點有三個：一、為了使雙方愛情永恆久遠，必須互相深化愛情，不斷創造愛情。二、身體只是靈魂的衣服。透過妝飾使身體更美，為的是使靈魂固有的美能夠呈露出來。所以妝飾是可以接受的。且妝飾是提供人家賞美的機會，這亦是一種對他人之愛的表現。三、愛情是無條件的。「你可以因為愛他你便愛他了，」（頁65）不必考慮他是否有學問、有財富、有地位。「這種最樸素最原始之愛，是宇宙間最可貴的愛情！」（頁65）

有關愛情的創造，唐先生以下一段話很有意思，先生說：

> ……你要知道每個人的靈魂都通於形而上之精神實在，那是無窮的深淵，包含無盡的寶藏，人類的靈魂本身沒有不是可愛的。……你當以開礦的精神，先掃去對方人格之表面的灰土，撥去外層的岩石，去探取對方靈魂的寶藏，你愈向山之最裏層開發，你愈可獲得更多的寶藏，這便是創造的意義。
>
> （頁56-57）

其中「人類的靈魂本身沒有不是可愛的」一語充分顯示出唐先生是一個人性本善論的信仰者；可視為儒家主流思想的繼承者、發揚者；亦係道德理想主義者。

唐先生又說：

> ……不是你妻子不好，是人類不滿於現實的心理，使你去發現她的不好。不是其他的女子好，是你追求遙想的精神動機，使你去發現其他女子的好。其他女子之好，是由你之理

想所賦予，好不在她，而在你理想之自身；好不外在於她，而內在於你。你為甚麼要去求她呢？（頁54）

這段話說來有點玄。其實如果了解唐先生是個「萬法唯心」的信徒，或是個中國大陸馬列主義思想所認為的「主觀唯心論者」，便不會感到驚訝了。上段話亦可以使人窺見唐先生與佛教思想的關係。我們不要忘記《新唯識論》的作者熊十力先生是唐先生很敬佩的老師呢！

唐先生又說：「……人類的一切問題都是神聖。」（頁59）這讓我想起有些老師會經常指出同學所題的問題是 silly question，因此不屑回答。唐先生正相反。上文說過唐先生承認一切價值，無所厭棄。從「一切問題都是神聖」一語，便可稍見端倪。

第五章〈論愛情中之罪過與苦痛〉討論愛情中的罪過、再婚等等問題。重點如下：

一、「一切道德的訓條都只為激發人的現在，感化人的將來，世間沒有束縛人的固定的道德訓條，也沒有要人只懺悔他的過去的道德訓條。」（頁68）此可見漢代以後始發展出來的三綱五常束縛人心、人身的教條，唐先生是抱持何種態度予以對待的。先生又說：「孩子，一切罪過在真切的懺悔時便已湔除。」（頁70）這使人想到基督教的原罪在人懺悔、信主並洗禮之後便全然湔除了。所以已經過去了的事，便不必再多想，過去了便算過去。

二、至於配偶死後，可否再婚的問題，唐先生說，在原則上，人不應再婚。但如果是出自高尚純潔的動機，如需要人看護小孩、為了有一個伴侶幫助你從事社會文化事業等等，便可以考慮再婚。

三、對失過愛、喪過偶的人可否發展第二次愛情，唐先生的答覆有如上一問題：如能把愛情轉化以作其他事業，藉以做出更偉大的成就，那當然最好。否則亦不妨考慮發展第二春。如是被愛的人將獲得加倍的愛情，他是更幸福了。（頁 74-75）唐先生的觀點是著眼於被愛的人是否可獲得更大的幸福來決定你可否發展第二春。換言之，是否發展第二春不應該考量（或至少不得僅考量）自己是否獲致幸福而已。

四、有關因離別而產生思念的問題，唐先生說：

> ……你在思念他時，你的思念便達到他靈魂；你的思念必然會引起他的思念，而且想著你之思念他。……事實必然如此。因為精神與心永遠不但不受空間的限制，而且越過空間的限制以發揮其作用的。這是鐵的真理，任何人不能摧毀牠。（頁 76）

這可說是「寂然不動，感而遂通」一語的最佳註腳。我的思念心與他的思念心實可謂有一形而上的「天心」作聯繫。這是我心他心得以貫通不隔的絕對保證。唐先生有如上的肯定，實緣乎確信形而上精神實體的存在。

五、〈論死亡〉一節中，先生指出人不是隨軀殼而生，因此不會隨軀殼毀亡而不存在。人的精神靈魂是永遠存在的。因此所愛的人們是不會死的。靈魂不滅的說法使人察悉到唐先生與康德哲學的一點關係。

六、〈論失愛〉一節指出終身沒有愛情生活也不打緊，因為愛情生活不見得是人們所必需有的。「宇宙還有多少潛伏的真理待人

去發現，潛伏的美待人去表現，而沒有人去發現表現。……重要的事，不是方式本身，而在生命力之貢獻。」（頁 80）這是指出人的生命力在於作出貢獻，愛情生活只是作出貢獻的方式之一而已。所以沒有追求愛情生活，或追求而失敗（失愛）了，也不必懊惱的。

四、結語

先師唐君毅先生哲思獨運，透過豐富的想像力，設計各種愛情答問，旨在開導時下青年跳脫情慾式的愛情思維，而昇進到具有形而上精神價值的愛情世界。筆者本文藉由《愛情之福音》一書，除扼要析述先師愛情觀之各種論說外，主旨實在於藉以揭示先師廣博的學識及其心中之價值信仰。書中層層轉進，步步深入的辯證思維能力的展示尤使人嘆為觀止。吾人雖不必全然認同唐先生的各種說法，但其書體系圓融自足，自成一家言。三十歲便撰成此書，宜乎其後挺拔獨立，門戶自開，成不世出的一代大宗師。

史惟亮的音樂理念^❶

吳丁連

東吳大學音樂學系教授

「音樂的中國人，你在哪裡？」❷

這似是提問，又似是呼喚。當史惟亮老師面對日本人為我們保

---

❶ 音樂理念，在本文指的是作曲家創作的形而上基礎，也即支配作曲家音樂語言的來源。理念（idea）在西方傳統裡，不同的時期、不同的作者有不同的使用，有的稱為主旋律或主題為理念；有的指一首曲子的內容，或作曲家呈現的感受（feeling）、意象（mental image）或想法為理念；有的以音樂的素材關係的揭露為理念；有的指一首作品的整體質為理念。這些不同的使用方式常依不同音樂家的習慣或不同風格的音樂，而給予同一 idea 的稱呼而有不同的指涉。舉例說明，在調性音樂中，主題或題旨（motto）被視為理念，因為整首曲子依它而展開，所以它是成為作曲家的基本想法（basic idea）的代表，倘若主題具有可歌旋律特色，也可以說那旋律就是 idea。參閱 Arnold Schoenberg, *The Musical Idea, Technique, and Art of Its Presentation*, edited, translated, and with a commentary by Partrica Carpenter and Severine Neff, New York: Columbia University Press, 1995, pp15-17。

❷ 史惟亮《音樂向歷史求證》，台北：台灣中華書局，民國七十六年，四版，頁 11。

存的唐樂，他說這「並不就是唐樂」；韓國人為我們保存的宋樂，他說這「並不就是宋樂」；而面對現代的中國人仿古的「孔廟雅樂」，他說這「更加遠離了唐雅樂的精神時空」。❸他為我們這一代的音樂的時代精神提問、呼喚：「音樂的中國人，你在哪裡？」

當他面對六十年代我們的音樂環境，他感慨地說：

1. 是接觸、認識中國音樂傳統最少的時期。
2. 是外族音樂流入中國最多的時期。
3. 是最無音樂信心的時期。
4. 是學習、創作最幼稚、薄弱的時期。❹

而在那時期，他觀察到我們對待外國音樂的態度，要不是鄭譯式完全接受的投降主義，就是如何妥式般的完全拒絕的閉關自守。

他懷疑這種音樂態度不是缺乏反思擇取，就是故步自封，不求長進。他透過東西音樂的研究、沈思，尋求一個有別於時下，而隱約出現於內心深處的作為藝術創作來源的世界。在那世界裡，有一種民族情感的聲音，有一個時代精神的投影，有創作者生命經驗感懷的痕跡。透過一連串的活動：閱讀、寫作、圖書收藏、整理和民歌採集，成立中國青年音樂圖書館，在省立交響樂團研究部成立現代樂府，在台中建立全國第一所音樂實驗班。凡此種種，在在形塑、彰顯了他音樂文化理念中的本質世界。這一本質世界裡有個聲音，似乎永遠響著響著——「音樂的中國人，你在哪裡？」而這聲

---

❸ 同上。
❹ 同上，頁 4。

音的迴響裡，隱約地應和著——「音樂的中國，你在哪裡？」

這種感性召喚的語調，是那世界的基調。不管是在他的作品、文章、演講或教學裡，無不可見它的蹤跡。這召喚聲，是中國文人抒情傳統的感懷聲，是對東西文化激情交匯的年代的反思聲，是那「思鄉」年代詩人的愁思聲，也是對生命熱情參與的么喝聲。❺

「音樂的中國」
——音樂理念：作爲藝術創作的本質世界

理念（idea）是一種想法。對某些人，它可能僅是剎那生滅的念頭，或是某段時期的目標或願景；但對另一些人也許是終其一生的信念（conviction）或信仰（belief）。而對史惟亮老師而言，理念是屬於後者的——作為一生的信念或信仰。能令他的音樂理念如此深遠地影響他一生的寫作（包含文章和音樂），甚至是生命態度的主要動力的來源之一，是他對傳統的、當代的文化，具有某種深刻的反思能力（reflection）。他的反省，是落在歷史的、民族的脈絡裡（context）而得其理念的意義。他在創作的經驗裡和生命的體驗中，更加確立了此一理念的基礎。

「音樂的中國人，你在哪裡？」那呼喚聲，不僅試著喚醒迷失在西方音樂現象裡，或是陶醉在古老中國的傳統裡的音樂家，重思我們音樂文化時空中的使命；同時，也作為自己可能全然陷入西方音樂或中國傳統危機的驚語。「音樂的中國人」說明他內在對「音

---

❺ 「思鄉」年代，泛指 50-60 年代從大陸因政治環境動盪的關係，來到台灣的文藝作家，將思鄉的感懷，做為創作表達的「範疇」。

樂的中國」的夢想，也說明他對「具有時代意識、民族意識的音樂
之中國」追求的渴望。這個渴望就是他的音樂理念。或許有人因而
標示他是一位民族音樂主義者，他會承認；但他不會是一位狹隘、
故步自封、處處以傳統做為任何價值觀的參照和依歸的民族主義
者。他要求有創意，但他的創意並非是以新奇之事物，作為游目窺
探的目標，而是能以已存的文化積澱，作為某種創作對話的基礎。
他的整部《音樂向歷史求證》，提供了我們傳統音樂文化重要的積
澱：「大曲」、「變文」、「諸宮調」、「唐詩·宋詞」、「鼓子
調」、「唱賺」、「轉踏」、「小令」、「雙調」、「大令」、
「元雜劇」、「南戲」、「北曲」、「崑曲」、「平劇」……等。

> 「大曲」是一種形式（變奏曲式），是敘述性的歌舞曲——現
> 存的「南管」音樂中，有「大曲」的遺風。「變文」是唐代
> （詩）的講唱音樂。「諸宮調」是宋代（詞）的講唱音樂，並
> 為歷史上最大的「組曲」加「組曲」。「唐詩」變成「宋
> 詞」，是因為音樂的需要和推動。「宋詞」是為了演唱而寫
> 的。「鼓子調」是「詞」的副產品，也是小型的「變文」。
> 「唱賺」是小型的「諸宮調」。「轉踏」繼承唐「大曲」的
> 精神，是中國的迴旋曲式。「元雜劇」是中國最早成形的古
> 歌劇；是「諸宮調」音樂結構的舞台化——北有北曲，南有
> 南戲。「傳奇」兼併了南北曲，形式更加自由。「崑曲」為
> 中國最可靠的戲曲音樂之一，是今天還活著的音樂史，是
> 「傳奇」的嫡曲，是中國戲曲之大成，是中國音樂中的「雅
> 部」和「藝術歌」。「平劇」——中國傳統戲曲音樂的總

結，以地方戲曲發展而成，皮黃兩腔是「平劇」的主要唱腔，平劇吸收了「崑曲」的精華，卻又自成一家，平劇是中國新音樂之母。「大鼓」──現存民間講唱音樂，是「諸宮調」和「變文」新的後代。……❻

　　惟亮師在其書的字裡行間，剴切地說明了他對傳統文化與西方音樂的比較之反省，也清晰地顯露了其音樂理念與企圖。這個「音樂的中國」對他而言，無疑是一個含有傳統文化情感召喚的世界，同時也含有現代人的時代感懷之世界。

音樂理念與其體現

　　若說《音樂向歷史求證》是史老師音樂理念最具代表性的文字體現物，那麼《琵琶行》可以說是史老師最具代表性的音樂體現作品了。

　　《琵琶行》雖是他一首特定的曲子，但卻能普遍地說明音樂成分素材如何與他的理念相關聯，或說他的音樂理念如何默默地操控或滲透在音樂成份素材的意識抉擇裡。茲即試加分析如下：

㈠ 音高結構

　　此曲是以五聲音階為基本結構，以旋宮轉調的方式，打破單曲為單一五聲音階調式的辨認性和感受。取而代之的是，利用不同調式的共同音作為連繫調式的音軸，而進行一種不同的五聲調式音階的並列，疊置或混合。不同的五聲音階或其片段，在它們共同的音

---

❻　直接節錄自史惟亮《音樂向歷史求證》，目次 1-3。

軸下，各自成為樂句、音形、層次或段落特徵的催化者和識別者。也因而能使句與句，形與形，層次與層次，段落與段落，能做歷時性或同時性的對比演出。

　　這種作法是隨著作者靈感的召喚（或許來自詩的感受，或許來自純音樂的運用）而自由決定的。若說 Schoenberg 二十年代的自由大小調性為無調性或多調的話，那麼這種混和的五聲音階也可以稱為一種無宮之五聲調式，或多宮的五聲調式。這種無宮或多宮的五聲調式，適合使用在不同調式片斷的並置、重疊中。若它配合其他音樂成份材料的改變，如織度、音域、節奏、強弱……，更可彰顯或強化不同情感姿態同時性或歷時性的對照。如此，除了有利於純音樂中，情緒對比的表現方式，也方便歌詞中出現忽情忽景、忽散忽韻、忽講忽唱的表現手法。這種多宮或無宮五聲調式能有如此的表現力，並非來自材料本身，而是來自材料的文化聯想與感受。多少中國民歌、曲子建立在它身上。當它還不被稱為五聲音階時，住在中國這塊土地的人們，早已自然地、習慣地、無概念地用它來直抒生活感懷了。所以它成為易於辨認的音樂單元。能辨認也就能記憶，能記憶也就能觸發聯想，能聯想就有「意義」的產生。有了意義，單元就不再是單元，而是符號、象徵了。藝術音樂（art music）的世界，就此誕生。❼由此可見「音樂的中國」的理念，是如何幽微地滲透到他音高材料的意識裡。譜例一足以說明以上的論述。自

---

❼　「藝術音樂」（art music）一詞在此文專指一種在人的意識參與下所安置的一個感性召喚的音樂世界。在這裡，除了用來排除泛指所有做為審美的音樂客體，同時也用它來區隔其他一些訴諸自然的、直接感受而表達的音樂，如民歌、流行歌曲、傳統戲劇音樂……。

由無宮的五聲調式，並不僅限於以上所說作為結構單元的催化者，它還可以解放到像自由無宮的十二音階，而在五聲音階裡，滲透一些非音階的音（尤其是半音關係）作為色彩、氣氛、聲效共鳴和情緒。參照譜例二。

在傳統西方理論的和絃、和聲進行、對位，在此自由的無宮五聲音階的脈絡裡，皆回歸到它們最原始的意義；和絃不再是三度架構而起的三和絃、七度之和絃……，而僅是任何聲音的垂直結合為和絃；和聲進行，也不再是調性音樂在主、屬和絃軸上的進行，而是作曲過程中旋律、對位線條流動進行交感的結果；而對位也已不是十六世紀、十八世紀那種對不協和音方向解決的考慮，而僅保留對位裡的對位基本性格——即對比映照。所以，聲部層次間的音形模倣，或織度上、或聲部音群的「繁簡」對比，皆是作曲上音高選擇主要的考慮，而非以一個外在和聲對位的系統，來支配其音高意識的選擇。若要說有「系統」，應該是它含有以下這些基本概念的組合：(1)自由無宮的五聲調式；(2)不協和解放——視理論上的協和音程與不協和音程為不同特質的音程，但彼此無依待的必然性；(3)旋律與和聲單元等義（equivalence），亦即旋律視為水平的和聲，而和聲視為垂直的旋律，旋律與和聲的界限不復存在，僅是對同一音高單元所作的兩種不同的表達方式，一為歷時性，一為同時性。以上這些「自由性」概念，是來自與西方二十世紀調性音樂對話的結果。這種自由性成就了二十世紀西方音樂的重要音樂語言。史老師深諳其本質，自由地運用它，讓它們脫離在特定時期風格的界定，而能無拘無束地為他的表達而表達，進而成就一個流變的、有別於過去的、新的音樂語言。這種流變的、新的音樂語言為《琵琶

行》塑造一個新的感受的音樂世界。

音高結構若缺乏聲音的時間的延展，它將僅存在於概念裡，無法被聆聽。而音與音的各自不同時間長度產生了節奏。節奏在史老師的音樂世界裡，是息息關係到他的音樂理念的。

(二) 節奏

帶動《琵琶行》歌詞的節奏，基本上是遊唱詩人式的，或較適當的說是中國講唱文學式的。它具有彈性節奏的特色。從譜的表面看，充滿切分音的運用，從語言節奏上看，充滿緊縮彈性的變化，像唱又似吟，有時吟中帶唱，唱中帶吟，不一而足。這種節奏是循著作者剎那間對詩詞的感受即興演出，而不是由任何已存的韻律類型節奏所支配。在音形與音形的長短不一的節奏關係上，如同講唱者與樂器的關係，充滿了不規律的對話關係，忽而撥絃，忽而幾聲旋律，忽而默然，不拘一格，一切似乎操縱在作者面對詩詞的感受。這種帶有極高的即興性格的節奏型態，如同他使用的音高的五聲調區的變化一樣，有時瞬息萬變，有時如如不動，捉摸不定，使人驚奇，也使人不得不陷入一種專注期待裡，期待一種不安定音樂過程最終的恢復。

這種節奏的變遷不居之不可預期性，對照舞曲節奏的韻律工整的可期待性，在此稱為「散文型的節奏」。這種散文型的節奏似乎像散文一樣，有時流動、有時逗留，任憑一己當下心境而演出。作者使用此種散文節奏的用意，除了如同中國傳統說唱文學「變文」、「唱賺」、「大鼓」……一樣，方便帶動散韻相間或不同功能層次（敘述、抒情、寫景）的歌詞的轉折，更重要的是，可藉著這種講唱的表演方式所涉及的歷史的、文化的情境裡的聯想，帶領聆

聽者進入一個古老文化記憶的場景裡：一種悠閒的會集，一位說唱者，一把琵琶，以帶有冷靜、清冷的生命態度，傾吐生命之種種的喟嘆。這個文化氛圍似乎有幾分瀟灑自在，悠閒寫意，但卻同時含有人世間無奈的濡沫之情。這可以說是他的理念「音樂的中國」所指向的部分──雖在現實裡，但不即現實，也不離現實。

這種講唱文學似的散文節奏在《琵琶行》裡，是此曲最重要的表達手法之一。與此曲的多宮五聲調式的音高語言一樣，成為他標準的音樂辭彙。這種語法廣泛出現在他的其他曲子裡，如《小祖母》。❽

(三) 織度與形式

廣義地說，《琵琶行》的織度，就表演的方式而言，就像講唱文學的表達方式一樣─指的是講唱者與輔襯樂器，在曲子裡相互消長、互為主屬交感的關係之結果。狹義地說，就音樂內容而言，織度在這裡指的是曲子裡音之間、旋律層次之間、音群之間，它們各自或彼此的交感的關係的結果。前者說明此曲的講唱與彈奏的關係之呈現方式，後者說明作品裡的音樂成分材料轉化為單元的型態。

《琵琶行》的織度，就狹義而言，單元之間關係的變遷是不拘的，單元的長度忽長忽短，單元座落的音域忽高忽低，單元的力度也強弱分明，如同他的音高語言、節奏語言，充滿了飄忽性。這飄忽性說明詩行意義的轉折，也說明曲子一種變化有緻的特性，也帶給聆聽者、閱讀者一種不可預期的感受。表面上整曲似乎由一些不同性格的音樂片斷，隨著歌詞的情景閃爍、匯集為一種類似萬花筒

---

❽　參閱本文末段〈遙遠的呼喚〉裡對小祖母的說明。

似的方式呈現。但就整體形式看，如作者所言：「我寫這音樂時，是想起宋代的『諸宮調』，諸宮調本身好像是很多不同的曲牌一段一段的唱……，我是採用它的這種精神，想把這種作法運用到我的作品來……，即是一小段一小段不斷的轉變。」❾這是作者在形式上表達的用心。他不同於西方藝術音樂所常見的方法，藉著動機與發展的方式來統攝一個集中的、敘述為導向的音樂世界；相反的，它是隨著歌詞的段落，賦予不同特徵的歌唱曲調而串連組成的。因而他的音樂世界顯得是開放的，是一種詩般召喚性的語言。雖然段落間的空隙通常有輔襯樂器來串場，且營造即將到來的調區所帶來的氣氛，但基本上段落間彼此強烈對照的性格（藉著不同織度、力度、速度、音高結構……綜合演出來達成），彰顯了音樂召喚性的特質。這份特質是「詩」語言的特質，它邀請其閱讀者共同參與，使音樂的最終世界，不僅是作曲者創造的，也是閱讀者生命情思、生活體驗所參與的。

　　《琵琶行》的音樂，除了說明作曲家的音樂言語外，同時也說明他普存性的音樂語言。❿這個語言根植在他的音樂理念——「音

---

❾　引自簡巧珍《60 年代以來台灣新音樂創作之研究》，博士論文，北京：中央音樂院，2002 年，第 49 頁的註 7〈一個音樂家的畫像〉，頁 168，幼獅文化事業出版，1987 年。

❿　「言語」（parole）和「語言」（Langue），取西方結構語言學的概念，此譯名與概念參閱《符號學要義》（*Elements of Semiology*），羅蘭·巴特（Roland Barthes）著，洪顯勝譯，台北：南方叢書出版社，1988，頁 33-36。言語代表一個系統下對特定對象的言說，而語言就是指那系統抽象的本身，以調性音樂為例，調性是一個系統，貝多芬的曲子，就是這一系統下的的言語了。

樂的中國」中，而他的音樂的理念，來自他對古老中國文化積澱的反省，對當代西方音樂的覃思。他的音樂理念成為一生他在現實起用的基礎，不管教學、創作、演講……，它都是它們的本源。這也使他在俗世裡，他的人格特質是一致的（言行合一），他的音樂世界是獨特的─是民族的，也是世界的；既是傳統的，也是現代的；既是詩的，也是音樂的。也因而在他的理念中體現作品裡那種「一致性」，而成就他的曲子的可資辨認性，也令人在作者無言語的論述下，依稀可見、可聽、可感他的音樂理念。那個一致性就是可被觸及的理念，可被聽得到的音樂態度或說是生命態度。

(四) 影響──遙遠的呼喚

理念之所以成為理念，就是理念在其存在的脈絡（context）中，獲得解釋，沒有了理念存在的脈絡，也就無所謂理念不理念了。理念也只不過是一個想法，或一個念頭。❶史老師的音樂理念，在它所存在的時空脈絡裡誕生了，也取得了它作為「理念」的意義。同樣地，體現這理念的作品，也因它而有了「價值判斷」意義的依據。每件作品的存在意義，也就得回歸到這理念的情境裡，才能得到它如實的顯露。

作品、理念擁有它們各自的時空緣起和合相。它們隨著作曲家

---

❶ 此段呼應 Carl Daulhaus 的〈Schoenberg's poetics of music〉裡的一句話，The conviction that a musical idea only becomes an idea at all on account of the context in which it exits meant that Schoenberg, hardly different in this respect from Wagner, considered what was isolated and unrelated be incomprehensible and insupportable. 《Schoenberg and The New Music》 Translated by Derrick Puffett and Alfred Clayton, Cambridge: Cambridge University Press, 1987, p.77。

時代的更迭而走入歷史，而參與歷史、人民、文化的積澱。今日的研討會—二十世紀中葉人文社會學術研討會，讓我們重回到史老師存在的情境裡，重新思考他對我們可能的啟示。

1.使命（vocation）——藝術音樂家本質的回歸

在七十年代當他面對一個對自己傳統音樂認識不深，對外國音樂陌生，對學習、創作無信心的年代時，他激情的呼喚聲「音樂的中國人，你在哪裡？」說明一位音樂家必須重新思考他做為音樂家的「使命」。然而「使命」在我們現在的年代裡，它似乎顯得太嚴肅、太沈重了。這個詞彙已很少被提及了。我們的年代是物質文明鼎沸的時代，是消費文化高漲的時代，是唯物為導向的價值觀的時代。具有學術研究、教育影響力的大學，在這個時期，它們滿足地、驕傲地、盲目地在凸顯大學的企業化、大學民主化、大學政治化，很少聽到有大學大學化的呼聲。每個大學注重外在世俗、流行的價值觀，大學裡的訓練（training）的意義優於教育（education）的意義。前者側重於外在的價值目標，為了滿足現行社會消費文化的需求，訓練一批有效執行的生產線的工作者；而後者是側重大學作為一個思想召喚之處，讓參與者能因聽聞起而得思，因思擇而得思，因實踐而得思，而大學的一切努力，是讓參與者回歸其自身，讓他主動的、隨機應化的面對他的人生、他的社會。

這是我們的年代，是一個典型消費型的年代，是一個決定在表面感官品鑑的年代。舉個例來說，「教學評鑑」在這年代已成為風尚，如此，課程似乎是等待學生憑好惡之心圈選決定的商品，學生儼然成為一個消費者，而老師則轉為店員般的教育服務業從業員。大環境如此，音樂的教育、研究、創作又何能倖免呢？

在音樂理論教學上，規則的理論，取代了思辯的理論；演奏上，技藝、聲音的追求，取代了音樂的表達；創作上，對外在技巧表達方式盲目性的接受、應用，取代了創作者的理念的尋找；在研究上，對他人見解的歸納整理，取代了對現象做本質的反思。

今日許多音樂家盲目地尋求一個外在的「美好」，卻不曾質疑「外在的」美好的基礎在那裡？可不可能存在？而盲目地追求技藝之餘，又可曾質疑技藝通往何處？可曾思考音樂在生命脈絡中的本質意義？他們只求讓音樂活動的種種商品化，如推銷 CD、DVD、音樂會等等，以求在這世俗生命裡的一點名聲。如此，「使命」你在哪？史老師「使命」的意識，在此時刻是否顯得令人動容呢？聽！那個「音樂的中國」的召喚聲，是否猶在在我們這個唯物主義的時代裡鏘然響起？

2. 理念做為信念

「使命」感的驅迫，必然誘發吾人實踐「使命」的渴念，並進而轉化為理念。而將理念轉為一種終生的信念，則全仰賴個人深省的工夫。這種「深省工夫」是需要條件的，需要一個孤獨的省思的心理空間，也需要有個令人困惑懷疑的對象。一個被視為一切為理所當然的環境，是激發不出任何哲思的。

我們這個年代，一切朝向規格化、全球化、商品化，我們習慣視「流行」、「民主」為面值（face value）——一切價值依消費或需要的程度而決定。我們從小就被這些所制約，而習慣，而視為理所當然。我們不曾懷疑，他們無形中成為我們俗情生命與精神的信仰。除了有一天，我們能聽到對這些「習慣」挑戰的對話，否則我們很難思考，我們僅能跟隨，且以這種「習慣」做為我們價值參照

的依據，來開展我們的生命。一樣的，我們的音樂環境離不開這時
代的趨勢。

　　音樂教育讓我們的音樂家從小就被置入一個「理所當然」的環
境裡，我們努力在學，學一個西方調性系統的語言，學一個對聲音
辨認力，和技藝操控的能力，學一個迎合大家所稱的行家的「美
好」。我們努力製造像商品般的音樂產品作為審美客體，以讓群體
社會的獨立個體可因而取得聯繫，取得交流。「學」，成為我們接
近音樂的習慣方式。「學」，使音樂逐漸邁向一個規格化、全球
化、商品化。我們似乎沒有「理念」的問題，而史老師的音樂理念
的呼喚聲，在這裡顯得是那麼突兀、沈重、不協調，又那麼的激
情、感性。在這年代，我們作曲家已不再為自我的「表現」煩惱，
他們相信在音樂歷史留下的種種技巧（如音響學派、低限音樂、十二音
列……）本身所帶起的聲音，就是音樂。他們認為對那些技巧的選
用，在樂譜簽個名字，就有他們的存在。音樂，對他們而言，就是
聲音，此外，空無所有。他們早已停止為理念之事煩惱。一樣的，
演奏家也在這順應時代趨勢的教育系統裡，鍛鍊成習於演奏因學習
而成習慣的曲子，也習於以彈出美好的音色、聲響為主要任務。作
曲家也罷，演奏家也罷，他們早已視這些常人所說的「悅耳、有效
果、感人」的聲響，就是音樂，也因而早已停止對音樂本質問題的
探問了。一切的努力就在聲音處動念頭、起計較、忙推銷、做管
理。音樂就是商品。

　　這是一個商品導向的時代，時代造就英雄，英雄創時代，實無
謂對與錯的問題。或許我們也可大膽呼應這一時代的精神而說，這
是一個無個別音樂理念的時代，是個以規格化、全球化、競爭性為

理念的時代。你同意嗎？若我們認同了，我們就停止了思想，就讓我們置入如此工業生產線的信念裡；若我們不能同意，我們就開始有反思了。

音樂若作為抒發個人情思之載體、個體生命哲思訊息的顯露，那麼音樂在教育上「學」就不等於「模倣」的意思。因而，學音樂的「學」之第一要務，就是讓學習者回歸自己，回歸自己的感受，回歸自己的感受與外在體現手段（技巧、聲音）的交互關係裡，回歸到自己的時空環境、歷史文化的積澱裡起思擇、把握。簡言之，「學」音樂的學是一種參悟，是一種不向外界求模倣，而向自己內心探問的手段。唯有如此，內在的理念才會隱隱地向我們招手，而此理念也因而成為生命的一部份，而轉為一生「覺」的信念。理念是一種想法，一種意識，但它不是意識的產物，否則理念也只不過是剎那生滅概念的遊戲（戲論，conceptual play）。史老師的音樂理念——「音樂的中國」做為他一生信念的呼聲，在那個年代以宣示般的姿態，喚起了大家對創作本質提問之回歸；但在這個年代裡，重提他的理念時，它卻以不協調、異質性的聲調，以極矛盾對照此時空的張力，召喚我們的思維。我們的音樂理念在那裡？沒有它，我們的體現物的意義又在哪？

3.理念作為整體質，作為美學範疇

理念作為創作形而上的基礎、創作的誘發，是含帶有激發創作動力的特殊的「概念」。當它推動音樂音樂化的過程，自身就消溶在音樂的織度、音高、旋律、節奏、形式……裡，最終音樂以整體（wholeness）方式出現，理念的轉化或體現才算完成，也因而理念才成其為理念，而非概念，理念才成為可聽之的理念、可感之的整

體，和可界之的一個美學範疇。沒有個人理念的創作，作品的整體表現，必然趨向作者內心所認為的一個時代、或一個風尚的理所當然的音樂觀之表現。而這樣的「表現」，基本上就可歸入同一的美學範疇之中，而不同的美學範疇，則說明不同的生命態度、生命品味、生命的寄情方式。畢竟「蕭、散、古、遠」的美學範疇，在生命情趣上是大異於「激情、崇高」的美學範疇的。

史老師獨特的音樂理念，為他的音樂世界造就一個「又遠且近，又古卻今，既陌生又熟悉」的中國情思世界。有別於他那時代的作曲家，他的獨特性、創意性，就在他對文化反思後的理念裡完成。他是一位具有文化、生命的「自覺」的作曲家，而不是一位側重流行的「巧藝」的作曲家。

他的音樂理念的美學範疇，是否能令現代的我們有所省思呢：

  1.我們的音樂理念在哪裡？音樂要表達什麼？

  2.我們的音樂觀來自哪裡——文化自覺？或時尚流行？

  3.我們對時代、生命的感懷在哪裡？

最後，讓我們一起聆聽「遙遠的呼喚」，快速地閱讀史惟亮老師的一生，聆聽他的召喚。

《遙遠的呼喚》⑫

他沈思過——為一個歷史透視不夠、傳統陌生的時代；為一個

---

⑫ 此文是特為 1986 年 11 月 3 日在台北社教館舉行的《史惟亮作品之紀念音樂》的節目單而寫，並當日刊登在中國時報，人間副刊上。

「音樂思想貧乏、缺乏創作力」的環境；為一個遺忘自己、全盤西化的音樂教育系統。他用他有限的生命，寫下了「浮雲歌」、「二十世紀的新音樂」、「巴爾托克」、「音樂的形式與欣賞」和「音樂向歷史求證」。成立了音樂圖書館，採集民歌，構劃及設立台灣第一所音樂實驗班；建立了「現代樂府」提供國人認知與鼓勵這一代中國人的創作；直接參與國立編譯館的音樂編輯，試著改變已走了樣的音樂系統（從他的參與而使中國民歌採用的比率在音樂教科書中提高）。然後用音樂去表達他對這環境的期望與那時代理想中的音樂語言。

在他的音樂作品裡，所塑造的音樂世界，有別於同時代作家所作的。「復古」不是他對民族、傳統的認知，「隨波逐流」也不是他對西方旗下音樂學習的詮釋。他以個人的智慧，生活的體驗，發現傳統的新意義，重新掌握時下新音樂浪潮背後的思想，寫下了「中國民歌變奏曲」、「中國管弦樂組曲」、「弦樂四重奏」、「琵琶行」、「前奏與賦格」、「吳鳳」、「小鼓手」……等等。這些曲子沒有一首是因循的、世襲的，每一首皆呈現「民族」、「時代」不同程度的認知。而這些不同的音樂世界裡，「自我」性的音樂語言，清楚的、有效地貫穿所有的曲子。這份音樂語言，正說明他一生中努力追求的理想，他時常以崑曲創始人崑山魏良輔做為學問、作曲及開創植基於傳統時代的音樂語言為榜樣。

他的作品之一「小祖母」，那靈活移轉中心音的五聲音階的音樂語言，配合極為適當的不同語意暗示的音樂織度（texture），巧妙地半說半唱地構畫出王文山歌詞，所暗示不同層次，灑脫、感人、不拘泥的、深植於人間現實的世界。此曲可說明他音樂語言的一般

性，與同時代作曲家所揭發的音樂語言顯然是不同的。他不做皮層的中西結合：借用西方三和絃的功能和聲體系，不分清楚中國傳統曲調的表現特質，就輕易混合一首曲子；也不依賴西方古典浪漫音樂留下有效的、觀眾已習慣的主題發展的表現方式；和其和聲與織度所帶來的戲劇性張力所推動的音樂持續性。他有彈性地因要表現的「意而造語」，因表現的「境而造語」。

　　從他所有作品之和聲語彙，句子前後文脈的關係，和大範圍的結構概念，即可看出新中國音樂語言種子已在他的時代種下。可惜，我們並沒有發覺它、灌漑它。我們讓它孤獨地躺在那裡。今夜，且讓我們深思，讓我們剎那地摒棄自我擁有的「傳統」與「現代」知識偏見，以一份坦然寬闊的心去聆聽這遙遠的呼喚。它是否依舊為缺乏民族信心，對歷史透視不夠的時代——茫然？它是否依舊為思想貧乏，缺乏創作力的音樂環境——吶喊？它是否依舊為全盤西化且走了樣的教育系統——悲憤。

1986 年 11 月 3 日　中國時報·人間

（此文之作，承國立交通大學通識教育中心潘呂棋昌教授，時賜卓見，並作文字潤飾，在此謹表謝意。）

譜例一：琵琶行 史惟亮 曲 白居易 詞

主人下馬客在船．．．．．．．．．

樂酒欲飲無管絃，— 無管絃．

譜例二：琵琶行 史惟亮 曲 白居易 詞

閒關鶯語花底滑. 幽咽泉流水下灘. 水泉冷澀絃凝絕.

凝絕不通聲漸歇. 別有幽愁暗恨生. 此時無聲

勝有聲. 銀瓶乍破水漿迸 鐵騎突出

作曲家周文中
——從文人精神到音樂教育的道路上

潘世姬

國立台北藝術大學音樂學系教授

前　言

在國內的音樂圈提起周文中，幾乎無人不曉。他是一位具有國際聲望的作曲家、也是位傑出的教育家與學者。作為哥倫比亞大學藝術學院的副院長，他桃李滿天下。他現在已經退休，但作為第三波文明的倡導者，他依舊風塵僕僕地到全球各地推動他的世界音樂合流的理念。

他以《花落知多少》一曲成名於美國。榮獲多項獎項，包括洛克菲勒文藝獎，庫薩維茨基音樂基金會委託創作，美國國家藝術基金會委託創作等。1982 年被選為美國文學藝術院終生院士（相等於我國中研院）。

〈單音做為音樂單元〉（Single Tones as Musical Entities, 1970），是周文中音樂思想最重要的一篇著作。自 1959 年起即運用可變調式

（variable mode）——源自周易——做為落實單音結構思維的創作理論。1970 年代初成立美中文化交流中心，對於美中兩國文化交流做出顯著地貢獻。1986 年爆發天安門事件後，他選擇雲南做為他實踐藝術教育理想的耕耘地，主持雲南教育再造計畫，成功地結合當地學者與國外學者、專家為藝術教育樹立全球第一個範例。

文人、人文精神與實踐

「前不見古人，後不見來者，念天地之悠悠，獨愴然而涕下。」這句陳子昂❶的詩句是 1999 年周文中在一篇名為〈文人與人文〉❷文章中的開場白。

這首詩句恰恰為周教授的文人精神做了一個最佳的註解。從 1950 年代起迄今，無論作為一位創作者亦或是位教育者，周文中是一位走在時代前端與懷著文化使命的文人。

根據筆者❸多年的觀察，周教授非凡的成就在於他敏銳的洞察力。這種洞察力是來自一種基於創造性的需要；一種對未知事物直覺的判斷力。誠如考工記所言創造是「知者創物」❹。周文中認

---

❶ 陳子昂（661-702）唐梓州射洪人，進士。唐初詩文承六朝靡麗之風，其首創沖澹，開一代風氣。最有名為感遇詩三十八篇，見於陳伯玉集《新、舊唐書》。

❷ 應邀參加想港中文大學 International Conference on Culture and Humanity in the New Millennium: The Future of Human Values 所發表的演講稿，1999。

❸ 周教授為筆者於哥大就學期間（1980-1988）的主要指導教授，亦曾擔任周教授於哥大首創之亞洲人文課程之助教，此課程亦為全美第一所大學首創。周教授認為是他對於當代藝術教育非常重要的一個里程碑。

❹ 原文為"a person with true knowledge initiates thing"，見 Wen-ren and Culture，頁 6。

為這種創造力是接近道德經所講的「道」❺。藝術即是做為通往道的一盞明燈，所以「文者以明道」❻。這種創造力是一種發自內心的，一種自覺性的行為❼。

這種發自內心、自覺性的創造力是文人所需具備的其中一個條件。所謂的文人，周文中說，「指的是一位具有淵博藝術知識的人。文人同時是一位學者或科學家、政治家，也是一位具有各種不同藝術涵養，如書法、詩詞、音樂、繪畫的藝術家。」❽

根據周教授，文人精神指的是追求真善美以及獨立、誠實和勇氣的道德使命❾。類似的言論，在周教授的文章屢屢出現。以下我們再引用兩段周教授的文章：

> 獨立及勇氣是關鍵的。畢竟無私、坦誠、誠懇以及勇氣和獨立是作為一位擁有亞洲傳統的知識份子被期待的，特別是文

---

❺　原文為"Dao as that which gives birth to things"，見 Wen-ren and Culture，頁 6。

❻　原文為"arts are to illuminate Dao"，見 Wen-ren and Culture，頁 6。

❼　周文中引自程伊川「知之深者則行之必至」，見 Wen-ren and Culture，頁 11。

❽　原文為" 'wenren', or 'the person with ultimate knowledge of the arts.' The wenren was simultaneously a scholar or scientist, a stateman, as well as an artist accomplished in a variety of artistic media usually including calligraphy and poety, and often music and painting."，參見周文中的〈音樂──什麼是它的前途？〉。

❾　原文為"stands for commitment to true quality and deep sincerity, to independence, honesty and courage."，參見〈周文中的文人與人文〉。

人的傳統，精通藝術之人。❿

獨立性是關鍵字：獨立於西方文化……自身的文化……傳統。這需要勇氣。藝術家是一位真正的人文鬥士。⓫

作為一位真正的人文鬥士的目標是什麼呢？周教授說：這樣的一個目標必須超越上述藝術領域的成就。在傳統的社會，一位偉大的藝術家或學者是被當作一位智者。這樣的一位智者其所深深關懷是社會。他有如一位先知能夠預知事物的發生⓬。然而這種關懷必須根植於一種對文化傳承的使命，這是做為文人的第二條件。

自 1950 年代開始，周教授即洞察到一個東、西文化匯流的時代即將來臨。無論身為一位作曲家、第三波文明推動者、教育家、或學者，他都走在時代的前端引領當代樂壇。

今日當代樂壇流行的世界音樂風潮席捲全球，然而早在 1957 年，當代樂壇還是以西歐為主流思維時，周文中以一篇論〈中國音

---

❿ 原文為"Indenpence and courage are the dey words. After all, commitment, selflessness, sincerity, honesty as well as courage and independence are precisely what is expected of the intellectuals in Asian tradition, particularly the tradition of wenren, the Chinese 'Persons versed in the arts.' "，發表於第十六屆亞洲作曲家大會暨音樂節，台北"Asian Music Today? What is it?"，1994。

⓫ 原文為"Independent is the key word: Independent or Western culture … of one's own culture … of conventions … . It takes curage. Artists are the true warriors for humanity." 見"Music -- What Is Its Future?", 2001。

⓬ 應邀參加加州大學，聖地牙哥分校所發表的文章，〈音樂——什麼是它的用途？〉，2001。

樂的價值與本質〉**⓭**文章，提出他對東、西音樂合流是一個未來時
代潮流也是必然趨勢之看法。之後，他即不曾中斷地倡導東、西音
樂合流的想法。如 1994 年應邀參加於台北舉行的第十六屆亞洲作
曲家聯盟大會上，他再度呼籲亞洲的伙伴們：

> 我們正處於開創音樂新世界秩序的交界點，這是一次不偏重
> 西方或東方的世界性文藝復興。來自歐洲、亞洲及其他地區
> 的音樂正匯流成一股主流。**⓮**

他對於社會關懷往往以歷史宏觀的角度出發，以超越個人微觀的視
野。他認為文化不應該是影響或被影響，而是一種匯流的過程。從
文明進展的角度而言，這種東、西合流是一個嶄新的開始。他視這
一波嶄新的開始為文明的第三波**⓯**。

　　匯流（confluence）而不是影響（influence）**⓰**是一個必要的文化態
度，因為從歷史文明的進展來看，我們認知並理解文化不是影響或
被影響的，借用或移植，而是文化之間匯流的產物，藉以分享彼此
的傳承，互補以及復興傳統。無論是發生在地表上的任何一個可能
的地理區域，如中國、日本、歐洲或美國。因此，每一個文明史上

⓭　The Nature and Value of Chinese Music, Sixth National Conference of UNESCO, Sna Francisco, 1957.

⓮　見 Asian Music Today? What is it?, 1994。

⓯　原文為"I Believe that the third force will have a significant impact on the future," Music -- What Is Its Future?, 2001。

⓰　同註**⓯**，頁 2。

的文化式微都鋪陳一個文化匯流的新契機。**⑰**

　　身為一位第三波文明的倡導者，他認為唯有東、西方藝術家以及學者能夠成功地打破彼此語言、認知、成見的隔閡時，第三波文明才可能對將來產生顯著的影響。他認為教育即是打破這種隔閡的唯一解答。因此身為一位教育家，他不畏懼背負西歐文化的出賣者於 1984 年哥倫比亞大學推出全美國第一個亞洲人文課程**⑱**。他的許多文章，從不停止對於亞洲音樂的再次復興的期許**⑲**。然而，他對有些亞洲音樂家的殖民心態也提出憂心的看法。譬如：

> 　　這幾十年有些亞洲國家在新音樂的發展已經有著顯著的進步。很不幸地，大部分的成就只能看作是一種藝術的殖民主義成果。這些新音樂，雖然技術上十分高超，但卻是西方的技巧，並沒有加入他們各自文化根源，缺乏靈魂。他們的作品中有很多確實展現了各自的傳承，不過這些傳承只是接附在西方美學和呈現其風格，並沒有真正的融合。看到這麼多才華橫溢的人不知用自己的音樂語言來表達自己的藝術思

---

⑰　同註**⑮**，頁 3。

⑱　見 Music -- What Is Its Future?, 2001。

⑲　其他相關文章見 Towards a Re-merger in Music, Contemporary Composers on Contemporary Music, 1967; East and West, Old and New, 1968; Single Tones as Musical Entities: An Approach to Strucred Deviations in Tonal Characteristics, 1970; Asian Concepts and Twentieth-Century Western Composers, 1971; Asian and Western Music: Influence or Confluence?, 1977; Asian Esthetics and World Music, 1981; Asian Music Today? What is it?, 1994; Wenren and Culture, 1999; Music- What Is Its Future?, 2001。

想，實在令我太失望。⑳

然而，身為一位第三波文明倡導者，他決不是以狹隘的民族主義為出發點批評亞洲音樂的若干殖民主義做法。恰恰相反，他立基於宏觀的文化、歷史視野對殖民主義的做法提出他個人的意見，他認為這些亞洲國家移植異質文化的做法並不合乎文明的進展㉑。

回顧人類兩次重要的文明史，如西方的文藝復興、東方的貞觀文化，都是在客觀的社會、歷史、政治、經濟條件下單一文化與異質文化經由衝擊、激盪，而後融合產生一個嶄新且具有生命力的文化㉒。

因此，對於一位當代的西方人或亞洲人而言，一種包容的文化態度及視野就變得十分重要。這樣的一種包容態度正是當前教育所需要的一種新視野㉓，這種包容態度不僅適用於亞洲社會，也適用於西方社會。這種態度是基於雙方對各自文化所面臨的挑戰與其回應必定有所不同㉔。

以今日亞洲的客觀形勢而言，移植文化的殖民心態已經不適用於第三波文明的這股勢力。周文中以為人類對於世界的態度正在改變，這些是：1.對於自然資源以及貿易的態度是由佔為己有轉為相互合作；2.拓展心智、自然，與空間取代尋找新大陸以及殖民地；

⑳　見 Asian Esthetics and World Music, 1981。
㉑　見 Music -- What Is Its Future?, 2001。
㉒　見湯恩比，陳曉林譯，歷史研究，1987。
㉓　見 Asian Music Today? What is it?, 1994。
㉔　見 Music -- What Is Its Future?, 2001。

3.現代化的過程使得多國共同分享科技與經濟成長；4.文化交流成為國際關係的主要力量取代因貿易或殖民化的附屬品❷。以音樂教育而言，該如何進行才能夠避免陷入如第一次文藝復興時的文化無知呢？首先，我們必須意識到亞洲音樂文化的復興情況與西方大不相同，因為來自不同的文化傳統必有各自回應挑戰的不同方法❷。周文中說：「對於亞洲作曲家，情況卻大不相同。從任何一方面來看，對於亞洲作曲家而言西方的影響是一種現代傳統。……在本世紀開始，歐洲音樂便風行全球，而重要的是了解非西方文化的美學觀在此不可忽視的影響力。」❷

因此周文中認為進行教育改革和積極地參與文化變遷是當務之道。他說：「五百年前各種文化變遷席捲西歐。這個變化，有大部分原因是來自非西歐的思潮與事件。當時世界上其他地方並沒有察覺這個改變，因而未能積極參與，所以他們注定無法對它產生影響，並不可避免地成了無辜的犧牲者。」❷

周文中提倡的是一種包含東、西文化的雙軌並進音樂教育課程。他認為唯有對東、西方文化有通盤的了解，我們才可能對於第三波文明有所期待❷。在邁向這種雙軌並進的過程中，周文中也特別強調自我教育的重要性，他說：「自己就是最好的老師。」❸在

---

❷　同註❷，頁 7。
❷　見湯恩比，歷史研究，1987。
❷　見 Asian Music Today? What is it?, 1994。
❷　見 Asian Music Today? What is it?, 1994。
❷　同註❷，頁 15。
❸　同註❷，頁 14。

這個自我教育的過程，誠如一位智者，周文中不斷地提醒學子誠實、獨立與勇氣的重要。同時，他也強調學習尊重來自其社會的藝術家（可以是西方的，可以是東方的，也可以是包含或超越東、西的）❸❶。

這種教育最終的目標是什麼？周文中說：

> 這種多軌並進的課程最終的期待，對文化全心關切，積極參與文化變遷，對變遷的前因後果瞭若指掌，並對其成果有所期待，是維護世界安定及計畫未來時的必備條件。❸❷

作為一位尊崇儒學的文人，周文中不僅關心其所身處的社會，提出見解，並進而提出當前音樂教育的解決之道。雖然他對當前東、西音樂教育的諸多不滿與失望❸❸。然而他始終懷著儒家文人的天真氣質，不斷地抱著希望進行第三波文明的教育改造工程。他自 1990 年起，深入雲南並肩負雲南教育再造的艱鉅工作。這項結合專業人士、社區領袖、民族藝師、藝術家、老師及學生、民間基金會以及當地政府的藝術教育課程再造工作持續十年並獲得空前絕後的成就，為周文中所謂理想的藝術教育模式樹立一個前所未有的新典範❸❹。為了實踐這種教育對於人類文化關切的最終目標，周文中於 1999 年在雲南舉辦一場結合文化保存、與經濟和社會發展的會議集結全球關心整體文化發展的專業人士彼此互相學習不同的議題與

---

❸❶　見 Wenren and Culture, 1999。

❸❷　同註❸❶，頁 15。

❸❸　見 Wenren and Culture, 1999; Asian Music Today? What is it ?, 1994。

❸❹　見 Leadership Conference on Conservancy and Development, p.3, September 12-19, 1999。

使命，職業與章程，傳統與社會❸。

　　經由上述，我們了解在周文中長期的文化工作中，他不斷地經由自覺性的活動體現文人畢生的兩大課題——創造性與文化傳承。在中國文人的傳統中，透過禮樂的訓練是達到有「德」❸之人理想方式。也就是孔子所說的「有文德之人」❸，或是柳宗元的「文者以明道」❸。這個道就是馮友蘭❸所說的「德」❹，德的最高理想就是「仁」❹。基於「聖人深慮天下」❷，他關切全球的藝術教育，如在哥倫比亞大學推動亞洲人文課程；倡導第三波文明推動東、西音樂的合流；深入雲南推動當地藝術教育再造等工作。誠如《樂記·樂情》篇所言：「德成而上，藝成而下；行成而先，事成

---

❸　同註❸，頁 7。

❸　原文為 "greatness of music lies not in 'perfection of artistry' but in attainment of 'spiritual power inherent in nature.' "，見 Towards a Re-Merger in Music，頁 309。

❸　原文為 "the person with ultimate knowledge of the arts."，見 Wenren and Culture，頁 6-7。

❸　周文中引自柳宗元，原文為 "arts are to illuminate Dao."，見 Wenren and Culture，頁 6。

❸　馮友蘭（1895-1990）哥倫比亞大學哲學博士，北京大學哲學系教授。中國著名之哲學史家，其鉅作《中國哲學史》是一本探討中國文化之源起和傳統的文化精神。

❹　見馮友蘭《中國哲學簡史》，頁 41。「道集中於個體之中，作為人的自然德性，這就是德，翻成英文的 virture，最好解釋為內在於任何個體事物之中的 power（力）。」

❹　同註❹，頁 53。

❷　周文中引自呂氏春秋，原文為 "the sage is deeply concerned about the society."，見 Wenren and Culture，頁 6。

而後。」這樣的人生正如唐君毅所言是一個追求以精神自覺的實現取向的人生❹。這樣的人生是以道德理想為目標。

　　周文中同時認為這種創造性與文化傳承還必須具有當代性與前瞻性。周文中在〈文人與人文〉一文中，以周敦頤的「誠者聖人之本」❹期許當代文人的時代風範。這是一種對自己誠實，對藝術誠實，對自己所屬的文化誠實❹的創作態度。

音樂思想與實踐

　　二十世紀前半的當代樂壇主要是以西歐音樂為主流，作為第三波文明的倡導者，周文中自 1960 年代起❹，即積極推動以東、西音樂匯流作為未來世界音樂的主流。從若干主要西方文獻都一致地指出周文中音樂創作上的成就就是其成功地將中國傳統文化特質與西方當代音樂的技巧融合為一個獨特的風格❹。

---

❹　見唐君毅《中國文化之精神價值》，頁 496，1991。

❹　原文為"sincerity is the essence of a sage."，見 Wenren and Culture，頁 10。

❹　侯惠芳《我看音樂家》，頁 43。

❹　Towards a Re-Merger in Music 首先發表於 1965 年接受紐約電台 WBAI 的訪問稿，之後周文中整理成文章，同時被收錄於 Contemporary Composers on Contemporary Music。而第一次以西文發表有關東、西音樂匯流的文章是 1975 年的 The Nature and Value of Chinese Music。另外 1961 年發表於文星雜誌〈論東西音樂合流和世界音樂前瞻〉則是最早以中文發表有關東、西音樂匯流的一篇文章。

❹　見 *The New Grove Dictionary of Music and Musicians*, 1980; *Dictionary of 20th-Century Music*, 1973; *Contemporary Composers*, 1992; *American Composers*, 1982; *Four Asian Contemporary Composers*, 1983; *Twentieth-Century Music*, 1974。

〈單音作為一個音樂單元〉（Single Tones as Musical Entities），是周文中最重要的音樂思想論述，同時也是筆者認為周文中實踐可變調式（variable mode）❹理論最重要之思維依據。目前探討周文中音樂的論文❹是集中在下列的四個議題：(1)亞洲音樂之精神與理論相互關係性（Kwan, 1996; Huang, 1991; Chew, 1990）；(2)易學及其轉化為可變調式（Lai, 1995; Kwan, 1996）；(3)高音結構理論（Lai, 1995; Kwan, 1996）；以及(4)東、西音樂融合（Chang, 1995）。但是對於單音結構思維作為結構可變調式理論的最重要依據卻缺乏相關的論述。缺乏論述的其中一個主要原因是單音結構思維是一種原則，而不是作為一種可量化的理論。另外，值得留意的是〈單音作為一個音樂單元〉一文寫於 1970 年。而周文中自 1959 年的《隱喻》起迄今一直是以可變調式作為其音樂創作的理論架構。作品《變》❺完成於 1966 年。我們或許可以說周文中早自 1959 年起即試圖以單音結構思維作為一種美學基礎，同時透過可變調式實踐這個源自周易的美學觀。

---

❹ 周文中自 1959 年起的創作以來，除了《漁歌》與《霧中的北京》外，其餘的作品均運用可變調式。

❹ 見 Kenneth Kwan, *Compositional Design in Recent Works of Chow Wen-Chung*; Seok-Kwee Chew, *An Analysis of The Selected Music of Chow Wen-Chung in Relation to Chinese Aesthetics*; Peter M. Chang, *Chow Wen-Chung and His Music*, Joan Qiong Huang, *An Early Fusion of Oriental and Occidental Ideas -- A Discussion of the Characteristics of Three Orchestral Works by Chow Wen-Chung*; and Eric Lai, *A Theory of Pitch Organization in the Early Music of Chow Wen-Chung* 等五篇博士論文。

❺ 《變》是周文中自己認為最接近易的一部作品。

　　因此，以下擬探討單音結構思維與可變調式背後的相關儒家音樂思想，以期了解周文中如何將儒家形而上的思想轉化，並以新儒家周敦頤❺❶的陰、陽兩儀論為基礎，試圖建立一個具有前瞻性、獨特性與世界性的音樂風格。誠如普希金所言「作品創作過程中主要的和具有決定意義的東西還是思想」❺❷。因此以下將不針對單音結構思維與可變調式的理論部分❺❸做探討，而將透過周文中本人引自儒家之相關音樂思想，以試探統攝單音結構思維與可變調式其背後的儒家思想體系❺❹。

　　孔子是中國人文精神開啟者，並且確立中國文化與哲學的一體性❺❺。人文精神的特質是中、西文化本質上最大的不同❺❻。了解中國文化的特質就是了解人文精神的特質。周文中認為中國文化的精神就是來自易經❺❼。

---

❺❶　周敦頤（1017-1073）宋道洲人。他是新儒家中第一位講宇宙發生論的哲學家，著有《太極圖說》。

❺❷　見 B.C. Menlax, 《創作過程和藝術接受》，頁 97。

❺❸　Eric Lai 以及 Kenneth Kwan 的博士論文各有詳盡的分析與討論。

❺❹　雖然周文中的主要音樂思想是以儒家為底發展而成，不過卻同時也融入道家崇尚自然與樸質（或簡潔）的美學觀。見 Asian Esthetics and World Music, 1981，周教授表示道家的崇尚自然，對亞洲藝術產生極大的影響，莊子的天、地、人三者間自然和諧的概念即是中國哲學的重要觀念。唯本文不擬開展莊子對於周文中音樂思想的重要性。

❺❺　見唐君毅《中國文化之精神價值》，頁 45-55。唐氏以「中國文化是自覺地求實現區別於西方的自覺地求表現。」相似的論點也見於馮友蘭之《中國哲學簡史》頁 6-8。馮氏認為中國哲學在於提高心靈的境界，是個體證道的過程。

❺❻　見唐君毅《中國文化之精神價值》，頁 496。

❺❼　見潘世姬〈回歸中國的創作原典──訪周文中談中國創作觀〉，《表演藝術

　　道是周易的主要思想，也是儒家宇宙的本源，是萬物生成幻化的原理。馮友蘭在其《中國哲學簡史》指出這個文化特質是一個以天、地、人所建立起來的宇宙體系。⑱這個體系透過漢朝的儒家代表人物董仲舒⑲進一步結合易傳的道——陰、陽兩極——確立儒家的宇宙論。這是《易傳》中最重要的形而上觀念。這個道是多樣的，是宇宙萬物各類分別遵循的原理，同時也是統一的萬物生成變化所遵循的原理⑳。董仲舒也跟孔子一樣認為人的行為必須符合天道㉑。董仲舒在《立元神》中進一步指出「天、地、人萬物之本也，天生之，地養之，人成之」。同時他也提出透過禮、樂的教化㉒使人達到與天、地同等的地位㉓。

　　《易傳》中陰、陽兩極的基礎是數㉔。周敦頤的《太極圖說》則依據《易傳》的太極進一步構成一部完整的儒家宇宙論。同時源自周易中「一」的概念也是周文中的單音結構思維的基本理念。

雜誌》40，1996，頁32。

⑱　見馮友蘭《中國哲學簡史》，頁 228。唐君毅在其《中國文化之精神價值》也有相同的看法，頁 477。

⑲　董仲舒（B.C.179-104）漢廣川人。他不僅建立了中國的考試制度同時也建立了以儒家經典作為中國考試的基礎。著有《春秋繁露》。透過董仲舒的努力，將周易的思想結合儒家的政治、社會、倫理學成為漢朝以降儒家宇宙論思想的本體論。

⑳　見馮友蘭《中國哲學簡史》，頁 197-203。

㉑　同註⑳，頁 228。

㉒　同註⑳，頁 228。

㉓　同註⑳，頁 233。「道之大原出于天，天不變，道亦不變。」

㉔　同註⑳，頁 167。

這個「一」的概念就是老子的「道」❻❺，也就是任何事物和每個事物都是由道而生。宇宙萬物的每個事物各有一個可名的類，每類都有一個名，而最後每個名也都歸於「道」。

這個支配宇宙萬物的每個事物各有其名的原則是朱熹❻❻所講的理❻❼。朱熹認為「太極不僅是宇宙全體的理的概括，而且同時內在於萬物的每個種類的每個個體之中。每個特殊事物之中，都有事物的特殊種類的理；但是同時整個太極也在每個特殊事物之中。」❻❽理的世界是個形而上的世界，朱熹說：「天地之間，有理有氣。理也者，形而上之道也，生物之本也；氣也者，形而下之器也，生物之具也。是以人、物之生，必稟此理，然後有性；必稟此氣，然後有形。」❻❾這個理與氣的理學思維正是周文中展開單音結構思維與可變調式的重要基礎。

在他的單音結構思維一文，周文中引自《樂記》❼❶的聲、音、樂的三種不同類名：

---

❻❺　《道德經》，第四二十章「道生一，一生二，二生三，三生萬物。」

❻❻　朱熹（1130-1200）南宋理學家，進士。他的學說，被視為理學正宗，對後世影響相當大。著有《太極圖說解》、《四書集注》、《周易本義》、《楚辭集注》等。

❻❼　見馮友蘭《中國哲學簡史》，頁 326-329。朱熹認為「我們所見的宇宙，不僅是氣的產物，也是理的產物。事物有不同的種類，是因為氣聚時遵循不同的理。」

❻❽　同註❻❼，頁 341-342。

❻❾　同註❻❼，頁 342。

❼❶　荀子的《樂記》是中國音樂文獻上第一個確立聲、音、樂為三個不同的概念：樂依音而立，音依聲而立。聲指的是宮、商、角、徵、羽等個別的音高。

是故審聲以知音，審音以知樂。**⓲**

不知聲者，不可與言音，不知音者，不可與言樂。**⓳**

這不僅說明單音本身是一個音樂單元，同時也可以是一首作品文本中的音樂事件。單音可被解讀為有意義是因為其種種的聲學屬性**⓴**。這裡周文中很清楚地指出單音的概念是由構成一個具有生命實體其內在種種聲學屬性以及不同時間單元決定的，而不是僅依一種聲學屬性──如高音──決定的，或者一種時間單元決定的。周文中並在另一篇文章更進一步說明聲、音、樂三者的不同**㉑**。周文中在〈單音作為一個音樂單元〉一文指出，單音之聲學屬性包含：音高、音值、方向、音色、力度等五個類名。這種包含時間與空間並時性的單音結構觀念是東方音樂獨有的表現方式**㉒**。

⓲ 原文為"One must investigate sound to know tones, investigate tones to know music."，見 Single Tones as Musical Entities, p.88。

⓳ 原文為"without the knowledge of sound …. One can not speak of music."，見 Single Tones as Musical Entities, p.88。

⓴ 原文為"single tones, rendered meaningful by their acoustic attributes, are musical entities by themselves as well as musical events within the context of a composition."，見 Single Tones as Musical Entities, p.88。

㉑ "Sheng refers to sound in general, are use for the terms music, scale-tone, sound and musical tone", "Yin is used for music in general, sometimes that of an inferior nature", "Yue refers specifically to music of the highest order. It impolies a musical tone that is defined in terms of its two primary acoustical properties, i.e. pitch and timbre"，見 Asian esthetics and World Music, p.27。

㉒ 在〈單音作為音樂單元〉一文中，周文中提到這個獨有的東方音樂表現，也就是他的老師 Edgard Varese（1883-1965）所說的生命實體（living

　　單音做為一個有生命實體的音樂單元，在可變調式是更進一步地透過數❼的方式（1,2,3）來產生六個調式，並且每一個調式各控制五個音樂參數（類名）：音值，力度，運音，音色，以及外型。

　　數「1」成為可變調式的最基本元素，易卦的最基本單位為爻，陰爻與陽爻相生構成卦，每一卦由三個爻組成。周文中以「1」代表陽爻，「0」代表陰爻，因此乾卦為 111；坤卦為 000；震卦為 100；巽卦為 011；坎卦為 010；離卦為 101；艮卦為 001；兌卦為 110。

　　每一卦的六爻個的位置由下而上分別代表天、地、人的象位❼。周文中將一個八度切割為三個大三度由下而上分別代表地、人、天三個象位：

經由結合數「2」與「3」產生可變調式的各種音高及控制節奏的方式。就高音結構而言，1 代表 ic1（小二度），2 代表 ic2（大二度），3 代表 ic3（小三度）。這三個音程是構成陰爻與陽爻的基礎。以《變》而言，陰爻的音程結構為 ic2＋ic1，陽爻的音程結構為 ic3。以此音程結構鑲入一個八度就產生一個完整的可變調式。以

substance），但西方要到二十世紀才由 Varese 第一次提出。

❼　見 Kenneth Kwan, *Compositional Design in Recent Works of Chou Wen-chung*, 1996。

❼　《周易》的六十四卦，每一卦的六個爻各有其象，各有其位。

乾、坤卦為例，其可變調式為：

數「1,2,3」也是作為周文中控制節奏的基本單為，譬如：

周易中陰、陽兩極相生的觀念是周文中可變調式系統的另一個思想
基礎❼。作品《變》中的可變調式設計即是以這種陰、陽兩極相生
所產生全曲的音高❼。周文中以數（1,2,3）作為制約一首作品音高
與節奏的基礎，經由其結合陰、陽兩爻衍生出八個經卦（乾卦、坤
卦、震卦、巽卦、坎卦、離卦、兌卦、艮卦），作為一首作品音結構的來

---

❼ 乾卦與坤卦象徵天與地；震卦與巽卦象徵雷與風；坎卦與離卦象徵水與火；
　　兌卦與艮卦象徵澤與山。因此，周文中依卦與卦之間的相生關係設計其可變
　　調式在音樂事件過程中的結構功能，參見註❼。

❼ 以前 27 小節為例，震與巽（第 1-2 小節與第 4-6 小節），兌與艮卦（第 8-10
　　小節與第 11-12 小節），坎與離卦（第 13-15 小節與第 16-20 小節），巽與震
　　卦（第 21-22 小節與第 24-27 小節）。

源，並經由變音的設計進一步提供調式的變化。同時，陰與陽也代表調式運行的兩個對立方向：上行與下行。據周文中自己的說法，所謂的可變調式就是易經調式，也即經常的轉變和循環⑩。誠如周文中在《變》的樂曲解說上表示：在思想上，《變》與易經中的易同義。易的意義就是這部作品真正的精神⑪。易的精神與實踐也是周文中作為一個文人在文化傳承與開創性上對當代音樂文化最卓越的貢獻。

結　論

道是周易的主要思想，是儒家宇宙的本源，是萬物生成幻化的原理。周易作為儒家解釋宇宙的起源論，循著董仲舒、周敦頤、乃至集大成的朱熹發展而成的形而上學，也成為周文中的音樂美學、哲學及理論基礎，由此乃發展出單音結構思維與可變調式。

然而作為一位文人，周文中追求的是「志於道」而不是「游於藝」的人生理想目標。基於對全體人民的關懷，周文中自 1950 年代起已經洞見到世界音樂的趨勢，他積極倡導第三波文明──東、西文化合流的世界音樂主流。

---

⑩　見潘世姬〈回歸中國的創作原點──訪周文中談中國創作觀〉，《表演藝術雜誌》40，1996，頁 32。

⑪　原文為"In philosophy, pien is synonymous with the term I or I Ching, which refers to, on one level, simplicity from which complexity is evolved; on another level, phenomena out of complexity; or still another level, conglomeration and dispersion of phenomena; and finally invariability. The meaning of I is the underlying principle of this work."

教育是推動這股第三波文明的重要力量,是維護世界安定和計畫未來以及積極參與文化變遷的必要條件。他積極推動各種教育改革,影響最深遠的兩件改革是在哥倫比亞大學開設全美國第一個亞洲人文課程,以及深入雲南推動當地的藝術教育改造運動。他的教育理想是透過藝術的陶冶,輔以多軌並進文化課程,最終的目標是培養下一代對自己文化的自信與對異質文化的開放、包容態度,這是一種以人為本的創造性教育。

身為第三波文明的倡導者,周文中的文人生涯是積極的,是具有創造性的。同時他的教育理想也是立基於以人本為中心的。綜觀其一生所努力的,誠如周文中在〈文人與人文〉一文中引自李翱的「聖人者人之先覺者也」,他所追求的正是孔子的「志於道,據於德,依於仁,游於藝。」㉒天、地、人合一的真、善、美世界。以創造性與文化關懷乃至傳承㉓為人生目標,最後達到「樂以載道」的太和世界㉔。

後記:謹以此文獻給今年適逢 80 華誕的恩師——周文中。特別感念周教授以身教的方式循循善誘地帶領我走入一個誨人不倦的教師行列。

㉒　見《論語·述而篇》。
㉓　見周文中 Wen-ren and Culture。
㉔　見馮友蘭《中國哲學簡史》,頁 206。「易乾卦《篆辭》說:大哉乾元!……保合太和,乃利貞。」

殷海光先生（1919－1969）
的志業與台灣的民主發展

林毓生
美國威斯康辛大學麥迪遜分校歷史學系退休教授

一、殷海光獨立人格及其自由主義的政治意義

　　殷海光先生服膺五四初期所鼓吹的自由主義，常喜徵引艾克頓公爵的名言——「權力趨向腐化，絕對的權力絕對地腐化」——來說明中國現代史的病根之一是：沒有辦法限制與監督政治權力的擴張與濫用。他認為中國經過各式各樣、天翻地覆的革命以後，到頭來益發使人知道，建立類似英美文明發展出來的自由的價值、人權的觀念、民主的憲政、與發展建基於經驗的理性，才是中華民族應走的康莊大道。殷先生時常慨嘆，早期五四精神與風格在台灣的失落；而重振五四精神，徹底實現五四早期所揭櫫的自由、理性、法治、與民主的目標，乃是救國的唯一道路。

　　殷先生的這些理想，並不是說說就算了。他是以他的生命來肯定這些理想，堅持這些理想的。殷先生說：「本乎理性的認識而建

立的信仰,是值得用生命去保衛的。」（殷海光著《殷海光選集》〔香港:友聯,1971〕,Ⅰ,169。）他在給他的一個學生的信上說:「書生處此亂世,實為不易,像我這樣與眾不同的人,生存當然更為困難,往後的歲月,可能苦難更多。自由和真理及正義的追求,是要付出代價的。」

殷先生在到台以後的歲月中,由於堅持理想所遭遇的政治迫害,與他面對這些迫害所展現的「威武不能屈」的嶙峋風骨,以及他對事理公正的態度與開放的心靈,對知識的追求所顯示的真切,和對同胞與人類福祉的關懷,在在使我們感受到一位中國自由主義者於生活與理想之間求其一致的努力所釋出的人格素質。什麼是人格素質?用韋伯的話來說,那是來自一個人底「終極價值與其生命意義的內在關聯的堅定不渝。」❶

最近看到一些年青作者對於殷先生的一些（涉及別人的）激越或峻急的言論以及他對於他所不喜歡的人的態度和他在學術上並無國際水準的原創貢獻的事實,頗有批評。這些批評,大都是有根據的。然而,我卻覺得意義不大。因為殷先生的主張與堅持所蘊涵的意義,主要是在公共領域內所產生的**政治**意義;何況殷先生對於他的一些「不平衡」的舉止與言談並非沒有自覺與自省。

要談殷先生的主張與堅持的政治意義,就需先對「甚麼是政治」作內部區分。許多人認為「政治」就是爾虞我詐,爭權奪利;

---

❶ 韋伯著,錢永祥編譯:《學術與政治:韋伯選集（Ⅰ）》增訂再版（台北:遠流,1991）,頁 308。原文英譯見 Max Weber, *Roscher and Knies: the Logical Problems of Historical Economics*, try. Guy Oakes (New York, 1975), p. 192.

然而，這只是中國法家式的理解。事實上，在內心被權力慾與虛榮心所充斥，表面上看來相當得意的政客底行為的背後，卻是一個虛脫的心靈：內在精神的軟弱與無能使他只能用下流、疲乏、與淒涼的態度來面對「甚麼是人生的意義？」這個問題❷。

另外一個對於政治的理解，則是亞里斯多德式的。政治是公民們參與公共領域內政治過程的行為。為甚麼要參與政治過程？因為在公共領域之內的問題是大家的事，有其開放性，不是在事情還沒有討論與決定之前，就已經有答案了。所以，每個公民都有責任參與公共事務。責任感當然蘊涵獨立與自主意識；如果公共事務完全由統治者來決定，其後果應該由統治者來負，一般人無法獨立參與政治，當然也就不存在責任的問題。亞里斯多德甚至認為，人之所以為人的意義是參與他所謂的政治；所以他說：只有比人高的神與比人低的獸，不必參與政治。（亞里斯多德，《政治學》1253a 27-30。）

從這個觀點來看，殷先生言行的意義在於：在一般人不被允許參與政治的條件下，他受到了作為一個公民所必須具有的責任感的召喚，以他那震撼人心的道德熱情為原動力，硬要參與政治過程所發揮的政治性影響。殷先生說：「惟有對民族、對國家、對當前危局抱有嚴重責任者，才不辭冒險犯難、據理直言，據事直陳。」（《全集》，XI，244。）當時普通公民唯一參與政治過程的管道是言論的領域，在「白色恐怖」的年代，殷先生以一個讀書人扮演了近

---

❷ 這句話是融合我自己對於政客的觀察與韋伯的譴責而寫出的。參見 W. G. Runciman ed., *Max Weber: selections in Translations* (Cambridge: Cambridge University Press, 1978), p. 214.

似反對黨的角色。在那個年代，大多數知識份子對於政治避之唯恐不及，而殷先生卻逆流而行，在這種情況之中，他的那些激越或峻急的言談是可以理解的——從參與政治過程的觀點來看，我們甚至可以說，是難免的。

二、殷海光底自由主義的主要內容
——兼論台灣的民主發展

中國自由主義，由於先天不足，後天失調，自嚴復和梁啟超以來，其純正性在許多方面一直是很有問題的。概括言之，嚴梁兩位的居間性關懷（在不涉及其基本國族主義關懷的個別情況下），也曾把個人自由當作價值來講；但，作為價值的個人自由，在他們思想中的地位，並不穩定。他們之所以提倡自由與民主，主要是鑒於英美是兩個講究自由、民主的國家，同時是國富兵強的國家，所以在他們國族主義的籠罩下，很自然地把自由、民主與國族富強看作是具有一種功能的關係。他們所提倡的自由與民主，基本上，是為國族主義服務的，是國族主義大前提之下的手段。

到了五四時代，思想的主流是提倡個性解放。激烈的反傳統主義之所以風起雲湧，主要是由於知識份子痛切地感到種種壓抑與束縛個人的傳統文化、社會與政制是不能忍受的。在這個脈絡中，個人的重要性當然提得很高。個人自由的觀念是隨著反傳統主義增強而增強。換言之，五四時代早期對個人愈形顯著的關懷是激烈反傳統思潮興起的結果。

五四早期的個人主義所肯定的個人價值，在中國的環境中並不是道德的基設（presupposition）。從五四反傳統主義者的主觀觀點來

看，他們的確是把個人價值當作「價值」。但是，他們立刻把這個「價值」變作反傳統的依據，而且認為這樣的「價值」是與國族主義並行不悖的。正如嚴梁那一代人一樣，五四反傳統主義者也認為個人「價值」，對於促進國族主義能夠產生有效的功能。

與嚴梁一代與五四一代的中國知識份子在提倡個人價值的時候把個人價值當作國族主義或反傳統主義的手段構成強烈對比的是，殷先生的自由主義是以個人主義為基礎的。所以，我們可以說殷先生的主張是：個人主義的自由主義。這種自由主義建立在個人為一不可化約的價值上，所以每個人的人權不可侵犯。它反對任何夾帶著集體主義成份的自由主義（包括把個人自由當作國族主義的手段的嚴復、梁啟超式的「自由主義」）。而殷先生的反傳統主義，則是他的個人主義的自由主義的手段。

殷先生的個人主義的自由主義，既然反對國族主義，那麼，為什麼他為台灣付出那麼多？為什麼他為了台灣能夠實現民主與自由而竭盡他的生命力？易言之，他的愛國主義是否是另一種國族主義？把殷先生的愛國主義形容成為另一種國族主義，是不妥當的。殷先生反對任何形式的國族主義的立場，與前引英國自由主義思想家艾克頓公爵近似。艾克頓說：「國族主義使民主無效。因為它（民主）被一個更高的原則所取代。」

不過，殷先生確是一位偉大的愛國者。用法國自由主義思想家托克維爾的分析範疇來說，愛國主義有兩種：本能的愛國主義（instinctive patriotism）與反思的愛國主義（reflective patriotism）。任何形式的國族主義都是本能的愛國主義。而反思的愛國主義則是反對本能的愛國主義的。最根本的理由是：㈠本能的愛國主義（即：任何形

式的國族主義），不但不易造福國民，反易帶來災難；㈡本能的愛國主義，正如艾克頓公爵的睿識所顯示的：它直接威脅個人主義的自由主義者所肯定的價值。

講到這裡，另一個重要的問題自然出現：為什麼殷先生對於維護個人尊嚴與個人價值的人權觀念，那樣地堅持——那樣在政治迫害中絕不退讓，以其全付生命堅持他作為人的個人自由與個人尊嚴？殷先生的堅持，展現了康德所說在道德上的 categorical imperative（定言令式），以及在言論領域中政治判斷與政治行為的悲劇精神。殷先生早在 1957-1958 年便大聲疾呼——雖然他明知不會被蔣氏政權所接受而且還極可能惹來政治迫害——政府不應以「反攻大陸」為藉口來控制人民，欺騙人民，以致使「人權、自由受到嚴重的妨害，政治向著反民主的道路上發展」。（《全集》，XI，519。）殷先生認為，政府大部分的措施，與其為了可行性不高的「反攻大陸」而設計，與其為了這個渺茫的目的而投入大部分資源，不如從事長治久安的**基礎建設**。這種「真正該做的事」（《全集》，XI，533。）乃是「從具體的積極的建設行動中求民主之實現，這樣才不致落空。……必須全國人民以憲法為張本，善用民主方式……洗刷舊污的勢力……民主運動需要教育與文化為基礎。」（《全集》，XII，633。）

關於殷先生的道德堅持，他本人並未做後設式的探討與闡釋。他只做不說，從他自己的觀點來看，對於自己行為的道德性質與道德資源加以闡釋，是不妥當的。這種像是自我宣傳的做法，是沒有尊嚴的。另外，從他多年來相信的邏輯實證論的觀點，也無從解釋起。（為什麼一個邏輯實證論者有那樣的道德堅持，而常把道德、仁義掛在嘴邊

的人，在行為上卻常常沒有道德的堅持，確是世間的 mystery 之一。）

　　不過，殷先生的道德堅持，事實上，可從康德哲學的觀點，加以解釋。康德所講的「人的尊嚴」來自他所界定的道德自主性（moral autonomy），而道德自主性的最重要意義是人的自律（人在道德上的堅持）。（所以康德與其他比較深刻的西方自由主義思想家，均不認為僅靠解放便能獲得自由。人當然不允許他律〔及它律〕來宰制，但從他律〔及它律〕中解放出來的人，如不能自律，仍然沒有自由、沒有尊嚴。）人的自律是來自（超越的）本體界底純粹實踐理性（pure practical reason）。而純粹實踐理性，在本體界中是與上帝共相（共質）的。易言之，康德認為人性是現象界的一部份，而人的理性並非人的特性，是與作為理性化身的上帝共有的。說到底，康德哲學中的「人的尊嚴」，並非本自人性，而是本自本體界的理性；所以康德哲學不是人本哲學。

　　這種本體界的理性所賦予的「人的尊嚴」使人成為目的。在文明生活中，人絕對不可只當作工具來使用。因為人是目的，所以不是用價格可以衡量的主體。凡是用價格可以衡量的東西，通常可由相同價格的東西所取代。人作為一個目的是不可取代的，是無價的。所以，作為一個理性的生命，本身是一個沒有條件、不可比較、具有道德自主性的主體。正因為人是一個具有尊嚴與自由的主體，他具有 natural claim on 政府和所有其他人，以他作為目的的存在來對待他。換言之，他本身具有天賦人權（natural rights）。人權是法律、政治、和社會的條件，這些條件**強制地**加諸政府及社會中每一個人。

　　近年來，台灣的中文世界流行「人本主義」這個名詞。（「愛」這個字，也常常出現。）從康德的觀點來看，是不妥的，甚至

是危險的。康德雖然並不否認愛的重要性，但他卻對未被實踐理性節制的道德感情，心存警惕。道德感情本身無法必然走上正確的道路，而且以愛為主導的社會，不易獲得公正。因為由愛可以生恨，而且環繞著愛的德行所形成的社會，不易產生平等，甚至製造奴性。愛的施與，使接受愛的人的獨立性受到威脅，容易依附在施與愛的人對他的態度之上。只有權利主導的社會，人的獨立性才真正獲得保障。不過，在那樣的社會中，人情味是比較淡的。

另外，殷先生在言論領域中所展現的悲劇精神的意義在於，人作為一個有限的生命，在他追求真、善、美、或愛的過程中，雖然由於宇宙本身的缺陷與不足（包括許多人性格中的陰暗面——貪婪、嫉妒、權力慾等等❸——所產生的破壞力和世間種種陰錯陽差所造成的阻撓），以致使得這樣的追求無法達到目的，甚至遭受挫敗或死亡；但，他的追求本身卻肯定了真、善、美、或愛的存在，並接觸到了這些「真實」的力量所蘊涵的無限與超越。因此，悲劇精神給人以崇高之感。

殷海光先生之所以「不辭冒險犯難」，堅持發表他的上述主張，認為那是他作為公民的「嚴重責任」，主要是因為他清楚地認識到他的主張具有持久的、人間現實的真理性、福利性、與公共

---

❸　一般討論悲劇的起源時，對於許多人性格中的陰暗面均用人性來概括。然而，我對於那樣整體性的（holistic）解釋，頗感疑惑。因為，另外也有些人並不那麼陰暗，雖然他們並不見得像天使一樣，毫無瑕疵。我也不想用「人性是共同的，表現在不同的人身上則有程度的不同」這類話一筆帶過，因為「量變」或「量的不同」到了極端便是「質變」或「質的不同」。所以，這裡用「許多人」，而不用「人」那樣全稱的名詞。

性：全民的福祉繫於台灣能否在現在或將來實現憲政的民主，而憲政的民主能否真的實現，則端賴全國上下能否從事民主的基礎建設工作。殷先生這樣的堅持，只在表面上與宇宙神話籠罩下中國傳統以「三綱」為主軸的禮教社會中，義之所在，知其不可為而為之的精神，相似。因為殷先生所堅持的言論，蘊涵著理性的力量，它具有政治的遠見與歷史的解釋力；所以它可應用到現在、過去、與未來。這樣具有理性力量的政治判斷蘊涵著超越性與公共性。所以，一方面，它不受現實考慮（殷先生自己自身之安危、蔣氏政權能否接受等等）的限制；另一方面，它超越了一家之私、一黨之私、一個族群之私、一個地域之私、一個民族之私、與一個國家之私。這種政治理性的超越性，乃是宇宙中一項「真實」的力量。殷先生受到了它的召喚，因此非把他的判斷在當時的公共論壇《自由中國》上發表出來不可。

　　根據殷先生底判斷的內在邏輯，無論當時或未來，台灣如要實現憲政的民主，就必需極力推動民主的基礎建設不可。我們也可以根據這個邏輯來解釋過去和預估未來：台灣的民主發展之所以，在實質意義上，產生種種問題，主要是因為民主發展所需要的基礎建設，無論在兩蔣主政時代，李登輝主政時代，或目前的陳水扁主政時代，都沒有獲得真正的關注與發展。有時，他們的政策反而是背道而馳！而台灣的公民社會目前仍然停留在雛型階段，所以尚無法對民主的基礎建設（包括憲政結構的改革、公民文化與公民德性的養成）產生重大的影響。展望未來，我們也可以說，台灣的政治與社會，如仍無法投入民主的基礎建設工作；那麼，未來仍然難免不是一片混亂！

臺靜農先生的
學術研究成果管窺
——以民間文學‧小說‧戲曲爲範圍

王國良

臺北大學古典文獻學研究所教授

一、引言

　　臺靜農（1902-1990）先生之成就，涵蓋文學、藝術、學術及教育等領域，其學問、襟抱、道德、文章，尤令後學景仰。行政院於1985年12月，頒予先生首屆的「文化獎」，即是對其志業和貢獻的肯定。先生既歿，海內外的門生故舊及社會人士除了追念以外，撰論文或專著來推崇評介他在各領域之成就者，不一而足，頗可看出先生在各方面的影響力。❶

---

❶　臺氏過世後，海峽兩岸相關人士所撰憶念文字，已結集成書者，有：林文月編《臺靜農先生紀念文集》（臺北，洪範書店，1991年11月）、陳子善編

個人有幸在臺先生晚年任教於東吳大學中國文學研究所時，從之問學，並成為最後一位接受指導的研究生，完成《魏晉南北朝志怪小說研究》博士學位論文。❷今謹就平日涉獵所及且較有把握的中國「俗」文學部份，略談先生之田野採集與學術成果。所援據的材料，以先生已經公開發表的論著為主，臺灣大學中文系何寄澎、柯慶明等編輯整理之《中國文學史》❸為輔。若有不全不備或未盡正確處，尚祈學界先進師友不吝批評指教。

二、臺氏生平事略

臺先生，安徽霍邱人。原名傳嚴，幼時由塾師代取學名敬六，字進努；後改名靜農，改字伯簡，晚號靜者。1902 年 11 月 23 日（清光緒二十八年壬寅十月二十四日）出生，1990 年 11 月 9 日逝世，享壽八十有九。

先生幼承庭訓，讀經史，習書法。先入私塾三年，隨後進入當時甫創辦的明強小學就讀。畢業後至漢口，入漢口中學，與同鄉同學創辦《新淮潮》雜誌，鼓吹新文化運動。1922 年赴北京，加入當時的新文學社團「明天社」，並在北京大學國文系旁聽。次年 5 月，擔任北大研究所國學門「風俗調查會」事務員。

《回憶臺靜農》（上海，上海教育出版社，1995 年 8 月）。另外，臺灣大學中國文學系編印《臺靜農先生百歲冥誕學術研討會論文集》，2001 年 12 月發行。

❷ 拙著已於 1984 年 7 月由臺北文史哲出版社正式出版。

❸ 臺靜農，《中國文學史》（上）（下），臺北，臺灣大學出版中心，2004 年 12 月。

1924 年夏，先生應「歌謠研究會」負責人常惠（1894-1985）之請，回鄉蒐集並整理歌謠約二千首，其中一百一十餘首在《歌謠週刊》上刊登；另有一百五十餘首，則分別登載於《北京大學研究所國學門週刊》與《月刊》上。

1925 年春，先生經由小學同學張貽良（1900-1980）介紹，初識魯迅（1888-1936）。同年 8 月，與魯迅、李霽野（1904-1997）、韋素園（1902-1932）、韋叢蕪（1905-1978）、曹靖華（1897-1987）等在北京成立「未名社」，從事文學創作及外國文學作品之翻譯，並由該社出版其短篇小說集《地之子》、《建塔者》及所編輯之《關於魯迅及其著作》一書。

1927 年夏，先生任北京中法大學中文系講師。後二年，轉任輔仁大學國文系講師，旋升任副教授。至 1937 年止，先後擔任北平大學女子文理學院文史系國文組副教授，廈門大學、山東大學及齊魯大學中文系教授。

1938 年秋，先生舉家赴川，寄居江津縣。次年任職國立編譯館。1942 年 11 月，應國立女子師範學院國文系主任胡小石（1888-1963）之邀請，前往任教。後並兼任國文系主任。1946 年 4 月，先生應臺灣大學之聘，渡海來臺，任中國文學系教授，兩年後接掌系務，擔任主任長達二十年。在任期間，建立臺大中文系之規模，貢獻卓著。1973 年夏，在臺大任職二十七年後退休，獲名譽教授榮銜。復應輔仁大學及東吳大學禮聘，擔任兩校中文研究所講座及研究教授，至 1983 年夏為止。1989 年 7 月，中央研究院籌設中國文哲研究所，禮聘先生為籌備處諮詢委員，對於設所事務，多所獻言。

先生嗜書道，精研漢隸，尤擅行草，喜倪元璐（1593-1644）筆法，變化創新，自成一家。善繪梅花，意境高逸，極饒雅致。又精於篆刻，分朱布白，各盡其妙。晚年以讀書寫作自娛。1972 年 5月，印行《天問新箋》；1974 年春，主編《百種詩話類編》問世。1980 年 5 月，印行《臺靜農短篇小說集》。1985 年 2 月，出版《靜農書藝集》。1988 年 7 月，出版散文集《龍坡雜文》；次年又輯學術論文二十五篇為《靜農論文集》。❹

參、民間文學資料搜集與探討

民國初年的五四新文化運動，開啟了中國文化現代化歷程的起點，同時也展示了中國文藝復興光輝的一頁。1922 年 1 月，北京大學研究所國學門成立。同時，由文學系教授周作人（1885-1968）主持，設立「歌謠研究會」，常惠擔任事務員；12 月 17 日，開始創辦《歌謠》週刊。這份週刊的發行，動員了廣大的學人和社會力量，進行神話傳說、童話故事、民間歌謠、風俗方言等多方面的搜集和整理。它不僅推動了中國民俗學這門新興學科的滋長與發展，也開啟了民間文學科學研究的契機。

1922 年夏，臺靜農先生由武漢、南京輾轉抵達北平故都。9月，考取北京大學旁聽生。次年 5 月 14 日，北大研究所國學門新設立「風俗調查會」，由哲學系教授張競生（1888-1970）出任會

---

❹ 本事略主要參考 1993 年 3 月，臺北中央研究院中國文哲研究所編印，《臺靜農先生輯存遺稿》之〈臺靜農先生小傳〉。

長，臺先生則充當事務員，負責管理會務。❺

　　大概到 1927 年夏天，經由劉復（1891-1934）汲引推薦，他去擔任北京私立中法大學中文系講師，才正式離開「風俗調查會」。由於學習和工作環境的關係，臺氏耳濡目染，不僅投入歌謠、風俗的調查整理工作，也培養了濃厚的民俗學研究興趣，可說是終生不渝。這種說法，我們不難從先生斷斷續續發表的相關論著，以及到晚年仍對民間（俗）文學研究念茲在茲而得到印證。❻

　　1924 年 8 月底，臺先生應《歌謠週刊》主編常惠之約請，回故鄉大概半年，總共輯錄到地方歌謠二千首左右。其中有兒歌，有關於社會生活的歌，有情歌。

　　1925 年 1 月，臺氏撰〈山歌原始之傳說〉登載於《語絲週刊》第十期。6 月，由《歌謠週刊》第九七號予以轉載。該文記錄有淮南地區民間流傳的二則關於山歌由來之傳說，並提醒大家不應忽略這些看似不經的材料。

　　同年 4 月 5 日起，臺氏將搜得歌謠整理，以《淮南民歌·第一輯》為名，陸續在《歌謠週刊》八五、八七、八八、九一、九二各期登載，總計一百十三首。1971 年春，婁子匡先生（1905-2005）將它編入《北京大學民俗學會民俗叢書》第二輯，由臺北東方文化書局印行。❼

---

❺　參考秦賢次〈臺靜農年表〉（《中國文哲研究通訊》，5 卷 3 期，1995 年 9 月），頁 69。

❻　臺先生對民間文學的關注之情，可參閱其為曾永義教授《說俗文學》（臺北，聯經出版公司，1980 年 4 月）所寫序文。

❼　此書取名《淮南民歌集》，所錄有：臺氏序言、胡適之先生函件、淮南民歌

　　同年 6 月 28 日，臺氏發表〈致淮南民歌的讀者〉於《歌謠週刊》第九七號。除了簡單描述搜輯民歌的經過之外，臺氏特別標舉清理積稿以後，預備採取的三種整理方法。㈠音註：淮南特有的發音，採用國音字母注音，取代原來用字註的方式。㈡意註：風俗、人情、習慣、地方等，皆詳細註明，使讀者於領略歌謠本文之外，還能了然於淮南的風俗民情。㈢標題與分類：一方面採用歌謠首句作題名，同時利用標題或關鍵句字作分類。至於「反唱」❽當另作一類。

　　同年 11 月、12 月，《北京大學研究所國學門週刊》四期、八期，續登〈淮南民歌〉共五十四首。1927 年 1 月至 11 月，上海出版《北京大學研究所國學門月刊》一卷四號、五號、六號及七、八號合刊上，共登載《淮南情歌·三輯》一百零四首，統統是對歌。❾

　　臺氏在 1925 年前後受到《歌謠週刊》編者常惠的督促，曾將搜輯的歌謠整理出六百首，鈔成兩本，交給「歌謠研究會」，準備出版專集，可惜未能印出。抗戰結束後，從北京大學紅樓中還清理

　　（113 曲）、杵歌（歌譜、圖像）、〈從「杵歌」說到歌謠的起源〉、〈山歌原始之傳說〉。附錄：馮沅君〈論杵歌〉。

❽　臺氏文云：「所謂『反唱』者，是表現與常情顛倒的事實。如：『日頭漸漸往下丟，隔河看見秧吃牛，黃狼引著小雞睡，乾魚又給貓枕頭。反唱四句帶嘔愁。』這種種的表現，豈不是與事實絕對的相反嗎？」

❾　例如一卷四號第一首〈郎比高山一鸚哥〉：「郎比高山一鸚哥，姐比梧桐樹一木果；千里百鄉來奔你，借你的枝頭累個窠。還望乾妹妹照應我！（對）心肝肉來乾哥哥，你講這話譏作我，樹木林榔靠山長，老龍吸水靠江河，乾妹妹還靠乾哥哥！」

出原稿本，如今未知仍安然否？⑩至於未及整理發表的材料，隨著對日抗戰臺氏藏書散失而告亡佚，十分遺憾！

　　1936 年 9 月，論文〈從「杵歌」說到歌謠的起源〉登於《歌謠週刊》二卷十六期。臺氏在閱讀朱光潛（1897-1986）〈詩的起源〉（《東方雜誌》23 卷 7 號）一文後，以為朱氏據英國文論家谷羅司（E. Grosse, 1861-?）的論證，說明詩歌的起源與跳舞音樂有關，只限於形式的研究。因此，條舉世傳「杵歌」為例，希望從人類的實生活看出歌謠的起源。文內引述戰國荀卿《荀子·成相篇》、漢司馬遷《史記·商君列傳》，清檀萃《說蠻》、1935 年 11 月 14 日《申報圖畫特刊·蕃女杵歌》等資料，證明歌謠起源與人類的實生活有密切關係。文末則特別強調：「研究歌謠，應該從題材看出它的生活背景，從形式發現它的技巧演變。」

　　臺文發表後，次月，相繼有馮沅君（1900-1974）〈論杵歌〉、佟晶心（按：本名賦敏，1900-?）〈夯歌〉刊載於《歌謠週刊》二卷十九期、二卷二十期，予以補充發揮。1947 年 3 月，臺氏讀到藍田師範學院《史地教育特刊》所載羅榮宗撰〈古史新證〉述苗族古今葬俗，曾有補記附於自撰談「杵歌」論文後，足見先生對歌謠研究之興趣持續多年而不稍歇。1988 年，由門人協助編纂《靜農論文集》，臺氏乃將馮、佟二氏文章附在原論文之後，並撰附記，表示兩篇「皆精審可喜。茲附錄於後，以供參證。」尤顯示出其胸懷開

---

⑩　詳臺北東方文化書局版《淮南民歌集·序言》暨「胡適之先生函件」。

闊與對學術的真誠。⓫

　　1947 年 9 月，《臺灣文化》二卷六期刊登〈屈原〈天問篇〉體製別解〉⓬。先生以為〈天問〉一篇在《楚辭》中，體製最為特殊。王逸《楚辭·天問章句序》謂係屈原見楚先王之廟、公卿祠堂中所畫山川神靈，有感而作，固極牽強。後來人的解釋，亦未得其要。〈天問〉的體製未必是屈原所創，實亦襲自民間作品。

　　臺氏為了求真，遂欲藉資民俗學的方法，進行古詩體的試探。他列舉二首不同版本的西南苗族開天闢地長篇歌詩為樣品，與〈天問〉文體加以比較，得出兩個結果。㈠二者在形式上同為問話體的長篇敘事詩，所不同者，一為單純的疑問，一則有問有答。㈡二者在內容上同由渾沌初開說起，所不同者，一為單純的開闢故事，一則由開闢而古帝先王以至春秋時代。總之，口頭詩歌的形式，常為詩人創作之所憑藉。屈原實是採用民族詩歌形式，發為光輝不磨作品的第一人。⓭

　　另外，先生在 1971 年底撰《楚辭天問新箋·序》云：「王叔師謂〈天問〉為屈子呵壁之辭，楚人哀之，因共論述，故其文意不

⓫　詳見《靜農論文集》（臺北，聯經出版事業公司，1989 年 10 月），頁 152-155。

⓬　本篇已輯入《靜農論文集》，頁 465-468。

⓭　陳怡良，〈天問體制特色及其淵源淺探〉（《成功大學學報·人文社會篇》，22 期，1987 年 10 月），頁 98-99、108-109，參酌引述臺氏見解。又伊藤清司，〈『楚辭』天問と苗族の創世歌〉（東京，《史學》，48 卷 2 號，1977 年 6 月）；羅義群，《苗族文化與屈賦》（北京，中央民族大學出版社，1997 年 4 月）第七章〈苗族神話與《天問》神話比較〉，則從神話的內容，檢討兩者間的可能關係與異同，與臺氏觀點相近。

次敘云爾。予不謂然。〈天問〉自有文理,其不次序處,由錯簡
故。其文體,殆出於民間體製,今西南苗族之開天闢地歌,一問一
答,實類乎〈天問〉。」⓮取今證古,認為屈原採用民間詩歌形式
以撰寫〈天問〉,實為卓見。

　　1950 年 6 月,〈兩漢樂舞考〉一文登載在臺灣大學《文史哲
學報》第一期。其中,探兩漢樂舞的風尚,考述讌樂、軍樂、相和
歌內涵各段落,都與地方樂舞暨民間歌謠關係密切,頗具參考價
值。⓯

　　1960 年前後,臺氏多年講授並撰寫的《中國文學史》講義仍
未完成,也不再繼續添補。2004 年經由臺灣大學中文系何寄澎教
授組織工作小組,覆校整理《文學史》原稿,並由臺灣大學出版中
心正式排印問世。第二篇秦漢篇,第四章〈樂府與樂府辭〉,分疏
漢代宗廟郊祀樂,以及趙代秦楚等地方聲樂,諸如:鐃歌、相和歌
等,特別肯定出自民間的相和歌之藝術價值暨對後世影響。⓰

　　同書第四篇南北朝隋篇,第六章〈南北朝的民間文學〉則述論
從三世紀中葉到七世紀初約三百六十年中生長於民間的文學作品,
南朝的吳歌、西曲,北朝的民歌。文中除了引述分析吳歌雜曲、荊
襄西曲歌代表作的內容與形式特色,尤重在闡釋其傳達之歌者心聲
與時代意義。又謂北朝民歌中的〈敕勒歌〉、〈企喻歌〉、〈瑯琊
王歌〉、〈折楊柳歌〉等,最能表現遊牧民族的性格之外,還特別

⓮　　《楚辭天問新箋》,臺北,藝文印書館印行,1972 年 5 月初版。

⓯　　本篇已輯入《靜農論文集》,頁 1-56。

⓰　　同註❸,頁 89-95。

介紹了四世紀初隴右人為紀念一位失敗的英雄陳安而傳唱的〈隴上歌〉❼，正印證了民間人士「不以成敗論英雄」的非現實觀點，十分難得。

四、古小說與通俗小說的研析

1920 年 8 月，北京大學聘周樹人（魯迅）為講師。12 月 24 日開始，講授中國小說史，直至 1926 年 8 月離開北京為止。其間，北大法文系的學生常惠（維鈞）仰慕魯迅，自動來充當助教，如小說史講義稿交大學講義組付印的事，都由他去做。「魯迅先生在北大教授四年，維鈞也隨侍了四年，同學中確信沒有第二人像他這樣的。」❽

1922 年 9 月，臺先生開始在北大當旁聽生，是否也選聽魯迅所授小說史課程，不得而知。1925 年 5 月經由同學北京世界語專門學校學生張貽良（日寒）介紹，初次認識魯迅。8 月，更加入以魯迅為中心的文學小社團——「未名社」。此後兩人互動頻繁，關係密切，友誼深厚。臺氏在新文學創作及古典小說研究等方面，深受魯迅的啟發與影響，當然也成為忠實的追隨者。

魯迅在北大教中國小說史的講義，最初油印成《中國小說史大略》。然後，加以增補改訂，1923 年 12 月，由北大新潮社印行《中國小說史略》上卷；次年 6 月，又印行下卷。其後再經修改增

---

❼　同註❸，頁 275-286。

❽　見 1990 年 11 月 11 日，臺北《聯合報》副刊，臺靜農〈憶常維鈞與北大歌謠研究會〉。該文又載陳子善編，《回憶臺靜農》（上海，上海教育出版社，1995 年 8 月），附錄：臺靜農佚文，頁 349-355。

冊，於 1925 年 9 月，交由北新書局出版合訂本。此後，魯迅仍精益求精，不斷修改，以求日臻完善。目前我們所知的定稿本，應是上海北新書局於 1935 年 6 月印行的第十版。《魯迅全集》所收者，即根據此版。❿

1933 年 8 月，臺先生任教於北平大學女子文理學院文史系，開始講授中國小說史課程，採用的教材即合訂本《中國小說史略》。

1939 年 11 月，臺氏發表〈魯迅先生整理中國古文學之成績〉長文於重慶《理論與現實》季刊一卷三期，署名孔嘉。❷臺氏在論文「敘言」明示：「茲以《中國小說史略》為首，而以《古小說鈎沉》、《唐宋傳奇集》、《小說舊聞鈔》附之。因此三書皆為《中國小說史略》之副冊。」已登之正文，分為四節，今撮述如下：

㈠ 《中國小說史略》

1.流別。每一新的內容與形式之發生，其歷史的背景與環境，皆有一簡括之敘述。……至於每一作者之環境以及作品之淵源與影響，皆有極正確之解釋。

2.考訂。魯迅於搜集材料、整理材料，費過很多的精力。……若不事先將各時代的材料鈎稽出來，小說史是無法寫的。……取《唐宋傳奇集》的〈稗邊小綴〉和《史略》第八、九兩篇〈唐代傳奇文〉對讀，就可以知道先生考證的態度與方法了。

---

❿　《中國小說史略》出版增補的原由始末，可參看周國偉編著《魯迅著譯版本研究編目》（上海，上海文藝出版社，1996 年 10 月），頁 173-183。

❷　1937 年 3 月 25 日，臺氏撰短篇小說〈登場人物〉，載於胡風主編《工作與學習叢刊》第二輯《原野》上，即署名孔嘉。

3.批評。讀先生的小說史，不僅我們於此易明白了中國小說歷史的演變，並且於此得到了每一作品本身的價值。

㈡ 《古小說鈎沉》

先生是輯，用功至勤，搜羅最富，魏晉六朝散佚的作品，可說盡於此矣。是輯自《青史子》至《旌異記》，共三十六種。為《中國小說史略》第三篇至第七篇之主要材料。此三十六種中有一部份，《中國小說史略》上亦略敘及其源流，可以互見其大要。凡先生未敘及者，今據藝文志著錄者補之。（以下為二十一種書之解題。）

㈢ 《唐宋傳奇集》

是集限於唐宋小說單篇之總集。共八卷，計四十五篇。卷末附〈稗邊小綴〉一卷。

按唐宋傳奇，因非載道之高文，向不見重於文士，……以致散見類書中，無人加以整理，……又書估貿利，撮拾雕鐫，……往往妄制篇目，改題撰人，本來面目，割裂不可復辨；甚至輾轉翻刻，譌誤削奪，不能卒讀。先生是集，則將一切紛誤，廓而清之，末附〈稗邊小綴〉一卷，先生者嘗言此不過會集叢殘，聊存舊聞，其實多精心之考證。如：1.考證撰者之生平。2.正撰人之誤題。3.正篇名之誤題。4.關於故事之淵源及後來之影響。

㈣ 《小說舊聞鈔》

此乃先生草《中國小說史略》所搜集之宋元以後小說的史料。是書分類為：1.以小說為綱，得四十一部；2.源流；3.評刻；4.禁黜；5.雜說。末附以引用書目。是書雖名為《小說舊聞鈔》，實有總結舊聞，考證舊聞之意，使人讀其書知其淵源及演變，非尋常抄

撮之書可比。㉑

　　1948 年 1 月，《臺灣文化》三卷一期刊登〈《古小說鈎沉》解題〉。臺氏〈前記〉云：「魯迅先生之《古小說鈎沉》，僅有一總序，民國元年假其二弟作人之名，載於《越社叢刊》。全書合魏晉江左作者，得三十六種，雖墜簡叢殘，難復舊觀，然治小說史者，欲考古說，舍此莫由。顧先生生前，未及一一敘其源流，讀者殆莫窺其端緒；茲檢舊籍，略為解說，其無可考者，仍付闕如，至輯錄之勤，校定之精，則非淺學所能知也。」㉒

　　本篇乃〈魯迅先生整理中國古典文學之成績〉論文「二、《古小說鈎沉》」一節之增訂補充。有解題的古小說，總共卅一種，較前增多的十種。未有解題者，計有：《神怪錄》、《續異錄》、《雜鬼神志怪》、《祥異記》、《旌異記》五種。按：五種之中，《雜鬼神志怪》乃叢抄性質，實非專書；《祥異記》所收二則，原為《冥祥記》文字，因《太平廣記》注明出處有誤，魯迅未能辨識，遂別立一書。其他三種，《續異記》、《旌異記》雖留存佚文和其他相關文獻不多，仍然可考；㉓《神怪錄》所輯〈王果〉一

㉑　本篇曾載入中國社會科學院文學研究所魯迅研究室編《1910-1983 魯迅研究學術論著資料匯編·第二卷》（北京，中國文聯出版公司，1986 年 8 月），頁 1241-1256。文末有〈編者附志〉云：「原文尚有《會稽郡故書雜集》和《嵇康集》兩章，因限於篇幅，祇得割愛，特向作者與讀者致歉意。」陳子善、秦賢次編《我與老舍與酒──臺靜農文集》（臺北，聯經出版事業公司，1992 年 6 月），頁 212-251，再收錄此文，刪去〈編者附志〉，又訛字連篇，校對品質不佳。

㉒　本篇已輯入《我與老舍與酒──臺靜農文集》，頁 280-299。編校不佳。

㉓　《祥異記》相關考辨，可參看拙作《魏晉南北朝志怪小說研究》（臺北，文

則，殆為唐孔慎言《神怪志》遺文，不宜列入漢魏六朝古小說中。❷

　　臺先生所撰跟六朝小說有關的文章，另有〈詩人名士剽劫者——讀《世說新語》札記〉，屬稿於 1970 年 10 月，1980 年 10 月 1 日，刊登於《中國時報·人間副刊》。❷臺氏自謂暑假翻閱《世說新語》，藉以消遣。發現石崇、戴淵、祖逖三人，皆晉代勝流，可是都搶劫有案。於是將三人行事抄在一起。既將相關資料彙聚審閱之後，發現三人行劫的動機與目的，並不相同，而以石崇最為惡劣。

　　臺先生文末的結論：戴淵當其少年落拓時，小試手段於江湖，忽然遇到知音，涕泣投劍，英邁之氣令人喜愛。祖逖則志在恢復中原，招納死士的時候，顧不了許多，「昨夜復南塘一出」❷，可想像其恢宏的氣象，多少塵滓都不在他的眼下。至於石崇，以文學與名園之主，應是風流蘊藉的人物，沒想到他的性格是那麼的貪婪強暴，雖人性有善惡，也是司馬氏的政風培育出的行為。先生以時代風尚及人性善惡來觀察評隲晉朝名士，有同情的了解，有公允的批判，表現出洞見卓識，十分可貴。

　　史哲出版社，1984 年 7 月），頁 73，〈志怪小說之流傳〉註 19。《續異記》、《旌異記》兩種書的解題，則可參閱拙著同書〈下篇：群書敘錄〉，頁 331；李劍國《唐前志怪小說史》（天津，天津教育出版社，2005 年 1 月），頁 458、頁 484-486。

❷　《神怪錄》相關考論，可參考李劍國《唐前志怪小說史》，頁 520。

❷　本文已輯入《龍坡雜文》（臺北，洪範書店，1988 年 7 月），頁 37-47。

❷　「昨夜復南塘一出」，謂祖逖手下健兒前一夜又到都城建康秦淮河南岸富特區掠了一票。事載《世說新語·任誕》、《晉書·祖逖傳》。

〈關於《西遊記》江流僧本事〉一文，1941 年 6 月，刊載於重慶《文史雜誌》一卷六期。❷臺先生發現《西遊記》第九回「陳光蕊赴任逢災　江流僧復讎報本」，其故事與玄奘少年身世不符，大概是在為唐僧西行取經所歷的八十一難下一注腳。這一回故事則是根據元人吳昌齡《西遊記雜劇》❷演化出來的。又以宋周密《齊東野語》卷八〈吳季謙改秩事〉所述看來，可知吳氏雜劇亦有所據。

吾人試將《西遊記雜劇》、《西遊記》與《齊東野語》宋代某郡倅江行遇盜的故事情節相對照，除了其中部份神異事迹以外，事實幾乎完全相同。因此，周氏《野語》即為江流僧本事，似屬可信。至於郡倅的故事所以會安放在玄奘身上，相信是因為這故事跟和尚太有關係使然。《西遊記雜劇》完全以神話為題材，這故事自然而被利用。因此，某郡倅便成為玄奘和尚的老太爺了。這篇論文發表在六十幾年前，有關《西遊記》江流僧本事之探源方面，似乎沒有更新的發現，由此也可證明臺先生立說之精審了。❷

1964 年 3 月，臺先生撰〈論碑傳文及傳奇文〉登載於《傳記

---

❷　本篇已輯入《靜農論文集》，頁 225-227。

❷　按：元吳昌齡《唐三藏西天取經》雜劇，已佚。所遺殘曲二套，趙景深已輯入《元人雜劇鉤沉》（北京，古典文學出版社，1956 年 2 月）。今存明萬曆刻本（楊東來先生批評西遊記），凡六卷，署「元吳昌齡撰」，實際上是明楊訥（景賢）所撰。說詳孫楷第，〈吳昌齡與雜劇西遊記〉，《輔仁學誌》8 卷 1 期，1939 年 2 月，頁 71-97。

❷　張靜二〈有關《西遊記》的幾個問題（下）〉（《中外文學》12 卷 6 期，1983 年 11 月）；胡萬川〈中國的江流兒故事〉（《漢學研究》，8 卷 1 期 (2)，1990 年 6 月），都曾論及江流兒本事，俱引述臺氏說法而無異見。

文學》四卷三期。全文大約有四千字，主要的論點：㈠史傳與碑傳
本同屬於歷史性的文章。寫碑傳文為了刻石的關係，體製方法不能
盡同於寫史傳文，而所要表現的人物之真實性，兩者應該一樣。㈡
東漢蔡邕用誇大藻飾的手法改變碑主的真面目，以取悅於碑主的後
嗣。此後，約六百年的駢文時代，所有的碑傳文不合於歷史性的原
則，可說與蔡邕的寫作態度一致。㈢唐代古文的聲勢，由於韓愈出
現而強大起來。他的文章藝術技巧最高的，並非思想方面的，而是
屬於碑傳文方面的。他以欲「為唐一經」的大手筆，結果轉向於碑
傳文的製作，只以「諂諛」為工，其態度與蔡邕不殊。㈣韓愈有一
篇諧謔性的文章〈毛穎傳〉。這是受當時傳奇文的影響而寫的，
唐、宋人居然以為它似司馬遷的史筆。其主要原因在碑傳文與傳奇
文同源而異流。它們都源自史傳，同是單筆古文，表現的手法又極
相似，只有內容不同而已。

　　臺先生的最後結論是：唐代有史才的文士以史筆為人寫碑傳
文；同時有史才而不受正統思想所羈絆著，乃以史筆創作小說；是
由史筆這一淵源，分為兩大支流，一是碑傳文，一是傳奇文；傳奇
文重創造而不重寫實，碑傳文重寫實而不重創造。但事實並不如
此。碑傳文除了碑主的郡望官秩生卒尚可徵信之外，其品德行為沒
有不被加以藻飾誇張的。蔡邕始以複筆為之，影響所及，延續了六
百餘年；繼之者韓愈以單筆為之，延續以至清一代的桐城派，又有
一千多年。這一文體，虛而不實，原是裝點死人的工作，而竟延續
了一千六七百年之久，由此可以看出中國社會的性質和風尚矣。先
生的文章，除了對史傳文、碑傳文、傳奇文的源流作疏理，還透露
出不少感歎與無奈。

1975 年 1 月，香港大學《東方文化》三卷一期刊登〈佛教故實與中國小說〉❸，文長四萬字左右，大約是臺先生已發表單篇論文中少數的巨作之一。他從佛教經藏、筆記、傳奇、變文、通俗小說中，搜集大量文獻資料，然後細加排比整理、歸納、分析。

論文第一章：**佛教地獄說反映於中國小說的情形**。共包含六節，從地獄經之譯介、地獄的結構、中國與佛教地獄的比較談起，再利用敦煌變文與唐宋暨明清小說的材料予以探析，其結論是：㈠六朝志怪之風鼎盛，地獄觀念未能被一般文士所接受，不外其構思過於慘酷，不容於孔子的「仁」，老氏的「慈」。㈡唐代後期的作者開始有限度地運用地獄說，借此種題材幫助自己的創作之表現。這種運用的手法，直到清蒲松齡也是如此。㈢歐洲中古時期，意大利詩人但丁（Dante，1265-1321）以地獄為題材寫出偉大的詩篇《神曲》。他將自己的思想與情感注入其中，寫成瓌偉深刻的人類生活之寓言，使後來學者鑽研無窮。反觀中國的文學史，竟未能因有地獄觀念而創造出更多有光彩的作品，不無遺憾。

論文第二章：**佛書中龍的故實對於唐人傳奇的影響**。為了釐清佛教經典中龍的故事輸入後，使中國文學有了新題材，在小說戲曲方面產生的重大影響，得先了解中土古代的龍。接著，比較佛書中龍之地位。然後用四節的篇幅討論中、印聯宗後的龍族被文人取作素材而創作的唐代傳奇〈柳毅傳〉、〈靈應傳〉，以及龍宮珠寶、神龍行雨兩個系列小說。結論是由龍的故事融會於中土文學作品，如小說、戲曲等，看出佛書裏樸質的故事，一經文人之手，益以想

---

❸　本篇已輯入《靜農論文集》，頁 173-223。

像與藻飾，融合了人類現實生活情趣，遂成為不朽的文學作品，而在佛教方面則失去了其輸入的意義。

論文第三章：**唐人傳奇中劍俠出於密宗成就劍法**。蓋中國劍的故事，在《吳越春秋》、《越絕書》、《搜神記》諸書均有記載，但沒有如晚唐裴鉶《傳奇·聶隱娘》故事那麼神奇的。它又能配合當時藩鎮之爭，陰謀賊害的手段，使讀者在荒誕的氣氛中而有親切的感受。作者手法之高，固值得稱許，然其故事的母題，則是受佛書的影響。近人沈曾植（1850-1922）《海日樓札叢》卷五〈成就劍法〉以為「唐小說所記劍俠諸事，大抵在肅、代、德、憲之世。其時密宗方昌，頗疑是其支別。如此經（按：《妙吉祥最勝根本大教王經》）劍法，及其諸神通。以攝彼小說奇跡，固無不盡也。」❸此論對研究唐代劍俠傳奇的人啟示甚大。惟聖劍成就者，具大神通，得無上享受，與唐人小說以奇幻的劍術與隱身術為間架，而充實以時代性的現實生活，或個人的寄託，快恩仇於一劍，寓真實於虛幻，大不相同。

第四章：**通俗小說中的托塔天王即佛書中的毗沙門天王**。文分四節：㈠《封神演義》中的托塔天王故事。托塔天王李靖及其子哪吒為中國民間所周知的威猛之神。他們兩位在《封神演義》和《西遊記》二部小說鉅著中，都居於重要地位。《封神演義》前幾回，幾乎專門描寫他們父子的活動，更將哪吒逐漸塑造成具有神怪性格的人物。其實他們都是佛門的護法神。哪吒父親即佛書中的北方毗沙門天王，時在佛的座下。不過他既不姓李，也不名靖。天王既有

妻室，更有眾多兒子。(二)佛書中的毗沙門天王與其子捧塔故事。據
唐不空所出《毗沙門儀軌》，佛塔由毗沙門天王與哪咤交相捧托，
父子交替而有定期，並非如小說所言燃燈道人授塔於哪咤之父，用
以制伏哪咤。但小說家依此附會，則無疑義。又《儀軌》言天王二
子名獨健，三子名哪咤。《封神演義》、《西遊記》也都言哪咤為
天王三子。可是不空所出《北方毗沙門天王隨軍護法儀軌》，則哪
咤是天王的孫子輩。佛書記載多歧，往往如此。無論如何，小說家
所敷陳的天王與哪咤父子，確乎是有佛書之依據的。(三)毗沙門天王
與唐室。不空所出《毗沙門儀軌》載有北方大毗沙天王助唐平定安
西五國賊圍城事。又北宋贊寧《宋高僧傳·不空傳》所記毗沙門天
王助唐救安西事，與《儀軌》所述又不盡相同。(四)毗沙門天王之為
李靖。《封神演義》、《西遊記》中的托塔天王漢化了，姓李名
靖，原因無法考索。後晉天運四年所刻毗沙門天王像，並未給予漢
化姓名，其漢化始於兩宋或元、明，也沒有資料可尋。不過毗沙門
是梵語，民間讀者頗感陌生，易以漢語比較親切，小說作者的改名
動機，吾人可以理解。

　　第五章：**通俗小說中的大鵬金翅鳥即佛書中的金翅鳥**。清錢彩
撰、金豐增訂《說岳全傳》二十卷，八十回。其第一、二回寫岳飛
係如來佛護法神祇大鵬金翅明王投胎以保宋室者，後來被鐵背虬王
及女土蝠後身秦檜、王氏夫婦殘害而死，被金星送歸九品蓮臺座。
佛陀隨即為之開示。岳飛聽了，佛前稽首，就地一滾，變作一隻大
鵬金翅鳥，飛上佛頂。按：佛家投生之說，唐以來即常見於小說
中，已是民間婦孺所習知的。惟將大鵬鳥與金翅鳥牽合為一，並不
合事實。也許作者為了不致使讀者感到陌生，遂有意將中土故籍裏

的大鵬與佛典上的金翅鳥混同了。其次，據唐道世《法苑珠林》卷十引《觀佛三昧經》，金翅鳥王正音，快樂自在。牠與龍宮比鄰而居，每日以龍為糧食，成為龍的剋星。《說岳全傳》一書作者運用佛教故實，安排金翅鳥見了虬龍，啄牠一嘴，卻種下了冤冤相報的惡果。但是本意並不在此。他的主題是善與惡、忠與奸，這也是金翅鳥投胎的岳飛與虬龍投胎的秦檜不能並存的原因，從此展開中國歷史上的一幕大悲劇。

臺先生花了比較長的時間，集中精力搜集了不少佛教經典上的相關故實，以及中國古典小說中明顯受到佛教故事影響的篇章情節，詳加比較考察，得出不少前人所未見或罕言的結論。這不論對於吾人了解中、印文學間的關係，或者進一步探討中、印思想之異同處，都有十分重要的參考價值，宜稱為此學門研究中的扛鼎之作。

五、說唱與搬演藝術的會通

中國民間說唱技藝源遠流長，但早期的材料保存不多，予以重視並嚴肅探討的著作更少。戲劇的起源也很早，唐宋以下的相關記錄逐漸增多，明清的文人偶而旁涉這方面的論題。等到二十世紀前後，西風東漸，國人文學觀念大變，加上敦煌俗曲、變文，以及各種講唱演劇資料陸續發掘刊布，通俗戲曲的研究才漸漸在學術界取得一席之地。王國維（1877-1927）最早對宋元戲劇做全面性探討，不過在 1922 年至 1924 年王氏擔任北京大學研究所國學門導師期間，他的興趣已轉移到古史考證方面。後來又被聘至清華學校國學研究院，也不再舊調重彈。臺先生在北大研究所國學門服務研習，

恐怕都沒有機會親聆王氏有關戲曲上的議論灼見，只能自行拜讀相關著述而已。在北平學界的師長輩中，熱心探討古典戲劇者甚少；同輩的齊如山（1876-1962）、鄭振鐸（1898-1953）、傅惜華（1907-1970），雖多所撰述，並積極參與戲劇保存運動，對先生沒有造成太多的影響。因此，在臺氏的相關著作中，涉及戲曲或說唱表演者，相對地比較少，而且多為渡海來臺以後的新作。

　　1950 年 9 月，臺北《大陸雜誌》一卷四、五期登載先生撰〈記孤本《解金貂》與《溫柔鄉》兩傳奇的內容及結構〉（上）、（下），論文共分為三節。第一節〈**海內兩孤本**〉云：「國立臺灣大學圖書館藏有《解金貂》與《溫柔鄉》兩傳奇，為國內不經見之書。此兩傳奇原為日本久保天隨氏舊藏，……北都友人曾知此間藏有此兩傳奇者，往往來信詢問，因略為述其內容，藉以作答，以未嘗專力於此道，不能有所考訂也。」此處所說「北都友人」，指的應是傅惜華。傅氏熱衷於曲藝俗文學書籍的查訪搜集著錄，臺灣大學圖書館藏兩種傳奇悉見於傅氏著《訪書記》。㉜

　　同一節臺氏又云：兩傳奇同一作者，皆署「江夏蕉窗編次」，據《解金貂》白雲來序稱：「江夏黃先生」，是「江夏」為作者郡望，「蕉窗」應為作者別號。作者黃蕉窗的時代，尚不能考證出

㉜　《訪書記》原本未見，此據郭英德《明清傳奇綜錄》（石家莊，河北教育出版社，1997 年 7 月），頁 937 轉引。按：傅氏於三〇年代末，曾撰〈日本現存中國善本之戲曲〉長文，連續刊載於《中國文藝》第 1 卷第 4、5、6 期（1939 年 12 月－1940 年 2 月）。第 6 期，頁 43 即著錄臺北帝國大學東洋文學會藏久保天隨遺物中的《解金貂》、《溫柔鄉》二種。郭氏所引述，當指此文。

來。就兩書的作風看來，顯然受孔尚任（1648-1708）、洪昇（1659-1704）一派歷史劇的影響，而文筆卑弱。推測其年代，早不過乾隆中季，遲則在道光中間。

第二節：**《解金貂》內容與藝術成就**。《解金貂》是以李白整個生平為題材，共有兩卷，卅四齣。第十六齣〈東巡〉止作上卷，餘為下卷。《解金貂》書名下，小字注云：「又名《清平樂》」。以李白〈清平調〉為題材者，清代尚有尤侗（1618-1704）、張韜兩家。尤劇主題為李白狀元及第；張韜則以李白醉後為唐明皇寫〈清平調〉三章為中心。《解金貂》敷演李白一生經歷，與尤、張二人不同。倒是明萬曆屠隆（1542-1605）的《彩毫記》譜李白傳記為歷史劇，處理極其自然，關節雖多，而針線甚密，起伏照應，脈絡相通，藝術技巧頗高。至如《解金貂》之鋪敘材料，比《彩毫記》增益不少，惟處置不甚得宜，以致貪多不化，頗有生湊之感，但見其頭緒紛亂，不見其主腦。再就主角李白的性格來看，其矛盾之處屢見，亦多可笑；至於賓白多重複敘述，不僅讀來生厭，尤失演奏效果。

第三節：**《溫柔鄉》劇情與中心思想**。本劇共兩卷，三十二齣。上卷十七齣，下卷十五齣。《溫柔鄉》題名下，小字注云：「一名《二美圖》」。本劇故事取材自舊題漢伶玄撰《飛燕外傳》，然《外傳》中之淫藝處，皆未採用。且寫至封趙飛燕為后、合德為昭儀即止，而不及以後事，與《解金貂》寫李白故實之貪多，恰恰相反。此外，情節中增加了一對忠臣與奸臣，誓不兩立，終因忠臣之極諫而剷除奸邪者。自此，皇帝雖荒淫深宮，立卑賤女子為后也無礙國事之正常運作。這裏可以看出作者的微意：即使皇

帝荒淫，只要朝有忠賢，也不致影響社稷安危。那麼，本劇所敷陳的雖是宮闈艷情以至二美爭風吃醋一類的事，卻別有寓意，就也就算是作者的中心思想了。

1977 年，臺先生對於二三十年前的舊作有點補充，加了一段三百多字的〈後記〉。其文云：

> 余草是篇於一九四（良按：當作「五」）〇年八月，時僅知作者姓黃，不知其名字生平，余推測其年代早在乾隆中，遲在道光中。後見傅惜華君編《白蛇傳集序》，又讀到《看山閣集閒筆提要》，才知道作（者）為黃圖珌，字容之，別號蕉窗居士、守真子，江蘇松江人。生於一七〇〇年（清康熙三十九年）。雍正間官杭州、衢州同知，乾隆中卒。所著有《看山閣集》及傳奇《雷峰塔》、《棲雲石》、《夢釵緣》、《解金貂》、《梅花箋》、《溫柔鄉》六種。
>
> 他的《看山閣集・閒筆文學部》一章，將詞曲的作法列舉十四條，可以看出他對於此道的修養。最後識語，說明了他的寫作態度：「余自小性好填詞，時窮音律。所編諸劇，未嘗不取古法，亦未嘗全取古法。……毋失古法，而不為古法所拘；欲求古法，而不期古法自備。」這種見解都很高明，不過讀了他的《解金貂》與《溫柔鄉》，似乎與他自己的期許有相當距離。先是我看《解金貂・序》引他的兩句詩：「未叨一第皆由命，李杜原來是布衣。」以為他是一個失意的文人，原來他是個官僚身分的戲曲作家，一生著作，有六種之多，不能算少，可是竟被冷落著，則是藝術上不能達到上

乘，我讀《解金貂》與《溫柔鄉》時已略有所指出。❸

在 1950 年至 60 年前後，臺先生在臺灣大學中文系主講中國文學史課程，曾陸續撰有講稿多章。除了一部份已增訂為專文公開發表外，遺稿仍然不少。今既以重加編校為《中國文學史》（上）（下）二冊，吾人得窺原貌。其中，屬於講唱戲曲的部份，計存：〈諸宮調述論〉、〈元雜劇述論〉、〈南戲述論〉三章。

第七篇金元篇，第一章〈女真族統治下的漢語文學——諸宮調〉，曾於 1972 年 6 月登載於《中外文學》一卷一期。❸本章共分三節，約一萬二千字。

第一節：金人漢化北劇轉盛

女真族雖然以驃悍的武力控制了具有歷史文化悠久的中原，可是連自己的文字都沒有。（先是借用契丹文字，然後來創製自己的文字。）人數少而文化落後的金人，究竟禁不住漢文化的薰染，至於樂府歌曲，亦皆習漢風，並普遍於宮庭。金朝官制，雜班之伶人合同百僚赴朝參。每宴集，伶人集，曰雜班上。優伶在宮庭中活動搬演，已是常事。

陶宗儀《輟耕錄》卷二五著錄金院本名目有六百九十種之多，足見金人樂曲之盛，其詞除諸宮調猶存外，餘皆不存。姚華（1876-1930）《曲海一勺·明詩》云：「雜劇一科，且為詞話開山，傳奇導源，授受相承，皆宗北宋。徽欽既降，宋徙而南，金據於北，北

---

❸　原論文暨後記，並見《靜農論文集》，頁 239-243。
❸　本篇已輯入《靜農論文集》，頁 157-171。又載《中國文學史》，頁 629-645。

劇入金轉盛。」推尋北劇轉盛的原因，殆由金人本身一無所有，一旦入據中原，只有接受，並無排拒。其發展與創造，仍是漢人的力量，漢語的活動，竟使金人加強漢化，雖欲阻止亦不可能。

第二節：諸宮調的體製

諸宮調體製，是採用不同的宮調與曲調，合成一組，間以說白，以講唱某一故事。儘管故事本身如何錯綜曲折，都可以將它表達出來。這樣將說故事與唱曲合而為一，便是諸宮調的特徵。今諸宮調作品，僅有《董解元西廂記》、《劉知遠》、《天寶遺事》三種存世。《劉知遠》是殘卷，《天寶遺事》不特晚在元中葉，並且散見於《雍熙樂府》、《太和正音譜》等曲選中，唯有《董解元西廂記》最完整。

《董西廂》總共使用了十五宮調，一百二十九曲調。至於曲調之來源，出於唐大曲者二十章，宋大曲者六章，出於詞調者三十八章，賺詞者二章，來源不詳者七十六章。據此，足知董解元對於舊有曲調的吸收是如何廣博了。

《劉知遠》所使用的宮調曲調與《董西廂》不過略有不同而已。馮沅君說：「如果進一步考察，則劉、董間也有異點在，凡三：《劉知遠》多用商角，《董西廂》多用羽調，此其一。《劉知遠》有歇指調，《董西廂》則否，此其二。《劉知遠》不用小石調與黃鐘調，《董西廂》卻用二種，此其三。在這三點中，凡是董有劉無的還不必十分注意，因為《劉知遠》是個殘本，也許在散佚的一部分內有羽調小石調，或黃鐘調。」（《古劇說彙·天寶遺事輯本題記》，民國三十六年商務印書館出版）

第三節：今存的《劉知遠》與《董解元西廂記》

　　《劉知遠傳》殘卷係俄人柯智洛夫（1863-1935）於 1907 至 1909 年間，發掘張掖黑水故城所獲得。日本青木正兒（1887-1964）〈劉知遠諸宮調考〉始予介紹。他認為《劉知遠》的體例，猶具原始的形式，其寫作期要較《董西廂》為古；就曲牌考之，亦較為單純；又其押韻法類宋詞而不類元曲，亦可見為古製之一端。就文辭來看，《劉知遠》的樸拙，也非《董西廂》的熟練風華可比。是今所存金代的兩諸宮調，其產生的時代是有相當距離的。

　　《劉知遠傳》是以五代劉知遠與其妻李三娘為題材，合為十二折的說唱諸宮調，今僅存第一、第二、第三、第十一，第十二等五折。全篇雖失去過半，故事發展始末尚大致可掌握。然其編製粗鄙，關節疏漏，針縫不密，真正出於民間作者之手，還保留了諸宮調的原始性，與《董西廂》相比，藝術高下，實不可同日而語。

　　《董西廂》雖是以元稹〈鶯鶯傳〉為素材，事實上他改變了原有的故事，增加了人物、誇張了情節，又將原有的人物賦予新的造型，使之有聲有色。特別值得注意的，〈鶯鶯傳〉與《董西廂》雖係同一故事，而所表現的主題思想，卻大不相同。〈鶯鶯傳〉充分地暴露了士大夫階層無視女性玩弄女性愛情的觀念。至於《董西廂》所表現的思想，正與之相反，他可算是純情的歌頌者。

　　最後，拿《劉知遠傳》與《董西廂》對看，前者雖說是出於講史，卻有極濃厚的泥土氣息，所表現的完全是農民意識，所反映的是動盪時代農業社會中種種不同的人物。《董西廂》所表現的是另外一個極端，是傳統的士大夫的思想，兩性的愛慕固然衝破了禮法的藩籬，但他們的婚姻還是建築在門第功名的基礎上。

《文學史》第七篇第二章〈南戲〉，共分四節，約一萬一千字。第一節：**南戲的發生**。把發源於浙江東南部對外貿易商港溫州的南曲戲文出現年代，大抵推估在北宋末年。它的形成，相信與北宋唱詞的風氣大有關係。詞的體製，本是配合歌唱和音樂的。北宋唱詞風氣十分普遍，接著有趙令時連續用十二首蝶戀花詞調敘述〈鶯鶯傳〉的故事。再發展下去，到了宣和年間，有溫州地區的民間作者嘗試用不同的宮調來演述一個故事，因此形成一種新體戲劇——戲文；再經過一段時間，遂被有修養的文士所欣賞，進而參加寫作。

大約在南宋偏安政權穩定以後，已有相當高藝術水準的溫州調南戲流入了臨安（今杭州），不但立住腳跟，而且更加發達起來。元統一中國以後，因南戲在臨安有了深厚的群眾基礎，北方雜劇雖傳到南徽，彼此互有消長之勢，卻未能奪南戲之席。到元末明初，《琵琶記》、《拜月亭》、《荊釵記》、《白兔記》等藝術境界頗高的戲文出現，不只壓倒北劇，還得到帝王貴冑的賞識，並直接影響了明代傳奇。

第二節：**南戲的體製**。南戲與北曲雜劇在體製上相同之處不多。大抵南戲限制較少，作者運用曲調頗為自由，又沒有折數的定規，作者乃能從容抒寫。其主要特徵為：㈠題目。用四句韻語，總括劇情的大綱，而題目的第四句，往往也就是本劇的戲名。㈡開場白。緊接題目之後，用一首或兩首詞，不限詞調，只念誦而不唱，主要在介紹演出之內容。㈢分齣。以齣為分場單位名目，但每劇分場（齣）並無定型。㈣演唱。元雜劇每折限一人唱一宮調，南戲卻無此限制。各種腳色可以合唱，也可以說白。㈤腳色。有生、旦、

外、貼、丑、淨、末等，與雜劇不同而較完備。(六)格律。南曲之外，間雜北曲，後人稱之為「南北合腔」或「南北合套」，用以增加場面的效果。總之，南戲的格調結構，比雜劇作法要寬得多。

第三節：**南戲北曲相互的關係**。南北戲劇在題材方面，往往有許多共同處，這表示彼此間的相互影響。不過，因為作者多出於民間，大都為迎合觀眾的愛好的庸俗心理，互相抄襲同一故事，不是意識的創造。根據錢南揚輯《宋元南戲百一錄》、馮元君、陸侃如輯《南戲拾遺》兩書，可以找到南北劇彼此相同的題材，諸如：南戲，佚名《鶯燕爭春詐妮子調風月》；元雜劇，關漢卿《詐妮子調風月》。南戲，佚名《子父夢欒城驛》；元雜劇，鄭廷玉《子父夢秋夜欒城驛》……等，約有三十組之多。

第四節：**南戲作品及其文學價值**。北曲的廊宇廣，表現的是人生的多面，社會的群象，故重篇章；南曲的廊宇狹，所表現的不夠寬闊，故重字句色澤。但既是戲劇，其關目排場比字句色澤更為重要。宋元南戲，今所知的篇目雖多，存在的殘曲多於全篇者，正是由於過多「工字句」的關係。其鴻篇巨製不能如雜劇之多者，正由於此種原因。

南戲作品，除了傳世的《琵琶記》與荊、劉、拜、殺五種，另有近世於《永樂大典》殘本中發現的《小孫屠》、《張協狀元》、《宦門子弟錯立身》三種南戲史上最早的資料。(一)《小孫屠》，題古杭書會編撰。內容幼稚，文字拙劣，安排也疏慢。(二)《宦門子弟錯立身》，古杭才人新編。本劇只有六場（齣），屬於南戲的小品，故事單純而緊湊，其中含有二十九種劇名，給後人提供了考證的資料。(三)《張協狀元》，九山書會編撰。開場詞云：「《狀元張

協》前回曾演，汝輩搬成；這番書會要要奪魁名，占斷東甌盛事。」本劇也許是所謂的『後本』。故事離奇，繁冗淺浮，藝術價值比不上《宦門子弟錯立身》。**㉟**

第七篇第三章〈元雜劇〉，分為四節，文長約一萬八、九字。第一節：**元雜劇的時代背景。**引述清趙翼《二十二史劄記》卷三十，〈元世祖嗜利黷武〉、〈元初諸將多掠人為私戶〉及《元史‧儒學列傳》等材料，說明元代君王將相的貪斂殘暴，不少讀書人或死於白刃，或淪為奴隸。此時，呻吟於暴政下的漢民族，雜劇成為他們精神之所寄，並影響了蒙古人色目人。女真族統治了華北，文學有諸宮調；蒙古族統治了中國，文學有雜劇。諸宮調與雜劇都是承受前代的影響而形成的新文體，是國土雖被異族所佔領，而文學卻不因異族的控制而茁長發展。

第二節：**元雜劇所承受的影響。**㈠宋雜劇搬演，已含豔段、正雜劇兩段、雜扮，可能是元雜劇定型為一本四折的濫觴。㈡金院本，其內容體製與雜劇大抵相同，只是雜劇在宮廷或瓦舍表演，院本則只在倡伎樂人集中的行院演唱。不過宋雜劇採用古曲頗多，比較保守；金院本以調笑要戲為主，腳色以白粉勾臉，影響了元雜劇，甚至後代民間戲曲的臉譜。

第三節：**元雜劇的體製。**元雜劇通常分為四折，之外，或加楔子於第一折之前，也可能在各折間。雜劇以歌曲為主，一折只限於一宮調之曲，舞台腳色的語言（賓白），則居於次要的地位。歌曲文雅，賓白通俗，可收相互闡發的效果。元劇腳色，末旦主唱，為

㉟　同註❸，頁 647-661。

當場正色。正末而外，有沖末、外末、二末、小末；正旦而外，有老旦、大旦、小旦、色旦……等，都是有白無唱的副腳色。元劇的宮調，有出於大曲、唐宋詞及諸宮調，不一而足。它們在聲音上所表現的情趣，今已不可知。

第四節：**元雜劇所反映的思想與社會生活**。元劇是蒙古族統治漢人的社會文化現象的活標本，所表現的是漢人被野蠻控制下的心聲。明初涵虛子朱權《太和正音譜》，分雜劇為十二科。一曰神仙道化，二曰林泉邱壑，三曰披袍秉笏，四曰忠臣烈士，五曰孝義廉節，六曰叱姦罵讒，七曰逐臣孤子，八曰鏺刀桿棒，九曰風花雪月，十曰悲歡離合，十一曰煙花粉黛，十二曰神頭鬼面。這十二種內在的思想，是地道的漢民族的，它所反映的不是一個拒絕漢化之游牧民族所能了解的。它的分科雖不夠精確，但對於劇作者所要表現的中心思想，卻甚明白而具體。

吾人依據此十二科來探看元劇的思想與社會生活，頗具有典型意義。❸❻

以上三篇，既然是《中國文學史（稿）》的一部份，不難發現其中除了大量引述相關資料，予以鋪敘敷演；同時也儘量吸收近現代學者專家的研究結果。❸❼之外，尤其注重文體發展的源流，不同作品

---

❸❻　同註❸，頁 663-692。

❸❼　以上三篇所參考引錄近人著述，重要者如：鄭振鐸，〈宋金元諸宮調考〉，《文學年報》1 期，1932 年 2 月；鄭騫，〈董西廂與詞及南北曲的關係〉，台灣大學《文史哲學報》2 期，1951 年 2 月；馮沅君，《古劇彙說》，上海商務印書館，1947 年 1 月；同人，《南戲拾遺》，北京哈佛燕京學社，1936 年 12 月；青木正兒著、王古魯譯，《中國近世戲曲》，上海商務印書館，

形式與內容之異同，與乎臺氏個人的歷史觀點暨價值評斷。這就跟一般學術論文大異其趣了。

1962 年，臺先生曾寫了〈讀《國劇藝術彙考》的感想〉一文，直到 1986 年 6 月，才以〈齊如山最後一封信〉為題，刊載於香港《大成雜誌》一五一期。㊳臺氏感慨平劇雖然具有極大的藝術力量，但它被有修養的文人所重視，也不過是近幾十年的事。文人的重視，也只是居於輔導的地位，例如詞調的刪節，劇本的編製等，都不夠深入。至於將它當作獨立的藝術研究，從歷史、技巧等方面來探討其價值的，只有生長於平劇發源的舊京人氏齊如山而已。

平劇原是民間藝術，沒有記錄的文獻，爬梳整理，實非易事。齊氏所用的方法，全靠訪問老腳，然後歸納整理，得一結論。有如科學家、親身探輯，然後分析實驗，才得到結果一樣。在人們只知欣賞而不屑於去研究的時候，如山先生獨能盡其一生的精力從事於此，足見他的超人的眼光。

齊如山先生將有關國劇種種問題，擘肌分理，極客觀極精審的考出。他對國劇藝術的意義之所在，歸納起來，得到如下的原理：

1936 年 2 月；同人著，隋樹森譯，《元人雜劇說》，上海開明書店，1941 年 7 月；錢南揚，《宋元南戲百一錄》，北京哈佛燕京學社，1934 年 12 月；王國維《宋元戲曲史》，上海商務印書館，1925 年 ? 月；吉川幸次郎著，鄭清茂譯，《元雜劇研究》，台北藝文印書館，1960 年 2 月；朱居易，《元劇俗語方言例釋》，上海商務印書館，1956 年 9 月；羅錦堂，《現存元人雜劇本事考》，台北中國文化事業公司，1960 年 4 月。

㊳ 本篇已輯入《龍坡雜文》，頁 149-154。

㈠有聲必歌；㈡無動不舞；㈢不許真物器上台；㈣不許寫實。這就是說國劇的性質是歌與舞的表現，與現代寫實性的話劇正居於相反的地位。

臺、齊二人相識於舊都北平，五〇年代又因時局逆轉，再度於臺北聚首。彼此志業雖殊，關注民俗藝術的情懷則無不同。臺氏平日並非平劇愛好者，然對如山先生採輯此一民間藝術文獻資料的眼光與努力，卻十分推崇與肯定。這不單是交情而已，恐怕也是「歌謠研究會」、「風俗調查會」對臺氏造成持續性影響的見證。**❸⑨**

六、餘論

二十世紀的中國是一個政治動盪紛擾的時代，也是一個中西新舊文化衝撞磨合的時代。黃土大地上的老百姓，期待一種新秩序新內涵，一個具有生命力的現代化國家。人人都在時代的洪流中浮沉往來，有不少人隨波逐流，無聲無息；也有不少人卓然自立，揚名不朽。個人天生的才具，固然角色緊要，而後天的毅力堅持，也同樣影響極大。

臺靜農先生既有非凡的秉賦，又時時得到師友的激勵，再加上自我的淬勉，終於在文藝創作和研究上，開出繁花，結成碩果，令

---

❸⑨ 臺先生所撰民俗學方面的文章，尚有：〈南宋人體犧牲祭〉（江津國立女子師範學院，《學術集刊》，第 1 期，1945 年）、〈談酒〉（《臺灣文化》，2 卷 8 期，1947 年 11 月）、〈記四川江津縣地卷〉（《大陸雜誌》1 卷 3 期，1950 年 8 月）、〈冥婚〉（《大陸雜誌》1 卷 10 期，1950 年 11 月）等篇。〈談酒〉已載入《龍坡雜文》，另外三篇俱收錄於《靜農論文集》，因非本論文範圍，不再細說。

人景仰與讚佩。至如其學術眼光的長遠，觀念上的進步，也極讓人
為之折服。單就文學的研究而言，他不只重視「雅」文學，同時也
重視「俗」文學；不僅要發揚古典文學的傳統，也要開發民間文學
的價值。如今，雖然哲人已遠，但其泱泱大度，兼容並蓄的風範，
不厚古不薄今的立場與原則，仍然在在發人省思。

王力先生與中國語言學

竺家寧

國立政治大學中國文學系教授

一、王力的生平與治學

王力先生，字了一，原名王祥瑛，1900 年 8 月 10 日誕生於廣西省博白縣新仲村岐山坡。祖父是個貢生，其父王貞倫 15 歲中秀才，後又擔任過小學教師，這種出身背景使得王力從小便能接受些傳統的詩禮教育。不幸的是，王家家業傳到王貞倫時已然敗落，因此，1913 年王力高小畢業後便不得不因貧輟學了。然而，家道的衰敗並沒有影響到王力的求學熱忱。此後十年間，失學不失志的王力憑著堅忍的毅力，一面在家鄉從事教學工作，一面刻苦自學，讀了 14 箱經史子集，打下了相當深厚的國學基礎。1924 年秋，在親友的資助下，王力遠赴上海求學，先後就讀於南方大學和國民大學。在此期間，王力曾在《小說世界》上發表一篇短篇小說，寫作出版了《老子研究》（商務印書館）一書，並對《馬氏文通》做過認真探討。可以說，上海的求學經驗是王力學術生涯的開端。

1926 年夏，清華國學研究院招生，成績優異的王力被破格錄

取，師從梁啟超、王國維、趙元任、陳寅恪等赫赫有名的通儒。在這些大師特別是趙元任和王國維的影響下，王力終於選定了語言學作為自己研究的專業，從而確定了自己具體的學術道路。在清華，王力完成了他語言研究的處女作，也是他的畢業論文《中國古文法》，論文得到梁啟超、趙元任的指導，使王力受益匪淺。他自己曾說：「如果說發現 14 箱書，是我治學的轉折點，使我懂得了什麼是學問；那麼，研究院的一年，就是我的第二個轉折點，有了名師的指點，我懂得了到底應該怎麼做學問。」

1927 年冬，在趙元任先生的建議和鼓勵下，清華畢業後的王力前往法國巴黎，學習西方先進的語言學理論和研究方法。除了直接受教於法蘭西學派的代表人物房特里耶斯（Joseph Vendryes）之外，他還深受丹麥語言學家葉斯泊森（Otto Jespersen）的影響。在完成了一系列基礎課程的學習後，王力把學習重點放在當時語言學領域的尖端學科——實驗語音學上。1931 年，王力完成了洋洋十萬言的博士論文《博白方音實驗錄》，運用實驗語音學的方法精確翔實地描述了自己家鄉的語音系統，成為以現代科學方法研究漢語語音的典範。論文得到法國語言學界的一致好評，王力也憑藉此文獲取巴黎大學文學博士學位。

1932 年夏，學成歸國的王力受聘於清華、燕京兩所大學，開始了他的漢語教學與研究工作。此後直至先生辭世的 54 年間，他始終沒有離開高教崗位，先後任教於清華大學、燕京大學、湖南長沙臨時大學、廣西大學、昆明西南聯合大學、中山大學、嶺南大學、北京大學。他的學術研究也始終與教學緊密結合，54 年中寫出了 50 多種專著，20 多種譯著，200 多篇論文，凡 1200 萬字，為

中國現代語言學的建立和發展做出了卓越的貢獻。1986 年 5 月 3 日，因急性白血病於北京逝世，享年 86 歲。

王力先生畢生致力於漢語語言研究工作，既承傳統，又借西洋，自成體系，被譽為中國現代語言學的奠基人之一。他一生中豐碩的研究成果成為後人學習研究的典範與基石（詳見後文），同時，他豐富的治學經驗也非常值得我們今人深思和借鑒。通過對先生研究工作的考察對照，以及弟子友人的記憶追述，我們總結歸納出以下幾點：

㈠ 廣積深固，由博返約

從事學術研究，要想做出過人的貢獻，必須有堅實廣博的基礎，繼而才能為更為專一的目標而奮鬥。王力先生十分推崇他的業師趙元任先生的博學多能，曾多次對他的學生說：「元任先生之所以能有那麼大的成就，就是因為基礎打得好。」「哲學、文學、音樂、物理、數學，都是跟語言學有密切關係的科學，這些基礎打好了，搞起語言學來，自然根深葉茂，取得卓越的成果。」（王力《我的治學經驗》，《王力文集》卷 20，山東教育出版社 1991 年）其實，先生自身也是「博大與精微兼而有之」（朱德熙《紀念王力先生九十誕辰文集·序》），他不僅對語言學內部諸門類都有過系統卓越的研究，在文學、翻譯等其他領域亦有傑出成果。大師們的天地都是非常廣袤的，以其廣才得成其深，因其博方能返其約。

㈡ 高屋建瓴，開拓創新

王力先生具有非常深厚的國學根基，同時也深受西方語言學影響。但最為可貴的是，他通過自己的理解、研究將二者融會貫通，推陳出新，探索和建立符合漢語實際的語言學體系。這一理念幾乎

貫穿於王力先生一切研究中，無論是語音、詞彙、語法，還是詩律、語史、方言，我們可以發現王力先生無時不以總結漢語自身結構規律和發展規律為終極關懷。有此等眼界胸懷，以考古則古為今鑒，以效西則西為中用。

㈢ 不捐巨細，龍蟲並雕

「龍蟲並雕」是王力先生的齋名，本意是說他自己專職雕龍（語言研究）業餘亦雕蟲（文學創作）。後來，季羨林先生以此來概括王力先生的治學特點。的確，王力先生一生的成就充分體現了這種治學思想。一方面，他寫出《中國音韻學》《中國現代語法》《漢語史稿》《同源字典》等宏觀著眼的巨著，另一方面也創作了《江浙人怎樣學習普通話》、《廣州話淺說》等細處入手的小書，語言知識的普及性文章更是不勝枚舉。小研究是大學術的基點，也是運用。交相磨礪，方能更上層樓。

㈣ 嚴謹求實，勤於自省

綜觀王力先生一生的學術成就，我們可以明顯地體會出他嚴謹求實的學風和與時俱進的毅力。在他的不同時代著述中，我們可以找到許多他對舊材料的補充修訂甚至是對舊有觀念的反駁的例證。最著名的例子當屬先生關於上古入聲獨立與否問題的看法的轉變。在《漢語語音史》中，先生是這樣描述的：「事實逼著我們承認上古從一開始就有-k,-t,-p 三種入聲，而我只好承認之支魚侯宵幽六部都有收-k 的入聲。於是我由考古派變成了審音派。」正是先生對語言事實如此執著、嚴謹的追求精神，使得他的學術能夠不斷開拓進展。

1982 年王力先生在《懷念趙元任先生》一文中寫道：「我們

向元任先生學習，不但要學習他的著作，還要學習他的治學經驗和學術方法。」今天，我們學習和懷念王力先生，除了研究他的具體著述，也不應忘懷對其治學經驗的分析和學習。上述幾點只是我們試圖提綱挈領地總結、歸納王力先生的一些治學經驗。事實上，先生終其一生上下求索於學術研究的漫漫長路，值得我們後人深省、身行的寶貴經驗，又豈是了了數言所能詳盡！遺珠之憾，在所難免；窺斑之幸，冀或偶得。

二、王力在聲韻學方面的成就

王力是聲韻學大家，其聲韻學研究的成果，對中國學術界影響甚大。

王力先生認為語音的變化都是制約性的演變❶，且一切的音變都是漸變，不是突變❷；而漢語語音簡單化是語音發展的趨勢，但此簡單化在語法中獲得補償，在雙音詞的發展則發揮平衡語音簡單化的力量；若要分析、歸納語音系統，其材料應從共時共域的韻文，和足以反映對音的音釋或其他材料中著手，並符合語音演變規則的理論，才能得出正確的語音系統。

另外，王力非常強調以科學的方式來探究語言，在聲韻方面也不例外。《中國音韻學》（後改名為漢語音韻學）是我國第一部用現代語音學原理統整、介紹漢語音韻的大作，不僅以《廣韻》上推古音，下推今音，也說明幾個重要時期的音韻現象，也「把漢語音韻

---

❶　王力：《漢語史稿》，1958。
❷　王力：《漢語語音史》，1985。

學的略史寫出來」❸；到《漢語語音史》（1985），不僅架構出漢
語語音的發展情況，更明確地考察各時代的音系，並提出語音發展
的規律，使語音研究從理論、方法、材料上又踏出另一步，對聲韻
學界有莫大的貢獻。

　　王力先生在聲韻方面的貢獻十分出色，不僅上述兩部專書，其
間更有許多專著都得到學界一致的認同，以下就針對王力在聲韻方
面主要的研究成果作一分類整理：

㈠ 上古音

　　王力在聲韻學領域中最大的貢獻，即是對聲韻觀念的釐清，並
提出自己的研究成果，尤其在上古音方面的成就更加突出。

1.聲母

　　王力主張六類三十二聲母，而對於根據諧聲系統提出的上古有
複輔音聲母說，則始終持著保留的態度。

2.韻母

⑴脂、微分部

　　在古韻研究中，《上古韻母系統研究》是不可忽略的重要文
獻，其最大的貢獻就是脂微分部。

　　將上古韻科學的分類是從顧炎武開始，其客觀地歸納先秦韻文
的韻字，把古韻分為十部。以下江永分為十三部，以致黃侃分為二
十八部，其基本原則都是客觀地串聯韻字，並參以音理，將與它部
有合韻通押現象，但主體仍能獨立的韻部提析出來。

　　王力在前人的基礎上又發現，《切韻》的脂韻舌齒音合口呼在

---

❸　李方桂：《漢語史稿·李序》，1958。

南北朝應歸入微韻，且受章太炎音理的啟發，便考慮將王念孫的脂部分為脂微兩部。王力又進一步考察《詩經》脂微部韻字的 110 個韻例，發現脂微韻分用的情形佔 76%，合用者則僅 26 例，不及 24%，尤其在較長的篇章中，可清楚看見脂微二韻完全分用的情況，說明脂微兩部分立是本質現象，雜用是韻近通押，故脂微分部的說法就成立起來，並受學界重視。

⑵古韻系統

《上古韻母系統研究》中，王力提出十一系二十三部的古韻系統，其中不僅劃分古韻，更分別開合、洪細，配合聲母納入《詩經》全部入韻字，列出上古音節表，並提出「凡同系者其主要元音即相同」的觀點。

其後王力又在《漢語史稿》中修正，將原本歸入相應陽聲韻的入聲六部獨立，而成為十一類二十九部陽陰入三聲的古韻系統。此系統準確顯示古漢語韻類的完整性，而陽陰入三類韻不僅符合語音變遷，說明陰陽入聲對轉的現象，更能呼應中古音系統，為今最具代表的古韻系統。

3. 聲調系統

《上古韻母系統研究》中，王力提出「陰聲有兩個聲調，即後世的平上，入聲也有兩個聲調，即後世的去入」，後在《漢語史稿》正式提出兩類四聲的上古聲調系統論。如此從語音發展規律上把劃分調類的依據說清楚。

4. 音值體系

王力早年傾向考古派，主力放在科學地劃分韻部，晚年則轉向審音派，提出自己的上古音音值體系。

(1)每一個韻部只有一個主要元音

認為上古韻部都是韻文諧押的韻類，每個韻部主要元音必定相同，加上古韻部內部再分呼等的擬音體系，使上古韻系條理分明，符合上古用韻現象，且合乎語音的演變，頗受到學界的認同。

(2)陰聲收元音、陽聲收鼻音、入聲收清塞音

王力否定高本漢「形式主義」、「機械主義」的擬音系統，指出「世界上沒有任何一種語言的開音節是像這樣貧乏的」，「開口音節對閉口音節的優越性」，是漢藏語系的共同特徵。漢藏語言中，韻尾〔-g〕〔-d〕〔-b〕和〔-k〕〔-t〕〔-p〕是不能同時存在的，陰陽入三分的說法才是符合漢語特點與發展的現象。

依據以上的說法，王力架構陰陽入三分，陰聲收元音、陽聲收鼻音、入聲收清塞音的上古音值體系。

㈡ 中古音

通過歸納研究斷代韻文和音釋材料等來探求當時語音系統的真實面目。此乃透過共時共域的韻文材料和足以反映對音的音釋或其他材料，分析歸納出當時的語音系統，王力考察了幾個音系，歸納得出以下的成果：

1. 《切韻》代表南北朝音系。（《漢語語音史》，1985）
2. 玄應《一切經音義》反切反映唐出長安的語音系統。（《玄應〈一切經音義〉反切考》，1980）
3. 《經典釋文》反切代表六世紀長安音。（《〈經典釋文〉反切考》，1982）
4. 朱翱不用唐韻反切，乃據當時語音作反切。（《朱翱反切考》，1982）

5.朱熹所用反切代表南宋音系。（《朱熹反切考》，1982）

6.中古去聲來源有二，一則來自平上，一則來自長入。（《古無去聲例證》，1980）

7.宋代韻圖與隋唐音系非常接近。（《漢語語音史》，1985）

另一較特別的是《漢越語研究》。此篇是透過對漢藏語言的比較研究來描寫古漢越語，有助兩漢音系的研究，對越語史和漢越語研究佔有極大的份量。

王力先生在聲韻研究方面有諸多成就（不論是方法、材料、理論、實踐）為今日學界所推崇，在聲韻學界中，王力佔有非常重要的地位。

三、王力在訓詁學方面的成就

除了聲韻學之外，王力先生對傳統訓詁學有不少新見解，反映於他的著作當中。《理想的字典》提及：「到了現代，為『經』而治小學的成見是應該取消的了，咱們必須是為『史』而治小學。字的形音義的變遷，乃是文化史的一部份。拿歷史的眼光來看，『經義』和『俗義』的價值無輕重之分。」由此可知，傳統訓詁學的弊病在於為經治學，應該以歷史的眼光研究詞義的變遷情形。他批判舊訓詁學纂集、注釋、發明三家，指出三派的的弊病就是崇古，要打破小學為經學附庸的舊觀念，新訓詁學才真正成為語史學的一個部門。王力這是從理論高度總結了舊訓詁學的缺陷，指出了新訓詁學的方向。《漢語史稿》則談到傳統訓詁學始終停留在詞語的個別研究，而沒有把漢語詞彙作為一個整體，從各個角度進行分析，從中歸納總結出系統的、規律性的認識。

　　王力在〈訓詁學上的一些問題〉一文有許多精闢的說明，以下，節錄該文中的重要段落：

　　1.當我們讀古書的時候，所應該注意的不是古人應該說什麼，而是古人實際上說了什麼。如果先主觀地肯定了古人應該說什麼，就會想盡各種方法把語言了解為表達了那種思想，這有牽強附會的危險，如果先細心地看清了古人實際上說了什麼，再來體會他的思想，這個程序就是比較科學的。所得的結論也是比較可靠的。

　　2.必須正確地了解古人的語言，我們所做的解釋才是正確的，否則即使把句子講通了，也可能只是注釋人自己的意思，而不是古人的原意。

　　3.我們應該相信漢代的人對先秦古籍的語言比我們懂得多些，至少不會把後代產生的意義加在先秦的詞彙上。甚至唐宋人的注疏，一般地說，也是比較可靠的，最好不要輕易去做翻案文章。

　　4.注釋家對待疑難的字句，有兩種不同的態度：第一種是不懂就承認不懂，這就是一般所謂存疑；第二種是雖然不懂，也勉強注它一注，以為不注就沒有盡注釋家的責任，有時候還拋棄故訓，另立新說，而以古音通假的方法來證明。我贊成第一種態度。

　　5.望文生義，穿鑿附會，這是注釋家的大忌。但是古音通假說恰恰是穿鑿附會者的防空洞。……同音字的假借是比較可信的；讀音十分相近（或者是既雙聲又疊韻，或者是聲母發音部位相同的疊韻字，或者是韻母相近的雙聲字）的假借也還是可能的，因為可能有方言的關係；至於聲母發音部位很遠的疊韻字與韻母發音部位很遠的雙聲字，則應該是不可能的。而談古音通假的學者們卻往往喜歡把古音通假的範圍擴大到一切的雙聲疊韻，這樣就讓穿鑿附會的人有廣闊

的天地，能夠左右逢源，隨心所欲。❹

　　王力的訓詁學研究重視的是詞義變遷的趨勢，而非單詞的訓詁，例如，它在《新字義的產生》中提到新義產生可以分為兩類，一類是孳生，一類是寄生。新義產生的原因有二，自然的演變和時代的需要，其次的是因為忌諱和復古。在《古語的死亡殘留和轉生》，探討古語死亡的四種原因，古代事物今已不存（這是字、義俱死），今字代替古字，甲字代替乙字，一字分化為數字（這三類情況是字死而義存）。有些字保留在成語或複音詞中，字、義均不能自由使用，這是古語的殘留，有些字在口語中已然死去，但在翻譯外語或命名新事物時再度使用，叫「古語的轉生」。

　　另外，王力對同源詞的研究成就很大，他認為研究「詞族」的時候，應該擺脫字形的束縛，從聲音和意義兩方面找他們的親屬關係，他認為詞彙的系統是密切聯繫的，同源詞就是一種詞彙系統的現象。《同源字典》對同源字有個定義：

　　　　凡音義皆近，或音近義同的字，叫做同源字。這些字都有同

---

❹　古人認為「小學是經學的附庸」，正如王力所言應該被修正，但是，這句話其實也告訴我們研究經書之前，必須明白「經典在說什麼」。經典透過文字的符號保存下來，某種意義上來說，文字是讀經人必須克服的障礙，要明古書就必須先通文字聲韻訓詁之學，透過這些利器去解開經書的謎團。古代的語言學知識不如今日發達，當古人讀不通經書時，往往會改動前人的注疏，畢竟前人離經典的時代比較接近，對經典的語言比我們了解，任意改動注疏是不對的。或者，對不懂得注疏以雙聲疊韻的方式強加解釋，但是，使用雙聲疊韻必須小心，雙聲疊韻不是萬靈丹，必須聲母和韻母都相同或相近才可用來說明通假的關係。

一來源。或者是同時產生的，如「背」和「負」；或者是先後產生的，如「氂」和「旄」。同源字，常常是以某一概念為中心，而以語音的細微差別，同時以字形的差別，表示相近或相關的幾種概念。

同源的意義就是在原始的時候本是一個詞，或完全同音，後來分化為兩個以上的讀音，才產生了細微分別的意義，有時連讀音也沒有分化，只是字形的不同，用途也不完全相同。他還說：

在人類創造語言的原始時代，詞義和語音是沒有必然的聯繫的。但是，等到語言的詞彙初步形成以後，舊詞與新詞之間決不是沒有聯繫的。有些詞的聲音相似，因而意義相似。這種現象並非處處都是偶然的。相反地，聲音相近而意義又相似的詞往往是同源詞。

這給同源詞的形成提供了理論的依據，而且，他認為研究詞族的時候，應該擺脫字形的束縛，從聲音和意義兩方面找他們的親屬關係。這個觀點指出了同源詞研究的基本方法和途徑。王力編這部字典是嚴守兩個原則的：一是同源字必須是雙聲兼疊韻，二是同源字必須有訓詁的根據。王力建立了同源字的觀念，又舉出了許多例子證明，理論落實於實用。除了分析同源字外，王力也說明了通假字、異體字、區別字的意義。

王力還編了一部《古漢語字典》，編纂的原則是 1.擴大詞義的概括性 2.僻義歸入備考欄 3.樹立歷史觀點，注意詞義的時代性 4.標明古韻部 5.註明聯綿字 6.每部前面先寫一篇部首總論 7.辨析同義詞

8.列同源字，可謂他的新訓詁學概念的實現。這些都是王力先生在訓詁學上的貢獻。

四、王力在詞彙學方面的成就

王力先生研究詞彙，注意力首先放在詞義研究上面，尤其在總結漢語詞義演變的規律方面做出了顯著的成績：既注意對每一個語義作史的觀察，寫出像《同源字典》、《了一小字典初稿》、《古代漢語·常用詞》、《古漢語字典》（稿）等研究具體詞義和詞義之間的關係的著作，又注意總結漢語詞義發展的一般規律。1941年演講《理想的字典》時，已經談到字義的孳乳問題、本義引申義問題，並引進西方語義學中關於詞義演變中指稱範圍擴大、縮小和移轉的概念來討論漢語詞義的發展問題。1942 年在《新字義的產生》中，又提出新字義產生的兩個主要原因：自然的演變和時代的需要，兩個次要原因：忌諱和復古，道出了人所未道者。1946 年發表《古語的死亡殘留和轉生》，討論了古代詞語在現代口語裡所處的種種情況，然後探討了古語死亡的原因，這些分析結果，都具有規律性的意義。

二十世紀 50 年代以後，他研究詞義的成果集中反映在《漢語史稿》、《漢語詞彙史》兩書中，從理論上比較深刻地闡釋了詞義演變的問題。在《漢語史稿》的〈詞彙的發展〉一章中，王力先生從基本詞彙和一般詞彙的發展、同類詞和同源詞、詞義的演變等多個側面總結了漢語詞彙發展的規律性知識，提出不少精闢的見解。在討論「概念與詞語的相互關係」時，他認為「在語言裡，詞是能表者，概念是所表者。能表者和所表者的關係不是天然的，而是歷

史造成的；因此，這種關係就不是固定的，而是可以變化的。但是，能表者和所表者的關係既然是歷史造成的，它的轉變也就受一定的規律制約著。這就是說，能表者如果要換一個所表者，在正常的情況下，它只能轉化為鄰近的或與原意有關的概念，而不能任意變換。這種轉化，在中國文字學上叫做『引申』。」還提出詞義轉移的兩種類型：「詞義的轉化不一定就是新舊的代替，也就是說原始意義不一定因為有了引申意義而被消滅掉。有時候，它們的新舊兩種意義是同時存在過的，或至今仍是同時存在的。因此我們知道詞義的轉移共有兩種情形：一種如蠶化蛾，一種如牛生犢。」並且主張「新詞語都有它的歷史繼承性」：「所謂新創詞語，嚴格說來，是不存在的。一切新詞都有它的歷史繼承性；所謂新詞，實際上無非是舊詞的轉化、組合，或者向其他語言的借詞，等等。現代漢語的新詞以仿語凝固化的一類為最多，其中每一個詞素都有它的來歷。完全用新材料構成的新詞，不但在漢語裡是罕見的，在世界各種語言裡也是罕見的。」《漢語詞彙史》是在《漢語史稿》的基礎上改寫的，但不是簡單的修訂而已，而是從結構、材料、觀點到結論的一次重新審視，力求把《漢語史稿》出版後二三十年間，自己和語言學界的研究成果，盡可能的反映到書中去。他把原「漢語基本詞彙的形成及其發展」一節改寫為「社會的發展與詞彙的發展」一章，內容更為充實，觀點更加鮮明；取消原「同類詞和同源詞」一節，保留部分觀點，增寫為「同源詞」和「滋生詞」兩章，內容做了很大的改變；原「漢語悠久光榮的歷史」一節，增改為三章，分別講述漢語對日、朝、越三種語言的影響，內容大大充實；其他各節的內容也做了一定的改動。漢語詞義發展的規律有待于深

入研究，而王力先生的這些深刻見解無疑為進一步研究鋪平了道路。

　　60 年代王力先生主編的《古代漢語》一書，首次確立了文選、通論、常用詞三結合的體例，成為古代漢語教材編寫的範本。它以文選為綱，其他兩部分為緯，跟文選有機地結合在一起，從而確立了整本書的行文框架。文選是此體例的主體，是常用詞、通論出場的依憑和線索，即從文選中選取常用詞，也從文選中歸納出語言規律。整套教材共十四單元，每個單元都包含文選、常用詞和通論三部分，形成一個相對自足的小整體。其中四冊書累計起來的常用詞總共有 1086 個，一、二冊大致是以《春秋三傳》、《詩經》、《論語》、《孟子》、《莊子》書中出現十次以上的詞為標準，而予以適當的增減。減的是人名、地名和此書文選中不出現的詞，以及古今詞義沒有差別的詞，增的是古今詞義差較大而又相當常用的詞。三、四冊的常用詞一部分也是先秦的常用詞，另一部分是漢魏南北朝的常用詞，至於唐宋以後產生的的新詞則不再收錄。這些常用詞的次序安排，多以類相從，但是由於照顧到與文選相配合，同類的詞也在不同的單元中出現，書後另附檢字表，以便檢查。這些常用詞一般只收單音詞，雙音詞和詞組酌量收一些，附在單音詞後面。在常用詞的詞義方面，此書只收常用的意義，一個詞有兩種以上意義者，先講本義，再講引申義。引申義又分為近引申和遠引申兩種。近引申義只附在本義後面，不另立一種意義；遠引申義則另立一種意義。假借義也另立一種意義。解釋方面，此書是用現代漢語解釋古代漢語，而不是用古代漢語解釋古代漢語。如「往」被解釋為「去」，意思是說古代的「往」等於現代的

「去」，不是說古代的「往」等於古代的「去」。凡是遇到古今詞義相等時，則以本字釋本字。如「來」被解釋為「來」，意思是說古代的「來」等於現代的「來」。在這些常用詞中，凡遇到後起的意義都註明「後起義」字樣。凡未註明「後起義」的地方，即使舉了後代的例子，這個意義也是繼承上古的。而每一種詞義不一定只舉一個例子，對於古今詞義差別較大的地方，往往多舉一兩個例子，表示這個意義在現代雖然消失了或罕見了，但它在古代卻是常見的。又因為詞義和語法有一定的聯繫，所以這些常用詞在解釋詞義的部分，有時也談某些語法現象，以便更好地了解詞義。這些常用詞在古代典籍中具有很大的代表性，在古書中的出現頻率很高，有的在閱讀中容易產生歧義，有的古今區別較大，而這些常用詞在此書中的解釋頗具權威性，學術目前大都認同它，在少數有爭議的地方它至少也是很有份量的一家之說。以後的許多古漢語教材，在詞彙部分的編排，都難以超越王力先生這本著作的巔峰。

五、王力在語法學方面的成就

語法是王力先生另一研究重心，甚至可說，是王力的主力。王力先生在語法方面的專書有 12 部（未計《漢語史稿》、《古代漢語》）、論文❺ 40 多篇，對古漢語、現代漢語的語法研究有莫大的貢獻。其中《中國現代語法》側重事實的描寫，《中國語法理論》側重理論的闡述，與《中國語法綱要》完整地構建了王力的漢語語法體系。

---

❺　陳振寰：《王力文選·序》。

　　王力在語法方面的成就主要分為三方面：方法理論、語法特點、實踐。

㈠ 方法、理論

　　王力認為語法是語言發展的關鍵，為語言發展的依據。語法結構比基本詞彙的演變慢，若語法結構發生顯著的變化，則可證明語言的本質已改變。

　　1936 年，王力發表《中國文法學初探》認為，研究漢語語法以模仿西方語法來建構漢語語法是不可行的，唯有實際地從漢語出發，探究其特點，歸納漢語自己的規律上分析，方為正確的途徑。其中不僅就批判「模仿」的弊病，並強調應從客觀的漢語材料中去概括語言結構的規則，而不可從先驗的語法規則中去找語言規律，此為本末倒置之舉。

　　隔年，《中國文法中的繫詞》運用歷史比較的研究方法，系統地考察漢語「名句」句法結構的特點和繫詞的產生及發展過程，此為中國語言學家第一次真正擺脫西洋語法的束縛，歷史地、唯物地、實際地考察漢語本身而得出的重大成果。

　　王力從理論上強調語法的民族性。王力認為「語法，就是一個民族的語言結構方式；漢語語法就是漢民族的語言結構方式」，且「語法裡只有習慣，沒有天經地義」，「語法是說明某一民族的語言習慣的，不是創立文章的法則的」，且「每一民族自有他個別的語法，咱們不能說甲民族的語法比乙民族的語法更好或更合理」，而「語法是族語的結構方式」，「離開了族語結構的特徵就沒有語

法」❻。

在《語法的民族特點和時代特點》更明確提出在研究工作中，有一重要的研究方法，即重視研究對象的時間、地點和條件。「時間就是所研究的語言的時代特點，地點就是所研究的語言的民族特點，條件就是所研究的語言所受的社會發展的影響」❼，語法無所謂對不對，只有合與不合，既然族語為社會的產品，則應符合社會習慣，否則就是不合，❽強調語法的社會性。

另外，王力特別重視語言的比較，認為透過比較才能使語法結構的特點更加明顯，其許多重要的發現就是通過比較而得的。

(二) 漢語語法特點

王力經由實際整理漢語本身，挖掘出諸多漢語語法的特點：

1.句子方面

(1)句子中不一定存在動詞

漢語名句的主語和表明語之間不用繫詞（《中國文法中的繫詞》，1937），而繫詞產生的具體年代在西漢末、東漢初。「是」在六朝前只做代詞，不作繫詞，則「句子裡便不一定要動詞。這是中國語和印歐語根本差異處。」❾

(2)依謂語句性質劃分句子類型

《中國語法理論》最先提出依據謂語性質劃分句子類型，將漢語句子化分成三類：敘述句、描寫句、判斷句。此正與實詞的三類

---

❻ 　王力：《中國現代語法·導言》、《中國語法理論·導言》。
❼ 　王力：《語法的民族特點和時代特點》，1956。
❽ 　王力：《中國現代語法》。
❾ 　《中國現代語法·序》。

相當：敘述句——以名詞為謂詞；描寫句——以形容詞為謂詞；判斷句——以動詞為謂詞。如此不僅跳脫西洋語法兩方法的侷限，更確實地符合漢語的實際語法現象，至今仍為學界所贊同與使用。

(3)提出「句子形式」和「謂語形式」

《中國現代語法》首先提出「句子形式」和「謂語形式」的概念，此兩概念的提出對於分析漢語的複雜句子的結構產生重大的啟發。

(4)特殊結構句

提出能願式、使成式、處置式、被動式、遞繫式、緊縮式等各種特殊句子類型，以及次品補語、末品補語等，這些屬於漢語的特殊結構句的發現和相關概念的提出，豐富了漢語的句法學。

(5)複合句的劃分

王力提出並區分包孕句與複合句，並提出漢語的複合句往往是一種意合法，更將複合句分為等立句和主從句兩類，並進一步將等立句分為五類，從句分為七類。此不僅符合漢語特點，也被語法學界接受。

2.詞類方面

早期認為詞類劃分的原則和依據應以意義作為分類的標準，50年代以後，將其說法作了修正，提出詞不能和概念混同，即不能以概念作為詞分類的依據，而必須兼顧詞的詞彙意義和語法作用兩方面❿，後在《關於詞類的劃分》提出三個分類標準：概念標準、句法標準、型態標準。

---

❿　王力：《關於漢語語法體系的問題》。

⑴依詞的本性劃分漢語詞類

王力指出，詞有本性、準性、變性。本性是不靠其他詞影響而本身具有的詞性，王力以此作為劃分漢語詞類的依據，分詞為七類：名詞、代名詞、動詞、限制詞、關係詞、助詞、感嘆詞。

⑵獨立數量詞

王力考察漢語本身的實際情形，發現數量詞有不同於其他詞類的特性，應獨立為一類，此一主張對後人有重大的啟發。

⑶提出「記號」一詞

《中國現代語法》中曾提出「記號」一類的論點。「凡語法成分，附加於詞、仿語或句子形式的前面或後面，以表示它們的性質者，叫做記號」⓫，即今日所謂的詞綴。

㈢ **實踐**

王力不只在語法學界有豐碩的成果，並佔有舉足輕重的地位，仍不忘將理論與實踐落實到教學中，此創立理論與實踐相結合的語法教學體系和普及語法知識方面起重要的作用。如創立描寫與理論相結合的語法教學體系：《中國現代語法》、《中國語法理論》，結合文選，突出古漢語語法教學體系：《古代漢語》等，對於語法知識的推廣不遺餘力。

王力先生在語法研究方面傾注了很大的心力，不僅是理論的提出、漢語語法的實際考察，甚至是落實到語法知識的推廣，都一直在作最大的努力與突破，這也是成就了先生在語法學界具有權威性的地位。

⓫　王力：《中國現代語法》。

六、王力在語言風格學方面的成就

在王力先生畢生學術貢獻中，漢語詩律學是與其漢語音韻學、語法學、詞彙學、語言學史等兼行並重的一大領域。作為這一領域的代表性巨著，《漢語詩律學》從用韻、平仄、對仗各個方面對近體詩和古體詩、詞、曲的特點進行了系統的敘述、分析，無疑在中國古典詩歌研究史上具有里程碑意義。

《漢語詩律學》原作於 1945-1947 年，正式出版於 1958 年初。該書第 16、17、18、19、20、21、22 節論述了近體詩句式和語法，第 34、35 節又論述了古體詩的句式和語法，第 45 節還論述了詞的語法特點，約占全書 74 萬字的六分之一。此部分王力先生認為是書中自己的研究成果❷（序，頁 4）。就開創性而言，《漢語詩律學》的意義和成就大致可歸納為以下三點：

㈠在中國學術史上第一次從語言角度，即首次運用現代語法理論對漢語古典詩歌進行了深入研究。以「句法」來說，古典詩論中的「句法」概念至遲在宋代就已產生並頻繁使用，但古人所謂「句法」，內涵外延都極為寬泛，「主要指詩句的構造方法，包括格律、語言的安排，也關係到詩句藝術風格、意境、氣勢。……所涵蘊的內容是多角度、多層次的。」❸《漢語詩律學》把「詩歌句法」從古人寬泛籠統的理解，轉變為詩句句式、詩句結構等嚴格的語言學範疇。因此，《漢語詩律學》的出版標誌著科學意義上的漢

---

❷　王力《漢語詩律學》上海：上海教育出版社，1979。

❸　王運熙、顧易生《中國文學批評通史（宋金元卷）》上海：上海古籍出版社，1996。

語詩歌句法研究的開始,從而拓寬了漢語語法研究的領域,使其研究對象從散文語言拓展到了與之並重的另一半——詩歌語言。

㈡在中國學術史上第一次對漢語古典詩歌進行了大規模的語法調查,尤其是對古典詩歌(以近體詩為主)的句式,進行了非常詳盡的描寫,直接涉及的詩歌語料包括唐代五言近體詩 500 餘聯、七言近體詩 250 餘聯。逐字辨析其詞性,逐句考察其組合情況,得出五言近體句式「總計有九十五個大類,二百零三個小類,三百四十個大目,四百個細目」❹(頁 229),五言古體有「七十七個大類,一百六十個小類,二百十三個大目,二百十五個細目。」❺(頁 494)其描寫之細緻入微,至今無人能及。儘管有人視此為「中國詩句西方文法化」❻,但詩歌句法分析必須建立在詞性辨別和句式歸納的基礎上,這一工作是必不可少的。

㈢以翔實的詩歌語料為依據,《漢語詩律學》對古典詩歌語法進行了全方位的理論探討,包括四個方面的創獲:第一,全面地揭示了近體詩的語法特徵,涉及詞的變性、倒裝法、省略法、譬喻法、判斷句和描寫句、遞繫式、使成式、處置式、被動式、按斷式、申說式、原因式、時間修飾、條件式、容許式、詩中的虛字、十字句和十四字句等方方面面;第二,較為深入地闡明古體詩和近體詩句法的不同之處;第三,提煉出了一系列嶄新的概念、範疇,諸如「不完全句」、「關係語」、「名詞語」的發掘、概括、界定

---

❹　同註❶。
❺　同上。
❻　葉維廉《中國詩學》上海:三聯書店,1992。

等，這些原創性概念迅速成為古典詩歌語法研究中的常見術語，證明其準確可靠、行之有效；第四，《漢語詩律學》和王力先生隨後撰寫的《詩詞格律》（1962）、主編的《古代漢語》（1964），均著重拈出「語序變換」和「成分省略」兩類現象加以分析說明，顯然抓住了近體詩最具特色的語法現象和最重要的語法特點，此後數十年近體詩句法研究的重心基本上就在這兩類現象上，足見其影響深廣。

總之，《漢語詩律學》是迄今全面、系統的以現代語言學觀念為指導研究漢語詩歌語言形式的，內容最豐富、地位最重要、影響最深遠的專著，為中國古典詩歌語法研究奠定了堅實的基礎和基本格局。在此之後，才陸續出現了對《詩經》、《楚辭》等古典韻文的語法研究專著。

王力先生是中國詩律學的奠基者，在中國詩律學的研究上有獨特的貢獻。40 年代，他寫了《漢語詩律學》。60 年代初，為了普及的需要，他又根據《漢語詩律學》撰寫和出版了《詩詞格律》、《詩詞格律十講》、《詩詞格律概要》等通俗小冊子，深入淺出地介紹詩律學的基礎知識，對普及詩律知識，指導現代人的舊體詩詞創作，進而使人們了解和掌握漢語的聲韻和詩詞、語法常識，都起了重大的作用。他不但把對詩歌語言的研究跟一般的語言研究結合起來，而且把對詩歌語言形式的研究跟對文學創作規律的研究結合了起來。這方面的研究心得，除了在他的詩律學著作中屢有涉及外，他還寫過一系列的論文，如〈詩歌的起源與流變〉（1942）、〈中國格律詩的傳統和現代格律詩的問題〉（1959）、〈中國古典文論中談到的語言形式美〉（1962）、〈略論語言形式美〉

（1962）、〈語言與文學〉（1981）、〈語言的真善美〉（1982）等，發表過許多精采的意見，如他提出「語言的形式之所以能是美的，因為它有整齊的美、抑揚的美、回環的美。這些都是音樂所具備的，所以語言的形式美也可以說是語言的音樂美。」又說「詩是語言形式美的集中表現。在律詩和詞曲中，對仗就是整齊的美，平仄就是抑揚的美，韻腳就是回環的美。」「講究語言形式美，會不會妨礙詩的意境呢？這要看作者對語言形式美的態度如何和語言修養水平如何而定。」他還指出要把技巧跟格律區別開來，技巧是爭取的，格律是規定的。（〈略論語言形式美〉）這些意見對文學創作者都是極具啟發性的。

七、其他研究

王力先生博識多才，論學豐富，不僅是語言學界的大師，在許多其他領域亦有極高造詣。關於他的語言學之外的成就，我們根據他的著述試簡要歸納為以下幾方面：

㈠ 文學創作

王力先生自己曾說，他年輕時的理想是當一個小說家（王力《我是怎樣走上語言學的道路的》，《王力文集》卷 20，山東教育出版社 1991 年）。他早年就讀於上海時就曾在《小說世界》上發表過一篇短篇小說。後來，先生選擇了語言學研究的學術道路，矢志不渝，但是也沒有放棄文學創作的工作。

王力先生是一位優秀的小品文作家。1942 年至 1946 年間，先生執教於昆明西南聯大，利用業餘時間為報刊寫了不少小品文。最開始是為《星期評論》撰寫專欄，名叫《甕牖剩墨》。不久又應約

在《中央週刊》開闢同名專欄。1942 年 5 月，應當時昆明《生活導報》台柱費孝通邀約，先生又為《生活導報》開闢了小品文專欄，題為《龍蟲並雕齋瑣語》。先生的小品文選題非常廣泛，衣食住行、生老病死、新亭之痛、黍離之思，人間世態盡收筆端，兼以辭章優美、語言生動、諷喻巧妙，具有極高的思想性和藝術性。1949 年上海觀察社出版社將先生的小品文以《龍蟲並雕齋瑣語》為名結集出版，1982 年中國社會科學出版社再版。

王力先生也是位傑出詩人。他自幼酷愛吟詠，留學法國時，還曾用舊體詩翻譯過波特萊爾的《惡之花》，可見其功力之深。他的深厚的傳統文化根基以及紮實的聲韻學背景使得他的古典格律詩創作兼顧意境形象與聲韻和諧，既承古調又開新貌，在中國格律詩新路的探索上取得了一定的成功。1984 年，北京出版社出版了王力先生的《龍蟲並雕齋詩集》。

㈡ 文學翻譯

王力先生最初從事翻譯工作是為生計所迫。先生在法國留學時，因為家中著實拮据，無力支付他的學習費用，進退維谷之際，幸得李石嶺老師推薦，為商務印書館翻譯法國小說和劇本。王力的譯著得到了當時任商務印書館編輯的葉紹鈞（聖陶）先生的高度讚賞。他在寫給王力的信中評價說：「信達二字，均不敢言；雅之一字，實無遺憾。」因為葉先生不懂法文，所以自謙「信達二字，均不敢言」，但是身為文學家的他對王力先生的譯筆極為推崇。就這樣，王力先生憑著自己優異的雙語能力和文學功底，在翻譯界贏得了聲譽。我們試將其譯著開列如下（據《王力文集》卷 20，山東教育出版社 1991 年）：

《女王的水土》（小說） 莫洛亞著 1929 年

《少女的夢》（小說） 紀德著 1931 年 上海開明書店

《半上流社會》（劇本） 小仲馬著 1931 年 上海開明書店

《巴士特》（傳記） 1933 年 上海商務印書館

《我的妻》（劇本） 嘉禾著 1934 年 上海商務印書館

《伯遼賚侯爵》（劇本） 拉維當著 1934 年 上海商務印書館

《生意經》（劇本） 米爾博著 1934 年 上海商務印書館

《社會分工論》 E. Durkheim 著 1934 年 上海商務印書館

《幸福之年》 1934 年 上海啟智書局

《屠槌》（小說） 左拉著 1934 年 上海商務印書館（1958 年北京
　　人民文學出版社再版，改名為《小酒店》）

《戀愛的婦人》（劇本） 波多黎史著 1934 年 上海商務印書館

《賣糖小女》（劇本） 嘉禾著 1934 年 上海商務印書館

《小芳黛》（小說） 喬治桑著 1934 年 上海商務印書館

《討厭的社會》（劇本） 巴依隆著 1934 年 上海商務印書館

《愛》（劇本） 佘拉第著 1934 年 上海商務印書館

《佃戶的女兒》（劇本） 埃克曼、夏鐸著 1934 年 上海商務印
　　書館

《娜娜》（小說） 左拉著 1935 年 上海商務印書館

《婚禮進行曲》（劇本） 巴達一著 1935 年 上海商務印書館

《莫里哀全集》（改劇本六種：1.《丈夫學堂》2.《情仇》3.《斯加拿爾》4.
　　《裝腔作勢的女子》5.《嘉爾西爵士》6.《糊塗的人》） 1935 年 上
　　海國立編譯館

《小物件》（小說） 都德著 1936 年 上海商務印書館

《沙弗》（小說） 都德著 1947 年 上海開明書店

《糊塗人》（劇本） 莫里哀著 1957 年 北京作家出版社

《丈夫學堂》（劇本） 莫里哀著 1958 年 北京人民出版社

《惡之花》（詩） 波特萊爾著 1981 年 北京外國文學出版社

(三) 外國文學研究

因為留學西方以及翻譯西方文學作品的緣故，王力先生對外國文學有著較為深入的接觸與理解，並以此為基礎進行了一定的研究。1933 年，上海商務印書館出版了王力先生外國文學研究的兩部專著《希臘文學》和《羅馬文學》。

(四) 文學理論研究與文學鑑賞

在這一領域中，王力先生主要結合自身創作經驗展開研究，亦有不少成果。其著述包括：《王力詩論》（張谷編，1988 年廣西人民出版社）、《詩歌的起源與流變》（1942 年《國文月刊》1 卷 11 期）、《毛澤東詩詞四首》（1980 年 12 月《語文學習講座叢書》第 6 輯）、《唐詩三首》（1981 年 2 月《語文學習講座叢書》第 7 輯）、《宋詞三首》（1981 年 2 月《語文學習講座叢書》第 7 輯）、《談談小品文》（1982 年 1 期《文藝研究》）。

(五) 其他成就

王力先生才識淵博，涉獵廣闊，除了語言學以及以上提及之文學藝術諸門類的研究，還在許多其他學術領域留下了歷史的印跡。哲學方面，先生曾撰寫出版兩部專著：《老子研究》（1928 年上海商務印書館，1988 年上海書店《民國叢書》第四編第六號）、《論理學》（1933 年上海商務印書館）。音樂方面，先生曾於《當代文藝》1 卷 2 期發表論文《音樂》。天文曆法方面，先生亦有專文傳世：《古代的曆

法》（《文獻》1980 年 1 期）、《天文和曆法的關係》（《刊授指導》1985 年第 10 期）。

綜上所述，王力先生一生學貫中西，博通古今，堪稱一代奇才。覽其著述，懷其風姿，實令後學者常覺汗顏之愧，亦倍增思慕之心。唯當奮進，以饗先賢。

八、王力研究書目

㈠ 論著

1. 中國音韻學　1936　上海　商務印書館（1956 年北京中華書局重印，改名為漢語音韻學）

2. 江浙人學習國語法　1936　南京　正中書局（1955 年北京文化教育出版社新一版，改名為江浙人怎樣學習普通話）

3. 中國語文概論　1939　長沙　商務印書館（1950 年上海開明書店重印，改名為中國語文講話）

4. 中國文法學初探　1940　長沙　商務印書館

5. 中國現代語法　1944　重慶　商務印書館

6. 語文叢談　1944　重慶　國民圖書出版社

7. 中國語法理論　1945　重慶　商務印書館

8. 中國語法綱要　1946　上海　開明書局（1957 年上海新知識出版社再版，改名為漢語語法綱要）

9. 廣東人學習國語法　1951　廣州　華南人民出版社（1955 年北京文化教育出版社，改名為廣東人怎樣學習普通話）

10. 有關人物和行為的虛詞　1955　北京　中華青年出版社

11. 虛詞的用法　1955　北京　工人出版社

12. 關於漢語有無詞類的問題　1955　中國科學院打字印本

13. 談談漢語規範化　1956　北京　工人出版社

14. 漢族的共同語和標準語　1956　北京　中華書局

15. 廣州話淺說　1957　北京　文字改革出版社

16. 詞類　1957　上海　新知識出版社

17. 漢語史稿　1958　北京　科學出版社

18. 古代漢語　1962　北京　中華書局

19. 漢語音韻　1963　北京　中華書局

20. 漢語淺談　1964　北京　北京出版社

21. 古代漢語常識　1979　北京　人民教育出版社

22. 音韻學初步　1981　北京　商務印書館

23. 中國語言學史　1981　太原　山西人民出版社

24. 同源字典　1982　北京　商務印書館

25. 中國古文法　1983　太原　山西人民出版社

26. 王力論學新著　1983　南寧　廣西人民出版社

27. 談談古代漢語　1984　濟南　山東教育出版社

28. 王力文集（1-20 集）　1985-1991　濟南　山東教育出版社

29. 漢語語音史　1985　北京　中國社會科學院出版社

30. 漢語語法史　1989　北京　商務印書館

31. 清代古音學　1992　北京　中華書局

32. 漢語詞彙史　1993　北京　商務印書館

33. 陳振寰選編　王力文選　2000　桂林　廣西師範大學出版社

34. 中國語言學大辭典編委會　中國語言學大辭典　1991　江西　江西教育出版社

35. 馮春田等撰　王力語言學詞典　1995　山東教育出版社

36. 語言學百科詞典　1993　上海辭書出版社

37. 中國大百科全書總編委會　語言文字百科全書　1994　中國大百科全書出版社

38. 王力主編　王力古漢語字典　2000　中華書局

(二) 論文

1. 中國文法學初探　1936　清華學報 11 卷 1 期

2. 雙聲疊韻的運用及其流弊　1937　文學年報 3 期

3. 中國文法中的繫詞　1937　清華學報 12 卷 1 期

4. 上古韻母系統研究　1937　清華學報 12 卷 3 期

5. 中國語法學的新途徑　1941　當代評論 1 卷 3 期

6. 語言學在現代中國的重要性　1941　當代評論 1 卷 16 期

7. 談意義不明　1941　國文月刊 1 卷 5 期

8. 古語的死亡殘留和轉生　1941　國文月刊 1 卷 9 期

9. 新字義的產生　1942　國文雜誌 1 卷 2 期

10. 語言的使用和了解　1942　當代評論 2 卷 4 期

11. 人稱代詞　1943　國文雜誌 1 卷 6 期

12. 無定代詞複指代詞　1943　國文雜誌 2 卷 2 期

13. 指示代詞　1943　國文雜誌 2 卷 4 期

14. 疑問代詞　1943　國文雜誌 2 卷 5 期

15. 基數、序數和問數法　1944　國文雜誌 3 卷 1 期

16. 字和詞　1944　國文雜誌 3 卷 3、4 期

17. 理想的字典　1945　國文月刊 33 期

18. 詞類　1945　國文月刊 34 期

19. 詞品　1945　國文月刊 35 期

20. 仂語　1945　國文月刊 36 期

21. 句子　1945　國文月刊 37 期

22. 複音詞的創造　1946　國文月刊 40 期

23. 了一小字典初稿　1946　國文月刊 43、44 期合刊

24. 新訓詁學　1947　開明書店二十週年紀念文集

25. 語法答問　1949　國文月刊 76 期

26. 漢語的詞類　1952　語文學習 4 期

27. 詞和語在句子中的職務　1952　語文學習 7 期

28. 謂語形式和句子形式　1952　語文學習 9 期

29. 句子的分類　1953　語文學習 1 期

30. 詞和仂語的界限問題　1953　中國語文 9 期

31. 漢語語法學的主要任務——發現並掌握漢語的結構規律　1953
    中國語文 10 期

32. 語文知識　1953-1955　語文學習 3 期-1 期

33. 論漢族標準語　1954　中國語文 6 期

34. 論漢語有無詞類的問題　1955　北京大學學報 2 期

35. 主語的定義及其在漢語中應用　1956　語文學習 1 期

36. 語法的民族特點和時代特點　1956　中國語文 10 期

37. 語法體系和語法教學　1956　語法和語法教學　人民教育出版
    社

38. 關於詞類的劃分　1956　語法和語法教學　人民教育出版社

39. 中國語言學的現況及其存在的問題　1957　中國語文 3 期

40. 關於暫擬的漢語教學語法系統問題　1957　語文學習 11 期

41. 漢語被動式的發展　1957　語言學論叢 1 輯

42. 漢語實詞的分類　1959　北京大學學報 2 期

43. 現代漢語規範化問題（總論）　1959　語言學論叢 9 輯

44. 語言的規範化和語言的發展　1959　語文學習 10 期

45. 上古漢語入聲和陰聲的分野及其收音　1960　語言學研究與批判 2 輯

46. 邏輯與語言　1961　紅旗 17 期

47. 古代漢語的學習和教學　1961.12.16.　光明日報

48. 文言語法鳥瞰　1962　人民教育

49. 訓詁學上的一些問題　1962　中國語文 1 期

50. 中國語言學的繼承和發展　1932　中國語文 10 期

51. 古代漢語的教學　1963　中國語文 1 期

52. 古韻脂微質物月五部的分野　1963　語言學論叢 5 輯

53. 先秦古韻擬測問題　1964　北京大學學報 5 期

54. 古漢語自動詞和被動詞的配對　1965　中華文史論叢 6 期

55. 同源字論　1978　中國語文 1 期

56. 漢語孳生詞的語法分析　1979　語言學論叢 6 輯

57. 現代漢語語音分析中的幾個問題　1979　中國語文 4 期

58. 漢語語音的系統性及其發展的規律性　1980　社會科學戰線 1-2 期

59. 玄應《一切經音義》反切考　1980　武漢師院學報 3 期

60. 關於古代漢語的學習和教學　1980　天津師院學報 5 期

61. 談詞語規範化問題　1981　百科知識 12 期

62. 朱熹反切考　1982　中華文史論叢增刊

63. 中國語法學的發展　1982　語文園地 2 期

64. 朱翱反切考　1982　龍蟲並雕齋文集

65. 范曄劉諧音韻考　1982　龍蟲並雕齋文集

66. 詞義的發展和變化　1983　談談學習古代漢語

67. 隋千存　專科、專家、專書詞典的融合──《王力語言學詞典》評介　辭書研究　1997 年 04 期

68. 陳振寰　融通古今，龍蟲并雕──語言學家王力先生百年誕辰紀念　國際關係學院學報　2000 年 01 期

69. 張虹　高名凱、呂叔湘、王力四十年代代詞理論比較　遵義師範學院學報　2001 年 04 期

㈢ **學位論文**

1. 吳世畯　王力上古音學說述評　1988　東吳大學中國文學研究所碩士論文

2. 盧順點　王力現代語法研究　1996　東海大學中文研究所博士論文

蔣復璁先生對圖書館事業與 圖書館學術之貢獻

胡楚生

明道管理學院中國文學學系教授

一、引言

蔣復璁先生字美如,號慰堂,浙江省海寧縣人,生於清光緒二十四年,卒於民國七十九年,當西元 1898 年至 1900 年,享年九十三歲。

先生曾祖生沐公,諱光煦,性好學,嗜藏書,曾從學於當時大儒錢警石及李富孫,而榜其書齋曰「別下齋」,嘗輯刻罕見書籍五十餘種,命為《別下齋叢書》,有名於世。

慰堂先生早年在杭州讀書,年十六,至青島,入特別高等學校初等班,年十七,赴天津,入德商所設之德華中學,繼續攻讀,年二十,考入北京大學預科德文班,民國八年,先生二十二歲,升入北京大學本科哲學系,民國九年,梁啟超先生與先生堂叔蔣百里先生創辦讀書俱樂部(後改組為「松坡圖書館」),命先生助編德文圖

書，是為先生與圖書館產生淵源之始，也是他步上圖書館事業的重要原因。

民國十二年，先生畢業於北京大學。

民國十四年，中華圖書館協會成立，梁啟超先生擔任董事長，袁同禮先生擔任執行部長，慰堂先生擔任執行部幹事。

民國十五年，北京圖書館成立，梁啟超先生擔任館長，袁同禮先生擔任圖書部主任，慰堂先生負責中文圖書編目。

民國十九年，慰堂先生赴德國，入柏林大學哲學系就讀，並在普魯士邦立圖書館實習，民國二十一年十一月，先生返國。

民國二十二年，教育部派令慰堂先生為國立中央圖書館籌備處主任，推動籌備事項。

民國二十六年，抗日戰爭發生，慰堂先生即進行疏運中央圖書館籌備處圖書，展轉運至重慶，艱苦備嚐。

民國二十九年八月一日，中央圖書館正式成立，政府任命慰堂先生為第一任館長。

民國三十四年，抗戰勝利，三十五年，中央圖書館正式還都。

民國三十七年，慰堂先生奉命開始疏運中央圖書館善本圖書來台。

民國四十三年，政府命令中央圖書館在台復館，慰堂先生仍任館長原職。

民國五十四年，故宮博物院成立，行政院聘慰堂先生擔任首任院長。

民國五十五年，慰堂先生年六十九歲，辭中央圖書館館長兼職獲准，溯自民國二十二年，先生擔任館長以來，慰堂先生服務於中

央圖書館,工作已達三十三年之久。

民國六十三年,慰堂先生當選為中央研究院院士。

民國七十二年,慰堂先生年八十六歲,故宮博物院院長任期屆滿退休。

民國七十九年,慰堂先生卒於台北,享年九十三歲。❶

慰堂先生早年學習哲學,中年之後,又精研宋史,所撰〈莊子考辨〉、《宋史新探》等書,都是極為重要的學術論著,但是,慰堂先生一生,長期服務於圖書館及博物院,他的著述,自然也以關於圖書館及博物院者為多。

本文之作,僅就慰堂先生推展圖書館之事業,以及研究圖書館之學術方面,擇其尤為重要者,加以敘述,期以彰明慰堂先生對於此兩者之貢獻。

二、對於圖書館事業方面之貢獻

蔣慰堂先生早年服務於松坡圖書館與北京圖書館,那是他一面工作一面學習的階段,後來留學德國,在圖書館中實習,才充實了更多的現代圖書館的經營理念,一直到民國二十二年,他三十六歲擔任中央圖書館籌備處主任之時,才正式開始他推展圖書館事業之經營,在長達三十多年的館長生涯中,對於圖書館的事業,投入了全付的心力,建樹良多,不勝縷述,但是,至少有幾件事情,是應

---

❶ 參昌彼得:〈蔣慰堂先生年表〉,載《蔣復璁先生百歲誕辰紀念文集》,中國圖書館學會,民國八十七年。

　黃克武:〈蔣復璁先生年表〉,載《蔣復璁口述回憶錄》,中央研究院近代史研究所史料叢刊之四十二。

該特別加以記述表彰的:

㈠ 在南京籌備中央圖書館

民國二十二年一月,教育部任令慰堂先生為中央圖書館籌備委員,旋又改任為籌備處主任,當時並未編列開辦經費,僅由交通部每月津貼中央圖書館二千元,由教育部補助四千元,在此艱困的情形之下,四月二十一日,中央圖書館即在南京沙塘園七號開始辦公。其後,中英庚款董事會通過補助一百五十萬元,作為中央圖書館的建館費用,二十四年,即用建築費八萬元購置南京成賢街館舍,二十五年,正式開放閱覽。❷

中央圖書館正式開館以後,慰堂先生即提出三項目標,第一,「集藏全國文獻」,第二,「購備各國重要典籍」,第三,「建設全國示範的圖書館」❸,同時,也立即推動下列幾項工作重點:

1.購買國外參考書——如大英百科全書,美、法、德、義各國的百科全書,以奠定基礎。

2.搜集國內善本書——歷代許多善本圖書,往往流入書肆,則儘可能注意徵集。

3.徵集官方文書公報——接受胡適之先生的建議,廣收各種政府機構出版的官方文書及公報,奠定史科收藏基礎。

在南京建館伊始,館務繁多,慰堂先生所推動的工作,至少有以上三項重點。❹

---

❷　參蔣慰堂:〈我與中國的圖書館事業〉,載《珍帚齋文集》卷二,台北,商務印書館,民國七十四年。下引此書,版本並同。

❸　見蔣慰堂:〈國立中央圖書館的意義與回顧〉,載《珍帚齋文集》卷二。

❹　參蔣慰堂:〈我與中央圖書館〉,載《珍帚齋文集》卷二。

㈡ 在重慶設立中央圖書館分館

民國二十六年七月，蘆溝橋事件發生，慰堂先生即奉政府命令將中央圖書館重要藏書運往四川，至民國二十七年二月，已自南京運出圖書一百三十餘箱，溯江而上，抵達重慶，並在川東師範學校借得大禮堂，設置辦公室及參考閱覽室，開放閱覽，隨即推展各項工作，並報請教育部核准動用中英庚款董事會補助建築經費部分款項興建中央圖書館重慶分館，並在上清寺附近租屋供出版品國際交換處辦公，又特設「抗戰文庫」，供戰時文獻，供民眾閱覽，民國二十八年，重慶遭受大轟炸，無法工作，慰堂先生乃將辦公室及閱覽室遷往江津縣之白沙鎮，繼續工作。

民國三十年二月，中央圖書館重慶分館建築落成，正式開放閱覽，該建築物擁有可以藏書三十萬冊之書庫，也具有四百個座位之閱覽室，不僅可供民眾閱讀書籍，而且也提供作為戰時陪都文化活動的中心場地，對於鼓舞戰時的民心士氣，作出了不少的貢獻。

抗戰勝利，中央圖書館還都，而將普通本中西文圖書移交給重慶分館收藏。❺

㈢ 在台北恢復中央圖書館建制

民國三十七年二月，教育部曾組織文化宣慰團，令慰堂先生擔任團長，邀集中央圖書館、中央博物院籌備處，以及滬上收藏名家，組團訪問台灣（團員中有名學者錢鍾書等人），選擇所藏圖書文物精品，運抵台灣，在省立博物館舉行文物展覽，為期三週後，返回

---

❺ 參蔣慰堂：〈我與中國圖書館事業〉、〈我與中央圖書館〉，載《珍帚齋文集》卷二。

南京。

民國三十七年十二月，慰堂先生奉政府命令，將館中所藏善本圖書一萬一千一百六十二部，十四萬冊，共六十箱，運抵台灣，暫貯於楊梅鎮倉庫，民國三十八年元月，又將館藏善本圖書文物三百九十八箱，運抵台灣，暫貯台中糖廠倉庫。❻

民國四十三年八月，教育部令中央圖書館在台復館，仍令慰堂先生擔任館長，並擇定台北市南海路日據時代之神社舊地，進行工作，對於中央圖書館，在慰堂先生而言，「已經是第三次從頭做起」，在工作伊始，慰堂先生提出幾項工作重點，第一，計畫要闊大，要完備，第二，增加圖書，要先在來源上增加，第三，將國際交換轉變作國際文化宣傳工作，第四，與大學合作，培養圖書館人才。❼

民國五十五年，慰堂先生辭去中央圖書館館長的職務，自民國二十二年算起，他擔任館長的工作，已經歷時三十三年之久，對於館務的推展，貢獻良多。

㈣ 推動出版法之修訂公布

民國成立後，教育部即訂有「出版新書呈繳規程」，規定當時所有出版品皆需呈繳四份給各地區主管教育的機構。

民國二十四年，慰堂先生代表教育部出席行政院修改出版法的審查會，即席建議，「凡出版商所出書刊，應繳送國立中央圖書館一份，否則，可函請內政部予以行政處分」，此項建議，獲得通

---

❻　參蔣慰堂：〈我與中國圖書館事業〉，載《珍帚齋文集》卷二。

❼　同注❻。

過，正式列入出版法中，公布實施，此一法案通過之後，不僅中央圖書館徵集新書出版，其地位乃與歐美各國之國立圖書館相等，而中央圖書館採集國內新書，也節省了大批的公帑。

㈤ 影印《四庫全書》

《四庫全書》是清代乾隆年間編纂完成的空前鉅著，當時僅只抄寫了七部，分別貯藏在全國南北重要地區，經過戰亂的損毀，迄至民國，已經只有三部，尚稱完備。

民國二十年以前，倡議影印《四庫全書》，以廣流傳的已經共有四次，首先是民國初年，北京政府時代，徐世昌總統擬加影印，其次是民國十三年，商務印書館三十週年，擬加影印，第三次是在章士釗任教育部長、葉恭綽任交通部長時，擬加影印，第四次是東三省長官張學良，擬加影印。但這四次計畫影印《四庫全書》的工作，卻都未能付諸實現。

民國二十二年，慰堂先生擔任中央圖書館館長之後，為了與歐美各國交換書籍，以充實館藏，乃建議政府影印《四庫全書》，於獲得政府同意之後，即親往北平故宮，調查文淵閣《四庫全書》，加以選印，並於民國二十四年，由商務印書館負責承印，印成了《四庫全書珍本初集》共二千冊，計二百三十一種，並計畫陸續影印出版二集三集等等，因「七七事變」發生而告中止，影印《四庫全書》，中央圖書館獲得一百部作為版稅，用以展開國際交換，從而得到不少西文書，也建立了中央圖書館在國際間的聲譽。❽

---

❽　參黃克武：《蔣復璁口述回憶錄》頁五十四，中央研究院近代史研究所史料叢刊之四十二。

　　民國五十七年，商務印書館在台重印《四庫全書珍本初集》，又續印二、三、四、五等集，民國七十二年，商務印書館籌印文淵閣《四庫全書》，慰堂先生時任故宮博物院院長，乃即提供院藏文淵閣《四庫全書》，以供影印，終於使得此一巨著，化身千萬，分別貯藏於海內海外，宣揚文化，而慰堂先生皆居有推動襄助之功。

㈥ 搜購善本圖書

　　抗戰期間，因為戰爭的關係，許多藏書家擔心珍本書籍損毀，難以保全，因此，往往大量出售，此在江浙上海，人文薈萃之地，尤為明顯，當時寓居上海的不少文人學士，憂心國寶散失，分別致電重慶政府官員搶購，教育部長陳立夫先生及中英庚款董事會董事長朱家驊先生，乃命令慰堂先生以中英庚款補助中央圖書館的建館餘款一百二十萬元，以及教育部支助的二百萬元，從事搜購。

　　民國二十九年，上海已經淪陷於日本軍隊佔領之下，慰堂先生化名蔣明叔，自重慶潛赴上海，得到上海的學者張元濟、鄭振鐸、何炳松、張壽鏞及在香港的學者葉恭綽等人的協助，秘密搶購珍本圖書，此一工作，自民國三十年起，至民國三十二年，一共收購了四、五萬冊圖書，其中如適園張氏、嘉業堂劉氏、江寧鄧氏、番禺沈氏的藏書，都是當時著名的藏書名家及善本珍藏。

　　慰堂先生在上海收購得到的珍本圖書，陸續用郵包寄至香港大學暫存，本擬包機運往重慶，因運費過高，未能多運，又曾請當時駐美大使胡適之先生協助，運往美國，寄存在國會圖書館，民國三十年十二月八日，珍珠港事件發生，二十五日，日軍攻陷香港，存於香港大學的百餘箱善本圖書，遂為日軍掠去，藏於東京帝國圖書館，該批圖書，抗戰勝利之後，經顧一樵先生的搜訪，及中華民國

駐日軍事代表團何世禮團長的協助，方始退還我國，運回南京，又展轉運來台北，中央圖書館在台出版的《國立中央圖書館善本書目》三冊，就是記錄了當年慰堂先生潛赴上海秘密搶購的收穫。❾

　　蔣慰堂先生服務於中央圖書館三十多年，不僅對於中央圖書館貢獻良多，對於我國圖書館事業的推動，也貢獻良多，本文僅能就其中較為重要的幾件事項，加以敘述。❿

三、對於圖書館學術方面之貢獻

　　蔣慰堂先生終生奉獻於圖書館事業，在繁忙的事務之外，慰堂先生在學術方面，也有精深的鑽研，即以圖書館學而言，像傳統圖書館的歷史，書籍的流傳，以及目錄、版本等問題，他都有不少精闢的見解，以下即分別加以敘述：

㈠ 有關圖書館源流發展方面

　　慰堂先生著述之中，有關圖書館源流發展方面的作品，較重要者，有以下幾種：

　　1.〈漢代的圖書館〉──此文發表於民國五十二年，在此文中，慰堂先生從殷虛小屯發掘第十三次報告，知道商代已有書庫的設備，已有典藏的法則，然後徵引史料，敘說漢代圖書館內校書藏

---

❾　參蔣慰堂：〈我與中國的圖書館事業〉，載《珍帚齋文集》卷二。蘇精：〈抗戰時秘密搜購淪陷區古籍始末〉，載《傳記文學》三十五卷五期，台北，傳記文學社，民國六十八年十一月。那廉君：〈冒險救出國寶的蔣復璁〉，載《蔣復璁先生百歲誕辰紀念文集》。

❿　參王振鵠：〈蔣慰堂先生對圖書館事業的貢獻〉，載《蔣復璁先生百歲誕辰紀念文集》。

書的狀況，以及西漢時代的天祿閣、石渠閣、東漢時代的辟雍、東觀、蘭台、宣明殿、鴻都門、白虎觀等藏書之所的情形，對於漢代的圖書館，及其經營的規模制度，這是一篇極為精闢的考證論述。⓫

2.〈國立圖書館的起源與使命〉──此文發表於民國五十二年，主要敘說「國立圖書館」的名稱起於一七九二年，法國大革命時，將「皇家圖書館」改稱為「國立圖書館」，文中並指出國立圖書館是國家最高的圖書館，負有集中圖書的任務，分析起來，可以涵概「民族文化的集中」、「世界知識的集中」、「各科學術的集中」等三項任務，對於近代國立圖書館的意義，有明確的闡釋。⓬

3.〈學術圖書館的意義及任務〉──此文發表於民國四十一年，主要敘說學術圖書館的意義，在供給學者研究的便利，因此，學術圖書館的任務，主要也在於編纂各種專科的目錄，提供學術研究的資料，而與一般民眾圖書館有別。後來，國內有些大學設置了研究圖書館，可能也曾受到此文的啟發。⓭

㈡ 有關中國目錄起源及分類方面

慰堂先生著述之中，有關中國目錄起源及分類方面的作品，較重要者，有以下幾種：

⓫ 參蔣慰堂：〈漢代的圖書館〉，載《大陸雜誌》二十七卷八、九、十期。又收入《珍帚齋文集》卷二。

⓬ 參蔣慰堂：〈國立圖書館的起源與使命〉，載《中國圖書館學會會報》十五期。又收入《珍帚齋文集》卷二。

⓭ 參蔣慰堂：〈學術圖書館的意義及任務〉，載《大陸雜誌》特刊一輯之下。又收入《珍帚齋文集》卷二。

1.〈中國目錄的起源〉──此文發表於民國五十年，主要敘說中國目錄中書目的起源，可以遠溯於《周禮·春官》所記外史「掌四方之志，掌三皇五帝之書，掌達書名于四方」，因而推定其時的圖書已經著錄編目，至於劉向《別錄》中敘說一書之「提要」，慰堂先生則以為大略仿自《史記》列傳，而劉歆《七略》中敘說一家學術之「小序」，慰堂先生則以為大略仿自《莊子·天下篇》、《荀子·非十二子篇》、《韓非子·顯學篇》、《史記·太史公自序》，此文考證精詳，足資信驗。⓮

2.〈中國圖書分類問題之商榷〉──此文發表於民國十八年，此文首先敘述中國舊有之圖書分類法，大抵不外以《漢書·藝文志》為代表之七分法，及以《隋書·經籍志》為代表之四分法，又敘述晚清以來，則多數採用杜威之十進分類法，但此新舊兩種圖書法，卻都各有缺點，慰堂先生以為，「今日編中籍之少成功者，皆因圖簡便，不將書籍重新分析，於舊籍則未脫四庫束縛，仍變相的存在；於新籍則為杜法所蔽，僅冠以皮毛之名詞，是故非徹底拋去從前一切之分類，另立基礎不可」，因此，在此文之末，慰堂先生提出「吾所希望之分類」，舉出分類必需遵守之原則，「工作之方法，在周知書籍之內容，故入手先須調查中國存書共有若干，性質若何，以科學方法編輯，合乎近代知識之分野，共得若干類，類數確定後，乃可從事分析」，「故第一步，先以耳目所及，按知識分野，假定若干大類，大類之下，又有若干小類，先將小類者，盡力

⓮ 參蔣慰堂：〈中國目錄的起源〉，載《中國圖書館學會會報》十一期。又收入《珍帚齋文集》卷二。

之所及，按類蒐集，蒐集後，再加分析，用歸納方式，合小類而成大類，如搜集分析之結果，假定之類名及範圍，有不妥者，即加更正」，慰堂先生所「希望」的圖書分類法，與前人不同之處，最主要的，是就現有的圖書，先行歸類，自小類而至大類，逐步修正而成，而不似前人僅據舊有或西方已有之分類法，去部次圖書。因此，前人是依據既有的分類法，將圖書填入其中，慰堂先生所「希望」的，卻是依據既有的圖書，從圖書本身性質，去歸納而得出分類法，一是從上而下，一是由下而上。慰堂先生的意見，不僅符合原初圖書分類的根本原則，也更是徹底修訂新分類法的必要原則與必要辦法，在整個中國圖書分類的歷史上，這確是一個返本還原的重要見解，而早在民國十八年，慰堂先生即已加以研究提出。**⑮**

㈢ 有關傳統版本刻印方面

　　慰堂先生著述之中，有關傳統刻印起源及版本優劣的作品，較重要者，有以下幾種：

　　1.〈中國圖書版刻的起源問題〉——此文發表於民國五十四年，關於中國圖書版刻的起源時間，學者討論，意見多不相同，如莫伯驥主張起於東漢，島田翰主張起於六朝，孫毓修主張起於隋代，斯坦因也主張起於隋代，慰堂先生以為各家所言，證據皆嫌不足，唯明代陸深《河汾燕閒錄》據宋代磧砂藏經所載費長房《歷代三寶記》中記載隋開皇十三年十二月八日隋皇帝之言有云，「周代亂常，侮蔑聖跡，塔宇毀廢，經像淪亡，無隔華夷，掃地悉盡」，

---

⑮　參蔣慰堂：〈中國圖書分類問題之商榷〉，載《圖書館學季刊》三卷十二期。又收入《珍帚齋文集》卷二。

「弟子繼藉三寶因緣，今膺千年昌運，作民父母，思拯黎元，重顯尊容，再崇神化，頹基廢跡，更事莊嚴，廢像遺經，悉令雕撰」，以為其中「廢像遺經，悉令雕撰」兩句，即是有版刻印書之始，較為可信。慰堂先生徵引史料，多方論辨，主要依據唐人馮贄《雲仙雜記》所引《僧園逸錄》，記載「玄奘以回鋒紙印普賢像」，以及唐代僧人惠立《慈恩大師傳》，記載玄奘大師以天子賞賜所得，「為國造塔，及營經像」，用以佐證費長房《歷代三寶記》之「廢像遺經，悉令雕撰」，以為兩相印證，實可證明隋代已有版刻印刷。❶❻

2.〈文選版本的講述〉——此文發表於民國七十四年，主要敘述《昭明文選》之版本，分為「李善注」及「六臣注」兩類，於「李善注」之《文選》，列舉北宋刊本、宋淳熙辛丑年尤延之貴池刊本、元池州同知張伯顏刊本、明成化丁未二十三年唐藩翻刻張伯顏本、明嘉靖元年金臺汪諒覆刊元張伯顏本、明嘉靖六年晉藩養德書院刊本、明毛氏汲古閣刊本、清嘉慶十四年胡克家刊本，共計八種刊本。於「六臣注」之《文選》，則列舉宋廣都裴氏刊配明袁氏覆刊裴氏本、宋紹興十八年明州刊本、宋紹興間贛州州學刊本。以上兩類刊本，皆詳細說明其行款、格式、字數及著錄情形。❶❼

3.〈古今圖書集成的前因後果〉——此文發表於民國五十三年，主要在於敘述《古今圖書集成》的編纂經過、內容、版本。在

---

❶❻ 參蔣慰堂：〈中國圖書版刻的起源問題〉，載《陳百年先生執教五十周年暨八秩大壽文集》。又收入《珍帚齋文集》卷二。

❶❼ 參蔣慰堂：〈文選板本的講述〉，載《珍帚齋文集》卷二。

編纂經過方面，兼也考證該書之編纂者應為陳夢雷。在內容方面，則敘述該書分為六彙編，三十二典，六千一百零九部，共一萬卷，當有一萬萬字。在版本方面，則敘說該書共有清雍正六年銅模字本、清光緒間石印本、清光緒十年鉛印本、及民國時上海中華書局縮印本等四種。此文之末，對於《古今圖書集成》之價值，也特加稱揚。**⓲**

㈣ 有關書籍流通方面

慰堂先生的著述中，有關書籍流通方面的作品，較重要者，有下列幾種：

1.〈台灣藏書的鳥瞰〉——此文發表於民國四十三年，當時政府遷台不久，中央圖書館及中央研究院、故宮博物院等單位，都曾搶運不少圖書抵台，慰堂先生即撰為此文，敘說了當時台灣所藏善本圖書的概況，文中指出前述三個單位當時運抵台灣的圖書，總計約五十餘萬冊，其中善本約居三分之二，慰堂先生以為，「這些運台的善本圖書，從我國文字圖書發展史看，是一完整的集藏，從板本學講，是各種板本的彙萃，從民族文化看，那無疑是我們先民智慧之所寄的」，因此，他希望，「我們不僅僅要保守，且要發揚光大，藉祖先文化的遺產，以完成中華民族的復興大事業」。**⓳**

2.〈中日書緣〉——此文發表於民國四十四年，文分三節，首節論「刊板的傳習」，以為日本印板的起源，或說由日本所創造，

⓲ 參蔣慰堂：〈古今圖書集成的前因後果〉，載《文星》十四卷五期。又收入《珍帚齋文集》卷二。

⓳ 參蔣慰堂：〈台灣藏書的鳥瞰〉，載《大陸雜誌》八卷二、三期。又收入《珍帚齋文集》卷二。

或說傳自中國，以為隋唐之際，日本屢派學生留學中國，雕板之法，當亦在傳習之列，而日本的刊板技術是由中國傳入的。次節論「經籍的保存」，以為中國經籍，散入鄰邦，以日本為最多，亦惟日本保存的中國經籍，能補充吾人所不足，三節論「藏書的流通」，以為昔年楊守敬赴日搜購珍本漢籍，日人悔之，而陸心源的皕宋樓藏書為日人購往，國人惜之，而楊氏藏書已隨故宮文物運來台灣，「故今日吾人赴日，可見陸氏之書，而日本來賓，如遊台中，亦可見楊氏舊藏」，「也可以說是中日溝通文化的事實」。❷

3.〈中韓書緣〉——此文發表於民國四十四年，文分三節，首節論「中韓圖書之相互裨益」，敘述中國傳入韓國之圖書，以及韓國傳入中國之圖書，次節論「中韓板刻之相互傳授」，敘述李朝以前儒書之刊刻，高麗藏經之雕造，以及韓國銅活字之發明，三節論「韓國板刻之優勝」，以為韓國藏本之善，也由於宋元時代，得到中國珍本的原因。文末，慰堂先生也希望中韓兩國，對於珍本圖書，「相互保存，相互傳授，而促進近千餘來漢文化之發展」。❹

四、結語

慰堂先生長期服務於中央圖書館，推動圖書館之事業，歷時既久，備極辛勞，研究圖書館之學術，著述宏富，多具創意，對於國家社會，文化學術，都有極為重要的貢獻。

---

❷ 　參蔣慰堂：〈中日書緣〉，載《教育與文化》八卷十一期。又收入《珍帚齋文集》卷二。

❹ 　參蔣慰堂：〈中韓書緣〉，載《中韓文化論集》卷二。又收入《珍帚齋文集》卷二。

慰堂先生晚年，曾撰有自輓聯一幅，曰：「碌碌無能，一生只做一樁事，嘗盡甜酸苦辣；勞勞不息，終歲難偷半日閒，渾忘喜怒哀愁」，慰堂先生所說的「一樁事」，自然是指圖書館的工作而言，其中包含了圖書館的事業，與圖書館的學術兩項重點。圖書館的經營，是一件艱苦的服務工作，在這一方面，慰堂先生扮演了一種「火炬」的角色，「燃燒自己，照亮別人」。在圖書館的學術研究方面，慰堂先生又扮演了另外一種「指路明燈」的角色，為圖書館的學術研究，展示了一種指標性的方向。因此，他的聯語，其中雖有謙辭，但也確實道盡了慰堂先生自己克盡職守，公而忘私，遍嚐艱辛的心路歷程。❷

筆者於民國五十年至五十一年間，曾從慰堂師學習版本之學，回首前塵，迄今已逾四十年，追懷教澤，感激無已，此文之作，略述慰堂先生對於圖書館事業及圖書館學術之貢獻，不知能否有當於百一也，尚祈先進賢達，多加賜正為幸。

---

❷　參黃克武：〈訪問昌彼得先生〉，載《蔣復璁口述回憶錄》附錄之一。

張鴻鈞先生（1901－1973）
對台灣社會工作發展的貢獻

莫藜藜

東吳大學社會工作學系教授兼主任

前　言

　　民國40至60年代，台灣的社會由農業轉型為工業之社會變遷過程中，產生許多新的社會問題。當時的政府為應付層出不窮的社會問題，需要新的社會福利政策、社會基層建設、社會工作制度以及需要教育、學術與行政實務界的合作。而推動這些工作的幕後，有一位無名英雄，那就是張鴻鈞先生。

　　民國 58 年我在東海大學社會學系，修了一科社會工作的入門課程「社會工作概論」，授課教師就是張鴻鈞先生。在一整學年的課中，第一個學期要結束了，張先生還在教授有關中國歷代的社會福利理念和做法，印象當中他有說不完的有關中國的東西。由於當時並無這方面的教科書，張先生一邊說課，一邊在黑板上寫下一些資料，而在課堂上的學生們則忙於抄寫筆記。當時的我只是一個少

不更事的學生，只知道張先生是一位自聯合國退休後來東海任教，
而在整個授課的過程中，卻覺張先生幾乎是傾囊相授，他常說：
「這些是很有用的東西，你們要知道」。當時雖無法具體瞭解張先
生所謂中華社會和文化中的「好」東西，但張先生上課時的熱切和
誠摯，讓人如沐春風，至今回想仍有此深刻的印象。

對於有這樣一個機會來談述張鴻鈞先生，本人深感榮幸。本文
的蒐集資料方法是採傳記法、文獻法和口述歷史法。就傳記法方
面，僅有一本「張鴻鈞先生社會發展言論彙編」，是在他過世一年
後印行。就文獻的部份，除了張先生發表的文章之外，盡量蒐集當
年相關文獻中是否有提及張先生之處。但是由於張先生在台灣發表
的文章不多，且文獻中提及張先生之處也少。因此，再採口述歷史
法，先後訪問了當年與張先生有接觸或共事之人，包括徐震、王培
勳、蔡漢賢和丁碧雲等教授，以及我的同班同學汲宇荷小姐。

雖然張先生真正在台定居時間不長，自民國 57 年至 62 年，僅
僅五年全時間的奉獻；但在此之前，自民國 40 年代起，張先生人
在美國，即經常與當年在大陸社會部時期的舊識時相聯絡，更在民
國 51 年之後陸續來台，對台灣社會福利和社會工作的產官學界都
有接觸和貢獻。本文將從三方面闡述張鴻鈞先生對台灣社會工作發
展的貢獻，按時間發生先後順序，可有：⑴對社會福利政策的貢
獻；⑵對社會工作教育的貢獻；以及⑶對社區發展工作的貢獻。以
下先簡述在時代的脈動下，張先生的生平事略與社會工作事蹟。

一、張鴻鈞先生生平事略與社會工作事蹟

以下針對張先生與社會福利、社會工作相關事蹟而整理的歷年

表，資料來源主要自「張鴻鈞先生社會發展言論彙編」（1974）：

年份	角色、事蹟、言論
民前 10 年(1901)	生於河北省宛平縣。
民國 14 年(1925)	畢業於燕京大學社會學系。名列第一，被選為斐陶斐榮譽學會會員，並應社會調查專家甘博先生之聘，擔任助理，從事社會調查工作 2 年。
民國 16 年(1927)	負笈美國西北大學社會學系研究社會工作，獲得羅氏基金會獎學金之補助，轉入芝加哥大學社會行政研究所，以「英國老年恤金制度」論文榮獲碩士學位。當時燕大需人孔急，遂返母校擔任社會學系教授。
民國 26 年(1937)	燕京、協和、清華、南開、金陵等五大學暨山東省政府與中華平民教育促進會，設置華北農村建設協進會。為便利實地研究、實習、試驗及服務，由該會創設鄉村建設研究院，下設農業、經濟、工程、教育、衛生、民政和社會行政等七學系，並分別在河北定縣及山東汶上、濟寧兩縣設立社會實驗所。而　先生擔任其副院長及社會行政系系主任，參與政、建、教合一之推行。七七事變發生後，受命代理院長職務。
民國 27 年(1938)	鄉村建設研究院南遷，與貴州省政府合作，並擔任實驗縣長（惠水縣），重新辦理政、建、教合一工作。
民國 29 年(1940)	社會部成立，擔任社會部社會行政計畫委員會委員，及研究室主任，參與「四大社會政策綱領」，包括：民族保育政策綱領（即人口政策）、勞工政策綱領、農民政策綱領與戰後社會安全初步設施綱領等的草擬工作，及編譯出版社會工作叢書，多達數十餘種。
民國 33 年(1944)	擢升社會部社會福利司司長，致力於擴展社會福利事業，在社會保險、社會救濟、社會服務、職業介紹、勞工福

	利、兒童福利之制度及方法上頗多新猷。同時,對復員工作之準備及實施,無不殫精熟慮,策劃周詳。
民國 34 年(1945)	與聯合國兒童急救基金會等國際機構合作,推動戰後國內兒童福利及傷殘重建等善後救濟工作;並同時在中央大學擔任教授,擔任社會工作教育課程,培育人才。
民國 38 年(1949)	政府改組,社會部併為內政部。辭卸政府職務,義務協助政府與聯合國兒童急救基金會辦理五大城市十數萬兒童之救濟工作,直至政府派員接辦, 先生改就美國援華會顧問之職。後應聯合國之聘,至紐約就任聯合國社會暨經濟理事會擔任研究主任,從事社會福利與社區發展工作。舉凡我國向聯合國提出有關社會發展之計畫,均從中贊助,不遺餘力。
民國 46 年(1957)	被派為聯合國中東社會發展辦事處主任,協助中東地區開發中國家促進社區建設工作。
民國 51 年(1962)	於聯合國退休,轉任聯合國亞洲暨遠東經濟委員會社區發展顧問,居住泰京曼谷,前後四年,致力於社區發展教育工作之推進,並協助各開發中國家擬定社區發展計畫促請聯合國,批准後悉力推行。 擔任聯合國顧問,任內回國考察,與專家、學者擬定「社區發展研究訓練中心」設置計畫,終獲聯合國贊助實施,先生協助之力尤多。
民國 52 年(1963)	回國協助由台北市政府、台大、師大和中興大學合作推行的「台北市社區發展示範計劃」,其目標包括:試驗和表證一種廣泛都市社區發展方案的組織、行政、內容和方法;同時創設社會實驗室充作三大學調查研究及訓練學生之用;並服務居住在示範區域內的民眾。可惜此計劃後來未完全實施。
民國 53 年(1964)	兩度回國協助策劃,並於 12 月召開「全國社會福利及社

	會工作教育研討會」，主持全國性的社會工作教、學、做研討會議，商討修正各大學社會工作課程、教材、教法、師資及實習等問題。
民國 56 年（1967）	韓國中央大學鑒於　先生對於國際社會發展之卓越貢獻，贈予　先生法學博士學位。
民國 57 年（1968）	10 月返國定居，先應台灣大學之聘。 協助政府及各大學促進專業人才之培育，同時協助政府創設亞洲暨遠東地區唯一之「社區發展研究訓練中心」，運用社區資源與民間力量，達成都市社區鄉村化，鄉村社區都市化之目的。
民國 58 年（1969）	2 月起，擔任東海大學客座教授。 並受聘為內政部顧問，勞工教育輔導委員會，國際社會福利協會中國委員會顧問等職完全屬義務性質，為國家社會服務。
民國 59 年（1970）	6 月罹患食道癌症。
民國 60 年（1971）	辭去教職，遷居台北天母。
民國 62 年（1973）	3 月感胸部不適，再度住院。4 月 16 日，病逝於台北天母，享年 72 歲。

　　谷正綱（1974）在「張鴻鈞先生社會發展言論彙編」的卷頭語中曾述及：「張鴻鈞先生是一位從事學術研究，轉而從事實際工作，而又具有卓越貢獻的社會學者。他對於促進社會福利，謀求人類幸福的理想，一直抱著堅定不移的信心與熱切的期望。他的一生，除了求學時期以外，幾乎無時不是在為著這一理想而努力，從未因外物的誘惑而考慮過改變他的職志。他在發表講演，討論問題，或是提出任何建議時，所表現的那種宗教徒般的認真與狂熱在

在都足以說明他是一個具有真性情的人。現今從事社會福利工作的人，包括許多國際友人在內，無論是老一輩的或是年輕一輩的，提到他的這種精神，沒有一個人不對他表示崇敬的」。

另外，陸京士先生（1974）在「我所敬愛的張鴻鈞先生」一文中，提及「在做人處事方面，最使我敬佩的就是他隨時充分流露出一種心誠意誠的氣質，無論一言一動完全出自肺腑，絲毫沒有虛假。」相信在當年直接與張先生共事或曾經與張先生相處過的人，都會同意這些印象，也都十分的敬重他。

二、張先生對社會福利政策的貢獻

由於張先生曾在中國最初的「社會部」擔任過重要職務，及至後來在聯合國和東南亞與中東各國，其累積的對社會福利政策規畫的經驗，不可小覷。但是要探討他對台灣社會福利政策的貢獻，則應自其在大陸時期的經驗談起，並嘗試瞭解這些經驗如何帶動其對台灣社會福利政策的貢獻。

㈠ 張先生在社會福利政策推動上的經驗

由上述之生平事略已知，社會部成立於民國 29 年，由谷正綱先生擔任部長，延請張先生擔任社會部的社會行政計畫委員會委員，後來又先後改任社會部研究室主任和社會福利司司長的職務。張先生自美國芝加哥大學社會行政研究所畢業，以社會工作專業的知識與技術負責這兩項在今天看來仍是非常重要的職務，在當年是發展及建立社會福利制度的重要角色。

民國 34 年 5 月 5 日，由谷正綱部長提出中國國民黨第六次全國代表大會所通過的「四大社會政策綱領」，包括：民族保育政策

綱領（即人口政策）、勞工政策綱領、農民政策綱領與戰後社會安全初步設施綱領等。這些綱領的草擬工作，主要就是由社會部社會行政計畫委員會和研究室這兩個單位負責完成的。而張先生由於職務的關係，也是其中最出力者之一（谷正綱，1974）。在他的專業背景之下，貢獻理論與方法並加以實踐，在當時來說已屬不易之事。

後來，張先生在民國 51 年於聯合國退休，即轉任聯合國亞洲暨遠東經濟委員會社區發展顧問，居住泰國曼谷，前後四年。此時期開始陸續來台，將當年世界最新的社會福利和社區發展觀念，以及在開發中國家的工作經驗帶回國內，並提供聯合國與當年來自美國的經費與人力資源。谷正綱（1974）在「張鴻鈞先生社會發展言論彙編」的卷頭語中亦曾述及：「張先生先後在國外服務達十六年之久，都是從事於社會福利與社區發展工作。對於像張先生那樣一個熱愛祖國的學人而言，實在是一段漫長的日子。在那段日子裡他每次有機會和我見面或通信，言語之間，總是洋溢著對於祖國的留戀與期望，期望祖國能夠迎頭趕上歐美各先進國家，不但經濟日趨發展，而且還能躋身於福利國家之林。我發覺他當年那種獻身社會福利與社區發展事業的熱忱，反而隨著年齡而與日俱增」。

由此可知，張鴻鈞先生自從被谷正綱先生延攬到社會部任職之後，直到退休到回台灣定居，他們的聯繫和接觸不曾中斷，對國家社會的使命，對社會福利的發展，似乎一直是他們聯繫時討論的核心與重點。

㈡ 張先生與「民生主義現階段社會政策」

民國 53 年 11 月 28 日中國國民黨第九屆二中全會通過「民生主義現階段社會政策」，然後於民國 54 年 4 月 8 日行政院令頒，

主要包括：社會保險、國民就業、社會救助、國民住宅、福利服務、社會教育、社區發展等七大社會福利措施。這一社會政策成為了日後台灣社會在實施社會福利制度和相關措施時一個最根本的依據，其影響深遠容後再述。

如今推斷張先生對起草「民生主義現階段社會政策」應是幕後功臣之一，第一個理由是因為徐震、王培勳和丁碧雲等教授在口述歷史時皆表示，由於谷正綱先生有感於民國 34 年的「四大社會政策綱領」已不符合當年台灣社會的需要，故而口頭委請張先生研擬另一社會福利政策。尤其王培勳教授提及當年曾聽聞張先生與龍冠海先生談話時，亦曾說出此事。甚至言之鑿鑿地敘述，張先生當年趁來台之便，特別在台北的「自由之家」，獨自關室撰寫對此案的建議。

當然張先生並未在他自己的文章中提及參與研擬「民生主義現階段社會政策」，但是由於多人提出此說，筆者再尋相關文獻，終於看到一篇由丁碧雲教授（1979）撰寫的「我國社會與社區發展的倡導者——張鴻鈞生平事蹟」文中一段文字：「上項社會政策綱領，民國 54 年 4 月 8 日由行政院公佈實施。筆者所以提出，當時筆者亦應邀參與與會，政策綱領要點大部份出自張先生口筆，在紀念文中提出以示崇敬」後，筆者特再次求證於丁教授，其表示所言確實如此。

推斷張先生對「民生主義現階段社會政策」起草的貢獻之第二個理由，是由於張先生與谷正綱先生的特殊關係。在那個以黨領政的時代，執政黨的決議交付行政院頒佈實施是常有的事。張先生雖不是國民黨人，也未在當時的政府任職，但谷正綱先生當年是國民

代表大會秘書長，亦是國民黨的中央常務委員，由於他是中華民國第一位（也可以說是唯一的）社會部部長，那時的政府之社會福利事業尚在萌芽階段，舉凡確立政策和建立制度方面，大概都是在那時開始的。因此來到台灣之後，在國民黨內凡是有關社會福利的相關政策似乎多由他主導策劃。因此，基於張先生與谷正綱先生的特殊情誼，張先生受託草擬「民生主義現階段社會政策」的可能性仍是相當高。

為了進一步瞭解以探求事實，筆者親赴國民黨黨史館查閱相關記錄，首先調閱九屆二中全會記錄和決議案彙編，卻只有記錄「民生主義現階段社會政策」通過及其條文內容而已，未敘述經過情形。因此，再調閱會前籌備經過，發現最接近之民國 53 年 11 月 13 日中國國民黨第九屆中央常務會議第 87 次會議記錄，茲將記錄內容抄錄如下：

> 第三研究組召集人谷正綱、周至柔、賀衷寒、詹純鑑提案。
> 案由：奉交研擬「加強推行社會福利設施增進人民生活」
> 　　　案，經邀約黨內專家及有關同志舉行專案小組會議五
> 　　　次，並經第三研究組兩次會議，詳細研討，擬就「加
> 　　　強推行社會福利設施增進人民生活」案一種，謹提請
> 　　　核議。
> 總裁指示：本案標題可改為「本黨民生主義現階段社會政
> 　　　　　策」，其中戌項「福利服務」似可改為「社會服
> 　　　　　務」，第 25 條所定促進勞資合作事項，甚為重
> 　　　　　要，在次序上可酌予提前。至於籌設獎學金以獎

> 勵貧苦優秀青年乙節，亦希望研究列入付諸實
> 施。
> 　決議：本案由第三研究組遵照　總裁指示，並參照各委員會
> 意見研究修訂後，遂提九屆二中全會研議。

　　因此，由記錄可知本案原為「加強推行社會福利設施增進人民
生活」案，此次會議中始改為「民生主義現階段社會政策」。但
是，為什麼這個案子是「奉交」？是奉什麼人或什麼單位之交付？
而專案小組會議有哪些成員？五次「專案小組會議」，是否有張鴻
鈞先生在其中？等問題有待瞭解。

　　筆者只好再往國民黨黨史館繼續翻閱會議記錄，發現民國 53
年 9 月 5 日第九屆中央常務會議第 69 次會議記錄之議題討論：關
於九屆二中全會主要議題研擬，「推行社會福利設施增進人民生活
案」預備列為第三個提案，原因是蔣總裁當年在總動員運動會報之
指示。然後在民國 53 年 9 月 16 日第九屆中央常務會議第 72 次會
議記錄中發現，再次討論第三提案，名為「推行社會福利設施增進
人民生活案」，其原因除了是蔣總裁在總動員運動會報指示外，又
加上「總裁關於制訂社會政策之指示，並參酌當前一般國民與學生
青年充分就業之迫切需要而擬定」。其記錄中並有「總裁指示：本
案所列推行社會福利設施增進人民生活」案，特為重要，應在此次
全會具體決定即付實施」。想必這就是前所稱之「奉交」之原因。
然後，筆者在民國 53 年 9 月 19 日第九屆中央常務會議第 73 次會
議記錄中發現，為籌備全會之討論議程，四項提案均成立議題研究
組，並推定召集人。所以才會有第 87 次會議之第三案召集人谷正

綱、周至柔、賀衷寒、詹純鑑等四人提案。但幾次會議記錄中，都未列出專家小組成員。至此，仍是無法從任何正式記錄中證明張先生參與此項社會政策的草擬。

繼續搜尋文獻發現，劉脩如（1977）曾有「我與楊家麟先生，秋垂言先生奉黨命起草『民生主義現階段社會政策』」之言。因此，筆者接著與內政部社會司聯繫，希望看看是否內政部裡有當年與此政策擬定的相關檔案，卻無法尋獲有關行政院頒佈此案之前的任何資料。但是由於劉脩如先生當年是內政部社會司司長，是邀請張先生回來的單位，也是張先生回來時的主要接待單位。他們在大陸時期就認識（劉脩如先生時任湖南省政府社會福利處長），因此他們見面時交換社會福利實施的觀念，以及張先生提供意見也是自然的事。

總之，雖無更直接文字記錄之證據顯示張先生有參與「民生主義現階段社會政策」的初稿，但基於幾位教授的口述，當年張先生與谷正綱先生以及劉脩如先生的密切關係，都指向此一結論，即張先生可能參與草擬或提出建議書；也可能參與了前述第 87 次常務會議記錄所言之專案小組會議。因為張先生當時在曼谷，為籌備全國社會工作教學研討會（下一單元再述）經常來台，因此在時間上也是吻合的。

同時，筆者在閱讀張先生之文稿時，一再發現其對「民生主義現階段社會政策」條文內容非常嫻熟，總是不斷提出引用，詳細說明政策擬定之用意，以及政策要點的掌握幾乎是信手拈來。另外，「台北市社區發展示範計劃」是民國 52 年的事，而張鴻鈞先生（1971b）曾言，該計劃是他建議的，而筆者其在計劃書中看到這麼

一段：「政府最近決定將所有土地增值稅的收入來加強社會福利方案。此項方案包括著七個主要項目——社會保險、國民住宅、國民就業、社會救助、福利服務、社會教育和社區發展。為順利推行此一方案，則採用社區發展的方式、原則和方法」。張先生何以在民國 52 年就知道「加強社會福利方案」？該方案在國民黨中央常務會議第 87 次會議（作為二中全會之前的最後一次議程籌備會），才由主席裁示定名為「民生主義現階段社會政策」，也就是在此之前都是以「方案」稱之。如果他沒有參與起草，他如何在事前一年對其如此熟悉？如此推測，專家小組會議成員可能至少有劉脩如、楊家麟、崔垂言等諸位先生，以及張鴻鈞先生。

推斷張先生對起草「民生主義現階段社會政策」的貢獻第三個理由是，該政策強調以採取社區發展方式進行。在此之前台灣完全沒有人使用「社區發展」一詞，而在「民生主義現階段社會政策」的前言中卻特別敘明要「以採取社區發展方式，促進民生建設為重點，決定現階段社會福利措施之實施方針」，倍見對社區發展的重視。由此也推知，當時政府的社會福利政策為何會以「採取社區發展方式」應是受到張先生的影響。

詹純鑑（1969）指出，「台灣推行社區發展，早在民國 44 年由中國國民黨所倡導的基層民生建設運動，已啟其端」。可見在「民生主義現階段社會政策」頒佈之前，是進行「基層民生建設」運動，還不是以社區發展的具體概念來推動，社區發展的概念應是由張先生當年的倡導才開始的。

而再由另一些文獻資料顯示，「社區發展」幾乎是由張先生來台才開始積極推介倡導的，例如：文建會文化白皮書（2002）指

出，「追溯起來，早在傳統中國社會的鄰里組織之中，便有類似社區的組織。不過，國內引進社區制度是受到二次世界大戰後西方社區主義的影響，尤其是嚮應聯合國的社區發展政策。西方社區運動開始於十九世紀末，但直到民國五十年代，聯合國推行社區發展才開始對我國產生影響。民國 51 年，張鴻鈞出任聯合國亞經會社區發展訓練顧問，於是將社區發展概念引進台灣，並協助籌備台北市社區發展實驗計畫。」

自「民生主義現階段社會政策」頒佈，後來的許多社會政策皆依此而制訂相關法令，例如：在社會保險方面，因為第五條「訂頒社會保險法及有關法規，建立社會保險之完整體制」，而有我們後來的公保、勞保、農保等保險辦法。在國民就業方面，因為第十一條「訂頒國民就業服務法及有關法規，以利就業服務之推行」，而有我們後來的就業服務相關法規。在社會救助方面，因為第十六條「修訂社會救助法，規定受助條件，給予標準，並改善其救助方式」，而有我們後來的社會救助相關法規。在國民住宅方面，因為第二十二條「修訂國民住宅法及有關法規，力求便利人民，以促進國民住宅之興建」，而有後來的國民住宅相關法規。然後在福利服務方面，而有後來的兒童福利、少年福利、身心障礙者福利及老人福利等相關法規。在社區發展方面，而有後來的社區發展綱要等法規。由此可見，「民生主義現階段社會政策」對台灣社會福利政策的發展與實施有全面且深遠的重大影響，而因此更顯出張先生對台灣社會福利政策的貢獻。

(三) 張先生的社會發展理念

據悉，張先生毫無保留、非常熱心的將他從聯合國攜回來的資

料與大家分享。甚至有人談到，如果不用他的資料，張先生會生氣。當年在國民黨第五組的張寶樹、梁永章，及立法委員陸京士等先生皆是張先生在大陸時期的老友和老同事。張先生將當時較先進的觀念帶回國內與老友和老同事分享，並積極推動和促使政府的政策改變。

張先生對國家之經濟發展和社會發展都非常關心，他曾表示社會發展與經濟發展同為國家建設中之兩大重要部份，兩者關係之密切，猶如鳥有兩翼，車有雙輪。然兩者之間雖具有相輔相成之密切關係，如就其性質與範圍言之，固仍多顯著之差異。茲分析如次：

1.經濟發展與社會發展同以養民為目的。同在謀求滿足人民衣食住行育樂之需要及解決人民生老病死苦難之困擾。但前者在「求富」，在發展生產，增加國家財富，後者在「求均」，在平均財富，大眾分配，合理消費。

2.經濟發展祇是社會發展之手段，社會發展纔是經濟發展之目的。經濟發展之成果，必須透過社會發展之途徑，始能真正為全民所共享。經濟發展如不能透過社會發展使社會進步，人民安居樂生，則失去其意義；反之，社會發展如無經濟發展為後盾，則失其所憑依，亦將難於改善人民之生活與環境，進而促使經濟發展有更進一步之成就。

3.經濟發展以物為基礎，社會發展以人為本位。前者注重於物力資源之開發與運用，商品之生產與運銷，工商企業之建立與發展；後者注重於人力資源之發展與運用，公共福利之改善與增進，人民生活水準之提高。

根據以上各點，可見人乃推進經濟發展之原動力，要無疑義。

但如何使人能具有此種原動力，則非賴社會發展，難竟其功。故人之因素在國家建設中實為重要。由於人能發明創造，能克服困難，駕馭環境，能建設亦能破壞，能革新亦能守舊，因此社社會發展必須對於人之心理、觀念、態度、情緒、身心健康、知識技能、嗜好習慣、家庭關係（如夫妻子女）、社會關係（如雇主、同事、朋友）、生活狀況、工作環境、社會價值、風俗習尚等要悉心研究，倍加重視。何者應積極發揚，何者應徹底剷除，均應加以研判，並據以擬定社會發展政策，作有計劃有步驟之實施，庶不致不切實際，徒落空言（張鴻鈞，1969a）。

簡言之，張先生認為國家建設的兩大支柱是經濟發展和社會發展，尤其他後來在提出我國社會發展應努力之方向中包括了 26 項之多，其內容又幾乎含括了「民生主義現階段社會政策」之內涵。而在張先生經歷了亞洲與中東許多開發中國家的工作和生活體驗之後，仍能保有此理想，並深信不疑，必定有其深刻的體驗和見證，才會有此見解。而在「民生主義現階段社會政策」的前言中亦有「促進經濟與社會之均衡發展」之語，想必也是張先生希望傳達之基本的思想。

另外，張先生在一次演講談到「社會福利之趨勢」的講稿（1974b）中，希望藉由探討社會福利的趨勢，讓大家能有共同的認識，能看出我國社會福利的遠景。他指出，社會福利有六個趨勢：變更觀念、擴大範圍、轉移重點、改善管理、革新方法和改革教育。其中變更觀念方面，認為社會福利是由物的救濟趨向人的發展、是由慈善施予趨向正義權益、是由權利享受趨向責任貢獻、是由個人服務趨向全民福利、是由依賴消費趨向積極生產，以及是由

狹義的福利趨向廣義的建設。這些觀念在今天看來都仍是社會福利界應該繼續努力的方向，而張先生的高瞻遠矚更是令人敬佩。

在筆者閱讀「張鴻鈞先生社會發展言論彙編」之過程中，從未看到張先生對自己的吹捧或邀功，卻常見他在多篇文章中一再地、苦口婆心地想要傳達他的想法。而對執行的工作中，哪些人參與出力，他會一再的表達感謝和肯定之詞。筆者亦認為這些社會發展理念應是張先生對國家的社會社策之核心思想，也是他對社會福利、社會工作和社區發展的基本看法。

三、張先生對社會工作教育的貢獻

民國 51 年，張先生第一次回國，對於一個在民國 16 年就完成社會工作碩士訓練的專家來說，張鴻鈞先生在接近 40 年的實務工作後，看到自己的國家甚至尚無一健全之社會工作學系，其心中之著急可想而知。尤其當我進一步看到他退休時放棄密蘇里大學的教職邀約，以及返回紐約與子女團聚，共享天倫之樂的機會，而決定「返國定居，再為國家效力，略盡國民責任」之言時，更是感佩萬分。

㈠ 張先生對社會工作教育的理念

張先生關心社會工作的專業化和專業教育，在他的著作中有幾點值得我們注意：

1.張先生認為現代社會工作已不是慈善事業，也不是對少數份子的消極狹窄救助。因為社會工作已由消極救助，進而重預防、建設和發展，且變累贅為助力。民國 54 年行政院頒佈「現階段社會政策——加強社會福利措施，增進人民生活實施方針」，所要推行

的七大要項中，社會救助僅係其一（張鴻鈞，1974a）。

2.辦專業需用專業人才，方能成功達到目的。張先生引述「民生主義現階段社會政策」中第三十一條「……，並僱用曾受專業訓練之社會工作人員，負責推進各項工作」，強調任用社會工作有關科系畢業學生，訓練社會工作在職人員，以求能以專業人才辦理專業工作（張鴻鈞，1974a）。

3.社會工作教育是社會工作最重要之專業。張先生認為一切社會政策、社會立法、社會方案、社會福利和社會建設，如無受有適當教育，豐富訓練之人才執行推動，則無從實現。社會工作教育與許多別的教育不同，學理之外必須實習試驗，將理論變成行動，方能達到目的，不致落空（張鴻鈞，1974a）。

4.我國社會福利發展遲緩，因素固多，缺乏專業人才似為主因。因此，張先生認為唯有加強社會工作專業教育，始能提高社會工作之專業水準及專業精神；亦唯有具備高度專業水準及專業精神之社會工作人員，始能充分發揮社會福利之效能（張鴻鈞，1971a）。

民國 51 年，張先生發現當時雖已有多所學校開授社會工作專業教學，但是「因種種條件限制，諸如師資、教材、實習場所與就業機會等，進步似嫌緩慢，甚至合乎水準之單獨的社會工作系亦付缺如」（張鴻鈞，1971a）。因此興起及早召開全國性的社會工作教育會議之建議。同時，張先生在撰寫其妻「張吳榆珍教授生平」中，亦曾言：「鑒於榆珍與鴻鈞之專業均為社會工作，國內各大學尚無一健全之社工作學系，極願以有生之年，協助政府及大學促進造就專業人才之培育」（張鴻鈞先生獎學金基金管理委員會編輯，1974）。

㈡ 催生全國社會工作教學研討會

我國各大學有關社會工作教育的負責人，有鑑於此，曾於民國52 年 12 月間請內政部邀約聯合國亞經會社會福利組長摩西斯（Dorothy Moses）女士及顧問張鴻鈞先生來台，共同商訂召開一次社會工作教學研究會。經一年的籌備，在聯合國亞經會及亞洲協會的經費支援下，終於在民國 53 年 12 月在台北市英語訓練中心禮堂舉行（陳國鈞，1971）。

1.第一次全國社會工作教學研討會

為了於培植專業社會工作人才，改進社會工作教育之重要與迫切。由張先生主導民國 53 年 12 月為期五天的「社會工作教學研究會」是第一次的全國性社會工作教育會議，堪稱空前絕後。當年 8月間，由台大、中興、東海社會學系，師大社會教育學系社會專業組，及中國文化學院社會工作學系有關負責人商得內政及教育兩部贊助，聯合組成籌備會，由龍冠海、謝徵孚、李鴻音、張鏡予、葉楚生、劉脩如、林李美貞、任佩玉、徐震諸先生擔任委員，並推龍冠海先生任召集人。同年 10 月，張先生再次由曼谷專程返國，協助籌畫，設立大會秘書處，分組辦事，由台大王培勳、師大林清江、中興李鍾元、文化張媛媛等先生分任總務、聯絡、議事、接待等工作，並由徐震先生擔任秘書長職務。該會於民國 53 年 12 月 3日舉行，出席人員包括各大學社會工作教師、社會行政單位主管、社會工作團體代表 67 人，會議至 8 日圓滿結束。

大會議程有「課程標準原則」及「一般問題」，分別由謝徵孚及劉脩如主持。分組討論有「基本社會科學」、「社會統計與研究方法」、「社會行政」、「社會工作概論」、「社會個案工作」、

「社會集團工作」及「社區組織與社區發展」等，分別由張鏡予、龍冠海、李鴻音、葉楚生、林李美貞、任佩玉及徐震召集，分組研討。聯合國亞洲暨遠東經濟委員會社會組組長摩西斯女士（Dorothy Moses）也受張先生之邀，共同參與分組討論，並協助張先生進行大會討論。

張先生認為此次會議效果豐碩，其要者為社會工作系（組）必修及選修課程標準之釐訂，各種課程內容綱要之擬定，教學方法之改進諸項，足可為我國社會工作教學奠定良好基礎，樹立正確方向。此外，為培養國內社會工作高級人才，社會工作研究所之設置，亦不容緩（張鴻鈞，1971a）。

此次的會議在現在看來，也有推銷社會工作教育的功用，因為在此之前，台灣的社會工作教育從未討論與整合過；而且由於一直在社會學的發展之下，許多學校甚至不瞭解社會工作的課程要如何發展。但是會議的結果雖甚圓滿，會後似乎頗少實行，社會工作教育仍乏改善，停滯不前。

2.第二次全國社會工作教學研討會

接著，第二次由張先生主導的全國性社會工作教育會議是在58年7月之「社會工作教、學、做一貫研究會」籌備會，起初是內政部與外交部暨經合會洽商，向聯合國發展方案請得社會工作教育顧問摩西斯女士再度來台，由內政部召集各大學社會工作教授講師、社會行政機構主管人員，以及社會福利機關代表等計17單位，參加人員除劉脩如司長、摩西斯顧問外，共35人。由張先生擔任大會主席，會議期間分別舉行大會及分組會議，計分七組：教學之現況與目標、教學課程標準、教學方法之改進、教材之研究改

進、實習之改進、師資及人力問題、和在職訓練問題。

此次會議的重要建議有：⑴為加強社會工作之教學，各大學應儘先設立獨立的社會工作系和社會工作研究所，至少先在社會學系內分社社會工作組，單獨教學。⑵加強大學與有關機構間之聯繫合作，便於學生實習。⑶成立「實驗社區」做為師生研究、實習、服務及示範之場所（張鴻鈞，1971a）。

3.第三次全國社會工作教學研討會

之後，所組成之各委員會繼續依期分別召集會議，積極研討並進行籌備下次會議的工作。終於「社會工作教、學、做一貫研究會」於民國 60 年 2 月 3-6 日在台北舉行，可說是由張先生主導的第三次全國性社會工作教育會議，國內各大學有關科系教師及社會行政主管以及一些社會事業機構負責人，約 70 人出席參加。此次聯合國改派斯薇雅女士（Juana S. Silverio）來台協助擔任顧問，並由內政部與教育部聯合舉辦，據陳國鈞（1971）表示，兩部部長均曾親臨主持會議。

此次會議通過之有關社會工作課程標準，並於會後（2 月 23 日）即經內政部函送教育部高等教育司。由於兩部長官曾共同與會，對於課程設置標準已得共同瞭解，增設課程應非難事。

㈢ 對社會工作教育的影響與貢獻

以上三次社會工作教學研討會，對我國社會工作教育的開展和奠基有其非常重大的貢獻。由於張先生當年幾乎在同一時間，因職務關係也在新加坡、韓國和泰國等地舉辦類似會議，經驗非常豐富，概念又十分清楚，有他的引導應是朝向正確的方向在進行。再加上他的登高一呼，結合當時各校社會福利與社會工作的教師共同

參與，各校自此才開始有較完整課程的規畫。

　　當年要不是他的出現，各校的社會工作課程規畫上尚不知何時才能開始，其進展勢必緩慢。當年也由於張先生身份的特殊，在台灣社會福利與社會行政界有多人都是他的舊識，又都一直深知他在社會工作和社區發展方面的知識與經驗，同時他不位在任何單位或機構上為自己爭利爭名爭功，是一位立場超然、不為小我而為大我之人。因此，由他來號召，自然很快集結大家來共商社會工作教育大業。

　　另外，當年的研討會籌備小組成員，透過張先生的積極邀約和敦促，共同參與做出貢獻，這些人都成為日後對社會工作教育有重要影響的一些人物，除了上述出現的人名之外，從研討會議程還可看到在我後來也投入社會工作界後所熟知的一些其他人的名字，例如：陳國鈞、廖榮利、陸光、李增祿、張秀卿、吳就君、練馬可、姚卓英、熊芷、和陶淑貞等屬於我的老師輩的人，都曾在當時擔任分組召集人或組員，可能由此也開啟了他們後來在社工界的參與和貢獻。

　　從研討會的附件「社會工作系（組）課程標準」中，也看到當時的課程研討會中已包括了「社區發展」、「人類行為與社會環境」等；而在今天各校的課程規畫中大致不離當年對於一般必修和專業課程必修與選修課程的設計。由此可見，要不是有當年的三次整合型會議，社會工作的學校課程尚不知何時出現，也不知何時才會有共同的標準出現。

　　然而，在會議之後一段時間，針對建議或共識的執行面卻令張先生有些失望，張先生（1971a）的文章中提到「回顧以往八年，曾

召開三次社會工作教學研討會，研討結果，效益宏大。歷次會議對於社會工作教學課程標準，皆經反覆商討。但建議雖佳，卻趑趄不前，未能大刀闊斧採取行動，以應當前需要。此種局勢，孰以致之？」對張先生來說，課程標準訂出之後，是立即可行之事；尤其他在文章中一再提及，這些是基於國內需要，衡諸國際趨向，並根據他的工作經驗，國內大學社會工作教學之改善，不容再事拖延。

所以執行進度緩慢，是張先生不解之處，頗有恨鐵不成鋼之感。但就他所聽聞的一個原因，張先生（1971a）提到「以往歷次研討，各方顧慮似多，有以難得教育部同意為辭，致遭擱淺」。但是張先生認為在我國大學中，社會工作與社會學自來合為一系，行之已久，互有利弊；如有可能，盼可分開，俾能專精分工。張先生表示，那時教育部主管單位已函索關於社會工作課程標準，並徵求他的意見。因此他在赴台北檢查身體與治病之時，趁便與多位社會工作任課教師一再商及此事。他認為教育部已主動徵求意見，擬議修訂大專院校課程，教育部主管單位並特派高級官員出席民國 60 年 2 月的會議。因此，「凡我社工教育同仁自應趁此良機，再接再勵，竭盡所知，提供意見，務希改善社會工作之教學，盡速培育社會工作專才，用以推行社會福利新政，建立安和樂利社會」。

張先生一直是個言行一致，理論與行動相合之人，對栽培人才他似乎真的是竭盡所能，丁碧雲和王培勳教授皆述及當年他們在赴美深造之時，是如何受到張先生的協助、叮嚀、教導與提攜。他們回國之後，張先生又是如何急切的希望他們能貢獻所學。

無論如何，張先生對社會工作教育的貢獻可說是創社會工作教育之新紀元，不只帶動社會工作科系的第一次大整合，也促使不數

年後社會學系開始將社會工作分組教學，並進而單獨成立社會工作學系暨研究所。雖然張先生未能及時看到這些，但他的功勞是不容抹殺的，他對台灣社會工作教育的貢獻是不容忽視的。雖然一般大學學者或學系鑑於各自理念，一向有其多元觀點，本就不易完全整合，無法期待各項課程要求完全一致，這是可以理解的；但張先生為國家、為社會發展的大我精神至今仍值得我們惕勵自省。

四、張先生對社區發展工作的貢獻

我國社區發展的完整政策，初次見於民國 54 年頒佈的「民生主義現階段社會政策」。該政策第七項題為「社區發展」，內容有下列四項：

1.採社區發展方式，啟發居民自動自治之精神，配合政府行政措施，改善居民生活，增進居民福利。

2.設立社區服務中心，由社區居民推薦熱心公益人士組織理事會，並僱用曾受專業訓練之社會工作人員，負責推進各項工作。

3.加強公共衛生暨康樂設施，尤應積極推廣道路橋樑之修築，暨公井、公廁、公園、公墓、游泳池、體育場之設置。

4.鼓勵社區內人民，以合作組織方式辦理消費、副業生產與運銷、暨公用福利等事業。

張鴻鈞先生不只對「民生主義現階段社會政策」的起草可能有貢獻，建議以社區發展方式，而政府接受他的建議之外，張先生對社會工作教育課程規畫是確定有貢獻，而他對台灣地區的社區發展的貢獻則也是被肯定的。張鴻鈞先生（1971）曾言，要研究今後我國社區發展的動向，必須先要瞭解我國過去在此方面的重大成就和

接受前人遺留下來的寶貴經驗，再融合世界各國對社區發展的所作所為，截長補短，運用新的觀念和方法，來訂立一套合乎科學原則的社區發展方案，方能易於推行，行之有效。因此以下，先敘述我國社區發展工作之演進，才能進一步瞭解張先生對台灣社區發展工作的貢獻。

(一) 我國社區發展工作之演進

1. 民國以前的基層社區建設

從歷史上研究，我國的社區發展過去雖無其名，而實際上卻有輝煌成就，並且跟我國固有文化和傳統美德極為融合。例如：為加強國民道德而有呂氏鄉約，為提倡儲蓄互助而有朱子社倉，為推行兒童教育而有社學義學，為實施救災恤貧而有義倉義社，為平抑糧食價格而有常平倉儲，為安定公共秩序而有保甲制度，為增加農業生產而有水利灌溉，為利用積德心理而有修橋鋪路，為準備喪葬嫁娶而有合會互助，為推行娛樂社交而有民間戲劇；他如守望相助、疾病相扶、冬令救濟等，無不具有社區發展功能，其例實不勝枚舉，要皆注重基層社區之建設與進步，與今日社區發展的觀念來比較，頗多近似之處（張鴻鈞，1971）。

2. 大陸時期的鄉村建設

詹純鑑（1969）、徐震（1982）等先生皆曾表示，與社區發展類似性質的鄉村建設運動在大陸上早經推行，如：河北定縣的平民教育、山東鄒平的鄉村建設、江蘇無錫教育學院的民眾教育實驗區、江蘇江寧的地方自治實驗縣、浙江蘭谿的地方自治實驗縣、四川北碚的社會教育運動中心等，都是以地方為單位的鄉村建設運動。推行方法通常由成人識字教育開始，然後再組織民眾，成立生產合作

社，以進行經濟與社會的改革；或以地方自治方式，注重管、教、養、衛，以推行基層政治與社會的改革。後來許多學者的看法，這些鄉村建設運動無論在理論與實際方面，與社區發展都是相同的。

與此同時，張鴻鈞先生亦參與了當時中國的鄉村建設運動，如民國 26 年，燕京、協和、清華、南開、金陵等五大學暨山東省政府與中華平民教育促進會，設置華北農村建設協進會。為便利實地研究、實習、試驗及服務，由該會創設「鄉村建設研究院」，下設農業、經濟、工程、教育、衛生、民政和社會行政等七學系，並分別在河北定縣及山東汶上、濟寧兩縣設立社會實驗所。由張先生擔任其副院長及社會行政系系主任，參與政、建、教合一之推行。七七事變發生後，張先生受命代理院長職務。後來，鄉村建設研究院南遷，與貴州省政府合作，並擔任實驗縣長（惠水縣），重新辦理政、建、教合一工作。

3. 台灣自「基層民生建設運動」至「社區發展工作」

台灣實行地方自治以來，只做到各級民意代表與縣市長鄉鎮長的選舉，不曾涉及民生福利的自治事項，鄉鎮以下沒有財政權也沒有人事權，自治落了空。執政黨為了補救此一缺陷，於民國 45 年發動「基層民生建設運動」，在各縣市遴選若干村為試辦單位，而以衛生保健、生產建設、教育文化、社會福利等工作項目，這樣吻合了 國父理想中的地方自治（劉脩如，1977）。

民國 44 年至 46 年間，台灣民間團體在農復會協助下，先後在台北縣的木柵鄉、桃園縣的龍潭鄉及宜蘭縣的礁溪鄉等地區試辦基層民生建設。在台灣推行基層民生建設工作期間，聯合國社區發展與社會福利官員曾先後多次來台，經內政部安排參觀我農村建設與

基層民生建設工作。民國 51 年，張鴻鈞先生出任聯合國亞經會社區發展訓練顧問，亦曾多次返國，協助籌畫台北市社區發展實驗計劃。後於民國 54 年行政院頒佈「民生主義現階段社會政策」，乃將「社區發展」列為該政策的七大措施之一（徐震，1982）。由此可知，自張先生來台後始有社區發展之名詞，在此之前適用「基層民生建設」一詞。

民國 51 年，張先生當時任職聯合國亞經會（ECAFE）駐亞太地區代表，輔導亞太地區各國的社區發展工作，包括泰國、馬來西亞、日本、韓國和菲律賓等國，都曾接受張先生的指導。可知，張先生對當時聯合國與世界各地如何推行社區發展工作，已有具體的概念和經驗，所以對於台灣欲推行社區發展的工作，張先生應是最適當的指導專家。

民國 57 年行政院又頒佈「社區發展工作綱要」，台灣省政府公佈「台灣省社區發展八年計劃」（民國 60 年又改為十年計劃）。民國 58 年，經外交部與經合會之洽商，獲聯合國發展方案（UNDP）之協助，指派社區發展顧問來台協助社區發展研究與訓練。至此，政府終於將原推行之「基層民生建設工作」、「國民義務勞動工作」合併改稱為「社區發展工作」，由政府單位主管全面展開，是我國正式以「社區發展」之名稱，由政府推動此項工作之開始（徐震，1982）。所以說，台灣自「基層民生建設」至「社區發展」工作是受到張先生引進社區發展概念的影響，除了社會工作相關文獻已記載，文建會（2002）的文化白皮書中亦如此說。

㈡ **張鴻鈞先生對台灣社區發展工作的貢獻**

以下分五方面來瞭解張先生對台灣社區發展的具體貢獻：

1.介紹社區發展的理念

(1)主要理念：張先生介紹社區發展已成為國際間一個簡易有效解決社會問題，改進生活狀況的方案手段。當時的社區發展推行之主要理念有四：①一國之終極期望在於人民；②每一個人均有認識自己問題，解決自己問題，改善自己生活之能力；③一國之最重要的發展即人力資源發展，其為一切發展之基礎；④充分而長久之成長，只能由於充分而活躍的大眾參與得來（張鴻鈞，1974c）。

(2)培養新觀念：張先生認為，培養新觀念是推進社區發展必備的動力之一，因為「觀念」對於工作的成敗得失具有指導作用，例如：社區發展工作要有彈性、要注重人的培養、要重視工作方式、要走向都市發展、要擴展成區域發展、要發動企業貢獻、要動員婦女兒童與青年等（張鴻鈞，1971c）。因此，張先生在台期間的許多作為幾乎都是希望從協助工作人員培養新觀念做起。

(3)專任人員與人才：張先生強調人才是決定社區發展成敗的重要關鍵。他曾說：「如果沒有此種人才，寧可將工作緩辦，甚至不辦，免得反而誤事傷財」。然後，張先生進一步指出，專業人才的養成有賴教育。社區發展的研究和教學，不能單靠課室書本，必須要有實地實習，研究教學機構與行政機構密切聯繫，共同計畫教學課程與研究項目（張鴻鈞，1971c）。

對人才的重視，張先生在談論「我國社會工作專業化」（1974a）之時，也曾表示社會工作專業人才對一些建設之施行不無貢獻，但那些建設多偏重物質方面，對人的方面和社會方面少予注意，故多失敗或事倍功半。然後在提到社區發展之時，他認為我國推行社區發展尤其是在基礎建設方面，雖甚有效，但無社區發展專

任人員，故對於維持成果及推行社會倫理文化方面之工作則遭遇困難。因此，不論是在學校、在行政單位或在實務機構，張先生皆積極朝培養人才著手。

(4)強調國情化：張先生在談論「社區發展與今後的方向」（1974d）時，提到優良傳統的提示運用。他認為優良傳統在國人心中已經根深蒂固，若以此對鄉村人民言之，則較易接受，容易實行；若用外國來的資料則百姓不懂，不懂即不能實行，故必須用各種方法選用優良傳統，再加以調整。

另外，張先生在談論「如何加強社區發展的研究與訓練」（1974d）時提出，我們要的研究訓練是有制度、合乎需要、切近行動的；而不是枝枝節節、洋理滿篇，不合國情的。然後他又表示，社區發展必須簡易實際，發生速效，解決問題，造福民眾。不能靠舶來品與原裝外貨，一定要本國原料，當地製造。但這並不是說我們要閉關自守，拒絕吸收國外新的經驗、進步理論、有效方法；我們仍要與各國保持密切聯繫，交換經驗心得，延請專家顧問，以補助己力之不足；更要揚棄過去盲目採取外國經驗，由外國顧問操縱一切，反客為主的現象。張先生之言可謂語重心長，這是我們過去經常犯的毛病。

2.介紹社區發展的方法

張先生在談論「社區發展的新動向」（1971c）時，強調社區發展最重要的是懂得應該如何去做，應講求新的方法和技術。他在介紹一些簡易有效的方法技術之後，又強調不可只重理論原則，更應注重方法技術的詳盡切實，系統分明，切不可蹈空泛籠統的毛病。

此外，張先生對於社區發展之必守原則，值得在此再次提出以

為提醒之作用，包括：⑴改進社區工作方案必由基層釐訂，必由基層做起。⑵參與方案執行之人民亦必須參與方案計劃。⑶推行自助方案之人民，政府機關必予以協助，以加強其力量，辦理更大更有意義之工作。⑷社區發展工作人員必須與人民共同工作，取得其信任，一切設施必須按照人民發展程度、社會價值與需要及國家政策與計劃。⑸社區發展工作人員對於人民完全採取教育方式，不命令，不強迫，不為急進而急進。⑹社區發展工作協助各機關團體推動其工作，擴大其效能，絕不越俎代庖（張鴻鈞，1974c）。難怪張先生無論在社會工作教學或社區發展相關會議中一再提到，要邀請執行機關團體參加，要與他們有具體的聯繫與合作，並且我們在與會人員名單中一定會看到執行機關與社會團體受邀參加。

3. 協助推動社區發展工作

張先生將社區發展的觀念、原則和方法帶回國內之後，除了與學界充分討論、在學校授課之外，還與社會行政單位不斷接洽討論，如內政部、教育部和外交部等，也充分擔任橋樑的工作，向聯合國申請經費、顧問等資源；或聯繫相關團體展開社區發展實驗計劃，其中值得一提的是「台中市社區實驗計劃」。該計劃之實驗目標為：研究、實驗、訓練、服務和示範等五項；實驗地區是先由何安、何厝兩里開始進行社區發展，再逐步推廣至西屯全區。實驗區主要工作除基本工作外，還有基礎工程、經濟生產、教育工作、倫理精神、醫藥衛生、社會福利和住宅改進等。最後實驗計劃完成時，我的同學汲宇荷女士曾撰寫研究報告。

另外，當時的台灣省社會處處長傅雲先生，對於張先生所介紹及推動的社區發展方法至為欣賞並積極配合。由於推行「台中市社

區實驗計劃」，而組織之社區發展聯合委員會，是由省政府社會處主管長官、市黨部及市議會代表、市政府有關單位主管、地方社區團體領導人，以及東海大學教授等擔任委員。至於經費來源則是由省政府及市政府之專款補助、社會福利基金撥發款項、社區民眾捐款、工商企業及社會團體捐助，以及東海大學提供之經費等。據聞，傅雲先生由於此次的經驗，在其任內在台灣地區開發了數千個社區。

4.協助訓練社區發展工作人員

前面提及的分別於民國 53，58 和 60 年舉辦的全國社會工作教學會議中，都有「社區發展」課程的分組討論，針對教材與教法方面都對當時的大學在社區發展方面的師資加強或儲備具有貢獻。

然後，張先生參與各種會議，談述他對社會福利、社會安全、社會工作和社區發展等方面的理論與實務。同時，也接受各方之演講邀約，向有關社政人員和社會團體代表推銷社區發展的做法。

最後，張先生心心念念的是創立一個「社區發展研究訓練中心」。該中心確實於民國 59 年在他及一些人士的努力之下成立了。且在民國 61 年的「中華民國社區發展工作研討會」中亦由當時該中心的譚貞禧主任提出工作報告，其重要成果有：辦理獎補金候選人之約談、辦理獎補金候選人社區發展研習會兩期、辦理社區發展工作人員研討會四期、辦理社區發展示範訓練三期、展開社區發展示範研究，以及編譯書刊等。

5.社區發展工作的檢討與提醒

任何方案的推動不會十分完美，也不可能是一切解決問題的萬靈丹。張先生雖然努力推銷「社區發展」的方法，但他在實務經驗

中也知道一些限制，希望提醒我們，因此張鴻鈞先生（1971b）指出，聯合國從多年來的經驗中，已經發現示範區的實地訓練和研究非常有用，但也發現了一些缺點，例如：⑴長期做了社會實驗室的鄉村便逐漸喪失了鄉村的代表性。⑵鄉民因成為被實驗觀察的對象而不無反感。⑶資源和勞力過分集中的問題。⑷實驗結果的推廣問題。⑸訓練中心與政府機構合作與分工的問題等。

　　而在民國 61 年的「中華民國社區發展工作研討會」之後，張先生在病榻上寫了一篇文章「我國社區發展研究訓練中心幾個重要問題的商榷」（1974e）似乎並未正式發表，而收錄在「張鴻鈞先生社會發展言論彙編」裡。在其中他提到對社區發展研究訓練中心原來的期待，他說：「根據我國與聯合國之協議，台灣大學為舉辦研訓中心主要機關之一。數年後，研訓中心即移交台大接收，繼續辦理研訓中心過去一切活動。因此研訓中心必須與台大發生密切合作關係，現在除商用台大地產，做為中心永久房舍外，關於中心之組織、教授與課程等部份，如尚未進行洽商，似宜早做安排」。這個中心的隸屬終未如張先生所願，劉脩如（1977）說：「後來遭遇波折，未照預定計劃辦理，極為可惜」。至於到底是什麼波折，因非本文探討主題，暫不議論。

　　不知張先生對「社區發展研究訓練中心」的期待是否盼望其應有當年在華北時的「鄉村建設研究院」的設計，可惜天不假年，如果張先生再多活數年或可促成他所期望的「社區發展研究訓練中心」。

　　張先生自始至終都十分清楚的強調人才的重要，要匯集已具有一些社區發展之學識與經驗的社區發展人才資送國外進修；且於學

成返國後，聘為社區發展中心之師資與研究人才。同時，在國內舉辦任何短期訓練都應注重實際問題及其解決原則、方法與技術。研習訓練前，也應徵詢執行機關團體的意見，對於國外的理論方面，則應減至最少，以適應國內需要。不論講員或學員都要邊學邊做，然後再邊做邊學。他希望不要空談理論，要西學中用；也就是要先瞭解自己，然後取他人之長補自己之短，這樣才能達到專業自信。

結語：促進政府、實務界與學界的合作

在聯合國服務期間，「社會部」時期之老友如有機會赴美時，會與張先生見面，討論當時在台灣社會福利工作的實施情況。民國51 年後，張先生有機會陸續回國，開始促進政府與學界的合作，如果沒有張先生的積極號召，恐怕這樣的產、官、學界大集會不易出現，例如三次的全國「社會工作教學研討會」，從籌備時期開始就已開始促進政府、學校及社福機關之聯繫合作；會議中更強調專才專用原則，並期待各界注意提高工作人員素質，普遍推行職前及在職訓練。

後來，舉辦多次社區發展研討會，也集合了政府相關單位、學校及社福機關之合作，「社區發展訓練中心」的成立，協助申請到聯合國相對基金，訓練社區發展人才，提供獎學金給 15 人至美國、英國和荷蘭等國。

張先生的心中總是充滿著愛，對學生、對朋友、對社會和國家皆如此。終其一生在社會福利和社會工作的領域中探索學問和知識。他常常走在時代的前端，希望促進我國社會工作的專業化和現代化。事實上，張先生也確實為台灣的社會工作奠定了現代化和專

業化的里程碑。

　　張先生坦誠率直，但似乎有些曲高和寡，在當時真正瞭解他，而並肩作戰的人似乎仍不算多，但他總不氣餒，全力為理想而奮鬥，甚至抱病寫稿，或參與會議討論，其精神和態度實在值得我們學習。

　　張先生也可以說是學貫中西，而不洋化。他苦口婆心地教導我們，要懂得自己社會和文化中的優良傳統和已有的資產；他也強調解決社區的問題需要憑藉居民的智慧和力量。可惜時間太短，他的想法未形成學說理論，但他確實是一位畢生都學以致用的社區專家。

參考書目

丁碧雲（1979）我國社會發展與社區發展倡導者──張鴻鈞先生事蹟。社區發展季刊，79:181-188。

文建會（2002）文化白皮書。台北：內政部。

谷正綱（1974）卷頭語。張鴻鈞先生社會發展言論彙編。張鴻鈞先生獎學金基金管理委員會編輯，台北（非賣品）。

徐　震（1982）我國推行社區發展的回顧。社區發展，18:31-43。

張鴻鈞（1969a）社會發展之新動向。中國勞工，444:10-15。

張鴻鈞（1971a）大學社會工作課程之再商榷。中國社會學刊，1:158-165。

張鴻鈞（1971b）大學與社區。社會建設季刊，10:10-23。

張鴻鈞（1971c）社區發展的新動向。社會建設季刊，9:73-78。

張鴻鈞（1972）如何加強社區發展之研究與訓練。收錄自中華民

國社區發展研究訓練中心編印之中華民國社區發展工作研討
會總報告，民國 61 年 3 月出版。

張鴻鈞（1974a）我國社會工作之專業化。張鴻鈞先生社會發展言
論彙編，張鴻鈞先生獎學金基金管理委員會編輯（P.161-
198）。

張鴻鈞（1974b）社會福利之趨勢。張鴻鈞先生社會發展言論彙
編，張鴻鈞先生獎學金基金管理委員會編輯（P.125-
134）。

張鴻鈞（1974c）社區發展。張鴻鈞先生社會發展言論彙編，張鴻
鈞先生獎學金基金管理委員會編輯（P.59-68）。

張鴻鈞（1974d）社區發展與今後的方向。張鴻鈞先生社會發展言
論彙編，張鴻鈞先生獎學金基金管理委員會編輯（P.69-
72）。

張鴻鈞（1974e）我國社區發展研究訓練中心幾個重要問題的商
榷。張鴻鈞先生社會發展言論彙編，張鴻鈞先生獎學金基金
管理委員會編輯（P.117-124）。

陸京士（1974）我所敬愛的張鴻鈞先生。張鴻鈞先生社會發展言
論彙編，張鴻鈞先生獎學金基金管理委員會編輯（P.293-
296）。

陳國鈞（1971）論社會工作專業教育。東方雜誌，後 5(1):50-61。

詹純鑑（1969）社區發展的意義與推行途徑。東方雜誌，後
2(10):40-44。

劉脩如（1977）社區發展在台灣地區的回顧與展望。社區發展，
1:35-37。

楊懋春教授論經濟倫理與社會均富——以《致富有道》為例

蔡明哲

東吳大學社會學系教授

一、楊懋春教授的生平與學術志業

㈠ 平民學者的成長——生於憂患時代

　　楊懋春教授，字勉齋，民國前八年（1903 年）4 月 16 日，生於山東省膠縣東南鄉台頭村的一個小農階層的農家。其父母辛勤持家，竟能脫離貧窮而致小康境地，使其相信勤勉成功之至理。楊教授由一個平凡的農民子弟，如何成為開創台灣鄉村社會學的學者；此一學術生涯過程，正反映出中國近代平民學者，順應時代需要而奮力興起的時代脈動。從他的學術生涯發展，可瞭解時代興起的新知識階層的某種特徵，也可藉以明瞭他本身知識形成的過程。

　　在楊懋春教授的《八十自述》（楊懋春、李培華編，齊魯大學校史，75 年 12 月：139-172）中，總結敘述他的時代背景和本身追求知識的歷程。由於此文是楊教授最後乙篇完整的自述，可做為其主要的知

識形成之論據。（另可參閱：楊懋春，《好家庭父慈子孝》，68 年 8 月：1-227，係一完整的家世與學術生活傳記；《海外家國戀》，係 1939-1945 年間的留學日記等）

最先接受新式學校教育，是 1913 年進入相鄰辛安鎮的縣立模範小學；然後於 1917 年冬，就讀於膠縣城瑞典基督教浸信會的瑞華中學，1920 年冬畢業。擔任小學教員三年後，於 1923 年秋，經瑞華中學新校長出面資送黃縣城郊的崇實中學高中部，該校係美國南方基督教浸信會所辦，1925 年 6 月畢業，在崇實中學時代，喜歡研究社會科學。

1925 年 9 月至 1929 年 6 月，在山東濟南的基督教會辦的齊魯大學讀書。（陶飛亞，2005 年 1 月：176-177）其大學生涯對日後學術基礎之奠定相當重要。在文學院主科為社會學，副科為歷史學，對經濟學、教育學也有興趣。大學四年，人緣好、活躍，十數位同學多讀哲學、歷史、社會學等理論，時相聚談。因出身基督教家庭，常參加校內宗教活動；也喜歡把孔孟學說與五四運動時及各種文化與新社會學說等，互相參照思考。大四時，多次在齊魯大學大禮堂（康慕堂）早晨靈修講一刻鐘話。在研究方面，大三時，幫教授找資料，主題是「中西接觸後教育上的興革」。大四時系規定畢業論文，又讀了許多英文書，使讀英文書能力增加不少。

因大學畢業成績好，思想表現好，基督教信仰也堅固而開明，故被聘為齊魯神學院的助教，實際上等於齊魯大學助教。主要工作是協助兩位美國教授的上課用講義。一位是鄉村社會學，一位是心理學。在助教期間，兩位教授給予的學術影響都很大。前者使立志將來有機會讀研究所時，主修鄉村社會學，並要獻身於我國的鄉村

建設運動。後者使在心理學知識上有甚大進步。因讀英人海德斐（Hadfield）的 *Psychology and Morals* 極為喜愛，就在那位心理學教授指導下，用力譯為中文版的《心理學與道德》，兩年後在上海一基督教書院（苑）出版，銷路頗好。1930 年秋辭助教，去北平燕京大學研究院，主修鄉村社會學，兼其他社會學課程。翌年夏讀完應修課程，楊開道教授介紹去梁漱溟山東鄒平縣辦的鄉村建設研究實驗學院，想在那裏學習鄉村建設的理論與實務。兩個月後，因家庭負擔緣故離開，到青島基督教文德女中作教員，兼訓導主任。

　　1932 年秋基督教魯東信義會聘為即墨縣城信義中學（初級中學）校長，將信義中學建設為當時教會中學中之新秀。五年之內，亦從事外交工作，按時到信義會在各鄉村與集鎮所設的多所初級小學，對老師做輔導工作。亦幫助小學相鄰的教會佈道所提倡鄉村改良或建設運動。在專心投入的工作中，「往往不知不覺把鄉村社會學知識、基督教建立天國於地上的信仰等，以極誠懇的態度與語言運用出來。」（75 年 12 月：143-144）

　　1937 年春，齊魯大學設鄉村服務研究實驗部。在研究實驗中，要理論與實驗並重。理論方面主要是鄉村社會學與鄉村建設原理；在實務方面，要到距濟南不遠的鄉村中對農民作服務。楊懋春先生於 1937 年 5 月間辭信義中學校長職；6 月初攜眷到濟南，任齊魯大學文學院講師，教鄉村社會學，並被聘為龍山鎮服務實驗站副主任，主任為一美籍教授。當年 7 月 7 日本侵華戰爭爆發。9 月宣佈遷校，但楊先生留在濟南，被齊魯大學醫學院社會服務部請去幫忙，到各男病房去與病人談話，對他們作心理、家庭及人際關係等方面的輔導。當濟南市以外社會秩序與交通恢復後，也去龍山

鎮及沿膠濟鐵路若干農村中參加鄉村建設或農事改良工作。此時日
軍管制，時有生命危險可能。

　　魯東信義會之美國宣教士安排下，楊先生獲得赴美國留學的機
會。於 1939 年 8 月間到青島，家屬安排於信義中學照顧之。楊先
生喬裝商人，由青島乘船到上海，住在租界內朋友處。因治眼疾，
10 月 10 日上船起程赴美。

　　到了美國後，先在俄亥俄州春田市（Springfield, Ohio）的威丁堡
學院（Wittenburg College）就讀。一學年後，1940 年 6 月，轉到康奈
爾大學（Cornell University）攻讀碩士學位，1942 年 9 月完成哲學博士
學位。此時因中日戰爭回不了山東，繼續留在美國。1942 年末，
到哥倫比亞大學（Columbia University）人類學系，擔任研究中國鄉村
文化與農家生活的工作。這時美國為在太平洋及東南亞與日本作
戰，極需瞭解東南亞各國人民的文化與生活方式，更要瞭解同盟國
的文化。

　　用一年半的時間，把研究結果寫成《中國農村》（*A Chinese
Village*，初名 *Village Life in North China*），經著名文化人類學者林登教授
（Ralph Linton）推介，於 1945 年 9 月由哥倫比亞大學出版部出版。
楊先生說：「在這本書內我用自己生長於山東農村的經驗與在美國
所受文化人類學的訓練，把我的家鄉台頭村作了深入的、系統的、
既科學又富人情味的詮釋。……」（75 年 12 月：148）林登教授找楊
先生去哥倫比亞大學，是因紐約市的中美協進社（Chinese Institute）
主任孟治推薦。孟先生知其在康大進修，讀鄉村社會學與文化人類
學，受名教授桑德生（Dwright Sanderson），安德生（A. W. Anderson），
及沙普（Sharp）等人之獎助；博士論文《中國集鎮與鄉村生活》

（*The Market-Town and Rural Life in China*），研究費是由 Viking Fund 支
付。

　　因應徵中國農林部徵求在美國研究農業推廣教育工作，等待戰
後可回國工作。於 1944 年 5 月前往美國華盛頓，在美國農業部中
開始接受農業推廣教育的講習訓練。在聯邦政府農業部學習三、四
個月，就被安排到農業州去。先學州級農業推廣督導工作。又到縣
農業推廣所去實習考察。1945 年 2 月楊先生在國際農業推廣訓練
班結業。到一個作多角經營的中等農家作農場實習。1945 年 9
月，中國駐美代表又安排去加拿大東部兩個農業省分，作農業推廣
工作考察。

　　1945 年 10 月，在加拿大安塔略省（Ontario）的一個小鎮上，聽
到日本投降的消息。隨即返回華盛頓，辦理回國手續。10 月初旬
乘火車由華府到舊金山。與其他五名中國留學生登上美國運美援海
軍物資到上海的船，於 1945 年 10 月 10 日，由舊金山起航往上
海。航行差不多一個月時間，於 11 月初旬安抵上海，至此結束了
在美國六年的留學生涯。

　　1945 年 12 月中旬，回到青島，與家人久別重逢。相聚一個月
把妻小安置在青島，楊先生自己到南京，向農林部報到，任職於
「全國農業推廣委員會」中。不久陪聯合國善後救濟總署
（UNRRA）農業推廣專家，在黃河以南直到廣西與雲南考察。此
時，華北各省除大城市外，已在共產黨勢力下，無法去考察。從長
沙始，以軍用吉普車，在湖南與廣西公路上旅行，一直到達桂林、
柳州等地。

　　接著，美國政府為協助中國發展現代化農業，兩國派員組織一

個「中美農業合作考察團」。與前述美籍專家（UNRRA）共同負責農業推廣方面的考察與建議。考察團到瀋陽時，國民政府東北行轅經濟委員會招待之，合作團團長請楊先生翻譯，後經濟委員會主委請楊先生留任經濟委員會農林處副處長，負責農業推廣工作的規劃與推展。不久，城外為共產黨佔領。

1947 年 6 月攜眷離瀋陽，先到北平一個多月，於八月中全家六口，同上飛機平安抵達濟南。回齊魯大學任文學院歷史社會學系教授兼主任。不久，吳禹銘院長（齊大時授業老師）生病，代理文學院院長，吳師過世真除院長。此一期間為齊大籌劃創立農學院，1947 年 12 月間快要成立，但共產黨勢力於年尾發展到平津一帶。1948 年 8 月初，齊大文理兩學院移到杭州以南距九溪十八澗不遠的雲棲寺。1948 年 4、5 月間，共產黨已佔了整個華北，又圍攻徐蚌等地。楊先生說：「原以為國共會以長江為界，平分中國。照4、5 月間局勢看，很有征服全國的野心與可能。因而，在雲棲寺有『到了窮途末路』的感傷。」（75 年 12 月：158）

1948 年 8、9 月間，楊先生接到康奈爾大學歷史學系來信，說歷史學系與社會學系要共同開設一門「中國文化變遷史」，請楊先生去講課。（1949 年 2 至 6 月一個學期）將家眷留在雲棲寺，於 1948 年末一個早晨，離杭州到上海，1949 年 1 月末到達康奈爾大學。6 月共產黨佔領杭州，解散齊大。南京、上海也淪陷，家屬陷於共產黨統治。於是楊先生由美國乘飛機到香港打聽，魯東信義會袁思哲牧師（Rev. Reinbrecht）在飛機場接機，說將家眷安排欲來香港。過了約兩個月家屬來香港，安置在沙田、道風山旁的禪悅林公寓中。

又隨袁牧師去柳州做鄉村服務工作。到桂林辦公時，發現前農

林部熟人馬保之先生,在此主持中美鄉村建設聯合委員會(JCRR)的廣西分會。馬氏聘楊先生為兼任技正。1949 年 11 月,共軍入廣西,包圍桂林、柳州,故撤退回香港。

袁牧師得自己教會美國差會同意,將廣西預算撥為香港新界工作計畫使用。有數個來港的在華信義會外國牧師,將各國撥的經費,組織「基督教信義會香港新界鄉村服務社」。與香港政府合作,工作內容有農業改良、醫藥衛生、基礎教育、手工藝品訓練與產銷、基督教教育等方面。

1951 年春季,香港美國領事館來信:美國國務院國際學人交換計畫聘楊先生到斯丹福大學(Stanford University)人類學系講學一年,可攜眷赴美。全家於 1951 年 9 月某日登上美國郵輪威爾遜總統號起程赴美。10 月初旬抵達舊金山,前往斯丹福大學。其人類學系主任冀松(Keesing)與哥倫比亞大學林登教授是好友,受協助安定下來。社會學及人類學系安排二門課,即「中國家庭結構與功能的演變」與「中國農村社會的組織」。系裡要求把較多力量放在第一門課上,於是寫了英文的上課用的講義。

楊先生在敘述斯丹福大學講學的生涯時,說:「自 1945 年到 1951 年這六年內,顛沛離散,精神緊張,身心疲勞。不只在工作上甚少成就,常犯錯誤,學問也荒疏了,沒有隨時代長進。現在生活安定,……。這一切都使我無掛無慮,心情開朗。於是我安心讀書,用力撰寫上課講義。旁聽自己所喜歡的課,增加了很多新知識。總之,在斯大大半個學年,在身心健康,學問增長、結交新朋友上均獲益甚多。」(75 年 12 月:164)

1952 年 6 月,講學計畫結束。在紐約的中國基督教大學聯合

董事會來信，因大陸完全陷共，所有基督教大學均已被迫關閉。該董事會決定在美國成立「中國文字工作計畫」。聘請當時在美國的中國學人，特別是曾與中國基督教大學有過關係的學人，組織一個文字編纂團體。全部時間撰寫闡揚基督教高等教育、民治主義真諦、民主政治制度等類文章，寄到香港、新加坡等東南亞地區的報章、雜誌發表，藉以駁斥共產主義的論調。因為楊先生在香港住了一年，聽到、讀到很多迷信共產主義與共產黨的言語及文字。於是自認可用筆寫出民主、自由、宗教信仰的真義，以抵抗共產主義的詭辯。

　　1952 年 8 月，同家眷開車橫貫美國到康奈狄克州哈德福市（Hartford, Connecticut），加入設在哈德福神學院旁邊的「中國文字工作小組」。一共有四個人工作。除了寫文章，在神學院教一門「鄉村社會學」或「鄉村傳道」。由此得以接觸非洲學生。大約在三年之內，共寫近六十萬字的中文文章。均在香港、台灣、新加坡等地的報章與雜誌上發表過。以後集印成冊，訂名《勉齋文集》，於1963 年 5 月在台灣出版。「在文章中所闡述的思想，很多可追源於在齊魯大學所受的教育，及畢業後在基督教教育機構中服務的經驗。」（75 年 12 月：166）

　　到了 1955 年 6 月，因為中國基督教聯合董事會，把大部分捐款用於在台灣創辦基督教東海大學，就把「中國文字工作計畫」結束停辦。6 月接到西雅圖的華盛頓大學（University of Washington）中國與俄國歷史研究所邀請函，參加一項美國國務院的「中國歷史與文化」研究計畫。八月間報到。被指派研究「中國社會制度的演變」。一年餘後，以英文寫成近三十萬字文稿。若干年後，加以修

訂，在台灣以 *Chinese Social Structure: A Historical Study* 為名由茂昌圖書公司出版。

楊先生參加此研究計畫時，兩位重要人物有權力上衝突，使同事間相處不愉快。此時，楊先生在距西雅圖以南三十英里一個小鎮外邊，購買一處苗圃與其中一棟住房。他說：「……每週有五天，到華大去看別人顏色，作些不是自己願意作的事。因此我心中的苦悶與無力感或挫折感仍然存在，而且與日俱增。」（75 年 12 月：168）

㈡ **楊懋春教授在台灣的學術生涯**

在 1956 與 1957 兩年期間內，有台灣的幾位教授在華盛頓大學作學術訪問與講課。楊先生與其中幾位有機會相識長談，而知道了不少台灣的情形。

1958 年春天，楊先生接獲台大農學院院長馬保之先生來信，歡迎他能前往台灣服務。1958 年 6 月接到台大聘書，聘為農學院教授。逐與楊太太於 8 月初，乘招商局的「海明輪」起程來台。9 月上旬，平安到了台北，向台大報到。不久台大任命其創辦農業推廣學系，也主持一個新的鄉村社會經濟研究所。此後與全省各級農會建立密切關係。參加農復會的社會經濟調查與研究，並辦理台糖公司的訓練班等，直接參與到台灣鄉村社會與農業發展的研究及訓練工作。

他說：「……二十餘年來，……，我在台灣省的農業發展與鄉村建設上盡了一分力量，並以此為榮。」（75 年 12 月：170）楊教授自 1958 年來台，至 1988 年辭世，前後有三十年時間在大學內培養青年知識分子。1960 年，在國立台灣大農學院創辦農業推廣學

系、鄉村社會經濟研究所；同年，與其他教授如龍冠海、陳紹馨、郝繼隆（O'Hara）等，共同創立國立台灣大學法學院的社會學系。又曾在國立台灣師範大學及其前身兼課多年，也在中國文化學院家政研究所教課數年之久。

1973 年 7 月由台大退休後，應東吳大學校長端木愷先生邀請，在東吳大學文學院創立社會學系，開展其最後十五年的學術生涯。1988 年 2 月 5 日辭世時，楊先生是東吳大學研究教授及台大榮譽教授。在台灣教學三十年，培養人才無數。

若將楊教授在台灣的時期，再分為台大時期和東吳大學時期，可發現：事實上這兩時期在教學和研究工作等都是延續的、不可分割的。在教學上，即使在 1973 年以後，至 1988 年，楊教授仍然一直在台大農業推廣學系兼課，並保持與該系教授（大多數是他的學生）密切而頻繁的接觸。在研究工作上，楊教授一方面延續其 1973 年以前對社會史的關心；另一方面將過去所致力的新人文主義和文化生態學觀點，予以形成體系。

就表面上看，台大與東吳大學兩個時期，大約各占十五年左右。楊教授自己認為後面時期與前一時期的差別是：「……我由台大退休後，立即受東吳大學聘，為之創辦社會學系，在治學上也由鄉村社會學轉入社會學與社會學理論。……」（楊懋春等，《我國農業建設的回顧與展望》，台北：時報文化公司，72 年 3 月：201）

大約在 1977 年左右，楊教授整個完成了他的新人文主義的社會科學體系，其中仍以鄉村社會學為基礎，而以文化生態學的面貌呈現在後期的許多著作中。所以，前後兩期是演化的連續，而不是思想上的跳躍。楊教授在《八十自述》中，曾總結其「台灣時代」

的感想：「回想二十六年前（1958年），我與先室（王敬遠女士）來台的決定真是正確的。如果我繼續留在美國，可能不至於忍飢受餓，但生命必定空虛無意義。到台灣後，生命充實而有力，一切工作與活動都有明確的目標與希望。……」（楊懋春等，75年12月：121）

楊教授認為，在台灣的更重要的工作，是在大學內培養青年知識份子，使他們為自己的家鄉國家服務。在其「台灣時代」，依楊教授的看法，其誠摯愛人的教學態度，係以既是經師亦為人師的思想，來產生行動的熱力的；在寫書和研究的態度上，他將學問與人生經驗做消化整合，使人獲得思想和精神上的正面益處。在台灣的宗教生活與活動，也淨化著一個新式的基督教人文主義的社會學者的靈修生活。楊教授說：「與先室王敬遠女士到台灣後，立即找到座落於台北新生南路三段、台大旁邊的基督教信義會真理堂（那時才成立不久）。……不久被推舉為教會的執事，接著又成為執事部的主席。也有多次被推派為代表，參加全台灣區信義會大會的會議與各種專門委員會的事工。……現在已在真理堂的事務上退休。教會給我一個「長老」的名分，在靈性生活上，我仍與眾會友在一起。」（75年12月：171-172）

楊教授在回顧其學術生涯時代背景與思想淵源時說（75年12月：序頁1-2，172）：「清末民初來華傳教士，認為循著基督愛心的教育途徑，先改善一般人，特別是鄉村人的生活，再進而使中國的固有禮教一方面增加活力，重振原有精華；另方面吸引新知，使其隨時代進步而健康合理的現代化。」「……齊魯大學在八十年歲月中，如何慘澹經營，進行其培養青年人才工作，想使山東與華北成為有科學、民主、孔孟倫理、基督愛心的現代化。……」

「也感謝上帝，我多年在基督教義上的研究與體驗，在現代科學精神與方法上的了解與運用，在中國傳統宇宙與人生哲學上的修習與領悟，在我思想上與行動上，三者不但無矛盾衝突，更能互為闡揚，相得益彰。我自己常以此為精神上與學問上一大樂事。也常在適當機會與適當題目上，將此三者的相輔相成運用在大學的教學上與學術著作中。我確信這樣作沒有一點『傳教』或『念經』的意思。我覺得能把宗教、科學與哲學三者真正融會貫通，一點不作假，不詭辯，是一種上乘智慧。我是憑良心要把這種智慧與這裏的青年學子講論並共同研討。求上帝幫助我。」

做為台灣戰後第一代的社會學者，以及台灣戰後鄉村社會學的建立者，其新人文主義鄉村社會學思想，一方面將鄉村社會學以文化生態學面目，連貫到都市社會學與環境社會學。同時，他的新人文主義的社會史論，可能使得台灣地區的社會研究，能尋找出一條思想、理論和方法論的出路。

楊教授治學成就，亦與其淡泊名利、關懷社會人類，用心努力服務人群，彼此相得益彰，故生前逝後均贏得識者之景仰。其身後將在台灣的所有遺產，成立楊懋春貞德紀念基金會，為鄉村青年輔導與鄉村文化事業，做永續的奉獻。楊懋春教授———一個平民學者，以其專注的學術著述和服務，綿延他的世澤，足令後學者潛心研究並超越前進。

(三) **楊懋春教授著作中的世界觀**

上兩段從楊懋春教授的學術生涯史，瞭解一個平民學者的時代背景和知識形成過程。這一段再從楊教授一生的主要著作，來研究他著作中所呈現出來的世界觀。

　　知識形成的結果，有一部分結晶析出，撰寫為著作，或發抒為議論和演講。楊教授的言語，我們可在他生前的各種場合，像上課、演講會、會議、私下討論聊天等，鮮活記憶或浮光掠影，已是難以追尋或做為論據。但是，這方面的洞察，卻正好可以做為我們理解楊教授文字語言的字裏行間、弦外之音，所欲表達的真義。

　　楊教授的著作，具備兩個條件，可減少著作詮釋上的疑義。第一個條件是，他的著作相當多，而其體系完整，文字暢達；既能令人完整掌握他的說辭，又能清楚明白他的意思。第二個條件是，他的著作包括了他的主要思想、言論、治學方法和做人治事觀念，甚至他也寫了許多深及自己意識活動的生活日記和回憶；提供了研究楊教授著作思想的豐富材料，較容易讓人瞭悟其學術主張的真實性，並得以探討做成這項主張的主觀意識脈絡或動機。

　　由於他治學做人的真實、自然和勤勉，使得研究他的著作的人，可以充分的在完整性和真實性基礎上，從容地詮釋他的觀點。要從楊教授著作，提煉出他的鄉村社會學思想之精華，至少在避免片面性和失真性這兩個詮釋學問題上，就已經比較不用太費心機。

　　這裏所說「世界觀」，是指在不同時間，關心何種空間，而以某種學科的觀點角度，來營建或建構他著作（或心目）中的「世界」。每一本主要著作，它要建構的世界觀，可能因時、因地、因寫作目的、寫作方法或材料的侷限，而有所差異。也可能因寫作者的信仰和終極的關懷，而使他在不同時空、不同主題的寫作，出現極其相近的寫作理念和風格。

　　茲將楊懋春教授學術著作的「世界觀」，整理於下：

　　如果暫時不討論其論文集（《勉齋文集》、《學苑拾翠》和《新勉齋

文集》），也暫時不討論機關委託的研究計畫報告，只討論與其鄉村社會學思想有關的學術性書籍，則更能清楚瞭解其世界觀的演變。1945 年 9 月《中國農村》（*A Chinese Village*），是以鄉村社會學和文化人類學觀點，研究中國華北農村。這是美國留學期代表作。

1963 年《鄉村社會學與農業發展》，是以鄉村社會學和農業推廣學觀點，針對台灣農業發展問題，而寫成的教科書。這是台大服務期的第一本著作。

1968 年 4 月《農業技術改變對鄉村社會的影響》，以鄉村社會學和歷史進步觀念，寫出台灣地區農業技術變遷的社會效應。

1970 年 9 月《鄉村社會學》，是楊教授自 1958 年來台後，首度完成的鄉村社會學的整個完全體系。此書有意將中國大陸鄉村與台灣鄉村的資料，做一平衡討論或等量齊觀。也象徵楊教授自認為已能瞭解台灣鄉村的力作。由於它是一本教科書，過於強調教學大綱的完整，在鄉村社會學思想上地位未能比後期著作突出。

1970 年《台灣土地改革的社會經濟成果》（*Socio-Economic Results of Land Reform in Taiwan*），以鄉村社會學觀點，對台灣土地改革的社會經濟、文化意識、農民地位等方面，做龐大、深入的研究。這是一本真正扣緊台灣鄉村社會變遷關鍵問題的鉅大著作。至此，楊教授的鄉村社會學，不但深入討論到台灣鄉村的核心問題，也使他的鄉村社會學研究，超越過他自己在《中國農村》的成就。

1971 年 12 月《今日台灣鄉村生活的透視》，以鄉村社會學和農業推廣學的觀點，提出建設農業即是建設農民，以農民為中心的農業、農民和農村三位一體的改造論。這本小冊子，表達了楊教授對台灣鄉村睽違一年之久以後的懷念，也表達他對於與其信仰、經

驗不同的急進派農村評論家的不滿，並且也不想因討好農民，而忽
略教導農民走正確的道路。

1974 年 12 月《史學新論》，提出重要的新人文主義社會史
論，亦即社會變遷論或歷史進步論，其討論內容主要是針對中國歷
史而發的新史學議論。在其所展示的社會史撰寫方式中，揭示了社
會史的兩大內容，即社區史與日常生活史（或傳記史）。社區史的撰
寫方式，是以台灣省桃園縣的大園鄉為案例。其社區史和傳記史的
撰寫，又是以人民為中心或以眾人、平凡人為中心的新歷史撰寫方
法，因而可稱為新人文主義的社會史論。將《史學新論》列為鄉村
社會學思想的重要著作，不僅因為社區史的緣故，更因為它與
1980 年 12 月的《近代中國農村社會之演變》，有著社會史方法論
上的淵源。這是出版於東吳大學服務時期的著作。

1976 年 10 月《致富有道》，是一本完整的新人文主義的經濟
倫理學著作。以數十年來台灣地區經濟發展和財富累積過程，所出
現的倫理學問題，做為討論主題。書中一至六篇為倫理學之研究；
後面四篇，分別是鄉村青年職業技術訓練、土地改革後農業與農業
經濟、加速農業與農業經濟發展、台灣鄉村經濟的整個情形，均直
接與鄉村社會學思想有關。這本書所討論的，是如何在台灣建立均
富社會的途徑，也屬於新人文主義觀點的著作。

1983 年 10 月《人文區位學》，是一部討論人在萬物中地位和
新人文主義體系的重要著作。楊教授的整個新人文主義鄉村社會學
思想，以此書為其總結。其世界觀拓展為人類世界、宇宙萬物、市
鄉聯合等，實為其著作中之視界最大者。此書總論生命社區（或生
命共同體）之體系，如與前述《史學新論》的歷史進步觀念合觀，

則一論生命總體系，一論生命總變遷；一是新人文主義人性論，一是新人文主義社會史論。如此主軸已經架構完成，欲窺楊教授學術思想堂奧，想必容易多了。一般讀者，往往眩於楊教授著述特多，未能提綱挈領，致無法體悟楊教授思想源自基督教與儒家人文主義。若由此門徑，順流而下，以生機盎然的生命總體系和生命總變遷為綱領，則楊教授之教誨易解矣，並且由博而約，達到簡約易操的領悟洞察之境地。

二、《致富有道》書中有關經濟倫理的論述

㈠ 什麼是「致富有道」

楊懋春教授在《致富有道：建立均富社會的途徑》（台北：天視出版公司，65 年 10 月）的序言，說道：「人人都喜愛財富，我們都願意自己是個擁有財富之人。人必須使用或多或少財富以過生活、做事情、辦事業。更深一層言，財富能成全人之所以為人。它使人有富裕、健康生活，於是身心得到正常發展與成熟。它使人能創辦事業，在事業中發揮才幹、智慧、人格與愛心。因此財富為極有用處與價值的東西。人要努力、創造或求取財富，乃理所當然。」

對財富的健全觀念，是運用財富以成就人的願望，而避免因財富而使人墮入敗壞過程。所以，楊懋春教授指出：「但財富也能使人敗壞。敗壞人的精神與德性，也敗壞人的身體與現實生活。」他認為：純自私的起因，剝削他人，不對社會貢獻，形成一個不合正義的形式。以此手段而發大財或成暴發戶，絕大多數會使本身或次代子孫，生活驕奢淫逸，揮金如土。養成惡疾或惡習。既傷害其身體與靈魂，所有不義之財，亦將如朝露於烈日之下，迅即化為烏有。

又說：近二十年來，台灣地區有高速經濟發展。甚多人獲得大量財富。發現不少自私自利之工商企業者與貪墨官吏，其獲得財富之過程乃如此處所述者。於是，有者已經嚐到，有者速將嚐到其必有惡果。此誠一極不幸，而又危險的現象。

「人人都想致富。致富乃正大光明事。但致富需由正大光明途徑。所謂正大光明途徑，簡言之，即利己、利人，也利社會。三方面之利益應相輔相成。亦即所謂致富有道，或致富由道。致富有道即經濟行為中的倫理。」致富有道也是建立均富社會的途徑。

㈡ 經濟與倫理的關係

韋伯（Max Weber, 1864-1920）在《新教倫理與資本主義精神》（于晚等譯，1987 年 12 月：33-36）中，第二章以富蘭克林（Benjamin Franklin, 1706-1790）所宣揚的具有功利主義色彩的道德觀，視為資本主義精神。誠實有用，帶來信譽，守時、勤奮和節儉有用。多賺錢和避免衝動享受生活結合在一起，合法累積財富，這是神召天職的結果和表現。

所有這些人都節制有度，講究信用，精明強幹，全心全意投入事業中，並固守資產階級的觀點和原則。這一理想型的企業家，不對自己的權力沾沾自喜，……是以某種世俗的禁欲主義（worldly asceticism）見稱於世（同上註：50-52）。

在第五章「禁欲主義與資本主義精神」中，欲理解禁欲主義新教的基本宗教觀念，與它為日常經濟活動所設定的準則間的聯繫（同上註：121）。說明：人為了確保他蒙承神恩的殊遇，……必得……按照主的意志的明確昭示，惟有勞作而非悠閒享樂，方可增益上帝的榮耀（同上註：123）。這樣，當限制消費與獲利活動的自

由結合在一起時，禁欲主義的節儉，導致資本累積，限制消費又將資本投資生產，更增加財富。清教徒的世界觀有利於一種理性的資產階級經濟生活的發展。（同上註：134-136）但是，現今資本主義已不需禁欲主義、天職責任。天職理念已轉化為經濟衝動，而資本主義最發達的美國，財富的追求已無宗教和倫理的涵義，趨於純粹世俗的情欲。韋伯擔憂地說：沒有人知道將來會是誰在這鐵籠裏生活。（同上註：142-143）韋伯在《一般經濟史》（General Economic History）乙書中，也明確指出：現代資本主義的特徵屬於理性資本的計算（Bottomore, 1985：23-24）。資本主義的發展，亦即走向理性化的過程。

　　楊教授引述：德國 Max Weber 以改革宗基督教倫理時對歐洲早期的資本主義發生了影響。認為：因宗教倫理使期間黑暗慘酷的經濟行為，進步為成熟的、開明的資本主義（楊懋春，65 年 10 月：3）。大凡經濟繁榮而讓經濟腐蝕人心，將使行為敗壞，希望藉由各行各業提高職業道德，在經濟發展中要顧及倫理，以導正台灣經濟發展的趨勢（同上註：2）。楊教授此說，似為理想主義的社會干預論者，不管社會是否會往理想方向邁進，他都希望能看到社會往理想的方向前進。他總認為適當的教育、培育或養育，下一代的下一個社會將會更好。他也知道可能會被視為書生之見或迂論說教。

　　鼓吹成熟的、開明的資本主義，楊教授確信倫理道德與經濟發展是有關的，並且有密切而顯著的關係。即或不是因果關係，至少是互相影響，互相完成的關係。有倫理道德，經濟會有穩固正當的發展。發展的結果會使絕大多數人享受豐厚福祉，有康樂生活。沒有倫理道德，經濟也會發展，但是向著邪僻危險的方向發展。發展

結果是社會貧富懸殊，矛盾鬥爭；少數人生活靡爛，奔向地獄；大多數人則窮苦艱難，憤恨不平。（同上註：27-28）所以，有倫理道德的經濟發展，始能達成均富的社會。

至於，如何重建倫理以指導資本主義？楊教授認為我國倫理不適合或無力使資本主義達到成熟。而且目前大多數資本家不相信倫理與經濟有關。（同上註：38-44）然而傳統的家庭主義、朋友義氣和信用等倫理，與經濟發展卻產生密切關係。必須轉化傳統倫理為現代倫理，使倫理對經濟有所助益。

1.家庭主義的倫理：指家人之愛、手足之情與通財之義。新的經營組織，需採用公司組織的會計制度及人事制度，這樣才能得到有親屬關係之人的合夥之益，而不受那種「憑親戚關係，可以濫享利益，而不盡責任」的害處。

2.朋友「講義氣」：在經濟行為中的人際關係，一定要有明確的組織章程或契約。把友誼或義氣，滲透在章程或契約中，使之更強固，並富有情與理的活動。使制度組織約束人情與義氣，使人情與義氣防止制度組織的僵化、桎梏化。

3.經濟行為中的信用：以往以人格擔保，信用只是個人的一種德性，未曾制度化。不制度化，就不能普遍。可靠的信用只限於少數人和少數事件上。這樣就不能建立現代大規模的、普及到每一個角落的事業。

（三）基督教的經濟倫理

基督新教倫理既然有力量，使新興的資本主義進入成熟階段，就該瞭解其內容是什麼，有些什麼特點使它產生那樣大的力量。所謂改革宗基督教，就是歐洲在 16 與 17 世紀時，先由馬丁路德，以

後又由喀爾文等人所領導的宗教革命，將羅馬教皇所主持，成了僵化、墮落、失真的基督教推翻，追溯回復到耶穌基督在世時所講的道理。楊教授直接研究基督教新約中的四個福音書，只選擇其中涉及經濟行為、經濟事物及經濟制度者。耶穌講道常用比喻或故事，極少直接說教，書中選了十個與經濟行為有關的比喻。經過詮釋闡發，所含各點足為今日我國經濟發展的指針。（楊懋春，65 年 10 月，3-4，45-62）

　　1.主人分派銀子給僕人（馬太福音 25 章，14-30 節。路加福音 19 章，12-26 節）。指出資本（或天生稟賦）愈作正常運用，會愈發達、擴大或增強。吻合近代資本主義的意義或精神。

　　2.國王將國民分為綿羊與山羊（馬太 25 章，31-46 節）。綿羊代表義人，山羊代表不肯助人者。一般人喜歡關懷、幫助那些在社會上有相當身份的人，而不去理會窮苦無告的小民。這個比喻特別注意弟兄（即國民）中最小的，必須要將那些美事做在最小的兄弟身上，才被視為真純的美德。這是基督教倫理中的均富經濟或均富社會。

　　3.要分辨何為真財寶（馬太 6 章，19-21 節，路加 12 章，33-34 節）。人將今世財富作明智運用，使其生產或增加大量眾人的需要與福祉，使社會成為均富而和諧的社會，這樣才是不能朽壞的資財。

　　4.富人為富不仁（路加 16 章，11-32 節）。凡只知為自己積財，在上帝面前都不富足。

　　5.浪子的墮落與回頭（路加 15 章，11-32 節）。訓練兒子明智有效經營產業，使人藉產業而成熟，不為產業所敗壞。對待已悔悟的浪子，應給予重新做人的機會。

6.財產能成為進入天國的絆腳石（馬太 19 章，16-27 節，馬可 10 章，17-27 節）。將財產解放出來，交給社會去做生產性、建設性，合於大家正當利益的運用。

7.一樣的工資（馬太 20 章，1-16 節）。在經濟行為中，充滿人道主義或深摯人情。見別人得到優惠時，不應馬上起嫉妒心，或抱怨不公平。

8.種籽的意義（約翰福音 12 章，23-25 節）。種籽錢種子事業等觀念。作種子者必須忘我，堅信會茁芽開花結果。（馬太 13 章，31-32 節）芥菜種是最小的，可成大樹，產生庇蔭事功。這是經濟行為中的倫理。

9.無花果樹被咒詛（馬太 21 章，18-20 節）。它的天賦是結果子，不得虧對天職。意指人不得喪失天所賦予的性能。（路加 13 章，6-9 節）不可懶惰，成了「白佔地土」的人。

10.喪掉生命與得著生命（馬太 16 章，24-26 節；馬可 9 章，34-37 節）。天下財富都據為己有，不肯為別人的生存施捨，其結局一定悲慘。

以上十個比喻或故事，要人善用自己所掌握的資源與稟賦，去投資生產，或製造，使財富大量增加。有了財富，務須慷慨仁慈，以眾人的合理需要為原則，善為分配。追求均富主義之實現。

㈣ 資本主義的再評價

楊教授認為：資本主義是經濟發展的最重要、最有效途徑。原因是資本主義的經濟發展符合人的一些天性。凡是人所作的事，總要符合人的天性，才能做得通，做得有效。違背人性，就會失敗，

或得不到滿意的結果。（楊懋春，65 年 10 月，4-6）

　　早期黑暗資本主義的資本家，有貪多、剝削的劣點。但資本主義究竟是發展經濟最有效的途徑，故不能因為它曾經有過那些劣跡，就想把它完全廢除。社會主義者及共產主義者都曾試驗過，要把它消滅。但結果是絕大多數國民喪失了從事經濟生產與製造的動機，沒有興趣，也缺乏力量。必須在暴力壓制下，才陽奉陰違的去做一點。經濟發展的各部門都陷於停滯或死寂狀態中。一部份稍具理智的共產黨人覺悟過來，想再回到資本主義的路上去。那些尚未覺悟者竟起來反對。就產生了「極左派」與「走資派」間的鬥爭。

　　早期劣跡是可以防止的。防止之道是用事實與顯明利害的道理，使資本家有遠大眼光，相信並實踐「自己生活，也讓別人生活」的原則。而且要警覺，如想長久有康樂生活，必須協助別人也有康樂生活。盡可能增加員工薪資、福利、改善工作環境。又使員工成為股東，資本家的獲利會高於其獨占時期所獲者。政府可制定合情、合理、不損害經濟成長的法律，達成成熟的資本主義。

　　十九世紀的黑暗資本主義，造成經濟不平等、勞工剝削和許多社會罪惡。從一九三〇年代起，歐美人民教育普及，知識和技能訓練進步。民主政治制度改善經濟、產業和社會情況，對資本主義的立法約束。勞工立法、社會保險立法，消極限制資本家的自私心和勞動階級的嫉妒心；積極的把財富用於社會福利事業，增加經濟公平和社會安全（同上註：63-64）。（同上註：65-66。引述哥倫比亞百科全書上解釋資本主義。）

　　資本主義的善惡，主要是在於倫理上的批評。如無倫理駕馭資本主義，則資本主義盡表現出人類的私心、利欲和不公平。但楊教

授認為，資本主義的經濟制度，是最接近人之天性的（同上註：66-70）。例如，它符合人性中的謀利心、佔有慾、自顯性（或反平等性）、愛自由等天性。雖說資本主義與人的天性最為協調，但未必盡善。最好以天性為依據，加以合理的節制，把它重新引到一個社會認為好的方向上去。以資本主義而論，我們應該節制它，駕馭它。不讓它成為脫韁之馬，或決了堤的洪水，而不可能將它一腳踢開（同上註：66-70）。

具體的說，社會要承認個人的謀利動機。於其幼年時，教育他認識何為最合理的途徑以發展其謀利的才能。同時，也要教育他，謀得的利益固然可以屬於己有，但不要成為守財奴，也不要藉以放縱自己的情慾，或因此使子女敗壞。應當善於應用，使其增加社會的福利，使別人因此而有提高生活的機會，他自己也可以享受為善的快樂。

到他長大之後，社會要給他機會去實現他的謀利心。就是使他藉勞動、生產，為人服務而獲得利益。社會也要有各種教育、立法、社會獎譽，使個人不但明白而且樂意，不因自己之利益而侵蝕別人的利益。願意使別人也得到應兼得的利益。要藉發明新技術，增加財富生產而獲利益，不藉剝削欺騙他人而得利益。

對於此個人以合理方法獲得的利益，社會要承認，並得獲他的所有權。但同時也要用教育、道德力量，及民治主義的立法，勸導個人自願的拿出其大部分利益，為社會使用。他既拿出之後，社會就要褒獎他，向他表達謝意。要把他拿出來的利益作合理的使用。以上所述，就是民主化的資本主義，在美、加、英各國，及斯干底那維亞半島各國，及紐、澳等地區已見諸實行了。雖還有許多待改

良之處，但楊教授確信這種資本主義是可以長期存在，逐步改進的
（同上註：72-73）。

三、《致富有道》書中有關社會均富的論述

㈠ 建立均富社會的途徑

「資本主義社會最能促使人去生產財富或製造財富。在資本主義制度下的生產或製造，效率比較最高，也比較最能持久。但在財富的分配階段，資本主義極容易造成貧富不均，階級對立的情形。」貧富不均、階級對立會使國家及社會陷於破裂、消亡。資本主義必須受到控制、指導，明智、合情合理的財富分配，即福利主義經濟或稱均富主義經濟。基本上，對社會貢獻多者所得多，貢獻少者所得少，但因先天缺陷或其他限制，而使其貢獻少者，需足以維持合本地標準的健康生活。貢獻多者，分配所得多，但須有限制。（楊懋春，65年10月：6-8）

限制資本家的分配所得時，最讓經濟學家不放心者，是工商業者會因此不再樂意投資生產或製造。隨之而來，一國的經濟成長受到損害。這種憂慮很有理由，但不能因此就不提倡均富主義的經濟。解決這個問題的辦法有數種。第一是用倫理，即本著第二篇所述耶穌的經濟倫理，去教育或感化大小工商企業者，使他們成為成熟的、開明的資本家。第二，政府與社會合力消滅特種營業場所。沒有花錢門路，錢在手中沒有現成用處，人就會減少對它的迷戀。第三，設計一些社會、文化、宗教、慈善、教育等事業計畫。勸請有錢的資本家去充當舉辦人或董事。給他們崇高榮譽。第四，制定法令，使繳出多餘財富，讓政府補助守本分、努力生產，但生活仍

然不足的人。（同上註：8）

在《致富有道》書中（同上註：108-114），楊教授提出：實現均富社會的途徑，列舉十二項，一一說明，他說如能條條走通，一個有正確意義的均富社會就可以逐漸建立起來。這十二項包括：

1.徹底實施生產因素分配制，以分配生產成果。

2.於必要時（如低收入者），輔以生活需要的分配。

3.消除或減少政權、特權、家族主義、社會階級等勢力對財富分配的影響。

4.使社會中人人有加入生產的機會，同時把加入生產視為公民義務。

5.普及教育，提高民眾的教育程度。

6.課徵合情、合理、不妨礙經濟成長的所得稅、遺產稅及贈與稅。

7.由政府舉辦，也由政府督促企業舉辦各種社會保險事業，以保證低收入勞工及職員的生活與健康。

8.由政府用上述三種稅收，辦理公共設施及補助社區發展。

9.認真以稅收公款及私人樂捐，辦理小康計畫及安康計畫，扶持有創業意願的個人或家庭。

10.政府的融資機關要順利貸款給忠實而又有合理生產計畫的小型企業者，正如貸款給大型企業者。

11.打破誤以為福利政策、均富政策或民生主義一定會阻礙經濟成長的舊觀念。

12.認真取締或減少所謂特種營業。反對寓禁於徵政策，如民

初政府提高鴉片煙館稅，而煙館更增多，靠以謀生的人更多利益，以此遏止奢靡頹風，等於緣木求魚。

㈡ 工商業領袖促成民主化資本主義

資本主義能否早些進到成熟、開明階段。或說推行均富主義而又不傷損經濟成長的辦法能否見效，主要在於工商界或資本家中有否優秀而堅強的領袖。（同上註：9-10）

所謂優秀不只是經營企業的才能，更指自己能信守奉行社會倫理與經濟倫理，用倫理以指導個人的及社會經濟行為。所謂堅強，即能堅守以倫理指導經濟行為的原則，不論遇到何種試誘與矛盾，均能固持不移，不對惡勢力妥協。成熟的、開明的資本主義必須有這樣的工商業領袖。社會如何造就或培養這樣領袖，是個極重要的問題。社會必須樹立正義的倫理，生活與行為都要清潔的倫理，消除那些使人荒淫麻醉的特種營業，才能培養這樣的工商業領袖。

現代的優良工商業領袖對於建立民主政治，發揚社區精神，極為重要。社會上有明確富厚的民主政治，有深厚的社區精神，是促成開明、成熟資本主義的重要因素。決不可將工商業領袖與社區政治、社區發展分開。工商業領袖必須關心社會的苦樂，才能善用經濟力量，珍貴每一元錢，相信它對社會的福利有密切關係，不忍心作無意義的浪費。

在一社會中，工商業領袖的素質，能反映出該地經濟事業是否屬於成熟的資本主義。如果他們還有奮鬥意志和能力，己立立人的精神與行為及合於道德的個人生活，則所領導的工商企業大半會屬於開明的資本主義。如果不是這樣的人而作了領袖，則其地的經濟

不會有發展，縱然有發展，也不會持久。

　　工商業機構內部的各級領袖，其素質及產生的途徑，也能表示該事業的品質等級。楊教授於 1940 及 1950 年代在美國觀察，認為：凡是具有規模，基礎穩固，有正常發展的企業，都會合情、合理、重視人品的領袖選拔制度。優秀的領袖常把員工間的倫理、道德、同情等與其工作能力及技術訓練視為同等重要。並以前三項為先，以為先有了這些，員工自會努力去增進自己的工作效率，改善自己的技術訓練。

　　由於工商業領袖的培育，是現代社會發展與經濟成長的「盛久之理」。成為工商業領袖的原因，楊教授認為：

　　1. 奮鬥的意志與能力。

　　2. 己立立人的精神和行為。

　　3. 合於道德的個人生活。（同上註：116-124）

　　這樣的工商業領袖，對一個地方的民治主義興衰與社區發展有極大關係。他們當了領袖之後，需有六項修養，才能做好他們的工作：

　　1. 要尊重在上者的領袖地位。

　　2. 要有為事業的進取心，不是為金錢或名位。

　　3. 善於向屬員說明各項工作或計畫的意旨與目標。

　　4. 善於並樂於將事權和責任分配交託給屬員。

　　5. 要長於組織。

　　6. 要善於和在上者及在下者同處。（同上註：131-134）

因此，把商人看成只知「孳孳為利」不受道德宗教觀念約束，是站不住的。工商業領袖在賺錢外，還有其他意義，並且商人的位置在上層文化與通俗文化接榫之處，可看出他們究竟怎樣巧妙運用傳統文化因素，來發展「賈道」，如何將傳統推陳出新。（余英時，76年1月：161-163）

(三) 經濟發展的非經濟性問題

今日談國家建設，一般人都一窩蜂從經濟方面想，離不開發展工商業、促進農業、增加國貿。如此財富增加，國民生活提高，國力雄厚，這就是國家建設。其實，國家建設不論在何時代，決不會只是經濟性，也不會經濟事項重於一切其它事項。一定有甚多非經濟事項，如屬人心的、社會的、倫理的、政治與法律的、價值觀念的等等。

具體言之，實行土地改革，其重要意義決不只是改良農業、增加農產。也確是要解決一項最嚴重的社會不公道，不合正義，即少數地主剝削大多數佃農的租佃制度。消除不公道，使佃農或為自主、自重，又得別人尊重的農民，農業才會有普遍的、持久的進步，農業經濟才有利益普沾的提高。

楊教授力倡家庭單位的自主農業經營，不贊成集體農場或大規模公司經營，並非不知現階段（家庭農場）規模過小，不易實施機械化與企業化，而是堅信集體農場或大規模公司經營，會使我們回轉到具有社會不公平、不合正義的農業，其弊害會更甚於舊日的地主佃農制度。農業上須有社會公平與社會正義，工商企業及一切經濟事業上都同樣需要。

本書第六篇「經濟發展的非經濟性問題」，係楊教授讀「思與

言」雜誌社「社會及人文科學家在國家建設中所能扮演的角色」座談會紀錄後，所提出的意見。（楊懋春，65 年 10 月：135-154）其中，也回應當時李國鼎部長和李登輝政務委員有關農業經濟和社會的看法。

㈣ 均富社會的實現

《致富有道》書中，第七篇「鄉村青年的職業技術訓練」（同上註：155-193），第八篇「土地改革後的農業與農業經濟」（同上註：195-226），第九篇「加速農業與農業經濟發展」（同上註：227-250），以及第十篇「台灣鄉村經濟的整個情形」（同上註：251-267）。

這四篇可算是探討如何實現均富社會的例證，經由鄉村青年的職訓，使獲得就業或創業能力，使青年貢獻於社會，造就公平合理的社會；土地改革以後，建構公道正義的社會，使大多數農民的生活充滿希望；在加速農業與農業經濟發展方面，則希望農民、政府和商人，共同建構一個合作的現代化產銷制度；論及台灣鄉村社會的整個變遷，則期待鄉村人民和鄉村出外人，共同致力於鄉村的現代化。

1.鄉村青年的職業技術訓練

要發展大規模、成熟的資本主義經濟，特別是大規模的工商企業，在眾多條件或因素中，具優良素質的員工是最重要者。員工的優良素質分二方面：一方面是精熟的技術訓練，另一方面是深澈的職業倫理訓練。（同上註：12-14）

技術訓練是生產效率高、產物品質高、生產成本低的保障。非常重要。但如缺乏職業倫理訓練，技術會被輕忽或不得盡其用。

　　何謂職業倫理？一是對所操職業的忠實及僱主的忠實。不存欺騙之心，時常警惕不發生無心的疏忽。二是對消費者，即對將購物者負責，保證不「偷工減料」，以「顧客滿意」為目標，不以賺錢為目標。這句話最合乎事實，如貨品能使顧客滿意，還怕沒有市場？有了廣大市場，再採「薄利多銷」政策，如何能不發大財？那些以賺錢為先，以顧客利益為後者，在今日的國貿上一定會失敗。

　　付高額或合理薪資及待遇，才能僱到或聘到素質優良的員工。更重要者，資本家或企業主對待其員工，不要只在屬金錢或物質的待遇上用心思，更要在人道上建立起彼此間的關係。要把員工視為同儕或夥伴，互相尊重、關懷、利害與共。必須這樣，員工才會因受其感召而盡用其精深技術，實踐其職業倫理。

　　今日工商業高速發展，企業家面對一個嚴重問題，就是缺乏有技術與職業倫理的員工。大多企業主不覺悟素質優良員工之重要。只要：⑴低工資，有利可圖即可，貨品、服務之優良否，也不管，全在會不會用技巧欺騙蒙混。能一次賺一筆，下次如何不管它。⑵又不願花錢訓練員工，招募勞工榨取勞力。⑶青年受教育，志在高等教育，在不能升學必須離開教育後，才不得已去做工商業員工。這樣員工既無技術訓練，也無職業倫理。⑷職技訓練辦得不良，中上級家庭子女及自覺「有出息」青年甚少進入。那些不得已進入者，在社會關係中有自卑感，學習興趣低落。學生不振作，影響教員的精神。職校建教合作，如學校為學店，與中小企業互相利用，剝削青年。學店不增教學師資、設備，公司行號只讓學生做工而不學習，也不付工資。

2.土地改革後的農業與農業經濟

以往，在農民的心目中及其實際行為中，農業是生活，不是謀生的手段。可稱為「生活農業」，也有人稱「維生農業」。近年來已加速度的商業化，商業化的農業就變成謀生的手段或職業。以現金來維持生活，於是農業成了企業，必須以企業方式、原理、精神與條件去經營，才能得到維持生活的資財。因此，農民心理必須改變，要有企業家的心理。農訓也必須改變，要有企業家的計畫、管理、營運能力或訓練。（同上註：14-18）

是否該將新的農業經營變成公司或集體農場式？答案為否。我相信應該是家庭式的經營。以前的農業生活，有其重要的人生優點。以往優點中，也有不與企業精神及原理相違左者。但這些只能在家庭單位的經營中保持。一旦變為公司或集體農場，農民就喪失這些優點，其能享受者是管理農民（農工）的企業主與高級職員。楊教授曾在菲律賓南部參觀一大規模美國資本的鳳梨公司，證明此說。

國內外農產品市場常有變化，今日農民不只要習慣於改變，也要追求這種改變。農業興衰不能以種植或不種植某作物（水稻）為標準。

今日有百分之六十農家都有非農業的兼業，兼業收入等於或超過農業收入，農場過小，近工商業地區或人口較多農家，紛紛尋求兼業，改良家庭生活。農業在農家的地位相對降低了。很多兼業農對土地的耕種不像以往那樣盡心盡力了。引述一九七二全省農家記帳資料，兼農業戶平均年收入少於專業農戶。

主張盡量提倡專業農，農場大者當專業，農場小的可改變企業種類。（如為生活計也需兼業）注意產品品質與國內外市場供求，多會

有利可圖。農產經營要求農夫忠心。

　　土地改革其重要不在立即有經濟上的顯著利益，而在建立社會
公道與正義。也使絕大多數從事農業的人有了希望，有了值得努力
的前途。要解決農場過小問題，可先推行共同經營制度。待工商業
更發展，大量人口脫離農業，進入工商業，政府再以合理辦法協助
願意專心並永久經營農業者購買土地，擴大農場。但必須是以家庭
為單位的自耕農。同時也必須促成全部機械化，使單位農夫的產量
大幅提高。如此可以極少數農夫經營大量土地，生產全民足用的農
產品。

3.加速農業與農業經濟發展

　　自商業化與企業化後，……把生產與運銷兩階段合起來看，現
代化農業經營所需條件或所何因素，較前增加甚多。生產階段舊有
的條件有必須改變素質與性能，才能發生效力，達到目標。在現代
化農業中，所謂好農夫，於體力外還必須有足用的農業科學知識，
能作經營計畫。能使用最現代化而有效的耕種技術，使一個人能生
產十個人所需的糧食。產品收穫後，能做最有利的運銷，有寬大胸
懷，不只注意自己的利益，也願意盡力使其他農夫獲得相同利益。
不只注意農夫利益也注意農產品消費者的利益，特別是他們的健康
利益。運用動力耕耘機、動力運輸卡車，別的條件都要改良性的現
代化。（同上註：19-21）

　　為加速農業與農業經濟的發展，政府力量要成為重要因素。農
業種苗、農藥、農機、農貸、農業科學研究、各級農業人才訓練、
農業推廣教育工作等，由政府負責推動。農推教育必須成為國家的
一種制度，由政府負責，在全體農民中，為全體農民推行。目前由

農會負責，已有嚴重弊端，認為農推教育不會賺錢，只會花錢。改良農民的主要方法是農推教育。政府必須負起責任，加強這項教育。

有關各方即農民、政府及農產品商人，必須誠心合作，以建立現代化農產運銷制度。這個制度包括以下各項：⑴合理的農產運銷，即農民、運銷工作者、消費者，各獲合理利益與物品。⑵從農產到加工場的契約運銷，與超級市場的契約運銷，必須提倡，由政府協助使兩方公平交易。⑶運銷過程中，有甚多勞務，必須銜接順利進行。⑷建立市場情報網，需有高度效能。

4. 台灣鄉村經濟的整個變遷

鄉村經濟與農業經濟不是一件事。以往鄉村中的經濟幾乎就是農業經濟。今日鄉村中有甚多經濟行為與農業無任何關係。非農業活動或收入，日見加多，其重要性增加。今日鄉村家庭經濟收入的來源，有下列各種：⑴農作物的生產。⑵以前稱為輔業，現升格為主業，如養豬、雞、鴨、魚、乳牛或肉牛等，果園、林木等。⑶農產勞動力報酬，家工計值或為別家傭工。⑷非農業工作所得。

光復後，鄉民生活程度變化，也注意今日鄉村人民對其生活程度仍不滿意及其不滿意的原因或意義。光復迄今將近三十年期間內，三度改變。（同上註：21-25）

⑴頭十年，普遍少衣缺食，變成衣食無缺。

⑵農業進步，糧食增加。家人都有向前看，追求光明前途的精神。這種精神使他們在求進步上有極高度的努力。極高度的努力產生了輝煌結果，表現出農業高度進步，鄉村經濟繁榮。生活水準程度提高，衣食住行等均改善。

(3)社會、文化、娛樂、宗教及有舒適意義的享受上。有興趣有能力舉辦社會活動，很多家庭也購置娛樂設備，如收音機、電唱機和電視機，以及電器化家用品，如電鍋、電爐、煤氣爐、電熨斗、縫衣機、電冰箱等。出門腳踏車改為摩托車，遠地乘客運汽車或火車。

現在鄉民滿意第三度提高的生活程度嗎？不滿意，而且諸多抱怨。抱怨不能像城市人或工商業人所有的現金收入，所住的高樓大廈，所穿的整潔衣衫，所坐的漂亮辦公室，所見的光彩晚景。他們抱怨為何他們必須在泥沼中做工作，必須受日曬雨淋之苦。青年鄉村人受城市五光十色的引誘，以為住在鄉村的人，以農為業的人，總是受人賤視，處處吃虧，生活上差人一等或數等。於是盲目的抱怨。

據農推人員、農業信用部的人說：80% 的農家都負債。多係籌措婚家費用，為在拜拜中增面子，為修理或建造房子，為購置電化用具或音響用具等。也有為供子女出外受教育。如借太多，又無縝密可靠的還債計畫，將會拖垮經濟，農民非省察自己的慎重不可，不該一味抱怨。

鄉民如能在他們現有的社會及物質基礎上，作群策群力的改善或發展，一定可以使他們生活的內容與生活環境具備城市中的優點，而沒有其劣點。此說，在於追求鄉村與都市生活機會均等。今日台灣的鄉村，除了少數極偏僻的角落，都有了建立現代文明的三個要素，即電力、自來水及全天候道路。由鄉村出來，在外邊有了良好職業或事業的人，應該與他們原來的鄉村保持聯繫，時常回去鄉村盡些力量。則鄉村的現代化與繁榮化，更會提早實現。這種說

法，正是今日社區總體營造工作者所說：新故鄉運動的精神。

四、結論——走向新人文主義的民主化資本主義

在社會科學的研究者中，如果有一些人屬於憂鬱的科學家（melancholy scientist），那麼楊懋春教授無疑的屬於滿懷希望的科學家（hopeful scientist）。正如他的新人文主義的社會學那樣，相信人有能力，也應該盡其能力，指導萬物的演化，使演化向著一個盡善、盡美的目標。人已經受了造物者的邀請或信託，要他參與「天地化育」。（蔡明哲，1993 年 8 月：36-47）他堅信基督教建立天國於地上的信仰，而滿懷希望，也引領別人充滿希望，來看這個社會和世界。為了懷念他的教導，謹以此文紀念先師楊懋春教授百歲冥誕。

在楊教授的論述方法中，往往將自己的經驗和學問，針對討論的問題，作深入的、系統的，既科學的、又富人情味的詮釋，期望現代社會科學要有新人文主義的意涵，並且相信教育的重要職責是為人培養同情心；透過科學、技術和做人的道理兼有並重的教育，使人真實而自然的生活於天地之間，也使人完整而充實的不虛此生。

總之，教育的目標在於建立人對所生存的世界和人類的關懷，並使人有能力來改善這個世界和人類的社會；也就是因為人有主動性和能動性，必定有辦法建立一個新人文主義的世界。

楊教授認為：人的天性不能以人力在短期間內改變，但可以用人力去影響或引導它們的發展。在合宜的影響與引導，那些像是危險的天性就會有利無弊。所以要糾正資本主義的錯誤，用不著改造人性，或廢除資本主義，只須用教育、社會影響、民治主義的立

法，以及宗教勸勉，去引導人性。最重要之點是，不抹煞人性，也不要去改造它，只要引導它，使有充分的、合理的發展（楊懋春，65年10月：71）。

　　人性中如同情心、群居性、合作性、創造性、研究性、正義感、敬畏心，也都是天性。自利、自有、自顯等天性特別顯著的人，就容易成為資本主義社會裏的卓越企業家。同情心、正義感、敬畏心等特別顯著的人，就成為墨翟、耶穌、甘地一類的寧願為人類福利而犧牲自己的博愛者。大多數人自然是各種天性都具備，沒有那一種特別顯著或特別隱蔽（同上註：71）。

　　社會的責任，或說教育的目標，是要對第一類人加以節制，使不流於自私、苛刻、損人利己，但他仍然可以為成功的企業家，有自己的利益，也有別人的利益。對於第二種人，應敬仰為模範，但不強迫每個人成為聖賢。對於第三種人，即一般人，社會應幫助他們，使各種天性都得到發展，彼此間有均衡的互相聯結的發展（同上註：72）。如同楊教授在「資本主義的再評價」中所說的，這就是民主化的資本主義。

　　民主化的資本主義，即成熟的、開放的資本主義。要想從黑暗的資本主義走出來，其關鍵是：倫理和均富。二十一世紀人類的世界問題，最重要的不再是知識經濟的問題，而是困擾著人類的各種世界社會問題，如人口、糧食、戰爭、脫序、犯罪等人類共同生存和發展的問題。

　　Peter F. Drucker（劉真如譯，Drucker 著，2002 年 11 月：123-125）說：面對下一個社會，需把變革納入管理。未來所重視的不是新經濟，而是新社會問題。所以，社會事業和經濟企業一樣重要，說不定還

要更重要些。除了商業企業家之外，還需要社會企業家的改變社會的能力，非營利機構的大量成立，即此種需求的例證。面對未來，企業和非營利組織需要創新和企業精神，而最需要創新和企業精神的領域，則是政府部門。Drucker 對資本主義把經濟偶像化，把經濟當成目的，認為是不正確的。他認為：身為人類的意義，以及被當成人來看的整個層次，沒有被包含在資本主義的經濟理念中，這麼短視的制度主宰人生的其他層面，對任何社會都不好。顯然，資本主義自由市場運作得不太好，但其他的制度根本行不通（同上註：162）。而後資本主義（post-capitalism）屬於歷史上的全新現象，資本家不再重要，發展成一種大眾資本主義，或沒有資本家的資本主義（同上註：166）。

　　有關民主化資本主義社會體制的永續存活機制，楊教授雖指出係倫理和均富。但是，尚可將資本主義存活的機制，大概可分為兩種相容的運作邏輯，包括差別的邏輯（logic of difference）和整合的邏輯（logic of integration）。差別邏輯，即依照市場概念（concept of market），將個人對社會貢獻大小，予以區分為不同的報酬系統，給予不平等的待遇。但不平等待遇貧富不均的結果，會傷害到資本主義的運轉，需要進一步將分化出來的各階級或階層，適度地整合到資本主義的體制之中。如此，資本主義必須出現福利的概念（concept of welfare），將弱勢的不利階級或階層整合為一體，使資本主義社會體制永續存活不致崩潰。或許，楊懋春教授所說成熟的、開明的民主化資本主義，是指差別邏輯和整合邏輯相容的資本主義。而 Drucker 所說資本主義運作得不太好，就是指差別邏輯未能與整合邏輯兩者相容的問題。

民主化的資本主義，將從重視知識經濟到重視倫理經濟，而社會資本和文化資本的發展，勢必更為興盛而且持久。Amartya Sen 指出：誤用自利行為的假設，對經濟分析品質造成傷害。而當代經濟理論的一個重要缺陷是源自經濟學和倫理學之間的嚴重差距。既然人類實際行為受到倫理上的考量所影響，而引導人類的理性行為又是倫理學的中心觀點，那麼必須承認對福利經濟面向的考量，一定會對實際行為造成某些影響（劉楚俊譯，Sen 著，2000 年 4 月：前言，11，83-84，92-93）。

Michael Novak 視企業為一種天職，提出建立成功企業所需的內在企業責任和外加責任，認為先重視企業的內在美德，然後進而肩負宗教、道德、人文主義、人權等社會責任（莫非譯，Novak 著，1998 年 2 月：182，188-197）。

另外，楊教授比較樂觀地期待青年和兒童的教育，他認為「富不過三代」，主要是因為家庭教育不佳的緣故。他的論述，屬於一種教育的、光明的利益論，希望培養社會的下一代和這一代的企業家和勞動者，均能靠本事賺錢，而不靠剝削他人謀利。除了家庭教育之外，產業經營能否適應環境的變遷，或許也是財富能否永續經營的重要因素。適度的教育和適當的社會干預，能夠引導人的天性向著真善美前進，這樣或許真能導進經濟成長和社會發展的方向。

倘若我們仔細推敲、評閱楊懋春教授新人文主義的經濟倫理和社會均富的論述，或許會啟發我們思考更多值得研究的方向。因為我們深知：沒有一個人或社會只想「盛極一時」，隨後一敗塗地，人和社會都想要追求「盛久之理」，讓人和社會永遠健全發展。因而需要更進一步思考經濟倫理和社會均富的問題——亦即人類社會

公平、世代正義和永續發展的關鍵議題。

參考文獻

于曉、陳維剛譯，Max Weber 著，1987 年 12 月《新教倫理與資本主義精神》，北京：三聯書店。

余英時，1987 年 1 月《中國近世宗教倫理與商人精神》，台北：聯經出版公司。

莫非譯，Michael Novak 著，1998 年 2 月《創造財富的美德》（*Business As A Calling*），台北：圓智文化公司。

陶飛亞，2005 年 1 月，《邊緣的歷史：基督教與近代中國》，上海：上海古籍出版社。

黃紹倫編，1991 年 7 月《中國宗教倫理與現代化》，香港：商務印書館。

楊懋春，1976 年 10 月《致富有道──建立均富社會的途徑》，台北：天視出版公司。

劉真如譯，Peter F. Drucker 著，2002 年 11 月《下一個社會》（*Managing in the Next Society: Beyond the Information Revolution*），台北：商周出版。

劉楚俊譯，Amartya Sen 著，2000 年 4 月《倫理與經濟》（*On Ethics and Economics*），台北：聯經出版公司。

蔡明哲，1993 年 8 月《楊懋春教授的鄉村社會學思想──新人文主義的觀點》，台北：財團法人楊懋春貞德紀念基金會。

Tom Bottomore, 1985, *Theories of Modern Capitalism*, London: George Allen & Unwin.

附錄：楊懋春教授（1903-1988）學術生涯年表

資料來源：蔡明哲，1993 年 8 月：175-176。

階段界劃	學術生涯	主要著作
一、學習成長期	1903年4月16日 生於山東省膠縣東南鄉台頭村 1929年6月 濟南齊魯大學社會學系畢業 1931年6月 北京燕京大學研究院修完碩士課程（主修鄉村社會學）	
二、大陸服務期	1931年 青島市文德女中及市立女中教員 1932年秋 即墨信義中學校長 1937年秋 齊魯大學鄉村社會學講師 鄉村社會服務實驗所副主任	
三、美國留學期	㈠1939年底至1942年9月 威丁堡與康奈爾大學苦讀期 1941年6月康奈爾大學碩士 1942年9月康奈爾大學博士 ㈡1942年至1944年 哥倫比亞大學著書期 ㈢1944年6月至1945年12月 美國農部農推教育訓練班時期	1939-1945 留學日記 《海外家國戀》（上、中、下），道聲出版社，1982 1945.9 *A Chinese Village*, N.Y.: Columbia univ. Press.
四、大陸服務期	1946年至1947年 國民政府農林部工作	

　　　　　　　1948年至1949年
　　　　　　　齊魯大學歷史社會學系教授
　　　　　　　兼系主任
　　　　　　　齊魯大學文學院院長
五、美國服務期　1949年至1958年
　　　　　　　美國康奈爾大學、斯丹福大
　　　　　　　學
　　　　　　　哈德福宗教學院，密西根州
　　　　　　　立大學
　　　　　　　客座教授，華盛頓州大學研
　　　　　　　究教授
六、台灣服務期　㈠1958年至1973年　　　1963　《鄉村社會學與農業發展》
　　　　　　　　　　　　　　　　　　，農業推廣叢書。

　　　　　　　創立台大農推系（1960）
　　　　　　　台大農業推廣學系教授兼系　1963.5　《勉齋文集》（六十歲前論
　　　　　　　主任、所主任　　　　　　文集）。
　　　　　　　中國社會學社理事長　　　　1963　《農場與家庭經營計畫實施
　　　　　　　　　　　　　　　　　　一年後之考評》，台大農推系。
　　　　　　　　　　　　　　　　　　1968.4　《農業技術改變對鄉村社會
　　　　　　　　　　　　　　　　　　的影響》，商務人人文庫。
　　　　　　　　　　　　　　　　　　1969　*Chinese Social Structure A
　　　　　　　　　　　　　　　　　　Historical Study*, Taipei: Eurasia
　　　　　　　　　　　　　　　　　　Book Co..
　　　　　　　　　　　　　　　　　　1970.9　《鄉村社會學》，正中。
　　　　　　　　　　　　　　　　　　1970.10《台灣土地改革對鄉村社會
　　　　　　　　　　　　　　　　　　制度影響之研究》，台大農推系。
　　　　　　　　　　　　　　　　　　1970　*Socio-Economic Results of
　　　　　　　　　　　　　　　　　　Land Reform in Taiwan*, Honolulu:
　　　　　　　　　　　　　　　　　　East-West Center Press.
　　　　　　　　　　　　　　　　　　1971.12《今日台灣鄉村生活的透視
　　　　　　　　　　　　　　　　　　》，台大農推系。
　　　　　　　　　　　　　　　　　　1972.5　《社會化與生活規範》，商
　　　　　　　　　　　　　　　　　　務人人文庫。

(二)1973年至1979年

1973　《中國近百年來社會制度的變遷》，國科會。

創立東吳大學社會學系
（1973）

1973.7　《農業興衰的社會因素》，台大農推系。

東吳大學社會學系教授兼系主任

1974.5　《我們的社會》，中華。

1974.7　《鄉村青年就學期間接受充足職業技術訓練的辦法》，台大農推系。

1974　《清末民初中國新知識階級的形成》，中研院民族所集刊第38集。

1974　《史學新論》，華欣。

1974.12《學苑拾翠》，華欣。（七十歲前論文集）

1976.5　*The Development of Sociology in Taiwan*，中國社會學刊第三期。

1976.10《致富有道》，天視。

1977　*A Study on the Chinese Way of decision Making*，東吳政治社會學報，第一期。

(三)1979至1988

1979.8　《社會學》，商務。

東吳大學專任教授

1979.8　《好家庭父慈子孝》，環球書社。

東吳大學研究教授，台大兼任教授

1980.12《近代中國農村社會之演變》，巨流。

1981.5　《中國家庭與倫理》，中央文物供應社。

1981.8　《當代社會學說》，黎明。

1981.12《中外文化與親屬關係》，中央文物供應社。

1983.10《人文區位學》，五南。

1986.5　《中國社會思想史》,幼獅。

1986.12《齊魯大學校史》，台北，
山東文獻出版社。

1989.6　《儒家社會思想體系的建立
》，中研院第二屆漢學會議論文集
，pp.9-37。

1989.11《新勉齋文集》，上、下輯
，茂昌。

郭沫若與王國維：
建構史學實踐的「論述社群」[*]

潘光哲

中央研究院近代史研究所助研究員

在二十世紀中國的歷史舞台上，郭沫若（1892-1978）與王國維（1877-1927）都是廣受矚目的知識人。兩人學術成就各有擅長，立身處世之道則大相逕庭，政治思惟所嚮亦有天淵之別，他們的生命道路，都留給後世無限的反思空間。身為後死者的郭沫若，並有探析王國維生平與思想的專文❶，亦可為對認識、理解王國維其人之

---

[*] 本文初稿原題：〈郭沫若與王國維〉，發表於台北：東吳大學（主辦），「二十世紀中葉人文社會學術研討會」（2003 年 5 月 16 日），發表時得到劉龍心教授之指教，謹此特致謝忱；復承台北中央研究院歷史語言研究所所長王汎森教授同意引用該所珍藏之《傅斯年檔案》，亦謹此同申謝悃。文責自由作者本人承擔。

❶ 郭沫若對王國維生平與思想的看法主要見於〈魯迅與王國維（1946 年 9 月 14 日）〉一文（收入：郭沫若，《歷史人物》〔上海：海燕書店，1948〕，頁 169）；至於在他的回憶錄文字裡亦曾涉及王國維，如〈我是中國人〉（收入：郭沫若，《革命春秋》〔香港：三聯書店香港分店，1978〕），不詳述。

生命意義添一說❷。本文不擬全面探討郭沫若對於王國維生平與思想的整體認知與述說❸，僅就郭沫若以馬克思主義論式釋論中國歷史的成果，如何既承續了王國維的學術業績而開展❹，又與時代學風相呼應，進行比較細緻的分析，進而對中國現代史學實踐的「論述社群」（Community of Discourse）❺的建構歷程，開展初步的探索，應可為中國現代史學發展的多重脈絡，提供另一側面的觀察角度。

一

郭沫若的《中國古代社會研究》（以下簡稱《社會研究》）❻問世

---

❷ 即如羅繼祖纂輯各家探討王國維自沉因緣之作，匯為一編，即將郭沫若之論述列為「逼債說」之一，見：羅繼祖（主編），《王國維之死》（台北：祺齡出版社，1995），頁 121-124。

❸ 類似主題的探討，參見：桂遵義、周朝民，〈王國維與郭沫若〉，收入：吳澤（主編），袁英光（選編），《王國維學術論集（二）》（上海：華東師範大學出版社，1987），頁 237-258、蕭艾，〈郭沫若與王國維〉，收入：氏著，《一代大師──王國維研究論叢》（長沙：湖南人民出版社，1988），頁 156-169。

❹ 類似主題的探討，參見：周朝民，〈王國維與郭沫若在古史研究上之關係〉，《中國文化月刊》期 180（台中：東海大學中國文化月刊雜誌社，1994 年 10 月），頁 103-120。

❺ 關於「論述社群」一辭，參照：Robert Wuthnow, *Communities of Discourse: Ideology and Social Structure in the Reformation, the Enlightenment, and European Socialism* (Cambridge, MA: Harvard University Press, 1989)。

❻ 郭沫若《中國古代社會研究》迭有改版，觀點與字辭有重大的修改，基本上分為三種系統：

於 1930 年，就此崛起於史壇，是書亦堪稱中國馬克思主義史學開山闢路的經典之作。他自詡《社會研究》是恩格斯《家庭、私有制和國家的起源》（*The Origin of the Family, Private Property and the State*）的續篇，並由于恩格斯此書依據美國人類學家摩爾根（L. H. Morgan, 1818-1881）的《古代社會》（*Ancient Society*）及馬克思閱讀摩爾根此書的摘要撰述而成，因此，他在祖述馬、恩之外，也把摩爾根看成是研究方法上的前導❼，從而宣稱，要依馬克思主義的基本論式與摩

(1) 1930 年版	上海：聯合書店，1930 年 3 月 20 日初版；同年 4 月 20 日 2 版（本版添補了 6 篇「再版書後」文章，與以後各版改列為「追論及補遺」同，為本版定本）；上海新新書店（1930 年 5 月 20 日 3 版）及上海中亞書局版（出版年及版次不詳），悉依上海聯合書店 2 版排印。
(2) 1947 年版	上海：群益出版社，1947 年 4 月。
(3) 1964 年版	北京：科學出版社，1964 年 10 月新 2 版；又收入：《郭沫若全集・歷史編》，卷 1，北京：人民出版社，1982（以下簡稱《全集・歷史編》）。

1930 年版部分，筆者所見為：①上海聯合書店 1930 年 4 月 20 日 2 版、②上海新新書店 1930 年 5 月 20 日 3 版。以下引用，悉據上海新新書店 1930 年 5 月 20 日 3 版；並與 1947 年版及《全集・歷史編》對照；凡文字有重要修改者，將一一註出。又，《社會研究》全書非一時之作，部分內容早曾發表，如列為全書第 2 篇的〈詩書時代的社會變革與其思想上的反映〉一文，初發表時，以杜衎為筆名，文刊：《東方雜誌》，26 卷 8、9、11、12 號（1929 年 4 月 25 日、5 月 10 日、6 月 10 日、25 日；收入《社會研究》時改易篇名為：〈詩書時代社會的變革與其思想上之反映〉，1947 年版改易篇名為：〈詩書時代的社會變革與其思想上之反映〉，以後各版同 1947 年版）。以下引用本文，逕引自《社會研究》。

❼ 參見：潘光哲，〈摩爾根、馬克思、恩格斯與郭沫若——中國馬克思主義史學理論淵源的討論〉，收入：李永熾教授六秩華誕祝壽論文集編輯委員會

爾根在理論上的前導「寫滿這半部世界文化史上的白紙〔頁〕」
❽。

　　整體而觀,當馬克思主義思潮約略於 1910 年代中期的「五
四」時代裡以做為「新思潮」之一的面貌❾,進入了當時知識分子
的思想世界之後,非僅侷限於做為改造現實政治生活的思想武器,
亦儼然成為他們解釋歷史的「概念工具」之一❿。國民黨人胡漢民
(1879-1936)與戴季陶(1891-1949),就是最早表現出這一傾向的知
識人。胡漢民在至「五四」時期受命擔任《建設》雜誌總編輯,因
勢趁便,發表了諸如〈中國哲學史之惟物的研究〉等等論著,都呈
現出以「經濟關係是一切關係的基礎」的基本觀點,顯然是循馬克
思主義的論式為依皈的⓫。戴季陶的〈從經濟上觀察中國之亂源〉

（編）,《東亞近代思想與社會:李永熾教授六秩華誕祝壽論文集》（台
　　北:月旦出版社,1999）,頁 363-409。

❽　郭沫若,《社會研究》,〈序〉,頁 5(1947 年版〈自序〉,頁 5,《全
　　集·歷史編》,卷 1,頁 9)。

❾　用胡適在 1919 年底的觀察來說,馬克思主義即被視為當時各種「雜誌報紙所
　　介紹的種種西洋新學說」之一,見:胡適,〈新思潮的意義(1919 年 11 月 1
　　日)〉,原刊:《新青年》,7 卷 1 號(1919 年 12 月 1 日),收入:張忠
　　棟、李永熾、林正弘(主編),劉季倫、薛化元、潘光哲(編輯),《現代
　　中國自由主義資料選編──⑥社會改革的思潮》（台北:唐山出版社,
　　2001）,頁 52。

❿　即如王汎森指出,自晚清以降,「國家」、「國民」、「群」、「社會」等
　　新觀念在思想界裡逐步形成與衍化,並成為近代新史學思想的建構過程裡最
　　為關鍵的「概念工具」,見:王汎森,〈晚清的政治概念與"新史學"〉,
　　收入:氏著,《中國近代思想與學術的系譜》（石家莊:河北教育出版社,
　　2001）,頁 165-196。

⓫　呂芳上,《革命之再起:中國國民黨改組前對新思潮的回應(1914-1924)》

（文刊：《建設》第 1 卷第 2 期，1919 年 9 月）與〈經濟的倫理觀〉（文刊：《南洋》第 13 期，1919 年 12 月 19 日）也都是從唯物史觀來解釋、分析中國社會問題的論作❶。約略同一時期，李大釗（1889-1927）也稱頌「自有馬【克思】氏的唯物史觀，才把歷史學提到與自然科學同等的地位。此等功績，實為史學界開一新紀元」❸，並發表了諸如〈由經濟上解釋中國近代思想變動的原因〉、〈物質變動與道德變動〉等論著❹，與胡、戴之述說同調。然而，整體說來，他們的分析與論斷，帶有濃厚的折衷主義色彩❺。

與李大釗開始宏揚「我的馬克思主義觀」同時，馬克思主義理論傳統的各式各樣的著作，陸續譯成漢語面世，一時之間，蔚成潮流❻。做為郭沫若述說依據的恩格斯《家庭、私有制和國家的起

　（台北：中央研究院近代史研究所，1989），頁 290-296。

❶　馬時梓，〈五四運動前後之戴季陶與中山主義及馬克思主義〉，《中國現代史專題研究報告》第 1 輯，轉引自：呂芳上，《革命之再起》，頁 311。

❸　李大釗，〈馬克思的歷史哲學與理愷爾的歷史哲學〉，《李大釗文集》（北京：人民出版社，1984）下冊，頁 347。

❹　李大釗，〈由經濟上解釋中國近代思想變動的原因〉，《李大釗文集》下冊，頁 177-184、李大釗，〈物質變動與道德變動〉，《李大釗文集》下冊，頁 134-152。

❺　參見：Arif Dirlik, *Revolution and History: Origins of Marxist Historiography in China, 1919-1937* (Berkeley and L. A., CA: University of California Press, 1978), pp. 25-29。而 Dirlik 在此也批評李大釗也和胡漢民、戴季陶一樣，表現出折衷地處理馬克思主義的傾向，如他們都很少注意歷史上的階級問題，因而很難察覺以馬克思主義之範疇應用於中國史所涉及的種種問題，即是彼等之共同傾向。

❻　關於 1949 年以前馬克思主義傳統的著作陸續譯成漢語的情況，參看：于良華、徐素華，〈馬克思主義在中國傳播和發展大事志〉，《中國哲學年鑑，

源》，早在 1920 年 10 月時就開始與漢語世界的讀者見面，惲代英
（1895-1931）即嘗摘譯是書第 2 章關於家庭起源的部份，以〈英哲
爾士論家庭的起源〉為題，連載於《東方雜誌》⓱；在上海大學任
教，開授「社會進化史」課程的蔡和森（1895-1931），則以《家
庭、私有制和國家的起源》為教材，講稿整理後以《社會進化史》
⓲為名出版。1929 年 6 月，楊賢江（1895-1931）以李膺揚為筆名，
依據英譯本並參照日譯本，將《家庭、私有制和國家的起源》全書
譯成漢語出版，迴響熱烈，再版達 7 次之多⓳。合而視之，這些先
行者的成就，在於編寫了「中國馬克思主義史學 ABC」，而進一
步的綜合創作，當有待於來者。伴隨西潮而來的馬克思主義理論，
在中國史學領域裡的「理論旅行」（traveling theory）的過程⓴，以郭

1983》（北京：中國大百科全書出版社，1983），頁 469-497。

⓱　中共中央馬恩列斯著作編譯局馬恩室（編），《馬克思恩格斯著作在中國的
傳播》（北京：人民出版社，1983），頁 258。

⓲　蔡和森，《社會進化史》，收入：《蔡和森文集》（北京：人民出版社，
1980），頁 437-635；此書原由上海民智書局於 1924 年 8 月出版。關於此書
係其講稿的情況，參見：胡允恭，〈創辦上海大學和傳播馬克思主義──蔡
和森同志革命鬥爭的一件大事〉，原刊：《回憶蔡和森》，節錄收入：黃美
真（等編），《上海大學史料》（上海：復旦大學出版社，1984），頁 89-
90；此外，依據收入《上海大學史料》之「上海大學教職員一覽表」，蔡和
森係 1923 年秋至該校，任教學科為社會進化史（頁 53）；〈蔡和森同志生
平年表〉亦有相同的記載（《蔡和森文集》，頁 842）。

⓳　中共中央馬恩列斯著作編譯局馬恩室（編），《馬克思恩格斯著作在中國的
傳播》，頁 274-275。

⓴　這是借用 E. W. Said 的觀點，見：E. W. Said, "Traveling Theory", in: idem.,
The World, the Text, and the Critic (Cambridge, MA: Harvard University Press,
1983), pp. 226-247；本文已有漢譯：愛德華・W・賽義德（著），〈理論旅

沫若的《中國古代社會研究》做為它達到了一個初步駐足的終點。

可是，郭沫若以馬、恩與摩爾根的理論為開展史學研究，向文獻難徵、舊跡難建的上古——乃至遠古——階段的研究進軍，揮灑出一片歷史的想像空間，並不是對他們的理論的單純翻版，仍需要更精緻的營構與敘述。特別是，當郭沫若向史學領域奮勇爭前之際，也正是中國文史學界飽受「整理國故」和「古史辨」風浪吹襲的年代，以馬克思主義的基本論式立論，復佐以恩格斯及摩爾根在方法上的前導的他，即便以掌握「絕對真理」般而驕矜地夫子自道：

> 談「國故」的夫子們喲！你們除飽讀戴東原、王念孫、章學誠之外，也應該要知道有 Marx、Engels 的著書，沒有唯物辯證論的觀念，連「國故」都不好讓你輕談。❷¹

究其實際，他的問學方向，正不能不受到這波風浪的拂襲，要與箇中英雄爭勝負，從而竟開闢在談國故，辨古史之外的另一方天地的路子❷²。也就是說，郭沫若意欲前行的方向，和與當時文史學界的

行〉，收入：韓少波（等譯），《賽義德自選集》（北京：中國社會科學出版社，1999），頁 138-161。

❷¹ 郭沫若，《社會研究》，〈自序〉，頁 6；自 1947 年版起，「唯物辯證論」改為「辯證唯物論」（1947 年版〈自序〉，頁 6，《全集·歷史編》，卷 1，頁 9）。

❷² 即如逯耀東和余英時的觀察，郭沫若之轉治古史最重要的動機之一是要與胡適一爭短長，參見：逯耀東，〈郭沫若古史研究的心路歷程〉，收入：氏著，《史學危機的呼聲》（台北：聯經出版事業公司，1987），頁 149-170、逯耀東，〈郭沫若吻了胡適之後〉，收入：氏著，《胡適與當代史學家》

潮流，有著密切的關係，正如他的另一宣稱：

> 大抵在目前欲論中國的古學，欲清算中國的古代社會，我們
> 是不能不以羅、王二家之業績為其出發點了。❷

羅振玉（1866-1940）和王國維的成就，正是郭沫若前行路上的另一
道南針。

二

　　羅振玉和王國維在二十世紀上半葉中國學術史的成就與地位，
因著政治因素，在日後的歷史篇章裡，有明顯的落差；郭沫若本人
的評價，也隨時間序列的差異而顯現「崇王抑羅」的態勢。如他原
先稱頌羅振玉「甲骨自出土後，其蒐集保存傳播之功，羅氏當居第
一，而考釋之功亦賴羅氏」❷，羅「於甲骨彝器之學，其功實不可

（台北：東大圖書股份有限公司，1998），頁 141-158、余英時，〈莫道人間
總不知——談郭沫若的古史研究〉，原刊：《中國時報·人間副刊》，台
北：1992 年 10 月 21-23 日（後易篇名為：〈談郭沫若的古史研究〉，收入：
氏著，《歷史人物與文化危機》〔台北：東大圖書股份有限公司，1995〕，
頁 103-123）；陳以愛則認為，幾乎所有重要的學者都對胡適及其推動的「整
理國故」有或隱或顯的回應，見：陳以愛，〈胡適的「整理國故」在 20-30
年代學術界的反響〉，《近代中國史研究通訊》第 33 期（台北：中央研究
院，近代史研究所，2002 年 3 月），頁 132-135。

❷ 郭沫若，《社會研究》，〈序〉，頁 4（1947 年版〈自序〉，頁 4，《全
集·歷史編》，卷 1，頁 8）。

❷ 郭沫若，《社會研究》，頁 224（1947 年版，頁 35，《全集》歷史編，卷
1，頁 193）。

沒」❷，而後在回憶自己所受羅、王二氏之影響的文字裡，比較推崇王國維的成就，對羅振玉之學術及立身非僅頗有微辭，甚而指稱羅氏為「偽君子」、「真小人」或是「文化販子」❷，並嚴屬批判羅氏《殷虛書契考釋》係攘奪王國維的心血，王國維之死，係受羅振玉之相逼❷。類似的論說，亦見於傅斯年（1896-1950）的筆下❷。然而，除去國族意識形態的糾葛不論（不要忘記了羅振玉之投向滿洲國陣營而換得的「漢奸」罪名），就對後世學術的具體影響而言，羅振玉不能不讓王國維居其先列。

王國維自辛亥革命之後隨羅振玉東渡日本，至 1916 年始返中國而於上海廣倉學窘工作，著述閎富，也開始揚聲於士林❷；在

---

❷ 郭沫若，〈甲骨文辯證序〉，收入：王錦厚（等編），《郭沫若佚文集》（成都：四川大學出版社，1988），上冊，頁 269；按，此文作於 1936 年 5 月 22 日，1942 年 12 月發表於重慶《說文》月刊 2 卷 6、7 期合刊，題名為〈甲骨文辨證〉，原文是日文，由金祖同譯出。

❷ 郭沫若，〈魯迅與王國維〉，《歷史人物》，頁 169、郭沫若，《革命春秋》，頁 344-345。

❷ 關於王國維受羅振玉之逼壓而自殺這種的說法之辨析，與釋論王氏自殺源由所在的文獻很多，可看看：葉嘉瑩，《王國維及其文學批評》（台北：源流文化事業有限公司，1982〔翻印本〕），頁 56-121；羅繼祖纂輯的《王國維之死》，匯諸家之說為一編，尤便於後世考索。

❷ 詳見王汎森自傳斯年藏書裡輯錄所得的眉批，見：王汎森，〈王國維與傅斯年——以〈殷周制度論〉與〈夷夏東西說〉為主的討論〉，收入：《紀念王國維先生誕辰 120 周年學術論文集》（廣州：廣東教育出版社，1999），頁 29-30；羅繼祖纂輯的《王國維之死》，則從王德毅的《王靜安先生年譜》轉錄傅斯年的此一論說（《王國維之死》，頁 141）。

❷ 如早於 1917 年蔡元培即欲聘王國維赴北京大學任教，遭拒，見：袁英光、劉寅生，《王國維年譜長編（1877-1927）》（天津：天津人民出版社，

1920 年代初期裡，他已被視為「國學大家」，如魯迅（1881-1936）
在 1922 年聲言「要談國學，他才可以算一個研究國學的人物」
❸，他也名列於陳獨秀（1879-1942）提出的「國學大家」的名單裡
❸，儼然是眾所同崇共仰的學者。可是，王國維的學術作品在文化
市場上的流通情況，卻難說可以廣播於讀書界，他那些日後深受學
林矚目的著作，如〈殷先公先王考〉、〈殷周制度論〉等在出版問
世後，即使不是石沈大海，掀起的漣漪，恐怕也迅即化為烏有。像
是羅振玉「在日本編印的圖譜」，王國維「在廣倉學窘發表的篇
章」，因為「價錢的昂貴，傳布的寡少」，顧頡剛（1893-1980）要
至 1921 年春到北京大學研究所國學門擔任助教後，方始得到閱覽
的機會，從此眼界大廣，知識大開❸；一般有意於讀王國維著述的

1996），頁 226-227。

❸　魯迅，〈不懂的音譯〉，《魯迅全集》（北京：人民文學出版社，1981），
　　第 1 卷，頁 398。

❸　陳獨秀說：「當今所謂國學大家，胡適之所長是哲學史，章太炎所長是歷史
　　和文字音韻學，羅叔蘊〔即羅振玉〕所長是金石考古學，王靜庵所長是文
　　學，除這些學問以外，我們實在不太明白什麼是國學？」，見：陳獨秀，
　　〈寸鐵·國學〉，原刊：《前鋒》第 1 期（1923 年 7 月 1 日），收入：任建
　　樹（等編），《陳獨秀著作選》（上海：上海人民出版社，1993），第 2
　　卷，頁 516-517；這分「名單」，無疑反映了陳獨秀自己的學術認知所在。

❸　顧頡剛，〈自序〉，頁 50-51，《古史辨》，第 1 冊（北平：樸社，1926）；
　　至於顧頡剛具體參考王國維著述的論說之一，可見諸他在 1923 年 2 月 25 日
　　寫給錢玄同的信裡，他接受王國維〈樂詩考略〉視〈商頌〉為西周中葉宋人
　　所作的論斷，並推斷說「這時對於禹的觀念是一個神」（見：顧頡剛，〈與
　　錢玄同先生論古史書〉，《古史辨》，第 1 冊，頁 62）；按，王國維〈樂詩
　　考略〉撰成於 1916 年 4 月（見：陳鴻祥，《王國維年譜》〔濟南：齊魯書
　　社，1991〕，頁 175-176、袁英光、劉寅生，《王國維年譜長編（1877-

同好，在市面上也找不到他的書，只好直接向他索閱㉝。王國維的
《觀堂集林》於 1923 年 12 月出版後㉞，也難稱「洛陽紙貴」，為
了打通北京方面的銷路，他擬請徐森玉（1881-1971）和馬衡（1881-
1955）幫忙，「北京社會森玉最熟，士〔大？〕學則托叔平〔馬衡〕」
㉟；日本方面則藉送給內藤虎次郎（湖南，1866-1934）與狩野直喜

1927）》，頁 159-160），收入《廣倉學宭叢書》（見：儲皖峰，〈王靜安先
　　生全著述表〉，收入：《王觀堂先生全集》〔台北：文華出版公司，
　　1968〕，第 16 冊，總頁 7206）。

㉝　陳邦懷即是一例，如〈王國維致陳邦懷（1920 年 1 月 29 日）〉云：「拙撰
　　〈殷先公先王考〉并〈殷周制度論〉敝篋中亦無單本，哈園所印已訂入叢
　　書，如有單本當覓以奉寄」（《王國維全集・書信》〔北京：中華書局，
　　1984〕，頁 300-301），後又曰：「拙撰〈殷先公先王考〉及〈殷周制度
　　論〉，弟所得數本早已轉贈友人。昨日始從哈同花園售書處覓得載此文之
　　《學術叢編》三冊……今以寄上。問其價，每冊五角八折。……」（〈王國
　　維致陳邦懷（1920 年 3 月 12 日）〉，《王國維全集・書信》，頁 303）。

㉞　王國維本人於 1923 年 12 月 30 日才在北京收到《觀堂集林》，見：〈王國維
　　致蔣汝藻（1923 年 12 月 31 日）〉，《王國維全集・書信》，頁 375。
　　（按，蔣汝藻為著名藏書家，王國維曾幫蔣汝藻私家藏書編目，完成《密韵
　　樓藏書志》（又名《傳書堂藏善本書志》），蔣汝藻為王國維斥資刊行《觀
　　堂集林》，並任校勘之役，參見：姚淦銘，〈王國維與藏書家蔣汝藻交游考
　　論〉，《江南大學學報（人文社會科學版）》，2004 年 01 期，頁 44-48。）

㉟　〈王國維致蔣汝藻（1923 年 1 月 6 日）〉，《王國維全集・書信》，頁
　　379、〈王國維致蔣汝藻（1924 年 1 月 31 日）〉，《王國維全集・書信》，
　　頁 388；有趣的是，徐森玉列入贈書名單裡，而無馬衡（〈王國維致蔣汝藻
　　（1924 年 1 月 17 日）〉，《王國維全集・書信》，頁 380）；馬衡係自行購
　　置，買了《觀堂集林》二部，每部售價六元，「尊付之款尚餘三元，俟有便
　　奉還」（〈王國維致馬衡（1924 年 10 月 7 日）〉，《王國維全集・書
　　信》，頁 404）。

（1868-1947）之機會，「此二部可作廣告也」**㊱**。但是，請大學經售，「未到十部，北方疲銷如此，不知南方如何？現擬以一二十部由雪堂負責至津託銷……不知結果如何」**㊲**，售至 1924 年 9 月時，售書所得，「止得七十六元」**㊳**。可以說，《觀堂集林》並未激起讀書界的熱烈迴響。王國維當年在羅振玉創設之東文學社的老同學樊炳清（少泉，生卒年不詳）**㊴**，以抗父之筆名發表〈最近二十年間中國舊學之進步〉**㊵**，更嘗痛言，羅振玉、王國維等人的研究「世人鮮有知之者，而閱雜誌之少壯諸君則知之尤鮮」**㊶**。這樣看來，王國維固然享譽士林，真正讀過他的宏篇著述，汲取其研究成

㊱ 〈王國維致蔣汝藻（1924 年 1 月 22 日）〉，《王國維全集・書信》，頁 381、〈王國維致內藤虎次郎（1924 年 1 月 30 日）〉，《王國維全集・書信》，頁 385-386。

㊲ 〈王國維致蔣汝藻（1924 年 3 月 23 日）〉，《王國維全集・書信》，頁 392-393。

㊳ 〈王國維致蔣汝藻（1924 年 9 月 18 日）〉，《王國維全集・書信》，頁 404；如依馬衡購置《觀堂集林》費用每部售價六元計，則售出約僅 13 部。

㊴ 1898 年，王國維在《時務報》館工作之外，兼入羅振玉創設之東文學社，3 月 22 日開學，同學六人，樊炳清即其中之一，見：袁英光、劉寅生，《王國維年譜長編（1877-1927）》，頁 15-16；至於王國維與樊炳清的交誼大概，另可參見：羅繼祖，〈王國維與樊炳清〉，收入：氏著，《魯詩堂談往錄》（上海：上海書店出版社，2001），頁 290-292。

㊵ 金毓黻則懷疑抗父即是王國維本人，他引〈最近二十年間中國舊學之進步〉與王國維的〈最近二三十年中國新發見之學問〉相比對而立論，見：金毓黻，「1938 年 10 月 24 日日記」，《靜晤室日記》（瀋陽：遼瀋書社，1993），第 6 冊，頁 4240；不詳引。

㊶ 抗父，〈最近二十年間中國舊學之進步〉，《東方雜誌》，19 卷 3 號（1922 年 2 月 10 日）。

果以論學述史的讀者（特別是學界的後起之秀，「少壯諸君」），卻未必在多數，像留學異域的傅斯年要至 1927 年 8 月始於上海購藏王國維《觀堂集林》，讀後始「知國內以族類及地理分別之歷史的研究，已有〈鬼方獫狁考〉等之豐長發展者」❷，距離王國維這篇〈鬼方昆夷獫狁考〉的刊佈，已越一旬矣❸。他的獨特研究心得，總難免為學林所廣知，甚至於讓後繼者不免「重覆勞動」之苦❹。

　　相對的，顧頡剛與錢玄同（1887-1939）討論古史的文函一經刊

---

❷　傅斯年，〈〈新獲卜辭寫本後記〉跋〉，原刊：《國立中央研究院歷史語言研究所安陽發掘報告》第 2 期（1930），收入：《傅斯年全集》（台北：聯經出版公司，1980），第 3 冊，頁 262；按，所謂〈鬼方獫狁考〉即〈鬼方昆夷獫狁考〉，撰於 1915 年（見：陳鴻祥，《王國維年譜》，頁 162-163、袁英光、劉寅生，《王國維年譜長編（1877-1927）》，頁 129-130），收入《雪堂叢刻》（原名《國學叢刊》），見：儲皖峰，〈王靜安先生全著述表〉，收入：《王觀堂先生全集》，第 16 冊，總頁 7202-7203。

❸　目前所知，曾在著述裡徵引王國維此文為梁啟超，彼嘗謂「今人王國維著有〈鬼方昆夷獫狁考〉，在《雪堂叢刻》中，考證最精覈」，見：梁啟超，〈中國歷史上民族之研究〉，《國史研究六篇》，頁 20，《飲冰室專集》第 1 冊；本文引用的版本是：梁啟超，《飲冰室專集》（台北：台灣中華書局，1987〔台 3 版〕）。又，梁啟超是文為 1922 年在北京清華及高師兩校之演講，見：李國俊（編），《梁啟超著述繫年》（上海：復旦大學出版社，1986），頁 207-208。

❹　如金毓黻於 1938 年 5 月向章宗源借到《觀堂集林》，始知王國維有〈太史公行年考〉，而知彼已「考《史記》之命名，為《太史公記》之簡稱，又舉其證始見《三國·魏志·王肅傳》」，遂嘆道「此皆余近日所考得，而王氏先言之者」。見：金毓黻，「1938 年 5 月 16 日日記」，《靜晤室日記》，第 6 冊，頁 4154；按，王國維之〈太史公行年考〉，初名〈太史公繫年考略〉，1917 年 3 月 22 日寫定（陳鴻祥，《王國維年譜》，頁 189、袁英光、劉寅生，《王國維年譜長編（1877-1927）》，頁 196）。

登在《讀書雜誌》上，旋即引發了風波，「自從《讀書雜誌》發表了我和玄同先生兩篇文字之後，劉楚賢（掞藜）、胡董人二先生就來書痛駁」❹，論戰的火花，眾所矚目，曹聚仁（1900-1972）並搶先動手編出《古史討論集》出版❹，顧頡剛自己編定的《古史辨》第 1 冊則在 1926 年出版，一年內再版了 10 次❹，甚受歡迎。連 1920 年代中末期僻處江南一隅，任教於中學的錢穆（1895-1990），亦得讀之，而在《國學概論》講義❹裡稱說「若胡適之、顧頡剛、錢玄同諸家，雖建立未遑，而破棄陳說，駁擊舊傳，甚有見地」❹，將《古史辨》的聲名傳播給中學生❺。

及至王國維於 1925 年就任清華國學院導師一職，正式進入學術建制，開山授徒，情況便大有改觀。執教上庠之後，王國維栽植

---

❹　顧頡剛，〈自序〉，頁 55，《古史辨》，第 1 冊。

❹　顧潮，《歷劫終教志不灰——我的父親顧頡剛》（上海：華東師範大學出版社，1997），頁 93。

❹　顧潮，《歷劫終教志不灰——我的父親顧頡剛》，頁 96；又，顧潮，《顧頡剛年譜》（北京：中國社會科學出版社，1993），引據胡厚宣言，謂至 1937 年共印 19 版（頁 127）；又，《古史辨》第 2 冊在 1930 年 9 月出版，至 11 月，初版 1500 冊即售畢（顧潮，《顧頡剛年譜》，頁 188）。

❹　錢穆，《國學概論》（台北：台灣商務印書館，1968〔台 1 版〕【《人人文庫》本】）。按，據此書〈弁言〉，是書「於民國十五年夏開始編著……於十七年春續成。前七章講於無錫江蘇省立第三師範，後三章講於蘇州江蘇省立蘇州中學」，是以當代表錢穆於 1920 年代中末期之意見與觀察。

❹　錢穆，《國學概論》，頁 149-150。

❺　當然，錢穆亦曾述及羅振玉與王國維，但他係引用抗父〈最近二十年間中國舊學之進步〉一文而述之（錢穆，《國學概論》，頁 146-147），看不出他當時曾讀過羅、王著作的痕跡。

的新秀門生，日後遂乃遍於學術建制，屢屢宏揚師教㊱；他的研究心得和著作，既開始和現代出版機制掛鉤㊲，他的最新著述，亦成為學者悉心研討的對象。像是王國維在清華國學院的講義《古史新證》㊳，方甫問世，便迅速流傳到顧頡剛的手上㊴，並藉著各式各樣的管道刊佈，如顧頡剛編定的《古史辨》即嘗收錄之㊵，亦可見諸 1927 年出版的《國學月報》㊶，更廣為學者徵引，傅斯年發表於 1930 年的〈〈新獲卜辭寫本後記〉跋〉㊷，即引徵王國維《古

㊱ 楊寬觀察道，王國維的學生在講學或著作裡「常引用『先師王國維』的見解，當時有人稱之為『先師派』」，見：楊寬，《歷史激流中的動盪和曲折——楊寬自傳》（台北：時報文化出版企業有限公司，1993），頁 85。

㊲ 如主持清華國學院行政的吳宓同時主編《學衡》，屢刊王國維的研究心得和著作；當然，這與《學衡》「昌明國粹」的文化理想密切相關，參見：沈松僑，《學衡派與五四時期的反新文化運動》（台北：台灣大學文史叢刊，1984），頁 202-217。

㊳ 王國維，《古史新證——王國維最後的講義》（北京：清華大學出版社，1994）；按，清華國學院正式開業是 1925 年 9 月 14 日，第一堂課即為王國維的《古史新證》（孫敦恒，《清華國學研究院史話》〔北京：清華大學出版社，2002〕，頁 53）。

㊴ 顧頡剛閱讀王國維的《古史新證》後，撰有〈附跋〉，自署年月為 1925 年 12 月 22 日（《古史辨》，第 1 冊，頁 267-268）；上距王國維在清華國學院開講，為時僅三個月。

㊵ 王國維，〈《古史新證》第一二章〉，《古史辨》，第 1 冊，頁 264-267。

㊶ 見：儲皖峰，〈王靜安先生全著述表〉，《王觀堂先生全集》，第 16 冊，總頁 7221。

㊷ 傅斯年，〈〈新獲卜辭寫本後記〉跋〉，原刊：《國立中央研究院歷史語言研究所安陽發掘報告》第 2 期（1930），收入：《傅斯年全集》，第 3 冊，頁 223-269。

史新證》之說為據❺⑧，就是一例。可以說，在此之後，王國維的學術大師的形象和地位，越發鞏固❺⑨。

　　只是，後繼學人對於王國維的學術迴響，卻各有領會，復且自有關懷，表現出截然不同的風貌。如王國維的《古史新證》，除了總結自己的「二重證據法」的內容和意義之外❻⓪，並還力證對於禹的述說，史有其人，「然近人乃復疑之」❻①，矛頭顯然是對著顧頡剛的「禹或是九鼎上鑄的一種動物」❻②，懷疑史無其人的論說而發

---

❺⑧　傅斯年，〈〈新獲卜辭寫本後記〉跋〉，頁 260；傅斯年引用王國維《古史新證》的版本，即是《國學月報·王靜安先生專號》本。

❺⑨　如倫明稱譽王國維受北京學界之尊佩，「幾如言漢學者之尊鄭康成，言宋學者之稱朱子」，譚卓垣、倫明（等著），徐雁、譚華軍（整理），《清代藏書樓發展史·續補藏書紀事詩傳》（瀋陽：遼寧人民出版社，1988），頁141-142。

❻⓪　王國維，《古史新證——王國維最後的講義》，頁 1-4。

❻①　按，王國維《古史新證》引《秦公敦》、《齊侯鎛鐘》謂：「舉此二器，知春秋之世，東西二大國無不信禹為古之帝王，且先湯而有天下也」，王國維，《古史新證——王國維最後的講義》，頁 4-6。

❻②　顧頡剛，〈與錢玄同先生論古史書〉，《古史辨》，第 1 冊，頁 63；按，王國維讀過《古史辨》，見：〈王國維致容庚（1926 年 8-9 月）〉，《王國維全集·書信》，頁 436；王國維對顧頡剛破壞既存的古史系統／觀念的努力，也不以為然，王國維在清華國學研究院的學生姚名達曾致函顧頡剛曰，王國維說顧頡剛「疑古史的精神很可佩服」，然嘗批評曰「與其打倒什麼，不如建立什麼」，姚名達則認為，顧頡剛「辨古史，只是要叫人別上偽史的當」，「從研究故事和神話的方法去研究，總不失為求真的一條路」，《顧頡剛年譜》，1927 年 3 月 20 日條，頁 139；關於顧頡剛與王國維對於古史探研的思想交涉，可以參看：趙利棟，〈《古史辨》與《古史新證》——顧頡剛與王國維史學思想的一個初步比較〉，《浙江學刊》，2002 年 06 期，頁109-114。

❻。可是，顧頡剛讀到這分方始刊佈的講義，他重視的反而是王國維的論說可以成為他用以證明自己對於春秋時代「沒有黃帝堯舜」的觀念，「那時最古的人王只有禹」這一「假設」的「有力的證據」，讓他「快樂」之至❻。至於王國維的「二重證據法」的價值，則在顧頡剛此時的學術視野／實踐之外❻。

對比於顧頡剛實踐王國維「二重證據法」的無力❻，正努力得

---

❻ 顧頡剛的「禹或是九鼎上鑄的一種動物」的論說，他自身已然放棄，卻為學界同儕置念不忘，「稱贊我的就用這句話來稱贊我，譏笑我的也就用這句話來譏笑我」（顧頡剛，〈自序〉，頁3，《古史辨》，第2冊）可以揣度方其提出此一論說時引發的「學術／思想震撼」；胡適當時提醒人們注意顧頡剛研究的是「禹的演進史」（胡適，〈古史討論的讀後感〉，《古史辨》，第1冊，頁192-193），亦可為一旁證。

❻ 顧頡剛，〈古史新證·附跋〉，《古史辨》，第1冊，頁267。

❻ 顧頡剛早即致函王國維要求王同意「許附弟子之列」（見：〈顧頡剛致王國維（1922年4月24日）〉，〈顧頡剛致王國維的三封信〉，《文獻》，第15輯〔北京：書目文獻出版社，1983年3月〕，頁11）；關於顧頡剛與王國維的學術關係，學界意見不同，許冠三以為顧頡剛除了《尚書》研究和晚年之外，一生不走王國維「二重證據法」的路線，見：許冠三，《新史學九十年，1990～》上冊（香港：中文大學出版社，1986），頁175-176；張書學則反駁許冠三的述說（見：張書學，《中國現代史學思潮研究》〔長沙：湖南教育出版社，1998〕，頁175-176）。本文強調的是1925年時顧頡剛讀到王國維《古史新證》後的直接反應。

❻ 顧頡剛雖言，讀了羅振玉和王國維的著作之後，「知道要建設真實的古史只有從實物上著手的一條路是大路」，也自慚己身的「學問的根柢打得太差了，考古學的素養也太缺乏了，我怎能把他們的研究的結果都親切地承受了呢！從此以後，我的心頭永遠頓著一筆債，覺得在考古學方面必須好好讀幾部書」（見：顧頡剛，〈自序〉，頁50-51，《古史辨》，第1冊）；他在1930年為《古史辨》第2冊寫〈自序〉時，亦回應那種「只有破壞，沒有建

以開拓「舊域維新」之路的史界同仁如傅斯年⑰，則已然遵循王國維「二重證據法」的路向而撰文立說了⑱。像是傅斯年的〈〈新獲卜辭寫本後記〉跋〉，非但引王國維《古史新證》之說為據，更同樣徵引古典經籍和卜辭金文以為論證之資，他還肯定了王國維將傳統文獻資料「起死回生」的本領，他說：《山海經》和《楚辭·天問》這類材料以前都是死的，「如無殷墟文字的出土和海甯王【國維】君之發明，則敢去用這些材料的，是沒有清楚頭腦的人。然而一經安陽之出土、王君之考釋」，這些相關的材料「登時變活了」⑲。在清華問學於王國維的徐中舒（1898-1991）初撰〈從古書中推測之殷周民族〉，本來也是取「從古書到古書」的途徑，「由古

設」的批評（動筆之際，恐怕包括王國維透過姚名達傳來的批評罷？），惟猶以「古史的破壞」與「辨偽」自任，顧頡剛，〈自序〉，頁 4，《古史辨》，第 2 冊。

⑰ 杜正勝，〈無中生有的志業——傅斯年的史學革命與史語所的創立〉，收入：杜正勝、王汎森（主編），《新學術之路——中央研究院歷史語言研究所七十周年紀念文集》（台北：中央研究院，歷史語言研究所，1998），頁 1-41。

⑱ 王汎森即指出王國維「二重證據法」對傅斯年治古史的先導之功，見：Wang Fan-sen, *Fu Ssu-nien: A Life in Chinese History and Politics* (Cambridge: Cambridge University Press, 2000), pp. 101-102；王汎森另有專門研討傅斯年與王國維學術關係的論著，文末還附刊自傅斯年藏書裡輯錄所得關於王國維學術的眉批，彌足珍貴，見：王汎森，〈王國維與傅斯年——以〈殷周制度論〉與〈夷夏東西說〉為主的討論〉，收入：《紀念王國維先生誕辰 120 周年學術論文集》，頁 10-31。

⑲ 傅斯年，〈〈新獲卜辭寫本後記〉跋〉，《傅斯年全集》，第 3 冊，頁 225。

書中參互鈎稽」，認為殷周「宜分為兩種民族」❼⓪。傅斯年讀此文後，雖「至覺欽佩」，還是要「更進一步分析之」，即引《詩・商頌》、《秦公敦》等論述之❼①。後來徐中舒發表〈殷周之際史蹟之檢討〉❼②，欲據「新舊史料而善為抉擇、貫串、證明之」，便依「綜合舊史料中有關地理之記載，而推論其發展之次第」，「以新史料中涉及地理者，證明舊史料之可信」等原則，開展其史事重建的工夫❼③。王國維的的治學方法，顯然是這一群後起學者的式範。

他們承襲自王國維的治史工夫，「要把金針度與人」，方彼等任教於大學時，也傳授給下一代的學子，董作賓（1895-1963）、徐中舒二人於 1932 年度在北大史學系開設的《殷周史料考定》課程，以「甲骨、金文和考古發掘的遺物、遺跡」等直接史料，「參證典籍中的記載、傳說」，傅斯年在 1934 年度於北京大學史學系開授《上古史單題研究》課程，即是「以近年考古學在中國古代史範圍中所貢獻者」為講授對象，強調「以新獲知識與經典遺文比

---

❼⓪ 徐中舒，〈從古書中推測之殷周民族〉，原刊：《國學論叢》，第 1 卷第 1 號（1927 年 6 月），收入：《徐中舒歷史論文選輯》（北京：中華書局，1998），頁 26-32。

❼① 傅斯年，〈〈新獲卜辭寫本後記〉跋〉，《傅斯年全集》，第 3 冊，頁 262-265。

❼② 徐中舒，〈殷周之際史蹟之檢討〉，原刊：《國立中央研究院歷史語言研究所集刊》第 7 本第 2 分（1936 年 12 月），收入：《徐中舒歷史論文選輯》，頁 652-691。

❼③ 如引「《梁伯戈》鬼方之鬼作鬽」、「吳姬之稱見於金文伯頵父鼎……」等，徐中舒，〈殷周之際史蹟之檢討〉，頁 654、659。

核」，釐定古史中之地理與歷史、部落與種姓等問題❼。身歷其境的胡厚宣（本名胡福林，1911-1995）便回憶道，他們講課的共同精神是發揮王國維「二重證據法」思想，要用地下發現的新史料來考證古史❼。

　　這樣看來，以王國維的既有成果為式範，重建中國上古史的學術取向，正形塑了史學實踐的「論述社群」，即如陳寅恪（1890-1969）那篇廣受今日學界稱引的〈王靜安先生遺書序〉之所謂，王國維「取地下之實物與紙上之遺文互相釋證」的治學方法，「足以轉移一時之風氣，而示來者以軌則」❼。

---

❼　引自：劉龍心，〈方法論的建立與現代中國史學學科紀律的形成〉，收入：《一九二〇年代的中國（中國現代史專題研究報告・第 23 輯）》（台北：中華民國史料研究中心，2002），頁 221-222。

❼　胡厚宣，〈我和甲骨文〉，收入：張世林（編），《學林春秋初編》（北京：朝華出版社，1999），頁 278-279；胡厚宣還自稱，「受王靜安二重證據法之啟發教育，用甲骨文結合商史與商代遺迹，來解決甲骨學殷商史上的重要問題」，撰於抗戰時期的《四方風名考證》一文，「舉出《山海經》、《堯典》及其他古書中有一整套的古史資料，與殷武丁時代的甲骨文字完全相合」，由於「當時據疑古學派看來，《山海經》是偽書，有人說作于東漢時，《尚書・堯典》亦後人所作，顧頡剛先生甚至認為作于漢武帝時」。換言之，一些疑古家認為後出甚至可能是偽造的史籍，經此文使用地下材料印證，「並非荒誕不經之作，而確實保留有不少早期史料」，因此頗引起一般學術界的注意（頁 283-284）。

❼　原文是：「【王國維】先生之學博矣，精矣，幾若無涯岸之可望，轍跡之可尋。然詳繹遺書，其學術內容及治學方法，殆可舉三目以概括之者。一曰取地下之實物與紙上之遺文互相釋證。凡屬於考古學及上古史之作，如〈殷卜辭中所見先公先王考〉及〈鬼方昆夷玁狁考〉等是也。二曰取異族之故書與吾國之舊籍互相補正。凡屬於遼金元史事及邊疆地理之作，如〈萌古考〉及

　　郭沫若異軍突起於史壇之際，正是與王國維的著作與治學方法越發廣受學界重視的時代，他的成就，無疑也正是這個史學實踐的「論述社群」的一部分。

三

　　在這個史學實踐的「論述社群」的形塑過程裡，王國維的影響固然深遠，引發「地下之實物」出現的學科：現代考古學帶動的風潮，則更有超越王國維之所想像者。特別是，因著民／國族主義的影響，現代考古學也承擔著學術以外的任務，用傅斯年的話來說，要「表示中國文化由來之正統」❼，針對的是自晚清以降便曾領一時言論之風騷的「中國文化／民族西來說」。（主要以法人拉克伯里〔Terrien de Lacouperie, 1844-1894〕之論說為據的）這等論說的「魅力」，是連劉師培（1884-1919）、章太炎（1868-1936）這樣的民族主義者都一度接受的❽，至 1920 年代仍盤旋在中國知識人的自我認同

〈元朝秘史之主因亦兒堅考〉等是也。三曰取外來之觀念，與固有之材料互相參證。凡屬於文藝批評及小說戲曲之作，如《紅樓夢評論》及《宋元戲曲考》、《唐宋大曲考》等是也。此三類之著作，其學術性質固有異同，所用方法亦不盡符會，要皆足以轉移一時之風氣，而示來者以軌則」，見：陳寅恪，〈王靜安先生遺書序〉，《金明館叢稿二編》，頁 219；本文引用的版本是：《陳寅恪先生文集（二）》（台北：里仁書局，1982〔影印〕）。

❼　原文是：「近兩年中李濟之董彥堂兩君之殷墟發掘所得物件，顯然表示殷商文化之多源，並表示中國文化由來之正統」，見：傅斯年，〈〈新獲卜辭寫本後記〉跋〉，《傅斯年全集》，第 3 冊，頁 265。

❽　Martin Bernal（著），劉靜貞（譯），〈劉師培與國粹運動〉，收入：傅樂詩（等著），《近代中國思想人物論——保守主義》（台北：時報文化出版事業有限公司，1980），頁 88-90；至於「中國文化／民族西來說」的相關研

（identity）的世界裡。即如李濟（1896-1979）在清華學校大學部演講
道，在此刻「鬧整理國故」的時候，諸如「國故是先前有的，還是
受別的影響而成的呢？」「中國人民，是否為原來的，或是從別處
遷入的呢？」等問題，「都是考古學上有研究價值的」⓱，為現代
考古學的意義和價值，找尋定位。又如何炳松（1890-1946）述說西
方學者關於「中華民族起源問題之各種理論」，從而不得不嘆息
道：

> 假使吾國考古學上發掘之事業不舉，則吾國民族起源之問題
> 即將永無解決之期，而吾人亦唯有自安愚魯之一法。⓮

儼然把考古學視為解除「中國文化／民族西來說」這道「魔咒」的
動力來源⓯。或者，如比較不表現出如是濃厚「國族情懷」的胡適

究述說，另可參見：呂思勉，《中國民族史》（上海：世界書局，1934），
頁 10-11、沈松僑，〈我以我血薦軒轅——黃帝神話與晚清的國族建構〉，
《台灣社會研究季刊》，第 28 期（台北：1997 年 12 月），頁 36-37、楊思
信，〈拉克伯里的"中國文化西來說"及其在近代中國的反響〉，《中華文
化論壇》，2003 年第 2 期，頁 141-146。

⓱　李濟，〈考古學〉，原刊：《清華周報》第 375 期，1926 年 4 月 16 日，收
　　入：李光謨（編），《李濟與清華》（北京：清華大學出版社，1994），頁
　　90。

⓮　何炳松，〈中華民族起源之新神話〉，原刊：《東方雜誌》，26 卷 2 號
　　（1929 年 1 月 25 日），收入：劉寅生、房鑫亮（編），《何炳松文集》
　　（北京：商務印書館，1997），第 2 卷，頁 265-294。

⓯　相關述說，並參考：陳星燦，《中國史前考古學史研究（1895-1949）》（北
　　京：三聯書店，1997），頁 30-35。

（1891-1962）⑫、李玄伯（宗侗，1895-1974）⑬，也都同樣期望於考古學對重建古史的資助之功。

　　然而，在現實意義與責任之外，當時考古學的實踐所得（特別是中央研究院歷史語言研究所在安陽殷墟的十五次考古發掘獲致的業績）⑭，非僅充分展現「地下情形之知識」⑮，確實超越了王國維的學術天地裡掌握的史料，也使學者必須持續更新自身關於中國古史的觀念。如胡適在 1922 年左右認為殷商是新石器時代的文化，但是，當他目睹了殷墟考古的成就之後，隨即修正自己的觀點，認定殷商是屬於青銅時代的文化了⑯。循現代考古學的工作要求，考察者的學術眼光也大有不同，如考察殷墟，不再只注意甲骨，而要從整體的角度來認識文化遺址，所以傅斯年對董作賓之考察殷墟所得，頗為興奮地說：「殷代刻文雖在【王】國維君手中有那麼大的成績，而對

---

⑫　胡適在 1921 年說自己的「古史觀」是「現在先把古史縮短二三千年，從《詩三百篇》做起。將來等到金石學、考古學發達上了科學軌道以後，然後用地底下掘出的史料，慢慢地拉長東周以前的古史」，見：胡適，〈自述古史觀書〉，《古史辨》，第 1 冊，頁 22。

⑬　李玄伯（宗侗），〈古史問題的唯一解決方法〉，《古史辨》，第 1 冊，頁 268-270。

⑭　其歷程與學術成果，參見：董作賓，《甲骨學五十年》（台北：藝文印書館，1955），頁 31-61、吳浩坤、潘悠，《中國甲骨學史》（台北：貫雅文化事業有限公司，1990），頁 27-38。

⑮　王汎森，〈民國的新史學及其批評者〉，收入：羅志田（主編），《二十世紀的中國學術與社會·史學卷》（濟南：山東人民出版社，2001），上冊，頁 78-81。

⑯　王汎森，〈傅斯年對胡適文史觀點的影響〉，《漢學研究》，第 14 卷第 1 期（台北：1996 年 6 月），頁 183。

待殷墟之整個，這還算是第一次 **❽**，以能否超越王國維的成就，做為自我評價的標準。亦且，在傅斯年看來，考古所得，「不以全體的觀念去研究，就不能得到很多意義，和普遍的知識。所以要用整個的文化觀念去看，纔可以不致於誤解」**❽**。因此，就王國維「二重證據法」的學術實踐而言，在「取地下之實物與紙上之遺文互相釋證」的過程裡，一旦出現「新舊史料衝突」的場景，在傅斯年看來，王國維（及其流亞）只能做到「純依舊籍，證以新史」，故有「牽就附會其真在」之弊，「仍不脫舊史之傳統範疇」，自難能為功 **❽**。相對於王國維之「為功也難」，傅斯年宣誓曰：

> 此後中國上古史之康衢，要以發掘遺物，參以經典，而重建其最足傳信之上古歷史也。**❾**

---

❽ 傅斯年，〈〈新獲卜辭寫本後記〉跋〉，《傅斯年全集》，第 3 冊，頁223。

❽ 傅斯年，〈考古學的新方法〉，原刊：《史學》第 1 期，1930 年 12 月，收入：《傅斯年全集》，第 4 冊，頁 290-291。

❽ 原文是：「純依舊籍，證以新史，而牽就附會其真在，仍不脫舊史之傳統範疇，其間自不免矛盾衝突，故其為功也難。而王國維一派是之」，見：傅斯年，〈中國上古史與考古學〉，《傅斯年檔案》（台北：中央研究院歷史語言研究所傅斯年圖書館藏），檔號 I：807；按，本文撰稿具體時間不詳，以文內言及「今侯家莊，猶有商王宮殿，其墓亦在焉」，當係指殷墟第 10 至12 次發掘（1934 年 10 月至 1935 年 12 月間）之成果（見：石璋如，《國立中央研究院歷史語言研究所考古年表》〔楊梅：中央研究院歷史語言研究所，1952〕，頁 18-20；中國科學院考古研究所〔編著〕，《殷墟的發現與研究》〔北京：科學出版社，1994〕，頁 11-12），是以當在 1935 年以後。

❾ 傅斯年，〈中國上古史與考古學〉，《傅斯年檔案》，檔號 I：807。

他更一度明白昭示，在他領導下的史語所的學風是「不提倡文籍中之辨論，乃願以甲骨、金文、器物及考古學解決問題也」❾，為史學實踐的「論述社群」的範圍，畫出明白的疆界，考古學則是領土範圍之一。考古學對中國古代史研究的資助之力，實已蔚為共識❾。約略在 1930 年代初期起，考古報告與甲骨金文之釋證資料，為研治／寫作中國古代史之學者必須參讀徵引的淵藪❾，其研幾書寫所得，實非王國維所能想像矣。

　　郭沫若的歷史書寫，也正是與這個「論述社群」的學術成長相呼應，而又走出自己史學實踐的獨特道路。

---

❾　這是傅斯年拒絕楊向奎提出申請為史語所的第一組研究人員的回應，原文是：「入所一事，一時恐無辦法。蓋第一組之範圍，一部分為史學，一部分為文籍學（經、子等），後者規定僅當前者三分之一，今乃過之，不復能加人矣，而前者之古史一門，本所不提倡文籍中之辨論，乃願以甲骨、金文、器物及考古學解決問題也，故近十年中，未曾單治古史者一人。一機關應有其學風，此即本所之學風也」，見：〈傅斯年致楊向奎〔抄件〕（1944 年 8月 15 日）〉，《傅斯年檔案》，檔號 II：418。

❾　當然，中國古代史研究與考古學的密切相關程度，也引起若干理論爭議，參見：杜正勝，〈考古學與中國古代史研究──一個方法學的探討〉，《考古》，1992 年第 4 期。

❾　錢穆可能是例外，如彼回憶曰，當他於 1931 年在北大開始任教，開授課程之一為《中國上古史》，嘗有人來書質疑他「不通龜甲文，奈何硯顏講上古史」，他即於課堂上告訴學生：「龜甲文外尚有上古史可講」，見：錢穆，《八十憶雙親・師友雜憶合刊》（台北：東大圖書公司，1983），頁 141-142；但是，錢穆的《國史大綱》在出版多年後，於 1970 年代初期要增訂出版，委其學生嚴耕望為之，嚴耕望便依據當時已發現之考古資料，稍作增補，見：嚴耕望，《錢穆賓四先生與我》（台北：台灣商務印書館，1992），頁 98-101。

四

郭沫若決心轉向史學之道，固然先以《易經》、《詩》、《書》等經籍創論立說，進行未久，卻開始對自己使用的資料產生懷疑：

> 要論中國的古代，單根據它們來作為研究資料，那在出發點上便已經了問題。材料不真，時代不明，籠統地研究下去，所得的結果，難道還能夠正確嗎？

因此，他嘗試「找尋第一手的資料，例如考古發掘所得的，沒有經過後世的影響，而確確實實足以代表古代的那種東西」。以機緣，他以林守仁的化名進入東洋文庫閱覽。郭沫若自稱，在一兩個月裏便讀完了庫中所藏一切甲骨文字和金文的著作，也讀完了王國維的《觀堂集林》，「對於中國古代的認識算得到了一個比較可以自信的把握」；至若如安德生（Johann Gunnar Anderson, 1874-1960）關於甘、豫等地之彩陶遺跡的報告，北平地質研究所關於北京人的報告等等「凡是關於中國境內的考古學上的發現記載」，差不多都讀過。因此，郭沫若說「這些努力便使我寫成了〈卜辭中之古代社會〉」；寫完此文之後，又「想把那些關於古代文物的研究，彙集成為一部書」，於是又趕著寫了〈周金中的社會史觀〉，終於集結成《中國古代社會研究》一書出版❹。

經過這樣一套全新的自我學術訓練歷程，郭沫若開展的天地，

---

❹ 郭沫若，〈我是中國人〉，《革命春秋》，頁 338-349；在〈我與考古學〉一文亦有相同的論述，唯較簡略，收入：《郭沫若佚文集》上冊，頁 249-250。

無限寬廣。一方面，他固然表示了對羅、王二氏成就的欽慕，稱譽
「大抵甲骨文字之學，以羅王二氏為二大宗師」：

> 甲骨自出土後，其蒐集保存傳播之功，羅氏當居第一，而考
> 釋之功亦賴羅氏。羅氏於一九一〇年有《殷商貞卜文字考》
> 一卷，此書僅屬椎輪。一九一五年有《殷虛書契考釋》一卷
> （後增訂本改為三卷），則使甲骨文字之學蔚然成一巨觀。
> 談甲骨者固不能不權輿於此，即談中國古學者亦不能不權輿
> 於此。
> 與羅氏雁行者為海寧王國維。王氏於一九一七年有《戩壽堂
> 所藏殷虛文字考釋》一卷；於一九二二年著《殷卜辭中所見
> 先公先王考》一卷又《續考》一卷……又《殷周制度
> 論》……此為對於卜辭作綜合比較的研究之始……
> 謂中國之舊學自甲骨之出而另闢一新紀元，自有羅王二氏考
> 釋甲骨之業而另闢一新紀元，決非過論……❾⑤

他又說：

> 大抵在目前欲論中國的古學，欲清算中國的古代社會，我們
> 是不能不以羅王二家之業績為其出發點。❾⑥

---

❾⑤ 郭沫若，《社會研究》，頁 224-226（1947 年版，頁 35-37，《全集》歷史
編，卷 1，頁 193-195）；按，本段論說裡誤註羅王二氏著作的問世／出版年
代甚眾，不詳為戔正。

❾⑥ 郭沫若，《社會研究》，〈序〉，頁 4（1947 年版〈自序〉，頁 4，《全
集・歷史編》，卷 1，頁 8）。

不過，郭沫若所宣稱的出發點，卻主要是以考釋、整理資料為重心的。特別是在研究古文字方面，郭沫若可謂依循王國維的路子而行，如在研究方法與認字識義方面，亦接受王的說法，而在《卜辭通纂》、《殷契粹編》的考釋部份引用王說及肯定補充處隨時可見**⑨**。

在這些著作裏，郭沫若所表現出來的意向，主要是因為這些材料的真實性。他說，「我們現在也一樣的來研究甲骨，一樣的來研究卜辭，但我們的目標卻稍稍有點區別。我們是要從古物中去觀察古代的真實的情形，以破除後人的虛偽的粉飾——階級的粉飾」**⑨**；周金的銘文，「所紀錄的就是當時的社會的史實。這兒沒有經過後人的竄改，也還沒有什麼牽強附會的疏注的麻煩。我們可以短刀直入地便看定一個社會的真實相，而且還可以判明以前的舊史料一半都是虛偽」**⑨**。其用心所在，實如在致函容庚（1894-1983）所論：

> 因欲探討中國之古代社會，近亦頗用心於甲骨文字與古金文字之學。**⑩**

---

⑨ 蕭艾，〈郭沫若與王國維〉，收入：氏著，《一代大師——王國維研究論叢》，頁 162-169；蕭艾係徵引王國維之《觀堂集林・說玨朋》與郭沫若之《甲骨文字研究・釋朋》對比為證。

⑨ 郭沫若，《社會研究》，頁 227（1947 年版，頁 37-38，《全集》歷史編，卷1，頁 195-196）。

⑨ 郭沫若，《社會研究》，頁 294（1947 年版，頁 102，《全集》歷史編，卷1，頁 251）。

⑩ 郭沫若由於讀過王國維為商承祚《殷虛文字類編》一書所寫的序，而知道了

郭沫若從事古史研究，在材料的掌握上固須溯源羅、王二氏之業績，他對於史事的釋論亦頗受影響，尤其受王國維之論釋的啟發，而欲以「新興科學的觀點來研究中國社會的古代」❶。

首先即是對王國維〈殷周制度論〉所云「中國政治與文化之變革莫劇於殷周之際」❷的引申與發揮。

郭沫若認為，王國維〈殷周制度論〉固然已有「中國政治與文化之變革莫劇於殷周之際」此一歷史界標的論述，但「王氏於<u>社會學</u>惜未有涉歷，知其然而未知其所以然，遂盛稱『周公之聖與周之所以王』」❸，「在這種封建觀念之下所整理出來的成品自然是很難望我們滿足的」。因是，郭沫若宣稱要以「新興科學的觀點來研究中國社會的古代」❹。然而，考究郭沫若的立論，核心係在於補王國維「未知其所以然」之處，並而代之以「新興社會科學的觀

容庚之名，並因讀過容庚的《金文編》，對其研究金文有很大的幫助；後來知道容庚是《燕京學報》的主編者，在燕京大學任教，於是自 1929 年 8 月 27 日起，開始與容庚通信請教，這些書信後來匯集成《郭沫若書簡（致容庚）》（曾憲通編注：廣州：廣東人民出版社，1981）一書，引文見郭沫若致容庚的第一封信（1929 年 8 月 27 日），頁 5。

❶ 郭沫若，《社會研究》，頁 227（1947 年版，頁 37-38，《全集》歷史編，卷 1，頁 195-196）。

❷ 王國維，〈殷周制度論〉，收入：《觀堂集林》卷 10，《王國維遺書》（上海：上海古籍書店〔影印〕，1983）。

❸ 郭沫若，《社會研究》，頁 281（1947 年版，頁 88，《全集》歷史編，卷 1，頁 239）；唯《全集》版引文略有更易：「王氏於社會科學未有涉歷……」（下同）；黑體字與底線為引者所加。

❹ 郭沫若，《社會研究》，頁 227（1947 年版，頁 37-38，《全集》歷史編，卷 1，頁 195-196）。

點」，與反駁王氏之論證。

郭沫若說，王氏〈殷周制度論〉之總綱為：

> 周人制度之大異於商者，一曰立子立嫡之制，由是而生宗法
> 及喪服之制，並由是而有封建子弟之制，君天子臣諸侯之
> 制，並由是而有封建子弟之制，君天子臣諸侯之制。二曰廟
> 數之制。三曰同姓不婚之制。**⑩**

郭沫若則認為，由於殷代已到氏族社會末期，一方面氏族制度
尚存，而另一方面階級制度則漸抬頭，因此，王國維的這段論議固
有其理，但「此乃時會使然，即經濟狀況已發展到另一階段，自不
能不有新興之制度逐漸出現」，故他認為王氏所論尚有所闕。一是
如周公尚欲履兄終弟及之制，引生管蔡並及武庚之變，「管蔡乃傳
子傳嫡制之前驅，武庚乃奴隸叛亂的首出者」；二是直至春秋時代
仲春通淫野合之習仍有孑遺，「則男女有同姓者自在意中」，況
《左傳》昭公元年仍有子產評晉侯仍以同姓為姬妾的記載，「一國
之君侯且猶是，其他一般之風習更不言可知」，故同姓不婚之制非
始於周初；此外，「古人之廟亦大有秘密。廟實即古人於神前結婚
之所，廟後有寢，以備男女之燕私」，亦非王國維所謂周人「又以
親親之義，經尊尊之義而立廟制」的觀點**⑩**。因此，郭沫若認為，

---

⑩ 王國維，《觀堂集林》，卷10，頁2。

⑩ 郭沫若，《社會研究》，頁 287-289（1947 年版，頁 94-96，《全集》歷史
編，卷 1，頁 245-246）；又，郭氏對於廟的解說，在引文中並未直接徵引王
國維之論而駁議之，係筆者推擬郭氏為文的脈絡，尋檢王氏原文而徵引之，
見：《觀堂集林》，卷10，頁 2b。

王國維雖首倡「殷周變革論」，但其論證並不足以支持這樣的論點。

　　相對的，郭沫若則利用馬克思主義的論式來論證「殷周變革論」。一方面，他從生產工具這個範疇的變化立論，認為殷代還是金石並用的時代，周代則由於鐵的發明，社會上起了一個很大的革命，奴隸制國家於焉形成；在另一方面，社會結構更有莫大的變化，整體說來，即是「氏族社會的崩潰」：一是私有財產的發生，如商業行為的出現，如王侯以極少數的貨具寶物賜予臣下，可證明族的公有物成為王的私有，臣庶亦擁有私有物之權制；二是階級制度的萌芽，以戰俘為奴隸或為犧牲，並開始轉為私有，並而整個殷族「有事則整族出征，國亡則整族化為奴隸」，與此後周王朝做為一個奴隸制國家之社會結構可截然區分⑩。因此可見，郭沫若承繼王國維〈殷周制度論〉的基本論點而別出以論證，另創新說。

　　基本論點上既追隨王國維，郭沫若對商、周史實的釋論上，以及材料的考釋上遂乃亦步亦驅，進而別有發明。

　　就釋論殷代社會性質來說，郭沫若固須仰仗摩爾根揭發的普那路亞家庭論及其關於原始社會的發展過程，氏族社會結構的理論立說，而由剖明殷代「多父多母」、「殷之先妣皆特祭」、「帝王稱『毓』」、「兄終弟及」等現象，正顯示出與摩爾根之論相符的景象，從而辨明殷代的社會性質；但其論證，則有全依王國維之說者

---

⑩　郭氏的論點，散見《社會研究》之〈詩書時代的社會變革與其思想上的反映〉以及〈卜辭中之古代社會〉、〈周金中的社會史觀〉三篇，不一一註明。

（如依王氏之《殷禮徵文》論「殷之先妣皆特祭」）；有依本於王氏之論而
創新說者（如駁斥王國維依《說文解字》將「毓」字之本義釋為「產子」，引
申之義為「先後之後」的不當；郭氏釋為后，即「女酋長」）；至若損益王氏
之業績（如依王國維〈先公先王者〉揭示殷代帝系，而著重於殷代「兄終弟及」
之制於卜辭中可得實物證明及其意涵之論釋）⑩，亦皆明示王國維的影響。

　　郭沫若否定周代社會為一般習稱之封建制度時代，論據之一是
「諸侯可稱王」，此在周金中固屢見之；但王國維〈古諸侯稱王
說〉早揭此意，其云：「古時天澤之分未嚴，諸侯在其國自有稱王
之俗，即徐楚吳越之稱王者亦沿周初舊習，不得盡以僭竊目之」，
郭沫若則對王氏的說法評曰「較之前人其高出者正不止一頭地」
⑩；可見，郭沫若的觀點顯然也受王氏之論的啟發。

　　除了釋史、考史的基本架構及細部論證上，郭沫若受王國維影
響甚大之外，他對卜辭、周金的研究考釋，同樣也是以王氏的成果
為出發點（當然，羅振玉亦在其列）⑩。用郭沫若自己的話來說：

　　　我們要說殷虛的發現是新史學的開端，王國維的業績是新史

---

⑩　郭沫若，《社會研究》，頁 267-275（1947 年版，頁 76-83，《全集》歷史
　　編，卷 1，頁 228-235）。

⑩　郭沫若，《社會研究》，頁 306-307（1947 年版，頁 115-116，《全集》歷史
　　編，卷 1，頁 263-264）；郭沫若後來雖批判王國維「殷周變革論」，並及自
　　我批判所受王氏影響，但仍認為王氏在〈古諸侯稱王說〉「是很有根據
　　的」，見：〈古代研究的自我批判〉，《十批判書》（重慶：群益出版社，
　　1945），頁 11-12（《全集》歷史編，卷 2，頁 15）。

⑩　參見：曾憲通、陳煒湛，〈試論郭沫若同志的早期古文字研究——從郭老致
　　容庚先生的信談起〉，收入：《郭沫若書簡（致容庚）》，頁 146-169，尤其
　　是頁 163-167。

學的開山，那是絲毫也不算過份的。⓫

　　顯然，郭沫若固然宣稱《社會研究》是依馬克思主義的基本論式與摩爾根在理論上為前導；王國維學術業績的影子，更引領著他的前行腳步。

五

　　總結而言，郭沫若的《中國古代社會研究》，除了以馬克思主義的論式為架構，徵引恩格斯、摩爾根的理論為論述的觀點外，羅振玉、王國維對卜辭、金文與古史的釋證，同樣是郭沫若揭開中國古代社會奧秘的鑰匙。因此，郭沫若的成績，顯然正和當時既存的史學實踐的「論述社群」有所交涉⓬，亦得到迴響和承認⓭。然

⓫　郭沫若，〈古代研究的自我批判〉，《十批判書》，頁 4（《全集》歷史編，卷 2，頁 6）；不過，《全集》版中最後一句話改為「那樣評價是不算份的」。

⓬　就郭沫若與當時與史語所的學術往來而言，亦可見其軌跡，如《卜辭通纂》於 1933 年出版後，郭沫若即致函此書之出版者日本東京文求堂書店主人田中慶太郎，要求寄給董作賓三部（亦包括贈史語所者），董作賓並函告郭沫若，彼友亦欲購之，見：馬良春、伊藤虎丸（主編），《郭沫若致文求堂書簡》（北京：文物出版社，1997），頁 275-277；郭沫若的其他相關著作，如《古代銘刻彙考》與《古代銘刻彙考續》，亦擬寄贈給董作賓（同書，頁283、頁 304-305）；他亦對史語所出版之著作頗欲閱覽，如閱過《安陽發掘報告》（同書，頁 284【繫年為 1933 年 12 月 30 日】），擬請東京文求堂書店主人代覓《史語所集刊》3 本 2 分，因是期刊有徐中舒之論文（同書，頁285）。按，《郭沫若致文求堂書簡》一書，輯錄了郭沫若 1931 年 6 月至1937 年 6 月間致日本東京文求堂書店主人田中慶太郎父子的信函 230 札；至於郭沫若與田中慶太郎之間的因緣往來，可以參見：蔡震，《文化越境的行

而，郭沫若自身的史學實踐，更又為另一種「論述社群」的形成，開山引路，影響深遠。在此之後，結合馬克思主義理論、卜辭、金文與考古報告等新材料，兼治一爐而創論、立說的史學著作，源源不絕，郭沫若顯然正處於開風氣之先的時代浪潮之首⑭。

只是，觀念和理論從這一種文化向另一種文化的移動際遇，錯綜複雜。即如英國馬克思主義史學家以馬克思主義基本論式為歷史解釋的架構，並企圖解決以之進行歷史探究與解釋而衍生的理論困境，竟而被視為足可跳脫「經濟決定論」的樊籬，發展獨特的「階

旅——郭沫若在日本二十年》（北京：文化藝術出版社，2005），頁 280-310。

⑬ 例如，朱自清在 1937 年訂定的「暑期計劃」，即將郭沫若的甲骨文和金文著作列入（朱自清，「1937 年 6 月 27 日日記」，《朱自清全集》〔南京：江蘇教育出版社，1998〕，第 9 卷，頁 471-472）；1948 年，郭沫若更以他關於甲骨、金文的著作（而非《中國古代社會研究》）當選中央研究院第一屆院士，據〈國立中央研究院院士候選人提名表〉（《傅斯年檔案》，檔號 IV：38）關於郭沫若的部分，他被提名為院士的「重要著作」是《兩周金文辭大系圖錄》、《兩周金文辭大系圖錄考釋》、《金文叢考》和《卜辭通纂》（而無《中國古代社會研究》）；其間大略經過，參見：潘光哲，〈中研院的"一千零一夜"〉，《書屋》，2005 年第 2 期（長沙：湖南教育出版社，2005 年 2 月），頁 50-52。

⑭ 恰如董作賓的述說：「……唯物史觀派是郭沫若的《中國古代社會研究》領導起來的。這本書民國十八年十一月初版到二十一年十月五版時，三年之間已印了九千冊。他把《詩》、《書》、《易》裏面的紙上史料，把甲骨卜辭、周金文裏面的地下材料，熔冶於一爐，製造出來一個唯物史觀的中國古代文化體系」，見：董作賓，《中國古代文化的認識》（台北：大陸雜誌社，1952），頁 8。

級決定的理論」**⑮**；同樣強調「階級／鬥爭」理論的蘇聯史家（如
有蘇聯馬克思主義史學之父稱謂的波克羅夫斯基〔M. N. Pokrovskii, 1868-
1932〕），非僅陷於理論與歷史事實之間的泥淖，還受制現實政治
的逼壓，乃至終而遭受被鞭屍的命運**⑯**。馬克思主義在人類社會裡
的「理論旅行」歷程，顯然斑斕多彩，殊相同呈。

　　同樣的，就中國而言，在這方史學實踐的「論述社群」內部，
郭沫若的業績，則逐漸受到多樣的挑戰，左支右絀**⑰**。像他在《中
國古代社會研究》就只依賴著馬克思的〈政治經濟學批判·序言〉
的「公式」和恩格斯的《起源》；在他之後的新秀，則對（廣義）
馬克思主義的理論傳統認識越廣，浸淫益深，更有別宗，馬克思主
義史上各居獨特地位的其他人物，都指導了他們開展歷史研究的路
向，形成「馬克思主義意識形態導引的歷史解釋」趨向。例如，呂
振羽（1900-1980）引用普列漢諾夫（G. V. Plekhanov, 1856-1918）、盧笙

---

⑮　參見：H. J. Kaye, *The British Marxist Historians* (Oxford: Polity Press, 1984)。

⑯　參見：George M. Enteen, *The Soviet Scholar-Bureaucrat: M. N. Pokrovskii and the Society of Marxist Historians* (University Park: Pennsylvania State University Press, 1978)；陳啟能，〈三十年代蘇聯對的批判〉，《世界歷史》，1987 年第 2 期。

⑰　當然，亦有來自非馬克思主義史家陣容的批判，如傅斯年批判說，郭沫若《中國古代社會研究》（他誤引為《古代社會研究》）「以舊史不足徵，惟新史料不妄，用是新舊史料之相衝突者，則推翻舊史料而抹殺之，顧不論其本不必合與無須抹殺也」（傅斯年，〈中國上古史與考古學〉，《傅斯年檔案》，檔號 I：807）；而以《甲骨學商史論叢》揚名的胡厚宣亦在致傅斯年報告己身打算撰述是書的信函裡，批評郭沫若「以研究甲骨文字之人，而抹殺甲骨文中證據，此大不該也」（〈胡福林致傅斯年（1942 年 5 月 18 日）〉，《傅斯年檔案》，檔號 III：833）。

堡（Rosa Luxemburg, 1870-1919）等馬克思主義名家的著作⑱；侯外盧
（1903-1987）不但直接從翻譯馬克思的《資本論》入手⑲，還從新發
現的馬克思遺稿：《政治經濟學批判大綱（草稿）》探求理論上的
依據⑳。同時，來自於「黨」的力量也扮演指導史學實踐的角色

---

⑱　例如，呂振羽〈中國經濟發展之史的階段〉一文解釋「亞細亞生產方式」
　　時，曾徵引盧笙堡《經濟學入門》（*Introducion to Political Economy*）、普列
　　漢諾夫之《馬克思主義的基本問題》（*Fundamental Problems of Marxism*）、
　　馬札亞爾（L. I. Mad'iar）的《中國農村經濟研究》（陳代青〔等譯〕，上
　　海：神州國光社出版，年不詳）等人的看法（呂振羽，〈中國經濟發展之史
　　的階段〉，《呂振羽史論選集》〔上海：上海人民出版社，1981〕，頁 17-
　　18）；然盧笙堡及馬札亞爾之著均未見，未能核校其意如何，甚至盧笙堡之
　　作，因呂氏未附原書名，亦未知是否正確，此處依據：P. Frolich, *Rosa
　　Luxemburg: Her Life and Work*, trans. by E. Fitzgerald (N. Y: Howard Fertig,
　　1969), pp. 172-174；至於普列漢諾夫之論，參見：G. V. Plekhanov,
　　Fundamental Problems of Marxism (N. Y.: International Publishers, 1969), p. 63。
⑲　參見：胡培兆、林圃，《資本論在中國的傳播》（濟南：山東人民出版社，
　　1985），頁 140-141。
⑳　侯外盧初回憶說，他是在 1943 年閱讀由戈寶權翻譯的蘇聯列昂節夫之《政治
　　經濟學》一書而讀到馬克思的這份遺稿（侯外盧，〈我對中國古代社會的研
　　究──回憶錄之七〉，《中國哲學》第 9 輯〔北京：三聯書店，1983 年 2
　　月〕，頁 527-529）；然侯外盧此處之回憶，於日後集結為專書單行本時，對
　　於閱讀馬克思這份遺稿的機緣的回憶，內容頗有不同（見：侯外盧，《韌的
　　追求》〔北京：三聯書店，1985〕，頁 233），其中確情何若，難能定奪；
　　但不論如何，馬克思的這份遺稿，寫於 1857 到 1858 年間，在 1939 年及
　　1941 年才陸續出版（侯外盧說是 1941 年才發現，不確），對馬克思主義研
　　究確有其重要性，其價值不亞於同樣也在 20 世紀才發現的馬克思的另一份遺
　　稿：《一八四四年經濟學哲學手稿》（參見：M. Nicolaus, "Foreword", p. 1, in:
　　K. Marx, *Grundrisse: Foundations of the Critique of Political Economy*, trans. and
　　foreword by M. Nicolaus [Harmondsworth: Penguin, 1973]；對馬克思此書之討

⑫，並隱然為「學術正統」，展現「共產黨意識形態導引的歷史解釋」的歷史思惟⑫，也漸次躍出檯面。如擔任中共中央馬列學院歷

論研究文獻，並可參見：A. Negri, *Marx Beyond Marx: Lessons on the Grundrisse*, trans. by H. Cleaver, M. Ryan and M. Viano, ed. by J. Fleming [South Hadley, MA: Bergin & Garvey Publishers, Inc., 1984]; H. Uchida, *Marx's Grundrisse and Hegel's Logic*, ed. by T. Carver [London: Routledge, 1988]）；由此書日後引起的重視，可想見在 1940 年代即得已利用馬克思這份手稿進行研究的侯外廬，對馬克思主義理論已有一定的熟悉程度。

⑫ 當然，這不是只有共產黨方面如此，隨著國民黨政府在形式上統一中國，定鼎南京之後，「黨」的力量也向史學領域染指，如顧頡剛於 1923 年編寫的《現代初中本國史教科書》，「不提盤古」，對「『三皇五帝』只略作敘述並冠以『所謂』兩字表示不真實」，至 1927 年就被查禁（顧潮，《歷劫終教志不灰──我的父親顧頡剛》，頁 78-79），書寫《中國通史》的學人也被迫得思考怎麼處理「黨義」和「歷史」的關係，例如，繆鳳林即直陳遭遇「學校教育以三民主義為中心，普通國史，宜就民族民權民生有關者言之」的質問，而得為己身之書寫論說辯護曰：「三民主義之根柢在國史，亦惟國史能明其偉大性。言黨義者當奉歷史為中心，不當削通史以就黨義也」，見：繆鳳林，〈自序〉（撰述繫年自署為 1931 年 7 月），頁 16，《中國通史綱要》第 1 冊（南京：鐘山書局，1932）。凡此可見，外在政治現實的逼壓，也會影響史學實踐的「論述社群」的形成，抑遏學術自主力量；同時，基於多重理由，史學家難免也會扮演與政治現實體制相唱和的角色，兩者交相為用，例如，1940 年 4 月上旬，國民政府教育部成立史地教育委員會，顧頡剛與焉（顧潮，《顧頡剛年譜》，頁 300）。國、共兩黨（或者說，「國家」〔state〕）在這一方面表現出相雷同的做為與影響所在，並及史家／史學實踐的「論述社群」的「回應」方式，或許還值得探索；羅志田從「國家與學術」的關係角度切入，對於晚清以降的各種「國學」主張及其論爭，進行了細緻的分析（羅志田，《國家與學術：季民初關於"國學"的思想論爭》〔北京：三聯書店，2003〕），他的思考與論述取向，值得參照。

⑫ 關於「馬克思主義意識形態導引的歷史解釋」與「共產黨意識形態導引的歷史解釋」的歷史思惟，參看：潘光哲，〈中國馬克思主義史學研究的省思與

史研究室主任，主持做為幫助中共幹部補習文化之用的《中國通史簡編》寫作工作⑫的范文瀾（1893-1969），於 1940 年 5 月發表〈關於上古歷史階段的商榷〉，徵引《聯共（布）黨史簡明教程》這部充滿濃厚斯大林（Joseph Stalin, 1879-1953）個人色彩的「權威」理論，來反駁郭沫若的觀點⑭。

這樣說來，在這個史學實踐「論述社群」內部，郭沫若成為另一個意義下的王國維。他為馬克思主義史學做為中國現代史學實踐的「論述社群」之一的獨特風貌，形塑了典範，既為後來者所承繼，也被超越了。然而，王國維已告別人間，無法回應後起者的挑戰；郭沫若卻還有走向「古代研究的自我批判」的歷程的可能。不過，這是他的生命道路上的另一段故事了。

回顧——以中、英文資料為主〉，《大陸雜誌》，第 94 卷第 2、3 期（台北：1997 年 2、3 月）。

⑫ 范文瀾，〈關於中國歷史上的一些問題〉，收入：《范文瀾歷史論文選集》（北京：中國社會科學出版社，1979），頁 17。

⑭ 范文瀾，〈關於上古歷史階段的商榷〉，《范文瀾歷史論文選集》，頁 81-107；按，范文瀾係以《聯共（布）黨史教程》中對奴隸占有制的界定：「生產關係的基礎就是奴隸主占有生產資料和生產工作者……」，「生產工具『人們擁有的己經不是石器，而是金屬工具』」，「生產部門『己經被畜牧業、農業、手工業以及這些生產部門之間的分工所代替』」等理論，以及《尚書》，卜辭的若干材料為證，說明殷代為奴隸社會。

尋找大師‧追隨大師‧超越大師 ——以陳寅恪《隋唐制度淵源 略論稿》為中心

宋德熹

國立中興大學歷史系教授

一、尋找大師——陳寅恪的學術座標

有些人死了，但依然活著。作為一個歷史學家，陳寅恪的生
命已依附到那些卓爾不群的著作之中；作為一個歷史學家，
陳寅恪的靈魂已鑄刻在二十世紀的中國文化史上。

——陸鍵東，《陳寅恪的最後 20 年》（北京：新華書店，1995）
之〈前言〉，頁 1。

　　回顧二十世紀一百年內，中國史學界面臨了傳統史學向新史學
過渡的轉折階段，誠如河北教育出版社「二十世紀中國史學名著」
〈出版說明〉所指出的：「二十世紀是中國史學發展最顯著、變革

最深刻的時期。新時代、新史觀、新史料、新方法、新的學術文化
氛圍等等,造就了二十世紀的中國史學。」❶在這種學風的衝擊
下,大家輩出,名著累累,出現了不少傑出的史學名家,譬如王國
維、梁啟超、陳寅恪、顧頡剛、錢穆等,也顯示了二十世紀史學百
家爭鳴的繁榮現象。

做為二十世紀新史學的佼佼者,陳寅恪(1890-1969)先生秉承
其家學淵源、留學海外的新舊學養交融,出入文史,淹貫古今,被
公認為「教授之教授」和二十世紀中國最具學術魅力的史學大師。
❷值此「陳寅恪熱」的風潮中,各種各類的紀念論文集❸競相歌頌
陳學偉岸身影的啟發和影響,以兩百多萬字著作總產量❹,何以能

---

❶ 關於二十世紀中國史學的發展與變遷,可參馬金科、洪京陵,《中國近代史
　學發展敘論(1840−1949)》(北京:中國人民文學出版社,1994),新史
　學部份見第七一十二章,其中第十二章第五節論及陳寅恪的史學成就,頁
　354-360。

❷ 分別參陸鍵東,《陳寅恪的最後 20 年》(北京:新華書店,1995)之〈前
　言〉,頁 60、王曉清,《學者的師承與家派·大師其大──陳寅恪學記》
　(武漢:湖北人民出版社,2000),頁 133。按陳寅恪為教授中的教授,三
　〇年代清華大學清華園已傳頌,五〇年代再次流傳於嶺南大學康樂園。

❸ 有關陳先生的紀念論文集,計有《紀念陳寅恪教授國際學術討論會文集》
　(廣州:中山大學出版社,1989)、《紀念陳寅恪先生誕辰百年學術論文
　集》(北京:北京大學出版社,1989)、王永興編,《紀念陳寅恪先生百年
　誕辰學術論文集》(南昌:江西教育出版社,1994)、胡守為編,《柳如是
　別傳與國學研究》(杭州:浙江人民出版社,1995)、胡守為編,《陳寅恪
　與二十世紀中國學術》(杭州:浙江人民出版社,2000)。

❹ 依陸鍵東,前揭《陳寅恪的最後 20 年》,頁 360 的估計。同時代另一位史學
　大師錢穆先生的著作量,依李振聲編,《錢穆印象·編選小序》(上海:學
　林出版社,1997),頁 1 估計有一千四百餘萬字。

爆發這種學術的能量？大師的風範值得探討。

所謂大師，是指在學問或藝術上有很深的造詣，為大家所尊崇。❺依照陳寅恪先生評價王國維的說法，文化大師對文化傳承和發展有關鍵的指標作用，其云：

> 自昔大師巨子，其關係於民族盛衰學術興廢者，不僅在能承續先哲將墜之業，為其託命之人，而尤在能開拓學術之區宇，補前修所未逮。故其著作可以轉移一時之風氣，而示來者以軌則也。❻

其實上述這段評語迴用於陳先生身上若合符契，毋寧更加貼切。陳先生終生膺守「獨立之精神，自由之思想」❼的信念，以及「默念平生固未嘗侮食自矜，曲學阿世」❽的節操，名符其實是文化「託命之人」❾。再者，陳先生向來博覽通觀史材群籍，交相運用中外

---

❺ 參祝勇編，《重讀大師：激情的歸途》（北京：人民文學出版社，1999）之〈序〉文，頁1。

❻ 〈王靜安先生遺書序〉，收入氏著，《金明館叢稿二編》（陳寅恪先生文集二，台北：里仁書局，1982），頁219。另參劉克敵，《陳寅恪與中國文化》（上海：上海人民出版社，1999）第一章〈敢將私誼哭斯人，文化神州喪一身〉，頁34-35。

❼ 〈清華大學王觀堂先生紀念碑銘〉，收入氏著，《金明館叢稿二編》（陳寅恪先生文集二），頁218。

❽ 參陳寅恪，〈贈蔣秉南序〉，收入氏著，《寒柳堂集》（陳寅恪先生文集一，台北：里仁書局，1981），頁162。

❾ 參劉夢溪，〈一代文化所托命之人──陳寅恪先生的學術創獲和研究方法〉（收入張杰、楊燕麗選編，《解析陳寅恪》，北京：社會科學文獻出版社，1999），頁379。

理論，在王國維「二重證據法」的基礎上，進一步擴充，並具體實踐一貫強調的取材方式，即「一曰取地下之實物與紙上之遺文互相釋證。二曰取異族之故書與吾國之舊籍互相補正。三曰取外來之觀念，與固有之材料互相參證。」⑩陳先生對於新材料的攝取和應用，更所究心，語重心長的呼籲：

> 一時代之學術，必有其新材料與新問題。取用此材料，以研求問題，則為此時代學術之新潮流。治學之士，得預此潮流者，謂之預流（借用佛教初果之名）。其未得預者，謂之未入流。⑪

上述所謂「新材料、新問題、新潮流」三者環環相扣的學術發展命題，對於後來敦煌學、突厥學、藏學、蒙古學的研究潮流，都產生了相當大的鼓舞作用。⑫至於陳先生吸納西方學說理論的精華，轉化為諸多史學識見的創獲，有如余英時先生所指出的世界史視野，「例如他分析隋唐帝國所運用的若干基本概念如民族集團、宗教勢力、社會階段、地域背景、經濟制度、皇位繼承、語言變遷、武力

---

⑩ 前揭〈王靜安先生遺書序〉。另參許冠三，《新史學九十年》（台北：唐山出版社，1987），頁 237，劉健明，《論陳寅恪先生的比較方法》（收入前揭《解析陳寅恪》），頁 535-554，特別是頁 539、544。

⑪ 參陳寅恪，〈陳垣《敦煌劫餘錄》序言〉，收入氏著，《金明館叢稿二編》（陳寅恪先生文集二），頁 236。

⑫ 詳參前揭《解析陳寅恪》，姜伯勤，〈陳寅恪先生與敦煌學〉、陸慶夫及齊陳駿，〈陳寅恪先生與敦煌學〉、蔡鴻生，〈陳寅恪與中國突厥學〉、王堯，〈陳寅恪先生對我國藏學研究的貢獻〉、蔡美彪，〈陳寅恪對蒙古學的貢獻及其治學方法〉等文。

消長、通婚狀況之類，都流露出他對歐洲歷史具有相當深度的認識。」⑬再加以陳先生治史富有通識，往往又能抉其幽微，以小見大，宏觀兼具微觀，而且擅長運用文史互證⑭，凡此皆構成陳先生做為一代史學大師的條件，足堪後學的效法學習。

二、追隨大師──中古史研究的典範

> 其對於古人之學說，應具瞭解之同情，方可下筆。蓋古人著書立說，皆有所為而發。故其所處之環境，所受之背景，非完全明瞭，則其學說不易評論，……。所謂真了解者，必神遊冥想，與立說之古人，處於同一境界，而對於其持論所以不得不如是之苦心孤詣，表一種之同情，始能批評其學說之是非得失，而無隔閡膚廓之論。

> ──陳寅恪，〈馮友蘭中國哲學史上冊審查報告〉（收入《金明館叢稿二編》），頁 247。

---

⑬ 詳參余英時，〈試述陳寅恪的史學三變〉（收入氏著，《陳寅恪晚年詩文釋證》，台北：東大圖書公司，1998，增訂新版），頁 332-336。另參張國剛，〈陳寅恪留德時期柏林的漢學與印度學──關於陳寅恪先生治學道路的若干背景知識〉（收入胡守為主編，前揭《陳寅恪與二十世紀中國學術》）、季羨林，〈從學習筆記本看陳寅恪先生的治學範圍和途徑〉，前揭《紀念陳寅恪教授國際學術討論會文集》）。

⑭ 詳參胡守為，〈略談陳寅恪先生的詩文證史〉、何新，〈陳寅恪學術思想散論〉（以上二文皆收入前揭《解析陳寅恪》），頁 38-45、527-534，另參景蜀慧，〈“文史互證”方法與魏晉南北朝史研究〉、姜伯勤，〈史與詩──讀陳寅恪先生《元白詩箋論稿》、《論再生緣》、《柳如是別傳》〉（收入胡守為主編，前揭《陳寅恪與二十世紀中國學術》）。

陳寅恪先生卓越的史學成就和學術權威，余英時歸因於精通多種古典語文、通曉西方古典文化、掌握豐富的輔助學科知識、文獻資料的博聞強記等四大支柱之上；胡守為認為乃是建立在批判地繼承乾嘉史學方法、吸收西方比較語言學方法、運用比較研究方法等特點上；王永興揭櫫陳先生有創新見解自成體系、著重通識、樸素辯證方法、重視形勢對重大歷史事件政策的決定作用、小處著手大處著眼的方法等五大治學特長；李玉梅則歸納出陳先生兼攝中西的史法，反映在史料處理（善用文本、考據多方）、詩文證史（文史互證）、輔助學科（敦煌遺書、域外語文）。❺此外，還有不少研究者指出，陳先生治史注重宏觀通識，特別是歷史發展的規律與因果關係，也留意舊史料的廣泛掌握、新史料的運用，以及新問題的提出。既繼承乾嘉考據學的遺風，擅用宋人長編考異法（即合本子注法），喜聚異同寧煩勿簡，被歸類為史料學派，更吸收西方新史學思潮，號稱為新史家。❻

---

❺ 見余英時，〈陳寅恪的學術精神和晚年心境〉（收入氏著，《陳寅恪晚年詩文釋證》，台北：東大圖書公司，1998，增訂新版），頁 2-7、胡守為前揭，《陳寅恪史學論文選集》（上海：上海古籍出版社，1992）之〈前言〉，頁 26-29、王永興，〈略談陳寅恪先生的治史方法〉（收入氏著，《陳門問學叢稿》，南昌：江西人民出版社，1993），頁 11-20、李玉梅，《陳寅恪之史學》（香港：三聯書店，1997），頁 121-282。

❻ 詳參尚定，〈陳寅恪文化歷史主義通觀〉，《歷史研究》1992 年第 4 期，頁 98-101、周勛初，〈陳寅恪研究方法之吾見〉（收入《中國古典文學學術史研究》，烏魯木齊：新疆人民出版社，1991），頁 143-151，馬金科、洪京陵編著，《中國近代史學發展敘論（1840-1949）》（北京：中國人民出版社，1994），頁 355、359-360、李玉梅前揭書，頁 144-154 及許冠三，《新史學九十年》（台北：唐山出版社，1987），頁 235-239。

陳先生一生治學，凡歷三變。即第一變為「殊族之文，塞外之史」，第二變為「中古已降民族文化之史」，第三變為「心史」。 ❶ 1932 年，陳先生撰〈馮友蘭中國哲學史下冊審查報告〉自稱：「寅恪平生為不古不今之學。」1935 年，陳先生撰〈陳垣元西域人華化考序〉指出：「寅恪不敢觀三代兩漢之書，而喜談中古已降民族文化之史。」❶顯見 30 年代陳先生史學研究的主軸，為中古（魏晉隋唐）民族文化史，而其抗戰時期的兩本名著《隋唐制度淵源略論稿》、《唐代政治史述論稿》（以下分別簡稱《淵源稿》、《政治稿》）則為代表作。❶胡守為指出陳先生中古史研究，主要有三條主線，(1)統治階級內部各集團勢力的升降，(2)典章制度的承上啟下，(3)民族遷徙與文化融合。❷以下本文擬在此問題意識的基礎上，以《淵源稿》為例，輔以《政治稿》等相關中古史研究案例，彰顯其研究的典範和史識的創獲。

㈠ **系統淵源──隋唐典章制度三源說**

《淵源稿》側重中古時期典章制度的系統淵源流變問題，針對漢魏以迄隋唐的各種典章制度，包括禮儀（附都城建築）、職官、刑律、音樂、兵制、財政等，「分析其原因，推論其源流」，以北魏

---

❶ 詳參余英時，前揭〈試述陳寅恪的史學三變〉，頁 336-351。

❶ 〈馮友蘭中國哲學史下冊審查報告〉、〈陳垣元西域人華化考序〉（皆收入前揭《金明館叢稿二編》），頁 239、252。

❶ 詳參逯耀東，〈陳寅恪的「不古不今」之學〉收入氏著《胡適與當代史學家》（台北：東大圖書公司，1999），頁 201-203。惟王曉清，前揭《學者的師承與家派》，頁 135-137，指出所謂不古不今之學應指東方學。

❷ 參胡守為前揭，《陳寅恪史學論文選集》之〈前言〉，頁 17-20。

北齊（含河西文化）、梁陳、西魏北周等三源說為全書理論架構，分別系統地剖析闡釋隋唐制度承襲三源本末輕重的影響。陳寅恪先生一反隋唐制度繼承西魏北周的流行舊說，揭示了北魏北齊一源為主流的看法。王永興指出《淵源稿》並不主要論述制度沿革本身，而是探討人、社會對制度的影響，區域保存制度的可能性，人在保存制度文化中的作用等。㉑故而〈禮儀章〉也進一步提示了河西文化功能的重要性（詳後），〈職官章〉首揭「關隴集團」的崛起和「關中本位政策」的建樹（詳後），〈刑律章〉強調北魏刑律取精用宏的優越性，〈音樂章〉考察北齊末年宮廷西域胡化的現象，〈兵制章〉開啟府兵兵農分合的問題意識，〈財政章〉鋪陳唐代中央財政制度江南地方化（南朝化）的性格（詳後）。以上這些鮮明的創見，皆曾長期受到中古史學界的注目和推崇，普遍視為中古史研究的共同議題。㉒

㈡ 種族文化——河西文化等課題

　　如前所述，陳先生研治中古史側重「民族文化之史」，《淵源

㉑　參王永興，《陳寅恪先生史學述略稿》（北京：北京大學出版社，1998），頁149。

㉒　關於《淵源稿》內涵的解讀，詳參王永興，前揭《陳寅恪先生史學述略稿》，頁142-154、王永興，《王永興學述》（杭州：浙江人民出版社，1999），240-245。吳麗娛，〈試論陳寅恪先生的文化繼承與維新史觀〉，收入於王永興著，《紀念陳寅恪先生百年誕辰學術論文集》（南昌：江西教育出版社，1994），頁506-520。朱紹侯，〈《隋唐制度淵源略論稿》讀後〉、吳麗娛〈神州瑰寶、垂示後學——陳寅恪先生禮制研究淺識〉，以上二文收入於胡守為主編，《陳寅恪與二十世紀中國學術》（杭州：浙江人民出版社，2000），頁82-94、434-457。

稿·禮儀章》一再強調「北朝胡漢之分，不在種族而在文化，其事彰彰甚明，實為論史之關要」、「全部北朝史中凡關於胡漢之問題，實一胡化漢化之問題，而非胡種漢種之問題，當時之所謂胡人漢人，大抵以胡化漢化而不以胡種漢種為分別，即文化之關係較重而種族之關係較輕，所謂有教無類者是也」。❷又《政治稿·上篇》也不斷提及「漢人與胡人之分別，在北朝時代文化較血統尤為重要。凡漢化之人即目為漢人，胡化之人即目為胡人，其血統如何，在所不論」、「唐代安史亂後之世局，凡河朔及其他藩鎮與中央政府之問題，其中心實屬種族文化之關係也」。❷由此可知，陳先生秉承「文化史觀」、「種族文化心態」，強調種族與文化問題為治史關鍵。所以，許冠三總結認為：

> 寅恪頗為自詡的治史通識，即用來貫串並解釋史事的中心概念，不外四條：一、文化；二、種族；三、家族；四、門第，或作社會階級。家族和門第兩者，通常皆隱含種族與文化的分野，故文化一概念又是這四者的核心。❷

---

❷　參陳寅恪，前揭《淵源稿·禮儀章》，頁 41、71。

❷　參陳寅恪，前揭〈統治階級之氏族及其升降〉（收入氏著，《唐代政治史述論稿》上篇，台北：里仁書局，1994），頁 17、28。

❷　參許冠三，前揭《新史學九十年》上冊，頁 253。關於文化史觀，另參周勛初，〈陳寅恪先生的中國文化本位論〉（收入《當代學術研究思辨》（南京：南京大學出版社，1993），頁 30-52、尚定，〈陳寅恪文化歷史主義通觀〉，《歷史研究》1992 年第 4 期，頁 96-111。關於種族文化心態，另參北京大學歷史系三年級三班研究小組，〈關於隋唐史研究的一個理論問題——評陳寅恪先生的"種族——文化論"觀點〉，《歷史研究》1958 年第 12 期、許冠三前揭書，頁 239、253-256，周勛初，前揭〈陳寅恪研究方法之吾

其次，《淵源稿》中揭示河西儒學漢族文化為隋唐制度傳承變遷之一主流因子，蓋西晉末年永嘉亂後中原板蕩，河西雖為西北邊陲之地，但由於局勢較為安定，故漢魏文化轉而保存於涼州，後來北魏太武帝取河西，「河西文化」輸入北魏遂成為北魏北齊文化源流的重要分支。陳先生認為：「惟此偏隅之地，保存漢代中原之文化學術，經歷東漢末西晉之大亂及北朝擾攘之長期，能不失墜，卒得輾轉灌輸，加入隋唐統一混合之文化，蔚然為獨立之一源，繼前啟後，實吾國文化史之一大業。」❷此後，「河西文化」的研究課題遂普遍受到學界重視，相關研究成果頗多，大致圍繞在「河西文化」發展及其影響❷、河西豪族大姓❷二個主題上。拙撰〈五涼時

見〉，頁 147、王永興，〈斯文自有千秋業──陳寅恪史學的淵源和史學思想述略稿〉（收入前揭《解析陳寅恪》），頁 102-108、劉夢溪，前揭〈一代文化所託命之人──陳寅恪先生的學術創獲和研究方法〉，頁 403-418、盧向前，〈陳寅恪先生之史法與史識〉（收入前揭《解析陳寅恪》），頁 506-509。

❷ 詳參陳寅恪，《隋唐制度淵源略論稿·禮儀章》（台北：里仁書局，1994），頁 17。

❷ 如曹仕邦，〈論兩漢迄南北朝河西之開發與儒學釋教之進展〉、黎尚誠，〈五涼時期的河西文化〉、施光明，〈五涼政權"崇尚文教"及其影響述論〉、陸慶夫，〈五涼文化簡論〉、邵如林，〈"河西文化"論〉及齊陳駿、馮培紅，〈河隴文化與隋唐制度的淵源〉（收入胡守為主編，前揭《陳寅恪與二十世紀中國學術》），頁 727-743 等文，究其內容偏重補充陳先生觀點的不足，並對五涼時期河西地區文教發展提出高度肯定。至於張金龍，〈河西士人在北魏的政治境遇與文化影響〉、〈《魏書》札記三則：關於北魏河西士人家族〉及〈隴西李氏初論──北朝時期的隴西李氏〉三文，則認為河西大姓在北魏發展並不順遂，故對"河西文化"影響北魏制度的說法持保留、懷疑的態度。

期的「河西文化」與河西大姓〉❷，除了初步地探討河西十二姓在漢晉時期的形成及發展概況外，也從中梳理大姓人物的文化事蹟，藉以呈現五涼時期「河西文化」與河西大姓的關係，並進一步對五涼時期的文化現象提出進一步檢討，以為五涼時期的「河西文化」本身有其侷限性，即有孤立脆弱的特質。

(三) 家世集團——關隴集團理論

如前述許冠三所歸納的陳先生中古史研究的四個中心概念，其中兩個即為家族和門第（或作社會階級），凡涉及家世、階級、集團、黨派等課題，皆為相關範疇。《淵源稿·職官章》與《政治稿·上篇》先後揭櫫「關隴集團」的學說，用以指涉西魏北周隋唐前期近兩百年間一脈相承的支配統治階層。在陳先生這一系列「假說」中，直接涉及唐代前期統治階層主體的一段最緊要文字，有謂：「自高祖、太宗創業至高宗統御之前期，其將相文武大臣大抵承西魏、北周及隋以來之世業，即宇文泰『關中本位政策』下支所

---

❷ 如尤成民，〈漢代河西的豪強大姓〉、趙向群，〈河西著姓社會探賾〉、李軍，〈西涼大姓略考〉及張和平，〈古代敦煌地區的邊民〉等文，都只侷限在對漢代河西大姓的形成與社會勢力發展做一粗略概觀，無法反映河西大姓在中古歷史舞台上所扮演的角色，又如王素，《高昌史稿（統治編）》一書討論魏晉南北朝時期西域高昌地區河西大姓的政治發展，廣泛應用敦煌吐魯番出土文書及整合大陸、台灣與日本三地的研究成果，用力頗深。另可參張文杰，〈四至六世紀「河西文化」與河西大姓〉（碩士論文，國立中興大學歷史學研究所，2000）。

❷ 參宋德熹、張文杰，〈五涼時期「河西文化」與河西大姓〉（國史館主編，《中華民國史專題論文集第五屆討論會》，台北：國史館，2000），頁 157-200。

結集團體之後裔也。」❸易言之，所謂「關隴集團」乃是實施「關
中本位政策」後所形成的產物，前者為西魏北周隋唐初統治階層中
的核心集團，後者則是此一集團以關中為核心區所推動的一系列富
國強兵措施❸，兩者的關係是緊密不可分的。至於「關中本位政
策」的實質內容及創設動機，陳先生也有扼要的說明：

> 宇文泰率領少數西遷之胡人及胡化漢族割據關隴一隅之
> 地，……，而其物質及精神二者力量之憑藉，俱遠不如其東
> 南二敵，故必別覓一塗徑，融合其所割據關隴區域內之鮮卑
> 六鎮民族，及其他胡漢士著之人為一不可分離之集團，匪獨
> 物質上應處同一利害之環境，及精神上亦必具同出一淵源之
> 信仰，同受一文化之薰習，始能內安反側，外禦強鄰。而精
> 神文化方面尤為融合複雜民族之要道。……。此新塗徑即就
> 其割據之土依附古昔，稱為漢化發源之地，……，不復以山
> 東江左為漢化之中心也，……。此宇文泰之新塗徑今姑假名
> 之為「關中本位政策」，即凡屬於兵制之府兵制及屬於官制
> 之周官皆是其事。其改易隨賀拔岳等西遷有功漢將之山東郡
> 望為關內郡望，別撰譜牒，紀其所承，……，又以諸將功高

---

❸ 陳寅恪，前揭〈統治階級之氏族及其升降〉，頁 18。

❸ 核心集團如核心區的理論，為毛漢光自陳寅恪先生「關隴集團」系列學說中
所提煉出來的觀念結晶。詳參毛漢光，《中國中古政治史論》第一章〈緒
論：中古核心區核心集團之轉移〉，頁 9-18 的詳盡說明。萬繩楠整理，《陳
寅恪魏晉南北朝史講演錄》，頁 311 提及：「這就在關中地區形成了一個集
關——關隴集團。這個集團是一個統治團體」，似可稍見核心區理論的雛
形。

者繼塞外鮮卑部落之後，……，亦是施行「關中本位政策」之例證，……。㉜

學界對於陳寅恪「關隴集團」的提出，除岑仲勉、章群、韋其勒（H.J. Wechsler）、黃永年等抱持異議外㉝，其餘則大致針對「關隴集團」成員結構㉞、政爭衝突㉟，以及與山東士族的互動關係㊱等主

㉜ 參萬繩楠整理前揭，《陳寅恪魏晉南北朝史講演錄》，頁 308、320，陳寅恪前揭，《隋唐制度淵源略論稿》三〈職官〉章，頁 91-92，更進一步的討論見張維訓，〈宇文泰建立政權的社會經濟等分析──宇文泰述論〉，頁 5-10。

㉝ 分別參岑仲勉，《隋唐史》（石家莊：河北教育出版社，2000）、章群，〈論開元前的政治集團〉，《新亞學報》第 2 期，1956，頁 281-303、韋其勒（H.J. Wechsler），〈初唐政治上的黨爭〉（收入陶晉生編譯，《唐史論文選集》，台北：國立編譯館，1990），頁 50-82、黃永年，〈從楊隋中樞政權看關隴集團的開始解體〉、〈關隴集團到唐初是否繼續存在〉（以上二文皆收入氏著，《文史探微──黃永年自選集》，北京：中華書局，2000），頁 154-168、169-182 及〈論武德貞觀時統治集團的內部矛盾和鬥爭〉（收入氏著，《唐代史事考釋》，台北：聯經出版事業公司），頁 1-35、王吉林，〈從黨派鬥爭看唐高宗武后時代宰相制度的演變〉（收入氏著，《唐代宰相與政治》，台北：文津出版社，1999），頁 95-96、劉健明，《隋代政治與對外政策》（台北：文津出版社，1999），頁 9-10。

㉞ 分別參王仲犖，《魏晉南北朝史》（上海：上海人民出版社，1998），頁 622、胡戟，《「關隴集團」的形成及其矛盾的性格》（收入氏著，《胡戟文存》，北京：中國社會科學出版社，2000），頁 122-139、王大華，〈論關隴軍事集團之構成〉，《陝西師大學報》（社科版），1990 年第 1 期，頁 39-46、毛漢光，〈緒論：中古核心地區核心集團之轉移──陳寅恪先生「關隴」理論之拓展〉（收入氏著，《中國中古政治史論》，台北：聯經出版事業公司，1990），頁 1-28、張偉國，《關隴集團與周隋政權》（廣州，中山大學出版社，1993）第二章、拙文，〈陳寅恪「關隴集團學說的新詮釋-「西魏北周系」說」〉（收入《嚴耕望先生紀念論文集》，台北：稻鄉出版社，1998），頁 239-260。

題進行學說的補充與修正。**㉟**

四 社會經濟——江南地方化（南朝化）

　　學界一般認為陳先生較為忽略經濟史課題，其實在〈王觀堂先生輓詞并序〉中，即提及「（文化）其所依托以表現者，實為有形之社會制度，而經濟制度尤其重要者」；在陳先生一生的著述中，也曾論及國家財政收入、估價、水運、轉輸、義倉、賦役、外貿、鹽茶、俸錢、地域經濟等社會經濟問題。**㊳**《淵源稿·財政章》即

㉟ 分別參汪籛，〈唐太宗樹立新門閥的意圖〉、〈唐高宗王武二后廢立之爭〉（以上二文皆收入氏著，《汪籛隋唐史論稿》，北京：中國社會科學出版社，1984），頁 150-162、165-188、孫國棟，〈唐貞觀永徽間黨爭試釋〉（收入氏著，《唐宋史論叢》，香港：商務印書館，2000），頁 1-6、吳宗國，〈唐代士族及其衰弱〉、李光霽，〈簡論唐代山東舊士族〉（收入唐史學會編，《唐史學會論文集》，西安：陝西人民出版社，1986），頁 1-24、頁 25-44、張偉國前揭，《關隴集團與周隋政權》第三、四章、毛漢光，〈關隴集團婚姻圈之研究——以王室婚姻為中心〉，《中央研究院歷史語言研究所集刊》，第六十一本第一分，1991，頁 167-244、甘懷真，〈隋文帝時代軍權與關隴集團之關係——以總管為例〉（收入《唐代文化研討會論文集》，台北：文史哲出版社，1991），頁 487-517。另可參呂春盛：《關隴集團權力結構演變——西魏北周政治史研究》（台北：稻鄉出版社，2002）。

㊱ 分別參汪籛，〈唐太宗之拔擢山東微族與各集團人士之并進〉（收入氏著前揭，《汪籛隋唐史論稿》），頁 132-137、毛漢光，〈中古山東大房著房之研究——唐代禁婚家與姓族譜〉（收入氏著，《中國中古社會史論》，台北：聯經出版事業公司，1998），頁 189-224。

㊲ 對於學界整體有關「關隴集團」學說的討論與問題，可參考胡勝源，〈「關隴集團」學說的再檢討〉（國科會大專學生參與研究計畫研究成果報告，計畫編號：NSC-89-2/815-C-005-074R-H）。

㊳ 參盧向前，前揭〈陳寅恪先生之史法與史識〉，頁 514、王永興，前揭〈斯文自有千秋業〉，頁 119-124。

是陳先生經濟史觀的代表作，該文主要闡述「河西地方化」、「江南地方化」兩個主題。其中，「江南地方化」的觀點，涉及玄宗開元二十五年定令規定「其江南諸州租並迴造納布」。陳先生指出唐代百姓所繳的正租本應為粟，此時改為折納麻布（麻布可作財貨以供和糴收購），乃是國家財政制度的一大變革。陳先生進一步根據(1)吐魯番出土文書武則天光宅元年（684）婺州祝伯亮租布、《顏魯公文集》附殷亮所撰行狀所謂：「國家舊制，江淮郡租布貯於清河，以備北軍，為日久矣，相傳（謂）之天下北庫。」以及(2)《南齊書·武帝紀》所載：「戶租三分二取見布」、同書〈竟陵王子良傳〉所載：「詔折租布二分取錢。」等兩方面史料相互對照，指出租可折納錢也可折納布，租如折納布，即為「納布代租」、「代租之布」的租布，也即迴造納布。此為南朝舊制，遺存保留於唐代江南諸州，至武則天時逐漸推廣施行，玄宗朝遂成為中央定制，這種現象即是所謂的江南地方化，也即南朝化。上述「江南地方化」的看法，牽涉租布、迴造納布、折納等語義和史源問題，學者意見頗為分歧。大體而言，陳先生詮釋租布為「以布代租」和「其租折納布」，應是可以接受的說法；而陳先生藉由南朝租布和武周、唐玄宗時期租布共通的關連性，斷定唐代迴造納布應係源自南朝舊制，也不失為有學術價值的創見。

（五）**其他**

　　陳先生在中古史領域卓越的研究創獲，還包括了《政治稿》所揭李唐氏族、唐代宦官出身、武則天社會革命、外族盛衰連環性，《魏晉南北朝史講演錄》所揭北強南弱，以及陳先生對於隋末唐初山東豪傑的角色和影響等課題，對於後學皆有開宗明義的廣泛影

響，擬另文探討。

三、超越大師——批判地繼承、繼承地批判

> 我的學說也有錯誤，也可以商量，個人之間的爭吵，不必芥
> 蒂。我、你都應該如此。
> ——陳寅恪，〈對科學院的答覆〉（轉引自陸鍵東前揭，《陳寅
> 恪的最後20年》），頁111。

陳先生治史十分注重史料和檔案，乃是建立在其一貫堅持的信
念中，「蓋歷史語言之研究，第一步工作在搜求材料，而第一等之
原料為最要。」❸不過，如遇直接史料不足的情況，陳先生往往透
過旁徵推論，提出一些假設、假說。如《淵源稿・兵制章》倡言府
兵制兵農分合問題，於〈財政章〉首揭唐代中央財政制度「江南地
方化」，即是推論、創見兼具的雙重學術成品。這種看似矛盾卻又
相輔相成的現象，姑且名之為「史學得失相對論」。易言之，陳先
生的史學創獲來自其假設、推論，如無假設、推論，再配合史料鋪
陳和理論建構，則其慧眼獨具的創獲無從產生，其崇高的學人典範
也將黯然失色。由此觀之，其史學之得，也是史學之失，反之也
然。祝勇所編《重讀大師：激情的歸途》的〈序〉文指出：「大師
活水般的思想成為經典，其經典又在時間中風乾成僵死的教條」，

---

❸ 陳寅恪1928年致傅斯年信函中語，轉引自王汎森，〈什麼可以成為歷史證據
——近代中國新舊史料觀點的衝突〉，《新史學》第8卷第2期（1997），
頁105-106。又張弘、尹波編，〈陳寅恪敦煌學論著目錄初編〉，《甘肅社會
科學》1994年第12期、1995年第1期，亦可看出陳先生注重新史料現象。

「大師是一種『客觀存在』，同時也是一種『主觀存在』。而後人超越了時代的困圍反觀大師時，大師也已不再是個體化的大師，而是雜揉了複雜的歷史信息的文化存在，在時間中經歷著升值或貶值的自然過程」。❹以史料蒐羅為例，大陸馬克思主義史學大師郭沫若即曾在1958年「厚今博古」運動中倡言：

> 作為不可企及的高峰……在史學研究方面，我們在不太長的時間內就在資料占有上也要超過陳寅恪。……一切權威，我們都必須努力超過他。❹

其實，任何史學大師的研究本就無法十全十美，並非不可超越，陳先生即曾自謂：「有誤必改，無證不從，庶幾因此得以漸近事理之真相」❹，「夫考證之業，譬如積薪，後來居上者，自無膠守所見，一成不變之理。……改易其主張，不敢固執，亦不敢輕改，惟偏蔽之務去，真理之是從」。❹陳先生在〈清華大學王觀堂先生紀念碑銘〉中也強調：「先生之著述，或有時而不彰。先生之學說，或有時而可商。惟此獨立之精神，自由之思想，歷千萬祀，與天壤而同久，共三光而永光」，這種說法應用在陳先生身上，應該也是

---

❹ 參祝勇編前揭，《重讀大師：激情的歸途》之〈序〉文，頁2、3。

❹ 見郭沫若 1958、5、16，致北大歷史系師生公開信：〈關於厚今薄古問題〉，收入氏著，《文史論集》，頁15。

❹ 〈李唐武周先世事蹟雜考〉（收入氏著前揭《金明館叢稿二編》），頁275。

❹ 〈三論李唐氏族問題〉（收入氏著前揭《金明館叢稿二編》），頁304。

合情合理的。㊹如果以《淵源稿》為例,我們也可以歸納出陳先生的研究成果可能有三個可以商榷之處:(1)家世決定論和社會階級決定論的切入方法。(2)強調英雄個人主義對推動歷史的作用。(3)推論、創見兼具的「史學得失相對論」。

譬如〈禮儀章〉中過分凸顯王肅、李沖對北魏禮儀制訂的絕對角色,因而忽視了北朝時期山東士族的集體文化貢獻,唐長孺即指出:「太和改革的主要人物是李沖、李安世、宋弁。建議均田的是李沖,倡立三長的是李安世,其他如劉芳、宋弁等,都在不同程度上參與改革。王肅自南齊北來時,北魏改革大局基本已定。」㊺。〈都城建築篇〉則從宮市位置揣測姑臧城影響洛陽建築規制,進而推斷隋代三大技術家出自西域胡族血統,其實除何稠確出身於西域人外,其餘宇文愷和閻毗皆非西域人士。〈職官章〉中,忽略了北魏前期胡漢二元體制中襲用魏晉舊制的現象,另外,過分強調北魏北齊承襲東晉南朝前期官制,而其關鍵癥結只歸因於王肅北奔的個人因素上,以及《唐六典》與唐朝現行職官系統的關係,皆有再商榷的餘地。〈刑律章〉中,過份側重人物的家世背景,經常由此籠

㊹ 參陳寅恪,〈清華大學王觀堂先生紀念碑銘〉(收入氏著前揭《金明館叢稿二編》),頁218。

㊺ 參唐長孺,《魏晉南北朝隋唐史三論》(武漢:武漢大學出版社,1993),頁173。何茲全,〈南北朝時期南北儒學風尚不同的淵源〉,收入北大版《紀念陳寅恪先生誕辰百年學術論文集》(北京:北京大學出版社,1989),頁48指出北朝儒學一脈相成的繼承東漢及十六國的儒學傳統,其中,十六國時期北方頗多儒學之士。錢穆前揭,〈略論魏晉南北朝學術文化與當時門第之關係〉,頁141質疑《淵源稿》僅述南朝禮樂而忽視北方制度,其故在此。

統地推論人物所代表的地域文化系統（包括法律素養），譬如劉芳出自南朝代表江左系統、常景本出涼州代表河西文化等例。雖然此方法的確是探索隋唐刑律淵源的捷徑，但如果史料論證不足，自易產生學說的弔詭與盲點。而且，側重強調劉芳挾其南學對北魏刑律的影響，既不免忽視正始定律團隊其他成員的作用，也導致陳先生誤認為南朝前後期刑律一成不變，因而也忽略了梁律後出轉精的地位。〈音樂章〉專意強調梁陳的因子，因而忽略了北齊、北周對隋代可能的影響。〈兵制章〉藉由史料細部考證，討論府兵淵源和兵農是否合一等問題，但過份側重其與鮮卑部落兵制的關係，因而忽略了漢末魏晉以來兵制的傳承。〈財政章〉提出的「河西地方化」、「江南地方化」（和糴、租布溯源問題），也都引起學界的質疑和熱烈討論，其中「河西地方化」所涉及的和糴問題，雖也引爆後學的研究熱潮，但也飽受質疑和挑戰。❹❻

此外，陳先生在《政治稿》中所論河北藩鎮胡化、牛李黨爭、玄武門之變中常何的角色，以及〈桃花源記〉與塢堡關係的有無、崔鶯鶯是否為酒家胡等問題，學界皆有廣泛的討論和迴響，擬另文探討之。

最後，謹以兩位中古文史研究的名家傅璇琮、田餘慶的期許和

---

❹❻ 近期有關和糴的討論，可參考湯雅蜜，〈唐代和糴問題研究〉（國立中興大學歷史學研究所碩士論文，2002）、羅彤華，〈唐代和糴問題試論〉，《新史學》第 15 卷第 1 期（2004），頁 49-52、湯雅蜜，〈唐代和糴政策的實施與問題〉，《興大人文學報》第 34 期下冊（2004），頁 729-775、湯雅蜜，〈北魏和糴及其相關問題研究〉，《興大人文學報》第 35 期下冊（2005），頁 545-546。

呼籲，來作為本文的總結：

> 作為一代大師，陳寅恪的意義絕不限於在專題領域所取得的
> 具體成果，他的著作，作為一個整體，在近現代學術史上，
> 有著超出於具體成果的更值得人們思考的啟示。**❹**

> 也許再有若干年，魏晉南北朝史研究的隊伍中能出現幾個新
> 時代的陳寅恪，他們既有微觀的功力，也有宏觀的眼
> 光，……。**❹**

---

❹ 　詳參傅璇琮，〈陳寅恪文化心態與學術品味的考察〉（收入前揭《解析陳寅
　　恪》）。

❹ 　參田餘慶，〈魏晉南北朝史研究的過去和現代〉（收入中國魏晉南北朝史學
　　會編，《魏晉南北朝史研究》，成都：四川省社會科學院出版社，1986），
　　頁 6。

林語堂生活的幽默

沈 謙
前玄奘大學中文系教授

一、前言

　　一般人談到林語堂的幽默，往往側重於機辯風趣，詼諧諷刺。其實，幽默大師的難能可貴，是生活中的情趣與豁達，能從淒風苦雨之中領略出風雨的情趣韵味，從尋常事物中透視出啟示……。❶

　　這是馬驥伸教授對幽默大師的描述，探驪得珠，默契寸心，頗能補捉其內在心靈的異彩。

　　二十世紀的幽默大師，西方以愛爾蘭文豪蕭伯納（George Bernard Shaw, 1856-1950）為代表，東方以林語堂為典範。

　　林語堂（1895-1976），原籍福建龍溪，上海聖約翰大學畢業，

---

❶　馬驥伸語見沈謙《林語堂與蕭伯納・林語堂的幽默文化》，台北：九歌出版社，民國八十六年三月。原係民國八十五年九月十一日，沈謙主持華視「中華文化之美──林語堂的幽默文化」電視節目的現場訪問。

美國哈佛大學比較文學碩士，德國萊比錫大學語言學博士。先後執教於清華、北大、廈門大學等校。曾任新加坡南洋大學校長、中華民國筆會會長、世界筆會副會長。

　　盱衡幽默大師的幽默真諦，我以為林語堂能成為幽默大師的關鍵因素有四：

　　第一，創作與理論印證：早在民國十三年，林語堂即在北京《晨報副鐫》發表〈徵譯散文並提倡幽默〉、〈幽默雜話〉；民國廿一年，又在上海創辦《論語》半月刊，提倡幽默、性靈小品。既有理論的闡揚，再加上作品的印證，所以在文壇上風吹草偃，引領風騷。

　　第二，東方與西方交融：林語堂不但介紹西方的幽默理論，而且將中國的幽默介紹到海外。1937 年《生活的藝術》在紐約發行，在暢銷書排行榜上獨占鰲頭，讓全世界的讀者，都見識到中國式的幽默，從此幽默再也不是西方世界的專利！

　　第三，傳統與現代傳承：林語堂「兩腳踏東西文化，一心評宇宙文章」，不但「兼擅中外」，而且「通變古今」。〈論幽默〉文中闡揚傳統的幽默，從儒家、道家的幽默，一直說到陶淵明、蘇東坡的幽默，現代的幽默大師，映現了古典幽默的精神活力，更加靈氣飛舞。

　　第四，生活與幽默結合：林語堂的幽默，不只是在言談中自然流露，在文章中涉筆成趣，更重要的，是「生活即幽默，幽默即生活」。

　　本文旨在探究林語堂生活的幽默，首先追索幽默的淵源，其次探討幽默的真諦，最後以理論與實例闡明生活的幽默。

二、幽默的淵源

民國廿一（西元 1932）年九月十六日，林語堂創辦及主編的《論語》半月刊在上海問世，提倡幽默文學，一鳴驚人。從此以後，以幽默、性靈、閒適為尚的小品文章，蔚為 30 年代的新潮，不但掀起一股幽默風，更為林語堂贏得幽默大師的美名。再加上民國廿二年二月十七日西方幽默大師蕭伯納訪華，東西方幽默大師的交會，當那交會時互放的光芒，照亮了文壇。

「幽默」一詞，淵源有自，最早見於屈原（西元前 343-278）《九章·懷沙》：❷

滔滔孟夏兮，草木莽莽。傷懷永哀兮，汨徂南土。眴兮杳杳，孔靜幽默。鬱結紆軫兮，離愍而長鞠。

〈懷沙〉作於詩人投江自盡的前一個月，正當南下汨羅的途中。「眴兮杳杳，孔靜幽默」，王逸注：「言江南山高澤深，視之冥冥，野甚清靜，漠無人聲。」此所謂「幽默」者，即僻靜、深靜。與英文 Humour 譯為中文的「幽默」意義迥然不同。

林語堂所謂「幽默」，是民國十三年在孫伏園主編的「晨報副鐫」兩度發表文章，首先將英語世界的 Humour 中譯為「幽默」。當時並未引起廣泛矚目，直到八年後，《論語》半月刊問世，再度鼓吹幽默，才風起雲湧，蔚為文壇時尚。

---

❷ 見洪興祖《楚辭補注·九章·懷沙》，台北：藝文印書館，民國五十四年十一月。又參考劉逸生《屈原賦選·九章·懷沙》，香港：三聯書店，民國七十年十二月。

　　幽默大師林語堂論幽默的文章甚多，遍檢梅中泉主編的《林語堂名著全集》❸三十冊、秦賢次主編的《當代作家研究資料彙編之一——林語堂卷》❹等，概有如下十四篇：

　　1.徵譯散文並提倡幽默　民國十三年五月廿二日晨報副鐫，收入林太乙編《清算月亮——語堂幽默文選下》，台北：聯經出版公司，民國八十三年十月。

　　2.幽默雜話　民國十三年六月九日晨報副鐫，民國廿四年十月一日《論語》半月刊第七十三期「最早提幽默的兩篇文章」重刊，收入林太乙編《清算月亮——語堂幽默文選下》。

　　3.答李青崖論幽默譯名　民國廿一年九月十六日《論語》半月刊第一期，收入梅中泉主編《林語堂名著全集·十四卷披荊集》，長春：東北師範大學出版社，民國八十三年十一月。又載林太乙編《論幽默——語堂幽默文選上》，台北：聯經出版公司，民國八十三年十月。

　　4.雨花幽默文選　民國廿一年九月十六日《論語》半月刊第一期，收入梅中泉主編《林語堂名著全集·十七卷拾遺集上》。

　　5.「雨花」幽默文　民國廿一年十一月十六日《論語》半月刊第五期，收入梅中泉主編《林語堂名著全集·十七卷拾遺集上》。

　　6.廿二年之幽默　民國廿三年一月一日《論語》半月刊第卅二期，收入梅中泉主編《林語堂名著全集·十四卷披荊集》。

---

❸　梅中泉主編《林語堂名著全集》精裝三十冊，長春：東北師範大學出版社，民國八十三年十一月。

❹　秦賢次、吳興文編〈當代作家研究料彙編之一——林語堂卷〉，台北：《文訊》第廿一～卅一期，民國七十四年十二月至七十七年八月。

7.論幽默　民國廿三年一月十六日《論語》半月刊第三十期刊出「上」、「中」，二月十六日卅五期刊出「下」，收入梅中泉主編《林語堂名著全集・十四卷行素集、十六卷無所不談合集》，又載林太乙編《論幽默——語堂幽默文選上》。

8.關於「幽默與詩教」覆郭繩武書　民國廿二年二月十六日《論語》半月刊第卅五期，收入梅中泉主編《林語堂名著全集・十七卷拾遺集上》。

9.跋西洋幽默專號　民國廿四年一月一日《論語》半月刊第五十六期，收入梅中泉主編《林語堂名著全集・十七卷拾遺集上》，又載林太乙編《清算月亮——語堂幽默文選下》。

10.論孔子的幽默　民國五十五年八月一日中央日報第九版、聯合報第九版，收入梅中泉主編《林語堂名著全集・十六卷無所不談合集》。

11.論東西文化的幽默　民國五十九年七月三日漢城國際筆會第三十七屆大會主題演說英文稿，宋顯豪中譯，十月一日刊台北《幼獅文藝》月刊第二〇二期，收入林太乙編《清算月亮——語堂幽默文選下》。

12.幽默　載《林語堂名著全集・二十卷吾國與吾民・第二章中國人之德性・七幽默》，民國廿四年。

13.論幽默感　載《林語堂名著全集・廿一卷生活的藝術・第四章論近人情・四論幽默》，民國廿六年。

14.論幽默　載《林語堂名著全集・十卷八十自敘・第九章論幽默》，民國六十四年。

細讀林語堂十四篇談論「幽默」的文章，可以歸納出三項認

知：

第一，除了十一篇單獨發表的論幽默之外，另有三篇係其專門著作中的一部分。

第二，其中有半數發表於 30 年代的《論語》半月刊，可見當時林語堂鼓吹幽默用心良苦，用力甚勤。

第三，在所有論幽默的文章之中，以民國廿三年在《論語》半月刊發表的〈論幽默〉萬字長文，最具代表性。林氏自己曾兩度表示其看重之意，其一：民國六十二年，他在「無所不談」專欄〈論幽默〉前言❺——我編《論語》半月刊時，曾經發表一文，詳論幽默引起「含蓄思想的笑」奧義。近常有讀者或記者詢問「幽默」二字的解釋，我想抄錄此篇作為最詳盡論幽默的答覆。其二：民國六十四年，他在《八十自敘·論幽默》前言❻——在我所創辦的刊物（《論語》第卅三、卅五期，民國廿三年一月十六日、二月十六日）上，我曾發表了對幽默的看法，題為〈論幽默〉。我自己覺得那是一篇滿意的文章。

第四，林語堂民國十三年於北平晨報副鐫提倡幽默時，並未獲得廣大的回應，直到 30 年代在上海創辦《論語》之後，才引領風騷，蔚為時尚。緣於既有理論，又有創作，再加上「論語社」同仁人才濟濟，類多俊彥，如劉半農、趙元任、郁達夫、俞平伯、孫伏園等，共襄盛舉，推波助瀾，才功德圓滿。誠如魯迅〈一思而行〉所稱：「轟的一聲，天下無不幽默，乃致 1932 年被稱為文壇上的

---

❺　見梅中泉主編《林語堂名著全集·十六卷無所不談合集·論幽默》。
❻　見梅中泉主編《林語堂名著全集·十卷八十自敘·九章論幽默》。

『幽默年』。」

三、幽默的真諦

幽默大師林語堂，著作等身，有六十本書，上千篇文章，他最馳名的一句話就是：

> 紳士的演講，應當是像女人的裙子，越短越好！❼

這句話廣為傳布，為眾所津津樂道。然而我卻以為，幽默大師最耐人尋味的是民國五十九年七月三日在漢城第三十七屆國際筆會大會主題演講〈論東西文化的幽默〉❽中的警句：

> 幽默是人類心靈開放的花朵！

林氏在此警句下又引申說：「我認為幽默的發展是和心靈的發展並進的，因此幽默是人類心靈舒展的花朵，它是心靈的放縱或者是放縱的心靈。惟有放縱的心靈，才能客觀地靜觀萬事萬物而不為環境所囿。」我以為，細味此語，可以讓生命獲致舒暢！

其實，林語堂對於幽默的詮釋，內涵豐盈，包括西方的幽默，中國的幽默，再加上他自己的體認，以下且分從三方面予以闡明。

㈠ 幽默的譯名

「幽默」一詞，古已有之，意謂：僻靜、深靜。西方的幽默

---

❼ 此語係林語堂 70 年代在台北某校畢業典禮的講辭，見《林語堂名著全集·十卷八十自敘·論幽默》。

❽ 見林太乙編《清算月亮——語堂幽默文選下·論東西文化的幽默》，台北：聯經出版公司，民國八十三年十月。

（Humour）在中文辭典中一般解作「調侃之語句而含有深刻諷刺之意者」。❾林語堂之所謂幽默，迥異尋常。他在最早的一篇論幽默的文章〈徵譯散文並提倡幽默〉中並未多所著筆，而是將 Humour 音譯作幽默，並且賣了個關子：「『幽默』是什麼東西，讓我在此神秘一點兒別說穿了妙。」在第二篇〈幽雜雜話〉則自我調侃說：「上次那樣匆匆幾句詭秘神奇不照法子的介紹這種新名目有點對不起讀者，而更加是對不起幽默。」並且以提問的方式予以說明：

> 有人問：幽默譯音，何所取義？
>
> 答：幽默二字原為純粹譯音，行文間一時所想到，並非有十分計較考量然後選定，或是藏何奧義。Humour 既不能譯為「笑話」，又不盡同「詼諧」、「滑稽」；若必譯其意，或可作「風趣」、「諧趣」、「詼諧風格」。無論如何總是不如譯音的直截了當……。惟是我既然倡用「幽默」，自亦有以自圓其說。凡善於幽默的人，其諧趣必愈幽隱，而善於鑑賞幽默的人，其欣賞尤在於內心靜默的理會，大有不可與外人道之滋味，與粗鄙顯露的笑話不同。幽默愈幽愈默而妙。故譯為幽默，以意義而言，勉強似乎說得過去。

相隔八年之後，林語堂在《論語》發表〈答李青崖論幽默譯名〉，緣於李氏主張以「語妙」❿譯 Humour，林氏則謂「語妙含

---

❾ 中華書局《辭海》、中華學術院《中文大辭典》均作此解。

❿ 李青崖的「語妙」，見林太乙編《論幽默——語堂幽默文選上·幽默與語妙

有口辯隨機應對之義，近於英文之所謂 Wit，因此對「幽默」再加闡釋：

> 「幽默」二字本為純粹譯音，所取於義者，因幽默含有假痴
> 假呆之意，作語隱謔，令人靜中尋味……。Humour 本不可
> 譯，惟有譯音辦法。華語中言滑稽辭字曰滑稽突梯，曰詼
> 諧，曰嘲，曰謔，曰謔浪，曰嘲弄，曰風，曰諷，曰誚，曰
> 譏，曰奚落，曰調侃，曰取笑，曰開玩笑，曰戲言，曰孟
> 浪，曰荒唐，曰挖苦，曰揶揄，曰俏皮，曰惡作謔，曰旁敲
> 側擊等。然皆或指尖刻，或流於放誕，未能表現寬宏恬靜的
> 「幽默」意義，猶如中文之「敷衍」、「熱鬧」等字亦不可
> 得西文正當譯語。最近者為「謔而不虐」，蓋存忠厚之意。

「Humour」中譯為「幽默」，原本也有爭議，李青崖主張用
「語妙」，以其音義皆近。林語堂則謂「語妙」含有口辯隨機應對
之義，較近英文的 wit；「幽默」在純粹譯音之外，所取於義者，
有假痴假呆之意，作語隱謔，令人靜中尋味。常人往往將「幽默」
與滑稽混為一談，林語堂則在〈答李青崖論幽默譯名〉中揭示兩項
明確的區別：

第一，幽默同情其嘲謔的對象。人有弱點，可以謔浪，己有弱
點，亦應解嘲，斯得幽默之真義。若單尖酸刻薄，已非幽默，有何
足取？

第二，幽默非滑稽放誕，故作奇語以炫人，乃在作者說者之觀

之討論》，台北：聯經出版公司，民國八十三年十月。

點與人不同而已。幽默家視世察物，必先另具隻眼，不肯因循，落人窠臼，而後發言立論，自然新穎。

盱衡林語堂針對 Homour 中譯為幽默的闡釋，既取其音，又賦予其義：「諧趣幽深，欣賞者在於內心靜默的理會。」或謂「作語隱譎，令人靜中尋味」，且貴在心存忠厚，謔而不虐。不但與傳統「幽默」所取的「僻靜」迥異，更與中國的「滑稽」、西洋的「機智」有明確的區分。如此「幽默」，中國傳統雖無其名，卻不乏其實，故〈答李青崖論幽默譯名〉文末云：「中國文人之具有幽默者，如蘇東坡，如袁子才，如鄭板橋，如吳稚暉，有獨特見解，既洞察人間宇宙人情學理，又能從容不迫出以詼諧，是雖無幽默之名，已有幽默之實。」

㈡ **幽默與謾罵、嘲諷、揶揄、機智**

幽默，的確費解，林語堂在〈幽默雜話〉中說得好：「幽默之為物無從說起，與其說的不明白，不如簡直不說，故謂『懂的人（識者）一讀便懂，不懂的人打一百下手心也還不知其所言為何物。』」林語堂對幽默理論的闡揚，不遺餘力，民國廿三年他在《論語》發表〈論幽默〉的萬字長文，不但是自認比較滿意而具有代表性的文章，在中國文壇上迄今仍屬空前絕後。該文對幽默的解釋，以英國小說家麥烈蒂斯（George Meredith）〈劇論〉的理論為主軸，並分辨幽默與謾罵、嘲諷、揶揄之異同。他首先借麥氏論『俳調之神』的意見解釋幽默，從外表的神情、態度、心理到反應，都十分精彩，神氣活現：

神情──有聖賢的頭額，嘴唇從容不緊不鬆地半開著，兩個唇邊，藏著林神的諧謔。那像弓形的稱心享樂的微笑，屬於莞爾微

笑，是和緩恰當的，表示心靈的光輝與智慧的豐富。

態度——當時的態度，是一種閒逸的觀察，好像飽觀一場，等待擇肥而噬，而心裡卻不著急。

心理——他所注意的是人目前之老實與形樣之整齊： 1.無論何時人類失了體態，誇張，矯揉，自大，放誕，虛偽，炫飾，纖弱過甚。 2.無論何時何地他看見人類懵懂自欺，淫侈奢欲，崇拜偶像，作出荒謬事情，眼光如豆的經營，如癡如狂的計較。 3.無論何時人類言行不符，或倨傲不遜，屈人揚己，或執迷不悟，強詞奪理，或夜郎自大，惺惺作態。

反應——這在上之神就出溫柔的謔意，斜戲他們，一陣如明珠落玉盤的笑聲。

這就是「俳調之神」。他冷眼旁觀，洞察人情，無所偏執，揭穿真相後的笑聲是和緩溫柔的，出於心靈的妙語。訕笑嘲謔的謾罵是自私的，心靈妙悟的幽默是同情的。林語堂又具體比較謾罵與幽默：

謾罵——自身欠缺理智的妙語，沒有反省能力。謾罵者，其情急，其辭烈，惟恐旁觀者之不與同情。只有不知幽默的人，才需要謾罵。

幽默——情境深遠超脫，不會怒，只會笑。幽默基於明理，參透道理，能見到俳調之神，使人有同情共感之樂。幽默家知道世上明理之人自然與之同感，用不著熱烈的謾罵諷刺，多傷氣力，也不急急打倒對方。其所笑的是對方的愚魯，只消指出其愚魯，明理的人總會站在同一邊。

其次，明辨「嘲諷」（Satire）、「揶揄」（或反諷）（Irony）、

「幽默」（Humour）的差異：

嘲諷——假使你看到別人的荒唐可笑，而覺得有點冷酷，有傷忠厚，即落入嘲諷的圈套。

揶揄——假使你不用嘲諷的棍子打得他翻滾叫喊，卻只是話中帶刺的一半褒揚他，使對方苦得不知人家是否在傷毀他，這就是揶揄。

幽默——假使你只向他四面八方的奚落，把他推在地上翻滾，敲一下，淌一點眼淚，且承認你就是同他一樣，也就是同旁人一樣。對他毫不客氣地攻擊，而於暴露之中，含有憐惜之意，這就是幽默之精神。

幽默比起嘲諷、揶揄，多了寬容、同情與憐惜，在揭露人性荒唐可笑之同時，也體認到這是人情之常，對方並非惡不可赦；並不因此減少你對他們的愛，這是幽默的真諦。

林語堂對幽默的體會，約有四項：

1.一般人認為幽默是俏皮諷刺，其實幽默與諷刺極近，不是以諷刺為目的。

2.欲求幽默，必先有深遠之心境，而帶一點我佛慈悲之念。然後文章火氣不太盛，讀者得淡然之味。幽默只是一位冷靜超遠的旁觀者，常於笑中帶淚，淚中帶笑。

3.幽默文章清淡自然，不似滑稽之炫奇鬥勝，亦不似鬱剔之出於機警巧辯。幽默的文章在婉約豪放之間得其自然，不加矯飾，使你於一段之中，指不出那一句使你發笑，只是讀下去心靈啟悟，胸懷舒適而已。

4.幽默出於自然，機警出於人工；幽默是客觀的，機警是主觀

的；幽默是沖淡的，鬱剔（機警）諷刺是尖利的。世事看穿，心有所喜悅，用輕快筆調寫出，無所窒礙，不作濫調，不忸怩作道學醜態，不譁眾取寵，自然幽默。

同時，林語堂又強調幽默有廣義與狹義之分：

廣義的幽默——常包括一切使人發笑的文字，連鄙俗的笑話在內。

狹義的幽默——笑的成分是淡笑，立意態度是和緩。最上乘的幽默，是屬於「會心的微笑」，表示「心靈的光輝與智慧的豐富」。各種風調之中，幽默最富於情感。

如此從各種不同的角度闡釋「幽默」，明辨謾罵、嘲諷、機智、挪揄、滑稽之異同，幽默大師林語堂論幽默令讀者大開眼界，堪稱「振葉以尋根，觀瀾而索源」。

㈢ 幽默的真諦

在一般人的觀念裡，幽默往往指言談風趣，文章詼諧，林語堂不但強調「幽默是人類心靈開放的花朵」；更揭示「幽默是人生的一部分」。民國廿三年在《論語》發表的〈論幽默〉，開端即明白指出：

> 幽默本是人生之一部分，所以一國的文化，到了相當程度，必有幽默的文學出現。人之智慧已啟，對付各種問題之外，尚有餘力，從容出之，遂有幽默，——或者一旦聰明起來，對人之智慧本身發生疑惑，處處發現人類的愚笨、矛盾、偏執、自大，幽默也就跟著出現。

「幽默是人生之一部分」，當然是林語堂發現的至理名言，然

而林語堂對幽默的殫精竭慮，發揚提倡，固不僅乎此也。綜合歸納而言，他對幽默的理解與體認，約有三點：

第一，幽默的風格，不只是從言談自然流露，隨風吐咳，在文章中觸筆成趣，更重要的是一種崇高的生活文化。這一切都是自然顯現的，水到渠成，瓜熟蒂落；如果沒有涵蓄幽默文化，在言談與為文時一味刻意講究幽默，反為不美。

第二，幽默不只是表現在談吐為文，更是一種處世態度。這種幽默文化，產生的因素緣於生活中的情趣與豁達，能從淒風苦雨中領略出風雨的情趣與韻味，從尋常事物中透視出啟示，幽默的關鍵在於修養，在於胸襟情懷與智慧識見。

第三，幽默的真諦，誠如蕭伯納所稱的「幽默就是說真話」：「用最大的苦心去尋求應當說的話，然後用最放肆的語氣說出來。」[11]也正是高爾基強調的：需要敏銳的眼光，深刻的洞察，能見人之所未見，用嚴密有力的語句表現出來。再加上林語堂的「幽默是人類心靈開放的花朵」，豁達樂觀：「我們已經在這塵世上活下去，就必須把哲學由天堂帶到地上來！」還有老舍所強調：幽默是一種人生觀——真實、寬容、同情的人生觀！[12]

幽默愈幽愈默而愈妙，貴在心領神會，生活的幽默重於文辭的幽默；懷著愛心、善意、理解與諒解去透視人性的奧祕，以豁達大度去對待芸芸眾生的俗欲、頑固、愚蒙等。幽默，其實就是張潮《幽夢影》所謂「以風流為道學，寓教化於詼諧」，莊諧並用，在

---

[11] 見《林語堂名著全集·十三卷大荒集·有不為齋隨筆·再談蕭伯納》。

[12] 見沈謙《林語堂與蕭伯納·老舍的幽默是熱的》。

心情緊張之際，出人意外的解頤，易緊張為和緩，化危機為轉機。善用幽默，不但可以培養襟懷，開拓視野，促進人際關係和諧，更可以化解尷尬不安，消除痛苦鬱悶，轉移挫折壓力。使整個生命洋溢著「精、氣、神」！滔滔濁世，茫茫人海，芸芸眾生，每歎事與願違，不如意事十常八九。苟能出之以「幽默」，處世泰然，善莫大焉。

四、生活的幽默

幽默既是人生的一部分，則培養適當的人生觀，當為首務。林語堂民國廿一年在上海創辦並主編《論語》半月刊的時候，適逢三十八歲的壯年，發表〈論幽默〉的時候，剛屆不惑之年，其〈四十生辰自壽詩〉云：「一點童心猶未滅，半絲白鬢尚且無。」他一直是童心未泯，自喻為到異地探險的孩子，每天清晨醒來，便感覺有無限無窮的探險福地鋪陳在眼前，《林語堂名著全集·十卷林語堂自傳·無窮的追求》云：

> 我仍是一個孩子，睜圓眼睛，注視這奇異的世界，……我隨意之所之，自由無礙，有如一個小孩走入大叢林一般，時而停步仰望星月，俯看蟲花。我不管別人說什麼，而在這探險程序中，也沒有預定的目的地；沒有預定的遊程，……我素來喜歡順從自己的本能，所謂任意而行；尤喜歡自行決定什麼是善，什麼是美，什麼不是。我喜歡自己所發現的好東西，而不願意人家指出來的。

在林語堂的靈魂在生活中尋幽訪勝的探險過程中，所尋獲的最

大寶藏,就是「幽默」。他不但遍訪西洋世界的幽默,更發現中國傳統的幽默,尤其難能可貴的是在生活中創造了許多幽默,自娛娛人,與眾同樂。以下且分三端略加闡論。

㈠ **西方的幽默**

　　林語堂既然將 Humour 中譯為「幽默」,對於西方世界的幽默典型,譯介宣揚不遺餘力,且看以下諸例。

1. **蘇格拉底潑辣的妻子(論東西文化的幽默)**

　　蘇格拉底有一個潑辣的悍妻。蘇格拉底每當受太太一連串的罵責後,他就走出屋子去找寧靜的地方。他正跨出門外一步,他的悍妻便把一桶冷水從窗口倒在他的頭上,淋得蘇格拉底渾身淪濕。他卻毫無慍色,而自言自語的說:「雷聲過必然雨下來了。」這樣,便泰然自若的走向雅典市場去了。他嘗把結婚比擬為騎馬。如果你想練習騎馬,應當選擇一匹野馬,要是你想駕御一匹馴良的馬以策安全,那就根本不需練習了。

2. **林肯太太好吹毛求疵**

　　林肯經常坐在酒吧裡跟別人開玩笑。據替他作傳記的人說:每當週末的夜晚來臨,大家都想回家,獨有林肯是最不願意回家的人。他寧願在酒吧和人廝混,藉以增強他的機智。因而使他獲得那種純樸自然的幽默感,並成為一個精通英語的人。

　　有一天,一個年輕的報童送報紙給林太太,因為遲到了一

刻，林太太就痛罵他一頓。嚇得那報童抱頭鼠竄而逃，奔向
他的老闆哭訴去了。那是一個小市鎮，人人都彼此互相認
識。日後報館經理遇到林肯便說起這件事，而林肯回答他
說：「請你告訴那小鬼計不要介意。他每天祇看見她一分
鐘，而我卻已忍受十二年了。」

　　林語堂將希臘哲學中逍遙學派的興起，歸功於蘇格拉底的太
太，假如蘇格拉底沈醉在嬌妻的溫柔懷抱裡，還會遊蕩街頭拉住路
人問那些令人困窘的問題嗎？同樣的道理，林肯之所以能成美國總
統，他那個嘮叨又容易激動的妻子貢獻良多。此二例均見民國五十
九年七月林語堂在第卅七屆世界筆會的演講辭〈論東西文化的幽
默〉，文末又強調說：「從蘇格拉底與林肯這兩個例子，我們也可
看出表現在他們幽默中的一種精神慰藉，任何一個能容忍他的妻子
一桶水淋頭的人便必能成為偉大。」

3. 窮人向富友借錢

　　某窮人向其富友借廿五元。同日這位朋友遇見窮人在飯店吃
一盤很貴的奶漿沙羅門魚。朋友就上前責備他說：「你剛來
跟我借錢，就跑來吃奶漿沙羅門魚。這是你借錢的意思
嗎？」窮人回答說：「我不明白你的話。我沒錢時不能吃奶
漿沙羅門魚，有錢時又不許吃奶漿沙羅門魚。請問你，我何
時才可以吃奶漿沙羅門魚？」

　　此係民國廿三年林語堂在《論語》發表〈論幽默〉所引佛勞德
《鬱剔與潛意識之關係》書中的實例，林語堂借此說明幽默之造

成，往往由於「預期逆應」，即在心情緊張之時，來一出人意外的下文，易其緊張為和緩，於是腦際得一快感而發為笑。林語堂引康德所謂「笑是緊張的預期忽化歸烏有時之情感」，指明：「無論鬱剝及狹義的幽默，都是這樣的。」

4.求您讓我斷氣

> 西班牙一個守禮甚謹的伯爵將死，一位朋友去看他。伯爵已經氣喘不過來，但是那位訪客還是剌剌不休長談下去。伯爵只好忍著靜聽，到了最後關頭，伯爵不耐煩對來客說：「對不起，求先生原諒，讓我此刻斷氣。」他翻身朝壁，就此善終。

此故事見《林語堂名著全集·十六卷無所不談合集·論解嘲》。同文中林語堂又舉蘇格拉底臨終的名言：「想起來，我欠某人一隻雄雞未還。」還有金聖歎臨終之言：「燙大蒜、花生米與豆腐乾涼拌同嚼，大有火腿的滋味。」林氏云：「人生有時頗感寂寞，或遇到危難之境，人之心靈卻能發生妙用，一笑置之，於是輕鬆下來。」如此解嘲之語，可見度量，亦屬幽默。

5.冬天的豪豬

> 叔本華有一段寓言很好，如下：
> 有一冬天之夜，天降大雪，林中的豪豬冰凍不堪，後來大家尋到一間破屋，一齊進去。
> 起初，大家覺得寒冷，所以圍作一團，大家分暖。只因豪豬身上隻隻都是刺，一碰之後，不得不大家分開。分開之後，

又覺得寒顫，又想團聚分暖。如此分後再合，合後再分，往
迎數次才找到一種適當的距離，既不相刺，又可稍微分暖，
就此相安無事，一夜過去。

此故事見林太乙編《清算月亮——語堂幽默文選下·增訂伊索
寓言》。林語堂評云：「叔本華的意思說，這就是人類的社會。」

6.自行服毒

Lloyd George 一次在演講，有女權運動家起立說：「你若是
我的丈夫，我必定給你服毒。」氏對口應曰：「我若是你的
丈夫，我定把毒吃下。」

此段故事亦見林語堂在《論語》發表的〈論幽默〉。林語堂用
來作為「預期逆應」的實例，出於隨機應變。他在文中評云：「好
的幽默，都是屬於合情合理，其出人意外，在於言人所不敢言。世
人好說合禮的假話，因循不以為怪，至一人闡發真理，將老實話說
出，遂使全堂鬨笑。」此亦可以印證蕭伯納的名言：「幽默就是說
真話！」

林語堂特別欣賞英國維多利亞女王臨終的遺言：「我已盡力而
為了！」她知道自己並非完人，祇不過盡了她一生最大的努力。林
語堂喜歡那種謙虛，那種健全的熱情的和具有人情味的智慧。「這
就是最好的一種幽默！」〈論東文化的幽默〉說得好：

每當文明發展到了相當程度，人便可以看到他自己的錯誤和
他的同人的錯誤，於是便出現了幽默。每當人的智力能夠察
覺統治人們的愚行；政客們的偽善面孔與陳腔爛調，以及人

類的弱點與缺失；徒勞無益的努力與矯揉造作的情態，我們
自己的夢想與現實之脫節，幽默便必然表現於文學。

西洋的幽默，最可貴者並非機辯巧智或機鋒妙趣，而是生活的
幽默！能透視人性，揭穿真相的生活的幽默。

(二) 中國傳統的幽默

常人往往以為「幽默」來自西方，中國文化欠缺幽默。然而，
以「兩腳踏東西文化，一心評宇宙文章」❸自詡的幽默大師林語
堂，不但勤於介紹西方的幽默，對於傳統文化中的幽默，尤加以探
究闡揚，足以糾正時俗之偏面。〈論幽默——上篇〉探討中國傳統
幽默之發展，由思想史上的「謹愿派」與「超脫派」，論老子、莊
子、孔子、孟子，及至陶淵明等文人的幽默，堪稱一部「中國幽默
簡史」，茲擷取數例，以窺一斑。

1.山有樞❹

山有樞，	山有那刺榆，
隰有榆，	窪地有那白榆。
子有衣裳，	您有許多美麗衣裳，
弗曳弗婁。	不穿不戴毫無意趣。
子有車馬，	您有輜車駿馬，
弗馳弗驅。	卻不騎乘馳驅。

---

❸ 此對聯係梁啟超為林語堂「有不為齋」所撰並書，迄今猶掛在陽明山「林語
堂故居」客廳。

❹ 此二首之釋文參考袁梅《詩經譯注》，濟南：齊魯書社，民國七十四年一
月。

宛其死矣，	一旦枯衰死去，
他人是愉。	徒讓別人占取享用。

2.褰裳

子惠思我，	你若愛我想我，
褰裳涉溱。	就提起衣裳走過溱河。
子不我思，	你若對我不念不思，
豈無他人？	難道沒有別人愛我？
狂童之狂也且！	你這狂愚的傻小子！

子惠思我，	你若愛我想我，
褰裳涉洧。	就提起衣裳走過洧河。
子不我思，	你若對我不念不思，
豈無他士？	難道沒有別人愛我？
狂童之狂也且！	你這狂的傻小子！

　　林語堂〈論幽默〉首段即指出：「三百篇中唐風之無名作者，在他或她感覺人生之空泛而唱出『子有車馬，弗馳弗驅。宛其死矣，他人是愉』之時，也已露出幽默之態度了。因為幽默只是一種從容不迫達觀態度。鄭風『子不我思，豈無他人』的女子，也含有幽默的意味。」《詩經·唐風·山有樞》共有三章，此錄首章。「宛其死矣，他人是愉」，諷偏執狹隘的人生態度，流露及時行樂的達觀襟懷。《詩經·鄭風·褰裳》則二段全錄。「子不我思，豈無他人？」以女主角的嬌嗔語氣與情郎調笑戲謔，「狂童之狂也

且」，敘打情罵俏，神氣活現。林語堂民國廿三年在《論語》發表
的〈關於「幽默與詩教」覆郭繩武書〉云：「詩樂而不淫，哀而不
傷，即幽默謔而不虐、沖淡之旨，此其一。三百篇之作在董仲舒之
前，得男女之真聲，故必映出人生之苦樂，涵詠幽默之笑淚，此其
二。村兒語多幽默，因其天真也：『毋使尨也吠』，『畏人之多
言』。皆此等天真的話，直迫說出，故有好詩。」讀此等詩，穿越
兩千五百多年的時光隧道，回到周王朝，欣賞先民生活的幽默，不
亦快哉！

3.孔子的幽默

> 《論語·述而》：「子之燕居，申申如也，夭夭如也。」
> 《論語·鄉黨》：「孔子於鄉黨，恂恂如也，似不能言
> 者。」
> 《論語·陽貨》：「吾豈匏瓜也哉？焉能繫而不食？」
> 《論語·先進》：「（曾皙）曰：『莫春者，春服既成，冠
> 者五六人，童子六七人，浴乎沂，風乎舞雩，詠而歸。』夫
> 子喟然歎曰：『吾與點也！』」

　　林語堂欣賞的孔子，特別提出以上四段：孔子日常家居生活，
整齊和樂而舒展。在鄉里地方上態度和順。有志用世，不願意做
「中看不中吃」的匏瓜。與弟子閒談言志，獨獨讚賞曾皙的「在沂
水邊洗澡，到舞雩台上吹風」。如此種種，都流露了自然純真活潑
的性格。林語堂在《無所不談·論孔子的幽默》中說得好：「孔子
自然是幽默的，因為他腳踏實地，說很多入情入理的話。……要明
白《論語》的意味，須先明白孔子對門人所說的話，很多是燕居閒

適的話、老實話、率真話、不打算對外人說的話、脫口而出的話、幽默自得的話，甚至開玩笑的話，及破口罵人的話。」腐儒所取法的孔子，是「踧踖如也」，謹慎恭敬不安的樣子，令人難過。

林語堂又在〈論幽默——中篇〉討論孔子以後，迄魏晉之詼諧幽默。

孟子——猶能詼諧百出，有諷刺氣，但近於鬱剔（機智），不近於幽默。

韓非——只是近於大學教授之幽默，不甚輕快自然。

東方朔、枚皋——中國式之滑稽始祖，非幽默本色。

王弼、何晏、竹林七賢——魏正始年間清談之風，由先秦之緊張怒放，轉變為恬淡自適，乃至於養成晉末成熟的幽默大詩人陶潛。

4.張敞為婦畫眉

> 又為婦畫眉，長安中傳張京兆（首都長安市長）眉憮（媚好）。
> 有司以奏敞，上（漢宣帝）問之。對曰：「臣聞：閨房之內，夫婦之私，有過於畫眉者。」

林語堂〈論幽默·下篇〉論廣義的、狹義的幽默，廣舉例證，歸結到有相當人生觀，參透道理，說話近情理的人，才會幽默，他舉《漢書·張敞傳》「為婦畫眉」的故事，評云：「答曰夫婦之間，豈但畫眉而已。亦可表示幽默，使人發笑，常在撇開禁忌，說兩句合情合理之話而已。」

5.陶淵明〈責子〉詩

> 白髮被兩鬢，肌膚不復實。
>
> 雖有五男兒，總不好紙筆。
>
> 阿舒已二八，懶惰故無匹。
>
> 阿宣行志學，而不愛文術。
>
> 雍端年十三，不識六與七。
>
> 通子垂九歲，但覓梨與栗。
>
> 天運苟如此，且進杯中物！

陶淵明有五子：陶儼、陶俟、陶份、陶佚、陶佟，小名為阿舒、阿宣、阿雍、阿端、阿通。陶淵明已年邁，五個兒子，全不好文墨：阿舒十六歲，懶惰無人可比；阿宣年將十五，卻不愛讀書；阿雍、阿端十三歲，分不清六與七；阿通快九歲，只知道找吃的。陶淵明對其五子愛之深，責之切，但能否成材，只好盡人事而聽天命了。「天運苟如此，且進杯中物」，流露淡然自適，隨緣任運的曠達之情，這是成熟的幽默。蘇東坡〈洗兒〉詩也同具幽默的胸襟：

> 人皆養子望聰明，我被聰明誤一生。
>
> 惟願孩兒愚且魯，無災無難到公卿。

林氏在此強調陶淵明的幽默是純熟的，迥異於屈原、莊子：

第一，陶淵明淡然自適，同樣是孤芳自賞，陶沒有屈的激越哀憤之音。

第二，同樣是歸返自然，針砭世俗，陶沒有莊的尖利。所以陶帶著溫和的微笑，不肯為五斗米折腰，只見世人之愚魯可憐；莊卻

是憤怒的狂笑，痛責干祿之人為豢養之牛、待宰之豬。

第三，莊子是陽性的幽默，陶是陰性的幽默。議論縱橫之幽默，以莊為最；淡然自適的幽默，以陶為始。莊傾向諷刺，陶傾向閒適，這才是真正純熟的幽默。

6.靠後周幼兒得天下

> 昭憲太后聰明有智度，嘗與太祖參決大政。及疾篤，太祖侍藥餌不離左右。太后曰，汝知所以得天下乎？上曰，此皆祖考與太后之餘慶也。太后笑曰：不然。正緣柴氏使幼兒主天下耳。

林語堂〈論幽默——中篇〉強調幽默為人生之一部分。舉朱熹《名臣言行錄》為例，指明文人文章儘管道學，人的生活言行中，仍時時出之於口而極富幽默味道。像太后如此揭穿真相、洞達人情之幽默，與宋太祖的道學話、粉飾話相映，對比強烈。林語堂評云：「太祖所言，全是道學話、粉飾話。太后卻能將太祖建朝之功抹殺，而謂係柴氏主幼不幸所造成。這話及這種見解，正像蕭伯納謂拿破崙自述某役之大捷，全係其馬偶然尋到擺渡之功，豈非揭穿真相之上乘幽默？」

中國傳統的幽默，有別於遊戲文字，蓋幽默既非一味荒唐，亦非正經八百，以「莊諧莊出」取代道學氣與小丑氣。林語堂《論幽默·下篇》指出幽默小品作者的前提：「於清淡筆調之外，必先有獨特之見解及人生之觀察。因為幽默只是一種態度，一種人生觀，在寫慣幽默文的人，只成了一種格調，無論何種題目，有相當的心境，都可以落筆成趣了。」

㈢ 林語堂生活的幽默

幽默大師林語堂最可貴的是生活的幽默，由於洞察人生，個性
豁達，有寬容、同情，隨風吐咳，一言一行，自然流露，成為幽默
的最佳實踐者。

自民國廿五年赴美以後，林語堂的中文寫作擱筆三十年。直到
民國五十四年二月，連續三年為中央通社撰「無所不談」專欄，寶
刀未老，非同凡響。「兩腳踏東西文化，一心評宇宙文章」。題材
不拘一格，信筆揮灑，流露成熟的智慧。徐訏〈追思林語堂先生〉
⑮評此書云：

> 那裏正閃耀著語堂先生獨特的風采與色澤。那裏有成熟的思
> 想家的思想，有洞悉人情世態的智慧，有他的天真與固執，
> 坦率與誠懇，以及潛伏在他生命裏的熱與光，更不必說他的
> 博學與深思。在許多課題前，他始終用他的風格來表達他有
> 深厚的、有根據的見解，與確切健全的主張。

民國六十四年，美國圖書館學家安德生在其主編《林語堂英文
著作及翻譯作品總目·前言》**⑯**中，以西方學者的立場評云：

> 東方和西方的智慧聚於他一生，我們只要稍微誦讀他的著

---

⑮ 徐訏〈追思林語堂先生〉，見台北：《傳記文學》第三十一卷六期、三十二
卷一期。又收入施建偉編《幽默大師——名人筆下的林語堂》，上海：東方
出版中心，民國八十七年十一月。

⑯ 安德生《林語堂英文著作及翻譯作品目錄·前言》，見《林語堂名著全集·
廿九卷林語堂傳·廿五章一位最有教養的人》。

述,就會覺得如在一位講求情理的才智之士之前親受教益。
他有自信、有禮,能容忍、寬大、友善、熱情而又明慧。他
的筆調和風格像古時的人文主義者,描述人生的每一方面都
深刻機敏,優美雍容。而且由於顧到大體,所以在估評局部
事物時能恰如其分。最足以描繪他的形容詞是:有教養。他
是最令人讚佩,最罕見的人——一位有教養的人的典型。

　　林語堂生活的幽默,流風餘韵,不勝枚舉,茲擷取數例,以窺
一斑:

1.論語社同仁戒條

　　(1)不反革命。

　　(2)不評論我們看不起的人,但我們所愛護的人要盡量批評
　　　　(如我們的祖國、現代武人、有希望的作家,及非絕對無望的革命
　　　　家)。

　　(3)不破口罵人(要謔而不虐,尊國賊為父固不可,名之忘八蛋也不
　　　　必)。

　　(4)不拿別人的錢,不說他人的話(不為任何一方作有津貼的宣
　　　　傳,但可做義務的宣傳,甚至反宣傳)。

　　(5)不附庸風雅,更不附庸權貴(決不捧舊劇明星、電影明星、交際
　　　　明星、文藝明星、政治明星,及其他任何明星)。

　　(6)不互相標榜,反對肉麻主義(避免一切如"學者"、"詩人"、
　　　　"我的朋友胡適之"等口調)。

　　(7)不做痰迷詩,不登香豔詞。

　　(8)不主張公道,只談老實的私見。

⑼不戒癖好（如吸煙、啜茗、看梅、讀書等）。並不勸人戒煙。

⑽不說自己的文章不好。

此係民國廿一年九月十六日林語堂在上海創辦《論語》半月刊時所作，刊登在封面內頁，又載《林語堂名著全集·十七卷拾遺集》。最令人激賞的是第八條「不主張公道，只談老實的私見。」主張公道，為人打抱不平，展現道德與良知的勇氣，固係人性高尚的情操；然而，常見若干人攘臂高呼，主張公道，細察之下，其實他內心別有所圖。「選擇性的正義，並非真正的正義！」又第十條「不說自己的文章不好。」其實說自己文章不好的人，泰半並非謙虛客氣，而是希望別人否定他此話，聽者若隨意附和，極易得罪對方。因此說自己文章不好的人，十之八九虛偽矯飾，言不由衷。

2.趙元任之詼諧

　　趙元任與友人信中有云：「要是你收不到這封信，請你趕快通知我，我好告訴你是什麼時候付郵的。」

此段見〈雨花幽默文選〉，原刊民國廿一年九月十六日《論語》創刊號，又載《林語堂名著全集·十七卷拾遺集》。讀之頗具詼諧諷刺意味，屬廣義之幽默。緣於人人皆難免一時糊塗而囿於所見。台灣流傳一段有名的笑話：有客人上門拜訪，女主人不願見客，吩咐女傭告訴來客她不在。女傭應門曰：「太太叫我告訴你，她今天不在家！」如此引人發笑，正是會心的微笑。林語堂在《林語堂名著全集·十四卷披荊集·會心的微笑》說得好：「大概世事看得排脫的人，觀覽萬象，總覺得人生太滑稽，不覺失聲而笑，幽

默不過這麼一回事而已。」

3.請胡適陪陳獨秀坐牢

陳獨秀案發生，傅孟真做了一篇〈陳獨秀案〉登《獨立評論》第二十四號，立論遠大公允，使我們回想到《新青年》時代陳先生提倡文學革命的精神。陳先生在中國文學、倫理、政治三種革命之歷史上的地位，是不可抹殺的。現在陳先生被捕，殺他不忍，我們覺得，最好把他關在湯山，給與筆墨，限於一年內做成一本《自傳》。這本《自傳》，必是傑作無疑，因為陳先生有大膽，有忠實，有犀利的文筆，有革命的歷史，能言共黨的秘密，況且陳先生顧到托辣斯基的自傳，也必樂於執筆的。若嫌寂寞，索性把他《新青年》的同事胡適之、錢玄同、劉半農也一同關起來。一年之後，我們有陳獨秀的《自傳》，胡適之的《中國哲學史》第二卷，錢玄同的《中國音韻學講義》，劉半農的《中國大辭典》第一卷。四大名著出現，豈不是一樁快事？

此文原題〈陳、胡、錢、劉〉，民國廿一年十一月十六日，刊於《論語》第五期，又載《林語堂名著全集・十七卷拾遺集》。陳獨秀因為創立中國共產黨，被國民政府逮捕。當時文化界名流多為他求情，獨林語堂從另一個角度著眼立論，言下之意，陳氏雖有罪，然而殺之無益，倒不如讓他在獄中完成名山事業。最好的辦法，是索性將胡適、錢玄同、劉半農捉來陪陳一起坐牢，一年之後，四大名著出現，貢獻社會文化，豈不美哉！「幽默就是說真話」，此為最佳實踐。

4. 林語堂與蕭伯納

> 餐後大家到花園中。那時清涼的陽光射在蕭伯納的白髮蒼髯
> 上，蕭氏人又高偉，有一種莊嚴的美麗。
>
> 這幾天是連日微雨，所以我們想蕭氏對於上海的印象未必太
> 好，上海的雲天太便宜了。
>
> 「蕭先生，你福氣真大，可以在上海看見太陽。」有一人
> 說。
>
> 「不，這是太陽的福氣，可以在上海看見蕭伯納。」這位機
> 智的愛爾蘭人回答。
>
> 我想到穆罕默德的名言：「穆罕默德不去就山，讓山來就穆
> 罕默德。」

民國廿二年二月十六日，西方的幽默大師蕭伯納訪華，林語堂
到上海黃浦江畔迎候。次日中午，孫夫人宋慶齡女士設家宴為蕭伯
納洗塵，蔡元培、魯迅、林語堂等恭逢盛會，暢談歡敘，並為文以
誌。〈水乎水乎洋洋盈耳〉，篇名緣於「智者樂水」，極耐人尋
味。文章刊於三月一日出版的《論語》第十二期「蕭伯納專號」，
又載《林語堂名著全集·十五卷諷頌集》。此段對話傾向機智
（wit）。其實，蕭翁的機鋒妙趣，頗為常見。《林語堂名著全集·
十七卷拾遺集·蕭伯納與美國》，記蕭伯納乘大不列顛號郵輪繞行
美國西岸到東岸，各界飛電邀他到紐約作客。蕭伯納嚴辭峻拒：
「所有好的美國人都跑來英國找我，我為何還要到美國？」

蕭翁的機智，使我聯想到，民國五十六年梁實秋翻譯莎士比亞
全集殺青時有人明知故問：

「梁老，您一生研究莎士比亞，有沒去英國瞻仰莎翁故居？」

「因為莎士比亞一生從來也沒有到過中國，所以，我沒有去莎翁故居，並不感覺十分遺憾！」

又幽默小品作家謝鵬雄〈家世迷思〉**⓱**曾列舉舞蹈家鄧肯女士與蕭翁的對話：「想想看以我的身材和你的頭腦將會生出何等的孩子！」「如果生了一個孩子有我的身材和妳的頭腦，那是多麼的不幸！」

梁老與蕭翁的機智，如出一轍，正所謂異曲同工的文豪雋語。**⓲**

5.理想人物

理想人物，應屬一半有名，一半無名；懶惰中帶用功，在用功中偷懶；窮不至於窮到付不出房租，富而不至於富到可以完全不作工，或是可以稱心如意地資助朋友。鋼琴也會彈彈，可是不十分高明，只可彈給知己的朋友聽聽，而最大的用處還是給自己消遣；古玩也收藏一點，可是只夠擺滿屋裏的壁爐架。書也讀讀，可是不很用功；學識頗廣博，可是不成為任何專家；文章也寫寫，可是寄給報刊的稿件一半被錄用一半被退回。

⓱ 謝鵬雄〈家世迷思〉，台北：中央日報副刊《幽默筆記》專欄，民國九十一年一月廿七日。

⓲ 見沈謙〈林語堂與蕭伯納〉，台北：中央日報副刊，民國八十四年七月四日，載《林語堂與蕭伯納》書中。

此段文字見《林語堂名著全集‧廿一卷生活的藝術❿‧中庸哲學》。林語堂相信這種中等階級生活，是最健全的理想生活。適度寬裕，消遙自在，而非完全無憂無慮的時候，人類的精神才最為快樂，才是最成功的人生。「我們已經在這塵世上活下去，就必須把哲學由天堂帶到地上來！」

林語堂的客廳，掛著一方自書的匾額「有不為齋」。從整個房舍到餐桌椅都是林先生自己構思設計的，每張椅背上都有嵌著一個「鳳」字，林夫人廖翠鳳的「鳳」，鶼鰈情深。曾經有人解釋「有不為」者，意謂有些事他是不屑做的。其實，有所為有所不為，正是林語堂的處世哲學與生活態度。我個人以為：幽默大師的行徑，正是中國儒家中庸之道的極致，也是傳統文人的理想境地。林語堂最服膺李密菴的〈半半歌〉：「看破浮生過半，半之受用無邊，半中歲月儘幽閒，半裏乾坤寬展。……飲酒半酣正好，花開半時偏妍。半帆張扇免翻顛，馬放半韁穩便。半少卻饒滋味，半多反厭糾纏。百年苦樂半相參，會占便宜只半。」林語堂這種理想人生，不只是中庸之道的極致，更是「生活的藝術」與「生活的幽默」！

6.囚犯鬥獸

古羅馬時代，有一個人犯法，依例被送到鬥獸場。他的下場不外兩種，第一是被猛獸吃掉，第二是鬥勝則免罪。羅馬皇帝和大臣都在壁上靜觀這場人獸搏鬥的精采好戲。不料，當

---

❿　《生活的藝術》（*The Importance of Living*），原著為英文，一九三七年十一月在美國 Reynal and Hitchock 書店出版，一九三八年成為全美最暢銷書，在《紐約時報》每週暢銷書排行榜上連續五十二週高居第一。

獅子進場後，這犯人只過去在獅子耳邊悄悄說了兩句話，獅子就夾著尾巴轉身而去。第二合回老虎出來，依然如此。羅馬皇帝問他：有什麼魔力使獅子老虎不戰而退。他從容不迫地說：沒有什麼，我只告訴牠們，要吃掉我不難，不過最好想清楚，吃掉我之後必須演講！

　　民國五十五年，林語堂返臺，定居於陽明山，有一回應邀至文化大學參觀。事先與文大創辦人張其昀約定，沒有充分準備，不能演講。但是當幽默大師出現在學生餐廳門前時，師生蜂湧而至，爭睹風采，並一再要親聆「幽默」。林氏難違眾意，只好說了這一個故事❷，堪為幽默大師生活的幽默的典範。即興之作，隨口道出，臨場效果奇佳。

五、結語

　　林語堂生活的幽默，從追索幽默的淵源，探討幽默的真諦，乃至於以西方、傳統、即興的實例，闡明生活的幽默。幽默大師的幽默真諦，幽默是人類心靈開放的花朵，幽默是人生的一部分……。流風餘韵，令人心嚮神往，連空氣中都洋溢著幽默的細胞。我想借林語堂〈論幽默〉結論來作為本文的尾聲：

　　我們知道，是有相當的人生觀，參透道理，說話近情的人，
　　才會寫出幽默作品，無論那一個的文化、生活、文學、思

---

❷　〈囚犯與猛獸〉係耳食而來，見沈謙《林語堂與蕭伯納‧林語堂的幽默文化》。

想，是用得著近情的幽默的滋潤的。沒有幽默滋潤的國民，其文化必日趨虛偽，生活必日趨欺詐，思想必日趨迂腐，文學必日趨乾枯，而人的心靈必日趨頑固。其結果必有天下相率而為偽的生活與文章，也必多表面上激昂慷慨，內心上老朽霉腐，五分熱誠，半世麻木，喜怒無常，多愁善病，神經過敏，歇斯的里，誇大狂，憂鬱狂等心理變態。

　　當然，幽默大師也曾難免若干非議與責難，民國廿四年當他的第一本英文著作《吾國與吾民》（*My Country and My people*）在紐約出版，一炮而紅之時，就有人以雙關語嘲諷幽默大師靠「賣」國「賣」民名利雙收。後來在中共統治下的大陸，林語堂又曾被徹底埋沒。然而，根據蘇州大學欒梅健教授〈構築詩意的心靈園林——林語堂的生活藝術觀〉❷一文的結論所云：「當一個國家已經步入了健康發展的軌道，當一個民族已經有可能直起身來喘口氣的時候，任何對此（指林語堂生活的藝術）的批評與刻薄，反倒顯出自己的平庸與偏枯。」林語堂顯然又在中國大陸「復活」。

　　林語堂不是少數人的專利，生活的藝術更應該發揚光大，作為全民精神的靈糧，讓幽默大師的精神永遠活在民眾的心域中，生活即幽默，幽默即生活，不其懿哉！

---

❷　欒梅健〈構築詩意的心靈園林——林語堂的生活藝術觀〉，載龔鵬程、陳信元主編《林語堂的生活與藝術研討會論文集》，台北：台北市政府文化局，民國八十九年十二月。

從歷史詮釋循環的角度解讀
尹仲容的「年譜初稿」

徐振國

東吳大學政治系副教授

一、前言

　　尹仲容對於台灣早期經濟發展的貢獻很大。當代財經官僚都會在他們的回憶錄中追憶尹先生的為人、施政、和貢獻。然而尹本人的傳記卻遲遲未見問世。尹仲容早在 1963 年過世之時，他的友人為紀念他，決定為他出年譜。其後由沈雲龍先生著筆，歷時十載，終於編著了一本「尹仲容先生年譜初稿」，收集了不少原始資料，包括尹先生的身世、文章、講稿、詩作、策論，和友人在他逝世時的紀念文章。可惜的是，這一本「年譜初稿」後來一直沒有被進一步寫成傳記。現「年譜初稿」已經不在市面流通，大概只能到老圖書館冷僻的書架上去尋覓了。

　　認真而言，要寫一部好的傳記並不容易。它必須從傳記主角來彰顯其背後的時代，又從其時代來觀照這個傳記主角的定位和意

義。而這正是詮釋學中「詮釋循環」的體現，是要在個人和時代之間，或在局部和整體之間，找到相互印證的關係。傳記作者必須具備這種詮釋循環的思維，才能對眾多的資料進行深度的解讀，才能鋪陳出一段段有意義、有情節、有張力，又有整體連慣性的故事。西人所寫的偉大傳記，如邱吉爾傳和甘地傳，同時具有史學和文學的價值，便是顯著的例證。相對而言，中國近現代史不可謂不壯闊，卻少有偉大的傳記。考其原因，乃在於中國近現代史的變化太快，而且是在歐風美雨衝擊下的被動發展，故國人至今仍缺乏足夠的縱深和思維來透視和消化這一段壯闊多變的歷史，人們因此很難體察和評鑑大時代中的人物，也同時很難從人物的事蹟來見證一個偉大的時代。

因應東吳大學《二十世紀中葉人文社會學術研討會》，以人物的主題，本文試圖依據歷史詮釋循環的概念，來解讀尹仲容的「年譜初稿」，以表彰尹的一些事蹟和時代意義。必須指出的是，中國人的「年譜」可以說是一種相當特殊的文本，是一個偏重歷史價值的民族才會花那麼大心血去編寫個人的「年譜」，另外也以同樣的理由去編家族的「家譜」或「族譜」。這對我們這一樣一種偏重歷史，卻又遭逢著歷史大斷裂的民族而言，用心解讀這些「年譜」和「家譜」也許有助於我們找到一些重要的線索，去銜接這個偉大的斷裂時代。與其他一般的年譜和傳記相較，沈雲龍先生編的尹氏年譜，踏實厚重，長達 682 頁，其後又追加了沈怡的「跋」，王作榮先生的「代跋」，和好多篇的「附錄」。本人忝為政治經濟學的教學者，閱讀這樣一本厚重的年譜，自然會偏重它所具有的政治經濟學意涵。其實，早在 1980 年代中葉寫博士論文時，我就曾以尹

氏年譜作為重要的佐證資料。我當年偏重尹仲容個人在台灣經濟發展上的成就，然而已經意識到背後的歷史脈絡問題。現在重讀這一本年譜，希望能跨越個人之層次，而要借重尹氏來顯示背後的歷史結構，又以此歷史結構來界定尹氏的歷史地位，這也就是本文所標示的歷史詮釋學的觀點。另就閱讀者的表述而言，一本厚重的年譜要用一篇一萬字左右的論文來交代並不容易。我的解讀策略是，順著年譜既有的歷史脈絡來閱讀，對於具有政治經濟發展意義的事故作一些夾述夾議的表述，最後在結論中做一綜合性的表達，屆時希望能把透露一些歷史詮釋循環的實質意涵。

二、家世和教育

尹仲容出自一個相當開明的官宦世家。他的祖父是前清進士，在刑部任官，後在地方為知府，晚年主講濂溪書院。尹的父親應試不第，乃以納粟為吏，分發到江西，負責財政和審計等方面的工作。尹的母親石太夫人是一位開時代風氣之先的女性。於清光緒三十二年（1906）年，她在江西省城南昌，創辦了正蒙女校。尹仲容十三歲以前，均在他母親所辦的女校中就讀。十四歲時，方入南昌心遠中學。一年後（民國六年），考入南洋公學院，亦即交通大學前身，交通部上海工業專門學校附屬中學。民國十年，以成績優異，直升南洋大學本科，習電機工程。四年之後，尹以第二名在該校畢業，派赴北京交通部電政司實習。除了按步就班的正規教育外，尹曾隨姑丈習古文，隨表伯習詩文，是以養成了後來好作詩詞，及校釋呂氏春秋的習慣。尹還曾提到：「吾父政務叢脞之暇，仍親授經文，兼及原富、群學肄言、天演論諸、譯書，新知故訓，不許偏

廢。」

中國近代史上的重要人物，於青少年期間，大多有一段艱酸的成長過程。尹則非常幸運，家庭美滿，所受教育新舊兼備。他可算的上是一位從舊傳統中，順利過渡到現代社會的幸運者。

尹在南洋公學和南洋大學就讀時，正值五四運動發生，學生愛國運動蓬勃興起，罷課遊行，蔚為風氣，尹則埋頭讀書，不受當時政治氣候的影響。民國二十年，九一八事變發生後，尹當時二十九歲，參加了由沈怡、王崇植、等三十多人所組成的「正己社」。他們相信「國必自伐也而後人伐之，人必自侮也而後人侮之」，救國之道要從正己做起。他們認為罷課罷市遊行宣傳及向國際呼籲等方式，決不足以嚇退敵人，故相約不談政治，專研經世致用的學術思想，及互相砥礪廉隅為宗旨。「正己社」的宗旨可能很充分的表達了尹仲容和其他新科技官僚的政治態度：那就是與猛浪的激烈現實政治保持距離，然後以經世致用的務實之學為立身與救國之道。除「正己社」之外，尹一生之中不曾再參加任何黨派，甚至後來任官至經濟部長，尹亦不曾加入國民黨。就尹一生的事蹟來看，尹不黨不群而專於務實的態度，相當程度的避開了中國官場上的派系瓜葛，而以財經管理上的專長而受重用。

三、在大陸時代的閱歷

從民國十五年到二十五年，是尹仲容工作和專業經驗的培養階段。這十年期間，尹曾在好幾項公職上服務，對其後來的發展有重要的影響。尹大學畢業後的第一項工作，是被分發到北京交通部電政司實習，可能由於他英文底子好、專門負責辦理電信對外交涉事

務，包括與外國公司與政府的簽約事宜等。其後亦參與整個華北地區的電話和電報網。在電信局服務期間，尹還曾有一段時間隨賞識他的長官到南昌、安徽等市省地方建設部門工作。此外，他還曾任軍事交通技術學校中校教官。旋又改任建設委員會無線電管理處技士，這顯示了他與國防軍工業的關係淵源。

民國二十五年，尹先生卅四歲，是其一生中的重要轉折。尹離開服務多年的交通部，出任中國建設銀公司協理。這是一家由宋子文主持，當時中國規模最大的一家民間企業。這家公司的實際負責人是宋子良（宋子文的弟弟）。他代表美國國際電報電話公司與我國交通部打交道，為清算雙方出資合辦中國電氣公司的債務問題，宋非常賞識尹的表現與能力，而推介給宋子文。自在中國建設銀公司任職後，尹仲容成了宋子文的得力助手。除仍任協理外，亦主持將公司投資之淮南鐵路，揚子電氣，既濟水電三公司重行改組經營，尹任三公司董事會秘書長，負實際責任。在這些工作上面，尹獲得了寶貴的管理民營企業的經驗。

民國廿六年抗戰爆發。中國建設銀公司投資東南各省事業，悉遭日軍侵佔，尹常飛往各地處理善後。廿七年十一月長沙大火，秩序大亂，水陸交通梗塞，尹緊急飛湘，搶撤淮南礦路之器材與設備。據洪述彭先生追憶，當時各項運出器材清冊，「相當於辦公桌高度一大堆，他即用紅藍黑三種鉛筆，隨看隨劃，分為重要，次要，普通三種，在不及二小時之時間內全部閱畢，隨即親擬電稿多件，分致有關軍工機構洽請運轉或讓售，並與同人集議，指示各項緊急措施，僅數小時之內，作全面性決定，有條不紊。」經歷這樣的場面，有這樣危機處理的能力，對於尹後來因應民國三十八年政

府遷台大撤退的局面，應該是很有幫助的。

從民國二十八年到三十三年，尹再返政府公職，赴美任我國資源委員會國際貿易事務所紐約分所主任，辦理我國戰時所需國防物資採購事宜。當時全所職員僅三人，責重事繁，辛勞異常。自民國三十年到三十三年，除在紐約任職外，尹還兼任了在華府成立的中國國防物資供應公司，通訊器材組組長，主持戰時通訊器材採購業務，自此經常奔波於華府、紐約兩地，工作益為繁劇。尹在美任採購的時間前後四年，民國三十四年六月返國，任職資源委員會。

說到這裡，要特別提一下宋子文。按抗戰末期宋子文由外交部長兼代行政院長，三十四年六月真除，旋又兼隸屬於「國防最高委員會」下的「經濟最高委員會」的委員長。（按：宋在北伐之後曾任財政部長兼行政院副院長，主張扶持工商實業，走資本主義發展路線，此為當時國民黨的左傾份子所不容，與蔣中正以軍事武力統一全國的基本策略亦不符，故於民國二十二年十月辭職，由孔祥熙接任。）宋子文又再居於中樞地位，而國民黨最具開放性的「計畫自由經濟」基本策略亦適於這段時間推出。就現今一般中外評傳，常稱宋為豪門官僚資本之典型。然就推行現代經濟理念的政策而言，宋似乎有其不可忽視之功績。

三十四年十一月二十六日，宋子文延攬尹仲容為秘書，贊襄經濟行政機密業務，先後隨同巡視京、滬，平接收事宜，其後亦襄助籌策戰後生產與交通之恢復。對於戰後的經濟重建，尹原有著極大之憧憬。這在他自美國給父母的家書中可以看出：

> 近來各方戰局均好轉，……所望我國上下發奮為雄，勿再失此千載之機會也。另常謂我國近代稀有之機會甚多，皆交臂

失之。戊戌維新，以慈禧之爭權失之。辛亥革命，以袁世凱
之野心失之。第一次歐戰，我國原可發展實業，以軍閥之內
戰失之。十六年北伐，以共黨之搗亂失之。現為第五次矣。
八年抗戰，顛沛流離，真不知犧牲多少性命財產，才換得今
日局面，如再失去機會，則真可惜矣——惟天既與我國以五
次之良機，則終欲玉成於我，斯則令男興奮無已……（57）

然而，這第五次的天賜良機，終究又在內戰刀光血影中，曇花
一現，一去而不復返。在給雙親大人的一封信函中，尹意興闌珊的
表示：

男身體尚好，惟工作日繁，而無助手，亦推不動，又不取一
文，不貪利，不貪名，如再於國家社會無補，又何苦來哉，
遇有相當機會，當再回實業界也。（65）

同函中還令人十分驚訝的提到：「昨接到王鈞電話囑匯二百萬
元造屋，男此次回國半年有餘，未向行政院支領一文，全持在美積
餘維持，何來巨款造屋。」（ibid）另外前此從美國寄回的家書亦提
到：「……此次孔副院長來美出席貨幣會議，譚伯羽同來，得暢談
國內情形。伊任經濟部次長，而收入不能敷一人在渝之開支，全仗
家鄉田產維持。」（50）抗戰期間與戰後，高官之供俸竟是如此的
單薄而無常？凡此，沈宗翰的自傳中也曾提到類似的清苦狀況，實
值得重視。

三十六年四月行政院改組後，尹終於離開公職，回中國建設銀
公司任常務董事，兼揚子電氣公司，漢口既濟公司董事及淮南路礦

公司執行董事。同年九月，宋子文出任廣東省主席，邀仲容佐助，尹予婉辭。在家書表示：「宋先生發表廣東主席，男已決定不去，世變日亟，放眼前途，真不知如何也。」（78）

縱觀尹仲容的來台前的經歷，尹累積了非常廣博的實務經驗：從地方到中央，從公營到民營，從公司經營到國貿採購，以及從科技專業到一般行政，飽受歷練。尹自大學畢業後即開始工作，不曾到外國遊學，比起學歷與學位，他並不特出，然比財經行政及專業技術廣博閱歷，當時可能鮮有出其右者。由此，培育了他在經濟政策上獨特的執行能力。

尹與宋子文的民間企業集團和國防軍工系統均有極深的淵源。來台後獲陳誠的信任與重用，據稱主要得力於兩個人的推薦，一位是在國防軍工界極具聲望的俞大為，另一位就是前面提到的譚伯羽，黨國元老譚延闓的兒子，也是國民黨的第二號人物陳誠的內弟。伯羽在英國完成工程學位，抗戰期間曾任經濟部次長。他跟尹是至性至情之友，兩位受了現代教育的知識菁英，常有詩作唱和，也常政策觀點意見上的交流。

這裡要一提的是，「派系」、「親信」、和「恩庇」等概念常用來指涉落後國家的負面人際關係，由此會串連成相互包庇的「人脈」和「金脈」，進一步集結成「威權統合體制」、「官僚資本家」、或「親信資本主義」（crony capitalism）等惡質的體制。就此而言，「蔣、宋、孔、陳」四大家族早從 1930 年代開始就被視之為國民黨派系政治的根源。然而從尹仲容，沈怡，譚伯羽等人的成長和關係來看，他們的確有良好的家世和人脈關係，卻也多是學有專長的潔身自好之輩。他們之間的連繫，形成了科技官僚的階層，

促成了現代政經結構的發展。此外，儒家文化傳統也的確提供了一些元素可以啟迪這些人的文采和情操。若此，我們在運用「派系」和「親信」等概念時，務必要界定其正負面的功能和後果。可惜的是，「派系」等用語所具有的負面意涵，早已深入社會人心。相形之下，竟很難找到一些相匹敵的正面字義和字群，來指涉和型塑一些正面的互動。負面的字群包羅了負面的心態，形成相當負面的影響和後果。為此，尹仲容終於在後面討論的楊子公司案中吃到苦頭。延至今日，我們也還一直停留在一種慣性的負面論述之中，阻礙了現代政經制度的建構。

四、來台初期的表現：管制政策中寓含的開放

尹仲容於民國三十八年四月二十六日攜眷自上海遷來台北。六月十日接聘為台灣區生產管能委員會（生管會）常務委員，施升副任委員。省主席陳誠則自兼該會的主任委員。照李國鼎先生的說法，台灣生產管理委員會（生管會）可以說是風雨飄搖中台灣產生的第一個經建發展的「導航機構」（Pilot Agency）。當時中央所屬各軍政機關人員、物資，陸續搬遷來台。行政院授權台灣省政府就近監督，因而於三十八年五月底設立了這個機構，名目上是要對在台國營及省營生產事業進行策劃、配合、和督導等工作。然在實際運作時，「凡能生產國防及民生必需品，外銷物品及進口代用品的生產事業，無分公營民黨，一律給予原料、器材、資金等便利，使其恢復或擴大生產。」生管的委員人選中，乃包括了各生產事業主管、地方民代、財政、金融、建設、物資部門之首長。在其設立初期的廿八名正式成員中，筆者曾收集了其中十八人的個人簡歷。僅

有一人為師範畢業,其他均為大學畢業。而這十七位大學畢業生
中,有十五人曾至國外留學,其中六人獲有博士學位。留學國別則
為美國七人、德國四人、英國三人、法國一人、日本一人。專長則
十二人屬工程與科學、四人屬經濟和財政、一位屬政治經濟。這十
七人當中有十人曾在資源委員會和相關的企業中工作過。在當時兵
敗如山倒的局面中,台灣能集合出這一群財經決策的菁英,是相當
不容易的。

尹初在生管會副主委時,除應付一般性產銷問題外,最關心而
直接介入的是打開中日貿易。按光復之後,台日貿易中斷,改以中
國大陸為主要貿易對象,現大陸淪陷,台灣急需重建和日本的貿易
關係。為此,尹飛東京,停留了三個多月,談判折衝,最後與盟軍
簽了第一份戰後台灣與日本間的貿易協定,解決了當時對外貿易總
額的百分之七十。然中日貿易開始後,很快就有日本棉紡織品傾銷
台灣的現象。尹乃提出「進口布不如進口紗,進口紗不如進口棉
花」的主張。此時尹仲容乃兼任中信局局長,並參與美援會花紗布
的管制小組,執行所謂「代紡代織」的政策。他在上述兩個位置
上,掌握了美援進口棉花和融資,先分配給各紡紗廠織成紗,然後
再分配織布廠織成布,最後經中信局統籌交由各類農會和同業公會
平價出售。這種「代紡代織」的作法原是抗戰時內地發展出來的,
一九四七年發生嚴重的金融危機後,美援會在上海又行恢復,顯然
是獲得美方同意的一種經濟管制的手段,有平穩物價,緩和通貨膨
脹,和達到平均分配的作用。這個政策實現的是所謂「物物交
易」、「統購統銷」等「戰時經濟」的原則。尹仲容在這方面並無
創新。他希望做到以「棉控紗,以紗控布」,而糧食局那邊更上加

一節，「以布換肥料」。所有這些做法的目的，都是在平抑物價，節制外匯，維持住當時艱難的財政局面。

尹仲容不同凡響的是，他說明了這是「在一個缺乏資源的戰時經濟情況下」的「權宜手段」。並且還說明了當棉花來源和市場供應緩和到什麼狀況下，就會階段性的放寬代紡、代織和配售；並逐步開放自紡、自織，和自售。民國四十一年八月，尹就完全解除了對棉紡的管制，並鼓勵外銷出口。

有了棉紡的管制和解禁的經驗，尹於民國四十二年底，提出了「台灣工業政策試擬」一文，刊於各大報、要求各方討論。這個時期，台灣經濟上的自由主義大為流行，故許多社會和文章都指責尹過度強調國家的經濟功能，尹則力辯開發中國家非如此則不能打開局面，又強調國家對整個工業或某種工業的方針指導，並不損市場經濟自由主義的精神。

五、冤案中的沉潛和力辯

然而尹仲容接任經濟部長不到一年，卻爆發了「楊子木材公司貸款案」。此肇始於立法委員郭紫峻於民國五十四年三月十五日向行政院長俞鴻鈞提出一篇言辭犀利的質詢，指責一位「一文莫名」的商人胡光麃，勾結尹仲容，利用其中信局長的位置，「連續騙取國家財物，其實質達美金一、二百萬元之巨，可是政府沒有認真查辦過一次……任其一騙再騙：騙了東家騙西家；騙了一般政府，並騙美元機構；……由經援騙到軍援……等他的財富移存到外國後，我們的官員還要替他想辦法，給他合法銷案，作各不了了之的處置。過去共匪在上海潛侵到我們的財經機構，有意腐蝕我們時，亦

未曾敢如此明目張膽的搶劫國家的財富！」

　　事實上，胡光麃早在抗戰期間便是大大有名的人物。他是麻省理工學院畢業生，與當時在哈佛唸書的宋子文結為莫逆，後來亦成為尹仲容的好友。論者認為這是立法院裡的人有意打擊宋系人物，亦有人認為是故意打給陳誠看的。派系的紛爭其實不用過度猜測，這是經常存在的現象。問題是以什麼樣的「議題」形式爆發出來。當郭立委以「官商勾結，圖利他人」的套式套上尹胡兩人之後，竟那麼輕而易舉的引發了舉國的共憤。於是在一片喊殺喊打聲中，尹胡兩人處境頓時變的萬分狼狽。尹仲容隨即向行政院長提出辭呈，辭去經濟部長和中信局長本兼職務。其關經濟部長的辭呈是這樣寫的：

> 仲容邀矇知遇，承乏經濟部長，於茲十月，自慚才薄，愧無建樹。今因立法院郭委員紫峻在立法院質詢中，涉及仲容在中央信託局局長任內，關於楊子木材公司貸款之責任問題，該案既奉鈞院交司法機關偵查，真相終必大白。惟仲容在中央信託局長任內，既不能止謗於未萌，備位閣員，更何能取信於中外？此擬懇准予辭去經濟部長職務，披瀝陳詞，敬啟俯准，實深德便。

關於中信局局長的辭呈是這樣寫的：

> 仲容猥以輇才，自三十九年冬，出任中央信託局局長，瞬逾四載。去年六月以來，因職務太多，無法兼顧，一再請辭，雖迭奉面准，但迄未蒙派員接替。茲因楊子木材公司貸款

案，責言交至，仲容自信此案既交法院，事實如何？終必大
白。然在此群情疑惑之際，實不宜繼續到局辦公，自應重申
前請，懇即派員接替，公私均感。

細讀這兩篇辭職函，文筆簡潔典雅，頗具古風，也有現代官府官員
的負責之義。然而兩篇辭呈的詞義也有重要的差別。前者辭經濟部
長，是辭政務官，認為自己「在中央信託局長任內，既不能止謗於
未萌，備位閣員，更何能取信於中外？」後者辭中信局局長，是辭
事務官，咸認「在此群情疑惑之際，實不宜繼續到局辦公」。

此處要附帶一提的是，民國七十九年發生司法部長蕭天讚的辭
職風波，蕭堅拒不退。聯合報主編引用了包括上述兩封在內的尹仲
容辭職函，登載在該報頭版頭條，引起國人廣泛的重視，認為尹仲
容有中國古大臣之風，兼具風骨和文采，由此遂形成一股強勁的社
會壓力，終於迫使蕭天讚辭職下台。

在經濟政策的理念方面，尹仲容是個務實主義者，一向不涉及
抽象的意識形態。然而擔任經濟部長後，尹卻到國民黨革命實踐研
究院，大談「民生主義」，並高舉抗戰末期蔣委員長所揭示的「計
劃自由經濟」政策原則，為台灣當前的經濟政策辯護。而這位一生
不曾加入任何政黨的財經決策官僚倒為國民黨所尊崇的民生主義作
了一番相當不錯的詮釋。

楊子公司案進入司法程序之後，尹仲容花了很多的時間寫訟
狀，而審判官和檢察官也做了非常認真的推敲。其中極具「正義
感」的最高法院檢察官趙琛非要就各項疑點盤查到底，於是往返爭
訟，折騰一年多，方經高院宣判無罪，尹此時已丟掉了所有的官

職。好在這一段時間也沒有白費，他認真的閱讀了經濟學，校釋呂氏春秋，搜集資料編了一部郭筠仙（即郭嵩燾清朝第一位駐英大使）年譜。民國四十六年八月終於獲得復出機會，展開他對台灣第二階段的貢獻。

相形之下，楊子公司案的另外一位主角胡光麃就沒有這麼幸運，他不僅沒有獲得東山再起的機會，還繼續遭受民事官司纏身。按楊子公司冒貸案爆發之後，胡氏就平白被扣押了七個月，公司營運因而失常。後經法院宣判無刑事罪行後，行政院竟命令台銀、中信局和中國農業供銷股份有限公司向法院申請宣告楊子公司破產。法院依據債權人的片面要求，很快的宣布了楊子公司破產，並列出了一千八百萬元的追討債額。胡光麃指出，自己在遭受冤獄期間，公司營運不振，遲延付款的責任不在公司。更重要的是，縱使法院要宣告破產，不能依債權人片面開列之債額，必須讓債務人依法請求會同核算帳目，以確定債額。胡認為債權人的債權額計算方式大有問題，若按合法利率計算，所欠總額，應在二百七十五萬餘元。其中最令胡氏不服的是，中國農業供銷公司原與楊子公司合資經營，投資五萬五千美元，而先後實已收回了五萬九千五百餘元，現竟又開出高達十三萬元之巨額欠款。為此，胡氏展開了長達八年之久的纏訟。在這期間，楊子公司陷於既非破產亦無從營運的昏睡狀態。最後，可能是太疲憊了，胡光麃經香港商人幫助，由美國花旗銀行出具信用狀擔保，由胡氏在台出售楊子公司，以所得償所有的帳款，終結了楊子公司的民事訴訟。

在長期的纏訟中，胡已無意於開展事業，而開始用心回顧中國的工業現代化過程，以及他曾在其中扮演的角色。那是在尹仲容死

後不久，胡光麃按期在《傳記文學》發表了他一生充滿傳奇而精彩的自傳。五十三年七月這些文章集給成冊，名之謂《波逐六十年》。此一出，洛陽紙貴、佳評如潮，短期之內連出七版。許多人此時方理解到，這位揚子公司案中「一文不名」的「普通商人」，竟是中國工業現代化的先驅者；而這位「先驅者」在揚子案中，竟「做了現代企業經營思想觀念的犧牲品」。

綜觀楊子公司冒貸案，問題出在社會深重懷疑，經常會以「官商勾結」、「官僚資本家」這類負面和貶責性的觀點來看待政商之間的關係。這種負面觀點有其淵遠流長的歷史背景，反應了前現代社會的泛道德心態。而皇權帝制中的最高統治者也就經常利用這種心態來駕馭政商關係，政商之間也就充滿了無窮無盡的愛恨交織。採用了西方的法律體制之後，原該靠司法程序，特別是要借重商事法，來界定政商之間的權利義務關係。然而國人對現代司法體認不深，而司法也有其現代性不足的問題。根深蒂固的泛道德反商心態依然有其蔓延的空間。在楊子公司冒貸案中，司法在刑事責任部分發揮了救濟作用，然而在民事部分卻草草了事，沒有發揮程序正義的功能。楊子公司冒貸和其他許多相類似的案件值得我們做出一系列的個案研究，除了找到司法判決上的漏洞外，更應檢討其背後深沈而複雜負面思考情結。時至今日，所謂「黨國資本主義」，所謂「綠色金主」，雖然各有一些值得伸述的議題，然而都還沿著「官商勾結」這一條古老的線索在發酵，侷限了我們政經發展的現代性格。

六、出口外銷政策的推展

尹仲容於民國四十六年八月八日復出,任經濟安定委員會秘書長。其後不久（民國四十八年）,出任外匯貿易審議委員會主任委員。該職原為財政部長兼任,現經行政院修改組織規程,而由經安會秘書長出任。在這兩個職位上,尹成了外匯貿易改革方案的主要推動者和執行者。

及至民國四十七年六月,行政院改組,俞鴻鈞辭行政院長,改由副總統陳誠兼任。不久,裁經安會,改組美援會,由陳誠兼任主任委員,尹仲容任副主任委員。原來,在經安會之下,有工業委員會。現隨經安會裁撤,而在美援會下設工業發展投資研究小組,是一重要的隸屬機構。在此組織基礎上,尹氏和其他重要財經官僚,推出了加速經濟發展計畫大綱及十九點財經措施。

以尹仲容為核心的科技官僚群在此時有完整的整合。而特別值得注意的是經濟學家蔣碩傑和劉大中等人的參與。另外是政府財經官僚和本省企業菁英之間形成了制度性的結盟。尹仲容在政策執行上相當專權,然而相當重視政策的說明和解釋。

（此一節需另加補充）

七、結語

本文從歷史詮釋的角度來探討尹仲容一生的事跡和貢獻,認為要抓住三個論述主題。首先,我認為尹仲容是我國現代大學教育制度早期培育出來的財經政策管理人才中的一個重要個案。就此而言,我們可以把時序推到 1905 年,當時滿清政府廢除科考和建立

西式大學制度。這對中國的歷史文化發展而言,自是一個非常重要的分水嶺。舊式士大夫從此式微,新式知識份子自此開始成長,各類通才和專才由此應運而生,中國的社會菁英組成自此有了結構上和質量上的根本改變。中西學術重鎮當然早就注意到這個環節,做了許多重要人物的個案研究。然因清末民初之際,正值政治和文化的動亂時代,故菁英研究也就偏重政治、文化、和軍事人物。這要到 1970 年代之後,當台灣經濟發展有了顯著成就之後,人們才注意到尹仲容和李國鼎等重要財經決策者,一般稱他們為「科技官僚」(technocrats)。就此而言,尹仲容是一個特別重要的個案。他出生於 1903 年,在 1922 年完成大學教育,可以說是現代制式大學草創期的人物,具有承上啟下的地位。

此處我順便要對「科技官僚」一詞的意思作一點釐清的工作。按早年寫博士論文之時,我便以科技官僚的組成和發展政策來解釋台灣經濟發展的成就。然而我的指導老師提出質疑,指出蘇聯便是「科技官僚」掛帥,卻成為維護共產主義經濟的核心力量。這一段提問讓我驚覺,「科技官僚」一詞,雖有超然於政治之外,並專長於專業技術的操作的意思,然實際上仍有其意識型態的傾向和依附。基於此,我認為尹仲容和宋子文的長期共事,已確定了他偏資本主義的傾向。然而他對計畫自由經濟政策的認同,另對現代經濟學概念的興趣和運用,大約在 1950 年代中期,也就是在他停職期間和復職之後,才作明確之表露。

第二、除了具備現代財經官僚的特性之外,尹仲容還是一位具有強烈歷史關懷的知識分子,由此更能顯示他承先啟後的特性。就此而言,尹自幼受了很好的國學教育,喜歡寫古詩,治春秋,還特

別敬重中國首任駐英大使郭嵩燾。在這一方面，尹仲容和 1860 年代的「同治中興」有一些重要的精神聯繫，代表了維新派的傳承。筆者近年來對政治學新國家論有特別深刻的體會，認為中國近現代一項最重大的政治轉型，便是從延續長達兩千年的皇權帝國（the empire state）轉變為現代主權國家（modern sovereignty state）。就此而言，「同治中興」可以說是在傳統帝制之下力圖振作的一次大努力。美國漢學家認為曾國藩、左宗棠等同治中興諸臣為傳統中國「最後一群真誠的保守主義者」。對於中興諸臣，或對中國末代保守主義者，尹仲容獨鐘郭嵩燾，認為他最具現代改革的理念和執著，故特別為他編年譜，以惕勵自己的志節。民國之後，革命浪潮澎湃，尹仲容卻無形中維繫了中國古典保守主義的正面特質，呈現了中國近現代史中極為難得義理傳承。

第三、就對台灣經濟發展的貢獻而言，李國鼎肯定尹仲容是台灣經濟發展的領航人。然而從民國之後的意識型態的轉折而言，我認為尹仲容是「計畫自由經濟」在台灣的實踐者。這個說法的背後涉及到民國以來複雜的意識型態的分際和演變。就一般的分類範疇而言，共產黨屬左派，崇尚共產主義；國民黨屬右派，崇尚三民主義。然而在國民黨內部，一直有一股左傾的思維力量，主張「平均地權、節制資本」，或說是「節制私人資本、發達國家資本」，具有強烈的的社會主義傾向，對民間工商業界並不友善。其後在剿共和抗戰階段，國民政府更是標榜「計畫經濟」或「戰時經濟」，試圖對民間經濟作直接的管制和干預。這要到抗戰中末期之後，在經濟學家何廉等人的主導之下，才開時提出「計畫自由經濟」的主張，強調市場經濟的功能。抗戰即將結束之時，國民政府便宣布以

「計畫自由經濟」為戰後經濟建設的指導方針。1947 年，惡性通貨膨脹爆發之後，國民政府和國民黨本身，都曾以「計畫自由經濟」的政策觀點，對其過去經濟政策的失敗做過痛切的反省，並強調今後會扶植民間，尊重民間企業精神。大陸淪陷後，國民政府播遷來台，當時情勢緊急，國民黨進行改造，在經濟政策上仍標榜計畫自由經濟政策的理念。然而計畫自由經濟的理念如何在經濟政策中實踐，尹仲容有其重要的貢獻。

（撰文匆促，未及加註，參考書目也不夠完整，容後加補充。）

參考書目

徐振國

　　1998　〈保守主義和中國現代化過程中的政經轉型〉，《東吳經濟學報》第 23 期，頁 221-247。

　　2001b　〈清末明初政的國家建立和商關係鉅變〉《東吳經濟商學學報》，第 35 期，頁 47-74。

　　2002　〈何廉及南開經濟學家對戰後經濟政策發展之議論〉，《東吳政治學

Bergere, Marie-claire（《法》白吉爾著；張富強，許世芬譯）

　　1994　*L'age d'' or de la Bourgeoisie Chinoise*（中國資產階級的黃金時代，1911-1937）上海人民出版社。

Brown, R. Ampalavanar ed

　　1996　*Chinese Business Enterprise* Volume 1-4, London: Routedge.

Chan, Wellinton

　　1977　*Merchants, Mandarins and Modern Enterprise in Late Ch'ing China*, Cambridge: Harvard University Press.

Coble, Jr. Parks

　　1980　*The Shanghai Capitalists and the Nationalist Government 1927-1937*, Harvard University Press.

Cohen, Paul A（林同奇譯）

　　1984/1991　*Discovering History in China: American Historical Writing on the Recent Chinese Past*, (《在中國發現歷史》)，New York: Columbia University, （台北：稻香出版社）。

Hsu, Chen-kuo

　　1986　*The Political Base of Changing Strategy toward Private Enterprise in Taiwan, 1945-1955*, The Ph.D Dissertation of the Ohio State University.

　　1994　"Ideological Reflections and the Inception of Economic Development in Taiwan" in Joel D. Aberbach, David Dollar, and Kenneth L. Sokoloff ed., *The Role of the State in Taiwan's Development. Armonk*, New York: M.E. Sharpe.

　　1944　with Li-min Hsueh and Dwight H. Perkins as co-editors

　　2001　*Industrialization and the State: The Changing Role of the Taiwan Government in the Economy, 1945-1998.* Harvard Institute for International Development, Harvard University and Chung-hua Institution for Economic Research, Distributed by Harvard University Press.

Osterhammel, Jurgen，朱章才譯

　　1997/1999 譯, *Shanghai, 30. Mai 1925: Die Chinesische Revolution* (《1925.5.30 上海：中國革命》), Dentscher Taschenbuch: Mnnich, Germany，台北市，麥田出版。

Weiss, Linda & John M. Hobson

　　1995 *States and Economic Development: A Comparative Historical analysis*, London: Polity Press.

Wright, Mary C.

　　1957 *The Last stand of Chinese Conservatism, The T'ung-clih Restoration: 1862-1874*, Stanford University Press.

薩孟武先生對政治學的
研究與貢獻

袁頌西／趙永茂

臺灣大學政治學系名譽教授／臺灣大學政治學系教授

一、前言

我國政治學泰斗薩孟武先生（1897-1984），他八十八年深具啟發與豐富的一生，正是一代學人及儒者的典範。他傲人的風骨、見識及融貫中西的學術成就，除了為臺灣政治學界的教學與研究留下豐沛的資產，也啟迪無數後輩，影響深遠。

薩孟武先生福建福州人，民國前十四年生，日本京都帝國大學法學士。曾任教於上海各大學、陸軍官校、中央政治學校、陸軍大學、中央大學、中山大學；抗戰期間兼任參政會參政員；民國卅七年任臺大教授、法學院院長，並曾擔任立法委員。薩先生著作等身，以《政治學》、《中國社會政治史》、《儒家政論衍義》、《中國法治思想》等書最為著名，其中與政治學有關的著作有二十二種，共二十五冊（如附錄一）。其餘重要著作尚有：《水滸傳與中

國古代社會》、《紅樓夢與中國古代家庭》，以及自傳《學生時代》、《中年時代》等。薩先生潛心學術，執教上苑，取精用宏，功力深厚。他一生從事立德立言，終生不仕，致力成一家之言。令人感佩的是他記憶力超凡，能縱釋古今。以擷古問今及論今辯古之筆，寫下許多經典巨著。於今追念薩先生天機通暢的胸懷，及沂水春風之行誼，說薩先生經師兼為人師及一代鴻儒，並不為過。

　　本文旨在論述一代儒者薩孟武先生對臺灣政治學的研究與貢獻。因此將先討論薩先生的治學態度與政治學的學識基礎。再依薩先生對政治學研究的分類，將其有關政治學的二十二種著作分為政治學基本理論、政治思想、政治制度與政治現象或政治史等四類加以討論❶。並配合薩先生其他相關劄記、著述，進而探討他在政治學研究上的重要觀點與貢獻。希望得以管窺薩先生在政治學研究上的若干體系與脈絡，做為進一步討論及研究一代政治學大師薩先生時參考。

二、薩孟武先生的治學態度及其政治學的學識基礎

　　薩孟武先生學術成就的背後，有其非常堅實的人格特質，以及

---

❶　薩先生在其《儒家政論衍義》一書中將政治分為三種重要問題，一為政治思想，二是政治制度，三是政治現象。而薩先生的著作除了可大體依此三類加以討論之外，他在政治學傳統理論的建構與推介，貢獻更多；因此本文在其對政治學研究的貢獻方面特別納入加以討論。他尤其偏重在中國社會政治史或政治史的研究，特別是運用其政治學的知識及獨特的分析觀點，探討中國過去的政治現象與政治行為，並有許多重要的研究發現。請參閱薩孟武，《儒家政論衍義》，民71年，頁1-2。

知識份子的生命與使命哲學,並充分發放其知識生命與知識使命。他個性恬淡、率真、狂狷,因而他的書房又名狂狷齋。由於他的恬淡自適,因此能堅守學術,用心教學,專心著作。也由於個性率直、狂狷,因此在他的教學與著述生命中,不時能揮灑幽默,不畏強權;並能「以天下之目視,以天下之耳聽」,常獨具慧眼,發人所不能省;能濟弱揭暴,論理批弊,放縱古今。薩先生的這些個性,早在他的學生時代便已顯露無遺,他學生時代即好打不平,頑皮又喜作「翻論」,人們認為好的,他即批評其壞,人們認為壞的,他又批評其好。他也喜歡看「武王非聖人論」等書,顯示他深具批判、論理的個性(薩孟武,民 56:24-25)。尤其在他對自己學生時代的回憶中,提出「不想入孔廟」的論說中,頗能彰顯他那不受拘束及縱橫歷史的性格(薩孟武,民 56:23)。

為了擴張他知識的生命及實踐他的知識使命,他必須有廣博及深厚的知識基礎,以及嚴謹的治學態度。因此在他留學日本京都帝大期間,除了日文雄厚的基礎外,更接受同學的建議,同時打好德文與英文的基礎。並以這三種語文工具逐次涉獵,及奠定他在近代法學、經濟學、社會學、國家學、政治學,及西方政治思想、西方憲政體制,以及相關政治制度與政治理論的基礎(薩孟武,民 56:161-162)。以此基礎,他便更能夠貫串他原有在文學、史學等中國人文學識的基礎與胸懷,使他能識見廣博,器度宏通,建立他自己獨特的政治史觀,揉合中西之論,浪遊古今,觀史流變,批古今人事,縱橫歷史。尤其他常能以他獨特的詮釋風格,見著細微,發人所不能省。以他獨特的見地,放伐斜亂,以政治之學術論古今政治

之術，非常鞭辟入裡❷。

在薩孟武先生與政治學較有關的二十二種著作中，有關政治學基本理論的著作有《政治學》等七種；有關政治思想的研究有《儒家政論衍義》及《法家思想》，《西洋政治思想》等五種；有關政治制度的研究則有《各國憲法及其政府》等四種；有關政治史或政治現象的研究，則有《中國社會政治史》、《西遊記與中國政治》等五種。

由於薩先生對政治學理論與制度的推介，著重在國家論、政體論、機關論、政黨論及參政權論等理論與制度，以及潛心研究中國社會政治史及中西政治思想史等。尤其他早在民國十四年便翻譯森口繁治教授所著《近世民主政治論》；民國三十二年在重慶出版《各國憲法及其政府》；民國三十七年在上海出版《政治學新論》；民國四十二年在臺北出版《政治學》。因此，他又被尊為我國政治古典研究學派的宗師，臺灣政治學研究的啟蒙者。國內當前政治學界資深學者多出於他的門牆，啟發爾後臺灣政治學的研究及發展者既深且遠。

薩教授在政治學的研究與貢獻之所以如此豐碩，其中主要關鍵在於他嚴謹的治學與寫作態度。他的治學方式不僅參酌西方研究架構，及兼治政治學、文學、史學、法學與經濟學等學門，並加以科際整合及取精用宏，始能上下古今，中西連貫。因而他立論著說，

---

❷ 薩先生在有關他學生時代的回憶中曾經表示，他最佩服三蘇，一心一意想學東坡，希望以後有人像讀蘇東坡的文章一樣唸他的文章。因此有志寫作，並因而建立他在文學與史學的深厚興趣與基礎。請參閱文獻中，薩孟武撰，《學生時代》，民56年，頁23-24。

不但行文流利，引證博雅，同時邏輯分明，並常會有嚴謹的統計推論，及極為細膩深入的列註說明。而貫串這些作為的，最重要的是他具有強烈的知識與著述使命，以及堅毅的創作精神。

我們可以從薩先生的生命中看出他與政治學知識開發、創作，以及詮釋、推介的心路歷程。他自從日本京都大學回國之後，二十八歲（民國十四年）即開始即著手翻譯森口繁治教授所撰的《近世民主政治論》。並自四十六歲（民國三十二年）開始，即密集整理出版《各國憲法及其政府》、《政治學新論》、《西遊記與中國古代政治》、《中國政治思想史》、《西洋政治思想史》，當完成《中國政治社會史》第四冊出版時，他已六十八歲。令人感佩的是他完成修訂另一經典巨著《儒家政論衍義──先秦儒家政治思想的體系及其演變》一書時，已八十五歲。這種忘我年歲與歷史爭輝的創述精神，其勇氣與毅力實不讓司馬遷也。

據薩先生的描述，他一共花二十二年撰寫《中國社會政治史》；花八年撰寫及修改《政治學》（薩孟武，民 74a：1）；花六年完成《儒家政論衍義》（薩孟武，民 71：1）。在他一生中，有超過六十年的時間，致力於研究、創述與政治學有關的二十二本著作，亦即平均不到三年即撰寫一書（請參考附錄一）。令人佩服的是薩先生對著作品質的嚴格要求。據他表示，他的《政治學》前後共修改四次，《中國社會政治史》修改四次（薩孟武，民 74a:1-2）。《儒家政論衍義》則修改六次（薩孟武，民 71:1）。《中國政治思想》再版時甚至增加 150 頁之多（薩孟武，76:1-3）。此外，薩先生在長年耙梳浩瀚文獻之後，除了重構一個分析與詮釋的脈絡外，為了更具推論的實證性，亦常有嚴謹精確的統計表佐證，例如在《儒家政論衍義》

中，為了批判與討論先秦封建制度，他引用井田制時，便自《魏書》（卷一百十食貨志）中，統計出後魏孝文帝的均田制表（薩孟武，民 71：362-365）；在《中國社會政治史》中，他為了驗證西漢官制的變動過於頻繁，他特別自《漢書》十九卷中統計出成帝以後中央官制變更表（薩孟武，民 74a：271-272）；為了說明隋末政治的紛亂，他自《新唐書》卷八十四至卷九十二統計出隋末群雄割據表（薩孟武民 75，（二冊）：51-57）。為了彰顯明代宦官的危害，他亦自《明史》卷三百中統計出明代宦官之禍表（薩孟武，民 75（四冊）：377-381）。另外，薩先生為了能更清楚的瞭解政治事件分析背後的理論發展背景，他甚至會有更深入的做歷史與發展比較及做長篇的註釋。例如他在《政治學》的著作中，便深入比較中國秦漢之後統一國家的概念與西方英語、法語、德語中有關 State 的概念（薩孟武，民 75：6-9）。其次他在《政治學》一書中，為了討論獨裁政治，他用了將近 3 頁的註釋，分析法西斯及納粹主義的興起背景（薩孟武，民 75：216-218）。薩先生這種學術著作態度與治學精神，使他成為臺灣政治學研究的典範。

三、薩孟武先生對政治學基本理論的研究與貢獻

　　薩孟武先生有關政治學基本理論的著述共有八本，包括民國十四年翻譯自日本森口繁治教授所撰的《近世民主政治論》，民國三十七年出版《政治學新論》，民國四十二年出版《政治學》，民國四十五年出版《政黨政治論集》（多人合著），民國六十二年出版《社會科學概論》，以及民國七十四年出版譯自 F. Oppenheimer 的《國家論》。（請參閱附錄一）

　　自從民國二十年起，他專任政治大學教授之後，在抗戰期間即曾在當時的世界書局出版《政治學概要》，後又陸續改版為《政治學》與《比較憲法》、《政治學原理》以及《政治學新論》。來臺經過大修後才定名為《政治學》。由於薩先生留學日本期間為政治學理論中國家論最為興盛的時期，因此該書主要內容在討論統治團體——國家論，統治型態——政體論，統治機構——機關論，人民統治權的行使——參政權，以及統治活動的動力——政黨論等。頗能有系統的討論當時政治學研究的五大塊理論（薩孟武，民 75）。雖然未能論述功能論、系統論、決策理論、溝通理論乃至於利益團體理論、精英理論、政治文化、政治社會化等新理論（呂亞力：民91）。但是他整理自 G. Jellinek 與 F. Oppenheimer 等人的理論，而發展出的基本政治學知識與理論，迄今仍是政治學研究與教學的重要結構。尤其薩先生的《政治學》，仍被視為傳統政治學的經典作。它自民國四十二年出版迄民國六十六年，共有四版二十四刷，較之目前最暢銷的政治學著作均有過之，可見薩先生對臺灣政治學研究與教學影響之深遠。

　　舉例而言，薩先生認為國家主權可分為君主主權說、人民主權說，及國家主權說，其中國家主權說，則由「國家的權力」說轉為「國家權力特質」說，並因而導入主權多元論（薩孟武，民 75：46-47）。此外，他將國家的起源論用父權說、武力說、法人說等八種理論加以剖析（薩孟武，民 75：109-125）。更能深入探討國家形成與演變的歷史縱深，及其各種形成變異情境。非常有助於政治學學習者推理與論辯能力的訓練。

　　另外，薩教授在他《政治學》的巨著中，運用極大的篇幅討論

選舉制度，充分彰顯出薩先生的數學與統計能力。尤其他深入引用記量模型分析多數代表法、包括單記、連計與第二次投票、選舉投票法，及少數代表法、比例代表法等。對政治學學習者有很大的啟發（薩孟武，民 75：419-477）。其次薩先生還特別重視政黨在政治過程中的角色與發展，因而特別將政黨視為統治活動的動力。他除了特別論述政黨政治發展的四個階段，並視為政黨政治的發展是現代民主國家發展的重點（薩孟武，民 75：519-524）。這些論點，即使對當前臺灣的政治發展及相關研究而言，仍深具啟發性。

此外，薩先生在其譯自 F. Oppenheimer 的《國家論》一書中，除了有系統的比較封建國家與立憲國家的發展，以及論述國家發展的趨勢之外，他有異於一般譯者的作為，他常用「譯者案」的補註方式，加入不少他對中國歷代封建及君主國家政治與社會結構及變遷的說明。例如，周代庶民與領主的關係；南北朝時代的社會階層（薩孟武，民 66：51）；南北朝時北朝士族的流動（薩孟武，民 66：129）。談到國家形成武力說時，他並補充比較孫中山與 F. Oppenheimer，I. Khandun，以及 D. Hume 等人的論述（薩孟武，民 66：152-153）。這類似的討論與分析均能相當程度地拓展讀者與學者的視野，開闊其政治學相關學識，有助於他們對自己國家政治社會形成與發展的瞭解。

四、薩孟武先生對政治思想研究的貢獻

薩教授有關政治思想的著述共有五本，包括民國十七年出版的《現代政治思潮》，民國五十八年出版的《中國政治思想史》，民國六十一年出版的經典著作《儒家政論衍義》，民國六十七年出版

的《西洋政治思想史》，以及同年出版著名的《中國法治思想》
（請參閱附錄一）。顯示出薩先生的政治學學說具有學貫中西，縱橫
古今的深厚基礎。

　　薩先生透過政治思想的研究，嘗試釐清在過去專制君權及權力
封閉社會之下，造成權力集結與行使的的流變型態，以及人性與權
力的互動規則。從而探討權力來源由上而下，在進行封閉統治的政
治社會下，歷代政治思考者對權力運作期待的理念型態與論辯結
構。至於近代西方政治思想家對權力來源由下而上的民主理論，則
係經由開放及流動統治權的途徑所建構的治理機制。人類從過去，
因對君權制壓無力而採取聖君期待或理念壓力，以及其他相關權力
制衡論，到近代政黨政治制度等替代性或權力輪替機制的建立，其
間各類思想的創建背景、論辯結構，均有待思想史的研究。經由思
想史所鋪設的歷史縱深中，我們才得以更有系統的觀察與思考人類
過去對權力運作與約制經驗。這些研究與省察，即使對人類當代政
治理論與體制的批判與反省，仍會有深刻的啟發。

　　事實上，人類的權力集結與互動行為，乃至於制度設計，各時
代也許會有所不同，但是因為權力與資源的有限，經由人的集結及
不同人性條件的表現，常會出現類似的流變與衝突對抗模式，而且
常常在政治行為與政治現象表現上不斷重複出現。而這些行為與現
象，與各時代環境間的相互關係，乃至為因應各時代的經歷社會情
境，各時代所發展、開展出來的政治制度與理念，仍有待不斷加以
思索與省察。這些歷史的研究與觀察，如果是很重要的話，那也是
當代行為科學或相關政治理論的研究需要與更多歷史與人文關懷結
合的道理。人文與歷史的研究，永遠是政治研究的寶庫，薩先生一

生在政治學上的創述成就，與他雄厚的歷史與人文觀察基礎有極為密切的關係。這也是他的學術創作更具有長遠生命力的原因。

薩先生的《中國政治思想史》一書，可能沒有蕭公權先生大作那麼具有嚴謹的階段架構。蕭先生嘗試將中國政治思想史分成創造時期（先秦九子）、因襲時期（秦漢魏晉唐宋）、轉變時期（上）（明清）、轉變時期（下）（清末以下）及近代國家政治思想四期（蕭公權，民 71），體系脈絡完整而且很平實嚴謹。薩先生的大作《中國政治思想史》被部分讀者認為涉入個人價值判斷較多（薩孟武，民 76：1-3）。但是薩先生卻常有獨特的詮釋方法與見解。例如提出東漢王充的宿命論（薩孟武，民 76：239-248）；漢末仲長統的政治悲觀論（薩孟武，民 76：269-273）；北宋進取與保守政論派的分類（薩孟武，民 76：381-420）；明代李贄的傳統思想推翻論（薩孟武，民 76：479-488）；以及王夫之的社會進化論（薩孟武，民 76：503-509）等詮釋見解，均頗具思辯參考價值。

尤其薩先生在他的經典巨著《儒家政論衍義》一書中，更有系統的論述蕭公權先生所揭示的中國政治思想創造時期思想的體系與演變，對孔、孟、荀三子的政治思維體系有極為嚴謹及系統的論述。例如孔子在談政治原則如正名、民本、尊王之外，特別討論人性、六情及才識。另外，孔子在談禮治、人治、刑賞之外，特別重視為政之道，尤其一張一弛、興革依人力財力先定規模；臨事而懼；好謀而成；及愛惜名器等論述（薩孟武，民 71：1-128），即使擷古問今，仍是當代為政者的圭臬。而有關孟子政治思想的論述，包括一治一亂的概念、人治論上的賢能政治、人臣論上的諫爭及格君非等概念（薩孟武，民 71：312-465），亦正是儒家政論及中國政治思

想的重要理念。尤其在評議孔子的民本思想與西方民主的差異時，特別論述到孔子的民本觀念是 for the people，而非 by the people（薩孟武，民 71：53-58），立論十分精闢。這些「以古鑑今」及「論今辯古」的功夫與論點，在薩先生幾本中西政治思想史著作中俯拾皆是。對政治學研究者與研習者均有很大的啟發。即使在西洋政治思想史的研究方面，如前所述，早在民國十七年薩先生就在上海商務印書館出版《現代政治思潮》，推介馬克斯主義、基爾特社會主義、現代國家論等；民國六十七年出版《西洋政治思想》，對西方歷代主要思想家的思想內涵與發展背景，均有頗為深入的論證。對國內西洋政治思想與當代西洋政治思想的研究與教學，仍有相當大的投入與貢獻。

五、薩孟武先生對政治制度研究的貢獻

薩先生有關政治制度或憲政法制方面的著述共五本。早在民國三十二年即在重慶出版《各國憲法及其政府》；民國四十四年經修訂補充後與劉慶瑞教授共同出版《各國憲法及其政府》；民國四十九年出版《中華民國憲法概要》；最後於民國六十三年出版《中國憲法新論》（請參閱附錄一）。薩先生早在留學日本京都大學時期即受到嚴格的法學訓練，尤其是在類似比較憲法的所謂國法學及行政法學等方面的研習（薩孟武，民 56：159-162），打下各國憲法體制及行政法制方面頗為堅實的基礎。因此，他曾自認為自己是研究公法學尤其是憲法學的人。他認為國家為統治組織，統治是「力」的問題，而組織則為「法的秩序」。憲法是把「力」侷限於「法」之內，因此憲法係規範統治者行使統治權的範圍（薩孟武，民 49：5-

6）。薩先生在其著名的《各國憲法及其政府》一書（與劉慶瑞教授合著版），主要在推介及論述英、美、瑞、法、德五國的憲政體制，除了描述各國的憲政發展背景，論述各國憲政體制主要架構與特質，並加以比較，亦即所謂「摑其特徵、互相比較」（薩孟武、劉慶瑞，民 44：1-2）。對西方主要憲政發展國家的憲政體制類型及其核心概念均有深入的論證與分析。

在薩教授《各國憲法及其政府》一書中，有許多精闢獨到的洞察與分析。例如他在討論英國內閣制的特質時，他並未同意英國代議主義的表象及議會優位論的看法，而卻明確的指出在英國穩定的兩黨政治環境之下，政府卻因為多數席政黨執政的關係，執政黨反而經由對黨員的約束，而控制國會（薩孟武、劉慶瑞，民 44：67-69）。在探討英國分權的地方自治時，更能獨到的論述英法地方自治發展上的歷史背景，並具體指出英國封建采地（feudal manor）的歷史因素（薩孟武、劉慶瑞，民 44：79-81）。討論到美國的憲政體制時，則明確指出三權分立與司法違憲審查權等特質（薩孟武、劉慶瑞，民 44：106-159）。而在討論法國的憲政體制時，除了指出法國法律二元主義（普通法院與行政法院分立）及中央集權主義的特色，並比較分析英法兩國內閣制的異同（薩孟武、劉慶瑞，民 44：279-300）。尤其他在討論英、美、瑞、法、德五國憲政體制之後，更專章討論十八世紀以來憲法的基本原理的變遷，包括政治上的自由主義、經濟上的平等主義、國際上的和平主義三大變遷趨勢（薩孟武、劉慶瑞，民 44：276-279）。對各國憲政體制的分析，可謂脈絡貫通，論證精微，頗具啟發價值。

薩先生另一巨著《中國憲法新論》，對我國憲法的定位及未來

的重構及修訂方向，亦有頗多評議與創見。尤其他係透過比較憲法的途徑，延展許多觀察與討論的據點，因此本書在分析架構的設計及討論上，有不少特殊及發人省思的論述。例如他打破一般憲法逐條逐章論述的方式，特別將憲法第十二章選舉罷免創制複決問題，納入人民的權利義務一章有關參政權的部分中加以討論。而且特別將第三章國民大會以下至第九章監察院的討論，納入國家統治機關的組織與國家統治權力的作用兩大章加以論述。其間薩先生經常以比較憲法的觀點開拓我國憲法體制的觀察與檢驗視野。例如討論我國憲法有關選舉、罷免、創制、複決等參政權利的精神與規範時，薩先生還附加有關自由投票與強制投票、單記投票與連記投票，以及地域代表制、比例代表制、選舉劃分等制度與相關理論的討論（薩孟武，民 63：135-169）。討論到我國總統權時，亦深入分析總統地位及權力的類型及我國總統地位的特質（薩孟武，民 63：198-203）。當討論到考試與監察權時，更開闢專節討論考試院及監察院的問題，並比較我國古代考試監察制度與當前的考試監察制度、中外彈劾制度等問題（薩孟武，民 63：427-474）。對開闊我國憲法學視野及憲政體制的省察，有頗多貢獻。

六、薩孟武先生對中國政治史研究的貢獻

薩先生對政治現象及政治行為的觀察與研究甚深，重點尤其放在中國政治社會歷史的研究，其經典巨著《中國社會政治史》一書（四冊），自成體系，已成一家之言。事實上，薩先生早在民國三十六年即出版《水滸傳與中國社會》一書，嘗試探討宋江的家族與當時政治的關係等；民國四十六年出版《西遊記與中國古代政

治》；民國六十九年出版《中國政治》；民國八十年經整理與其他
多位學術先進合出版《水滸傳與宋代軍政》（請參閱附錄一）。對中
國政治社會史的研究，獨樹一格，也貢獻、啟蒙後學者良多。充分
展現他縱橫中西、馳騁古今，以及以古鑑今，以今論古的功力。

　　如前所述，薩先生前後共花二十二年完成《中國社會政治史》
的歷史巨著。其目的在探討過去政治現象的產生背景，釐清其影響
因素及因果關係，進而透過歷史縱深的觀察，有助於歸納出許多觀
察及理解的特徵，然後自歷史現象中獲得啟發，並增強個人對政治
現象或權力的形式、運作、分配等問題的洞察力。薩先生在他四巨
冊《中國社會政治史》的研究中，很有體系的以十三章貫穿中國政
治史，自原始國家、封建國家及統一國家及官僚政治的形成，開始
逐一推演各朝代統一國家及統治結構的形成到各朝代衰亡的特徵，
並逐代推介及批判其中央與地方官制。體系完整，邏輯推論嚴密，
並適時佐以文獻統計的檢證，一氣呵成。除了各政權之形成及衰亡
各有其特有時空環境與變異特徵之外，亦可釐清出幾種類似特質，
作為觀察歷代政權興亡，乃至檢驗當代政治權力興衰的參考。

　　在薩先生所論歷代政治衰亡的原因中，似可歸納出幾種因素：
一、經濟社會崩潰：例如秦、西漢、隋、唐、明等朝代。二、軍閥
割據或宗藩之亂：晉、唐、五代及明朝。三、朋黨之爭：唐、宋、
明三代。四、政治腐化：晉、宋、明三代。五、宦官之禍：有唐、
明兩代。六、政局紛亂：有東漢、五代。七、官僚政治腐敗：有東
漢、三國兩朝。事實上各朝代的覆亡，均有幾種因素交互影響而
成。薩先生精闢的指出「歷代易姓革命常以政治腐化為遠因，而以
財政困難為近因，政府入不敷出，不惜竭澤取魚，而苛歛繁徵便促

成經濟破產。稅源既然枯竭,財政更見困難,政府更要榨取。於是流民遍地,土匪蜂起,而朝代隨之更易（薩孟武,民 75（第四冊）:396-397）。就政治腐化與經濟社會崩潰因素而論,薩先生復指出:「政治黑暗可以引起社會問題,社會貧窮也可以引起政治問題」;「社會問題便是貧窮問題,吾國以農立國,社會貧窮或由於天災,或由於土地問題,而土地問題又可分為兩種,一是地狹人庶,生產不能供給消費之用;二是豪強兼併,多數農民失去土地,無法謀生」。「如果再有繁歛租稅,租稅必轉嫁於農民,如加上徵調人役,以興工役動干戈,則力役及兵力又捨農民莫屬,因而更使農村缺乏勞動動力。造成農業萎縮、穀價騰貴,於是農村貧窮又轉變為大眾貧窮,其初也土匪遍地,其次也,政權顛覆。」（薩孟武,民 75（第三冊）:34-38）。這些論述除了指陳歷代許多政權覆亡的政經社會背景,對現代政治權力的檢驗亦可引以為鑑。

論及宮廷或政局紛亂、朋黨之爭及宗藩之亂時,薩先生亦指出:「天子傳子,而宰相傳賢。傳子是求政局的安定,傳賢是求政治的進步」然而自西漢之後,君王越專制常有不信宰相及不信武將之心,常以宦官或外戚監軍。宦官既然監軍,自得脅制武將」。「閹臣弄權當然引起朝臣不滿,易產生朋黨之禍」。「朝臣欲誅宦官,只有乞援外力,朝臣與宦官的鬥爭又轉變為方鎮與方鎮的吞併」（薩孟武,民 74c:177-201）。這些論述除了顯示中國歷代宮廷或家族政治權力鬥爭與傾覆的若干經常性特徵,即使用到當代,許多政黨權力的傾覆,係肇因黨內權力鬥爭,內外爭寵,不顧民生,背離民意,造成政策與執行失能,因而失去政權的例子,亦隨處可見。薩先生對中國社會政治史的研究與精闢論述,有其極為深層的

思辯意涵。

　　薩先生《水滸傳與中國社會》一書，主要在探討過去中國政治權力的社會基礎，也就是某種權力合法性問題。薩先生在梁山泊的社會基礎一文中指出：在中國歷史上，有爭奪帝位的野心者不外兩種人：一是豪族，如楊堅、李世民等是。二是流氓，如劉邦、朱元璋等是。此蓋豪族有所憑藉，便於取得權力，流氓無所顧忌，勇於冒險（薩孟武，民 36：1-2）。而《西遊記與中國古代政治》一書，主要係透過西遊記中的人物故事，與歷代人物事蹟交叉影射、諷諫政治權力現象與政治權力行為，甚至批判政治制度。他在菩薩與妖精一文中指出：「一部二十四史不過爭奪政權的歷史。成者為王，敗者為寇。王冠懸於成敗，成敗則決於力之大小」「人類所想像的神仙社會也以力為基礎」。他舉曹操與宋太宗之例，為曹操打抱不平，並表示主要是因為「曹操只能造成三分局勢，宋太宗則能除吳越而平北漢，使五代紛亂之局復歸於統一」（薩孟武，民 46：1-3）。薩先生在論及唐僧用緊箍兒控制孫行者時，即是借用緊箍兒的例子，彰顯權力制衡的重要性。他指出：「如何控制組織政府的自然人濫用權力，那就需要『緊箍兒』了。」他引用孟德斯鳩（Baron de Montesguieu）的理論：「要防止權力的濫用，只有用權力以制止權力」。並批判過去帝王常誤用緊箍兒，對付列侯、丞相甚至大臣，就像唐僧之對孫行者一樣，應像英國總理有國會的支持對抗君權，而取得權力的制衡，才能減少權力的失衡與誤用（薩孟武，民 46：87-92）。這種從歷史故事或小說人物中抽繹出與政治學理論交互印證的論述，也正顯現薩先生政治學、史學與文學基礎雄厚，以及古今對映的功夫。

七、結語

正如前面各節所述,薩先生一生有傲人的學術風骨,特殊的學術風格,經師兼為人師,深為同事與學生親近、尊敬及愛戴。他更有驚人的著作毅力與學術成就。由於他在政治學、史學與文學上具有雄厚的基礎,以及嚴謹的治學態度,使得他在政治學基本理論、中西政治思想史、政治制度以及政治史等政治學主要研究領域,均有極為重要的著作。他一生從事政治學相關著述達六十年,除了留下多部傳世巨著,將流傳久遠之外,其一般著作,均風格獨具,脈絡貫通,而且經常讜論深澈,鞭辟入裡。他認為:凡著作一本書籍,須有一種見解。著作沒有見解,猶如沒有靈魂的機械人(薩孟武,民 49:5)。因此即使是譯作,亦會夾注不少自己的觀點,甚至在討論中國政治史時,也經常會引用西方政治理論交互論述。他自小善作「翻論」的風格,可能正是他具有獨特見解與學術創作的來源。薩先生成就一代通儒及政治學大師級地位,回顧他一生對臺灣政治學研究的貢獻,令人仰之彌高,鑽之彌堅,值得政治學界後輩學習。

參考文獻

呂亞力著,《政治學》,臺北市:三民書局,民 91 年

孫廣德著,《閒思集》,臺北市:桂冠圖書公司,民 91 年

浦薛鳳著,《西洋近代政治思潮》(上下兩冊),臺北市:臺灣商
　　　務印書館,民 83 年

蕭公權撰,《中國政治思想史》(上下兩集),臺北市:聯經出版

社，民 71 年

劉慶瑞著，《比較憲法》，臺北市：三民書局，民 82 年

鄒文海著，《政治學》，臺北市：三民書局，民 82 年

森口繁治撰，薩孟武譯，《近世民主政治論》，臺北市：臺大法
　　圖，民 14 年

薩孟武撰，《各國憲法及其政府》，重慶：南方印書館，民 32 年

薩孟武著，《水滸傳與中國社會》，上海：正中，民 36 年

薩孟武撰，《政治學新論》，上海市：大東，民 37 年

薩孟武，劉慶瑞同撰，《各國憲法及其政府》，臺北市：自印本，
　　民 44 年

薩孟武撰，《政黨政治論集》，臺北市：中華書局，民 45 年

薩孟武撰，《西遊記與中國古代政治》，臺北市：自印本，民46年

薩孟武撰，《中華民國憲法概要》，臺北市：聯合，民 49 年

薩孟武撰，《孟武雜譚》，臺北：自由太平洋文化事業，民 54 年

薩孟武撰，《學生時代》，臺北市：三民書局，民 56 年

薩孟武撰，《孟武雜譚》，臺北：大西洋，民 57 年

薩孟武撰，《孟武隨筆》，臺北：三民書局，民 58 年

薩孟武著，《西洋政治思想史》，臺北市：三民書局，民 61 年

薩孟武撰，《社會科學概論》，臺北：三民書局，民 62 年

薩孟武撰，《孟武續筆》，臺北：三民書局，民 62 年

薩孟武撰，《中國憲法新論》，臺北：三民書局，民 63 年

奧本海默（F. Oppenheimer）著；薩孟武譯，《國家論》，臺北
　　市：東大，民 66 年

薩孟武撰，《中國法治思想》，臺北市：彥博出版社，民 67 年

薩孟武著，《孟武自選文集》，臺北市：東大，民 68 年

薩孟武等著，《中國政治》，臺北市：中國文化學院出版部，民
　　69 年

薩孟武著，《儒家政論衍義：先秦儒家政治思想的體系及其演
　　變》，臺北市：東大，民 71 年

薩孟武著，《中國社會政治史》（第一冊），臺北市：自印本，民
　　74(a)年。

薩孟武撰，《現代政治思潮》，臺北：國立臺灣大學法學院圖書
　　館，民 74(b)年。

薩孟武撰，《政治學概論》，臺北：國立臺灣大學法學院圖書館，
　　民 74(c)年。

薩孟武撰，《師範·鄉師·幼獅公民》，臺北：國立臺灣大學法學
　　院圖書館，民 74(d)年

薩孟武撰，《中國政黨論評集》，臺北市：臺大法圖，民 74(e)年

薩孟武著，《中國社會政治史》（第二、三、四冊），臺北市：自
　　印本，民 75 年

薩孟武撰，《政治學》，臺北市：自印本（增定再版），民 75 年

薩孟武著，《中國政治思想史》，臺北市：三民書局，民 76 年

薩孟武等著，《水滸傳與宋代社會》，臺北市：天一，民 80 年

薩孟武等著，《水滸傳與宋代軍政》，臺北市：天一，民 80 年

薩孟武先生七十華誕政法論文集編輯委員會編，《薩孟武先生七十
　　華誕政法論文集》，臺北市：海天，民 55 年

http://udndata.com/library/story.php?topicglag=&sharepage=10&c-
　　id=&no=5&totalsum=7&…

附錄一　薩孟武先生政治學相關論著

1. 森口繁治撰，薩孟武譯，《近世民主政治論》，臺北市：臺大法圖，民 14 年

2. 薩孟武撰，《現代政治思潮》，上海：商務印書館，民 17 年

3. 薩孟武撰，《各國憲法及其政府》，重慶：南方印書館，民 32 年

4. 薩孟武撰，《政治學新論》，上海市：大東，民 37 年

5. 薩孟武撰，《政治學》，臺北市：自印本，民 42 年

6. 薩孟武，劉慶瑞同撰，《各國憲法及其政府》，臺北市：自印本，民 44 年

7. 薩孟武撰，《政黨政治論集》，臺北市：中華書局，民 45 年

8. 薩孟武撰，《西遊記與中國古代政治》，臺北市：自印本，民 46 年

9. 薩孟武撰，《中華民國憲法概要》，臺北市：聯合，民 49 年

10. 薩孟武著，《中國政治思想史》，臺北市：三民書局，民58年

11. 薩孟武著，《中國社會政治史》（共四冊），臺北市：薩孟武，民 57-61 年

12. 薩孟武撰，《社會科學概論》，臺北：三民書局，民 62 年

13. 薩孟武撰，《中國憲法新論》，臺北：三民書局，民 63 年

14. 奧本海默（F. Oppenheimer）著；薩孟武譯，《國家論》，臺北市：東大，民 66 年

15. 薩孟武著，《西洋政治思想史》，臺北市：三民書局，民67年

16. 薩孟武撰，《中國法治思想》，臺北市：彥博出版社，民67年

17. 薩孟武等著，《中國政治》，臺北市：中國文化學院出版部，民 69 年

18. 薩孟武著，《儒家政論衍義：先秦儒家政治思想的體系及其演變》，臺北市：東大，民 71 年

19. 薩孟武撰，《中國政黨論評集》，臺北市：臺大法圖，民74年

20. 薩孟武撰，《政治學概論》，臺北：國立臺灣大學法學院圖書館，民 74 年

21. 薩孟武撰，《師範・鄉師・幼獅公民》，臺北：國立臺灣大學法學院圖書館，民 74 年

22. 薩孟武等著，《水滸傳與宋代軍政》，臺北市：天一，民80年

屈萬里先生之學術成就及對中國圖書館事業之貢獻

劉兆祐

中國文化大學中國文學系主任

一、前言

　　屈萬里先生（1907-1979），字翼鵬，山東省魚臺縣人。少時，即讀畢四子書及《毛詩》、《綱鑑易知錄》等書。後入以發揚東方文化為宗旨之東魯中學，從齊魯名理學家夏溥齋（濟泉）先生游。民國十七年（1928）夏，行屆卒業，適日本侵華造成濟南慘案，乃輟學返魚臺任縣立圖書館館長，兼授國文於師範講習所。十八年（1929），曾遊學北平，進郁文學院。二十年（1931）九月十八日，東北釁起，乃退學返回山東。旋蒙齊魯大學國學研究所所長欒調甫薦介於著名學者山東省立圖書館館長王獻唐先生，從館員洊升編藏部主任。二十六年七月，盧溝橋變作，乃隨王獻唐館長，躬運館藏善本圖書及金石器物，經曲阜、濟南、漢口等地，輾轉安抵四川。二十九年（1940），任職國立中央圖書館。三十一年（1942），入中

央研究院歷史語言研究考古組任甲骨文研究之助理員。民國三十四年（1945）對日戰爭結束，中央圖書館遷回南京，重返該館，任編纂、特藏組主任。三十八年（1949）間，國立中央圖書館疏遷善本古籍來臺，委先生為臺灣辦事處主任。同年春，應國立臺灣大學傅孟真（斯年）校長聘，在該校任教。四十六年（1957）起，由臺灣大學與中央研究院歷史語言研究所合聘，從事教學與研究工作。曾先後擔任國立中央圖書館館長、臺灣大學教授兼中國文學系主任、中國文學研究所主任、中央研究院歷史語言研究所所長、東吳大學中文研究所兼任教授、國家科學委員會國立研究講座教授、胡適講座教授、中山講座教授。並曾應聘為新加坡南洋大學客座教授、美國普林斯敦大學高深研究所研究員，曾獲中山學術著作獎。六十一年（1972），膺選為中央研究院院士❶。

　　屈先生著述繁夥，生前已刊行之專書有：㈠《山東圖書館分類法》。㈡《漢魏石經殘字二卷校錄一卷》。㈢《國立中央圖書館善本書目初稿》。㈣《詩經釋義》。㈤《圖書版本學要略》（與昌彼得先生合著）。㈥《詩經選註》。㈦《尚書釋義》。㈧《殷虛文字甲編考釋》。㈨《漢石經周易殘字集證》。㈩《史記今註》（與勞榦先生合著）。㈠《漢石經尚書殘字集證》。㈡《古籍導讀》。㈢《書傭論學集》。㈣《先秦漢魏易例述評》。㈤《明代史籍彙刊初輯》（主編，劉兆祐撰敘錄）。㈥《明代史集彙刊二輯》（主編，劉兆祐撰敘錄）。㈦《雜著秘笈叢刊》（主編，劉兆祐撰敘錄）。㈧《尚書今

---

❶　屈先生生平事蹟，參見劉兆祐撰〈屈萬里傳〉，收在《中華民國名人傳》第五冊，頁134-149，1986年6月，台北近代中國出版社出版。

註今譯》。㈨《普林斯敦大學葛思德東方圖書館中文善本書志》。㈩《明清未刊稿彙編初輯》（與劉兆祐同編）。㈢《明清未刊稿彙編二輯》（與劉兆祐同編）。未刊印之專書有：㈠《讀易三種》。㈡《尚書集釋》。㈢《尚書異文彙錄》。㈣《詩經詮釋》。㈤《先秦文史資料考辨》。㈥《流離寫憂集》。㈦《風謠選》。㈧《讀老箚記》。另有已發表之單篇論文數百篇。屈先生去世後，聯經出版社出版《屈萬里全集》，共二十二冊，都四百餘萬言。❷

　　屈先生著述既多，其於學術上之成就，亦屬多方面。1972 年屈先生膺選中央研究院院士時，中央研究院發布之新聞稿，謂其「對先秦史料之考訂，中國古代經典（《詩》、《書》、《易》等）及甲骨文之研究，均有成就，尤精於中國目錄校勘之學」。茲篇述其學術成就，偏重於經學、甲骨文及目錄版本學三方面。此外，屈先生於民國十七年（1928）任山東省魚臺縣立圖書館長，其後又任職山東省立圖書館及國立中央圖書館，民國五十五年（1966）出任國立中央圖書館館長，於善本圖書之考訂與編目及國立中央圖書館之發展規畫，均有極重要之貢獻。

二、在學術方面之成就

㈠ 經學方面

---

❷　關於屈先生之著述，可參閱：㈠〈懷念一生獻身學術著作如林的「書傭」——屈萬里院士其人其書〉，劉兆祐，1984 年 1 月，《新書月刊》第四期。㈡〈《屈萬里先生文存》編後記〉，劉兆祐、林慶彰同撰，1982 年 4 月 2 日，《聯合報》。㈢〈屈萬里先生著述年表〉，劉兆祐，1985 年 3 月，《書目季刊》第十八卷第四期，《屈翼鵬院士逝世六周年紀念特刊》。

　　屈先生經學方面之主要著作有：《漢石經周易殘字集證》、
《先秦漢魏易例述評》、《讀易三種》、《詩經釋義》、《詩經選
注》、《詩經詮釋》、《尚書釋義》、《漢石經尚書殘字集證》、
《尚書今註今譯》、《尚書集釋》、《尚書異文彙錄》等專書及單
篇論文多篇，例如〈關於周易之年代思想〉、〈周易古義補〉、
〈周易卦辭利西南不利東北說〉、〈易損其一考〉、〈今本尚書的
真偽〉、〈尚書中不可盡信的材料〉、〈周誥十二篇中的政治思
想〉、〈先秦說詩的風尚和漢儒以詩教說詩的迂曲〉、〈說詩經之
雅〉、〈東西周之際的詩篇所反映的民主及政治情況〉、〈二戴記
解題〉、〈論語公山弗擾章辨證〉、〈孟子七篇的編者和孟子外書
的真偽問題〉等。

　　屈先生經學方面之著述甚多，今第就專書部分，略述其內容及
價值。

　　《漢石經周易殘字集證》（三卷）一書，1961 年 12 月，由中央
研究院歷史語言研究所出版。按：漢代易學之立於學官者為施、
孟、梁丘、京氏四家，西晉以後，先後亡佚，今所傳《周易》經
文，為王輔嗣本，是以漢代《易經》面目，已不可得見。屈先生據
近世陸續出土之石經殘字，撰為斯編。全書分三卷：卷一〈論
證〉，分論漢石經之刊刻及經數碑數、漢石經之毀廢與隋唐時代所
傳之舊搨本、唐宋時代漢石經殘字之發現與著錄、漢石經《周易》
殘字之發現與著錄、漢石經《周易》之篇第、漢石經《周易》為梁
丘氏本；卷二〈校文〉；卷三〈漢石經碑《周易》部分復原圖〉。
茲編既出，不僅可見漢時諸博士所傳《易經》篇第之真象，他如論
證漢石經與今本《周易》篇第章次之異同、漢石經實據梁丘本上

石、漢石經每行皆七十三字等說,皆粲然可徵,於《易經》之研究,裨益甚鉅。

《先秦漢魏易例述評》一書,1969 年 4 月,臺灣學生書局印行。按:此書著於民國二十九年(1940)秋,時先生客居渝西歌樂山也。三十一年(1942),重慶中國文化服務社,允為印行,以當時國難方殷,出版事業至為艱苦,因稽遲至抗戰勝利,尚未付排。遷臺後,其中上卷曾載《學術季刊》六卷四期,下卷則載《幼獅學誌》一卷二期。以期刊體例與專書不同,致原文頗有刪削,是以取原稿略加校訂,付臺灣學生書局印行。《周易》注述之盛,冠絕群經,然前人說《易》,多蔽於《易》歷三聖之言,以為必奧衍難究,而不敢以淺近目之。先生此書,乃用客觀態度,闡述先秦至漢魏說《易》者之義例也。

《尚書釋義》,民國四十五年(1956)八月,中華文化出版事業委員會刊行。案:此編篇第,依孫星衍《尚書今古文注疏》,惟孫疏以綴輯之〈泰誓〉,列入白文,此則剔出之,以入於附錄一之〈尚書逸文〉中。書前有〈敘論〉,要目有:一〈尚書釋名〉;二〈尚書之編輯與篇目及書序〉;三〈今文尚書〉;四〈古文尚書〉;五〈偽古文尚書〉;六〈歷代尚書學之演變〉。書末附錄三種:一〈尚書逸文〉;二〈書序〉;三〈偽古文尚書〉。

《漢石經尚書殘字集證》(三卷),民國五十二年(1963),由中央研究院歷史語言研究所出版。按:先生既撰《漢石經周易殘字集證》,復據今見漢石經殘字撰為斯編。是書分三卷:卷一〈論證〉,其目為:〈漢石經尚書之發現與著錄〉、〈漢石經尚書所佔碑數〉、〈舊雨樓本漢石經尚書殘字之偽〉、〈漢石經尚書篇數之

篇第〉、〈泰誓問題〉、〈漢石經尚書為小夏侯本〉；卷二〈校
文〉；卷三〈漢石經碑尚書部分復原圖〉。此書既出，則不僅漢石
經《尚書》確為二十九篇；康王之〈誥〉確合於〈顧命〉；確有後
出之〈泰誓〉；〈泰誓〉及〈盤庚〉皆確為一篇；偽古文本之〈舜
典〉確自〈堯典〉析出，而又妄增二十八字；偽古文本〈益稷〉確
自〈皋陶謨〉析出等問題，得以確證。他如論定漢石經《尚書》所
據者為小夏侯本，以石經復原校證唐開成石經之衍奪字等，皆有功
於《尚書》之研究者也。

　　《詩經釋義》，民國四十一年（1952）四月，台北中華文化出
版事業委員會出版。按：茲編分上下兩冊，上冊為十五國風，下冊
為〈小雅〉、〈大雅〉、〈頌〉。先生之撰寫此書，不專主一家，
亦無今古文或漢宋等門戶之見；要以就三百篇本文以求，探得其本
義為旨歸。於訓詁方面，採於漢人、清人及近人者為多；於篇旨方
面，採於朱傳者為多。其有感於舊說之未安者，先生則加按語。書
前有〈序論〉，末附〈詩地理圖〉及古器物、星象等圖。

　　經學方面之專書，尚有《尚書異文彙錄》、《尚書集釋》、
《尚書今注今譯》、《詩經詮釋》、《詩經選注》等書。

　　屈先生在經學方面研究之成果，略如上述。其在經學上之成
就，則有左列數端：

1.辨定經學中之偽作

　　前人多以經書為聖人所刪定，所謂孔子刪《詩》、《書》，周
公制《禮》作《樂》也，是以於經書各篇，多信以為真，未敢致
疑。漢代班固之撰《漢書》，於〈藝文志〉所載〈諸子略〉、〈兵

書略〉之書，多所致疑❸，然於〈六藝略〉中所載諸經，則未之疑
❹。迄唐代，顏師古、柳宗元等，亦多辨偽之言，然所疑者亦多屬
子書❺，於聖人之作，不敢有所疑。宋代，疑古之風氣始盛，歐陽
修、朱子、洪邁、王應麟等人，並有疑古之作。及至清代，疑經之
說尤多，閻百詩《尚書古文疏證》，二十五篇《古文尚書》之偽終
成定讞。康有為《新學偽經考》，疑古文經均為劉歆所偽造。惟經
書篇章既多，時代又長，其中仍有未經前人論定者，屈先生之治
經，於經書之偽，先予辨定。其考辨經書真偽之作，主要有〈尚書
與其作者〉、〈今本尚書的真偽〉、〈尚書中不可盡信的材料〉、
〈論語公山弗擾章辨證〉、〈孟子七篇的編者和《孟子外書》的真
偽問題〉等篇。《尚書》部分，屈先生認為〈堯典〉（包括偽孔本之
〈舜典〉）、〈皋陶謨〉（包括偽孔本之〈益稷〉）、〈禹貢〉、〈甘
誓〉、〈牧誓〉、〈洪範〉等篇，均是後人述古之辭，決非當時作

---

❸　例如〈道家類〉所載《老子》（九篇）下，註云：「老子弟子，與孔子並
　　時，而稱周平王問，似依託者也。」《黃帝君臣》（十篇）下，註云：「起
　　六國時，與老子相似也。」《力牧》（二十二篇）下，註云：「六國時所
　　作，託之力牧。力牧，黃帝相。」〈雜家類〉所載《天命》（三十七篇）
　　下，註云：「傳言禹所作，其文似後世語。」〈農家類〉所載《神農》（二
　　十篇）下，註云：「六國時，諸子疾時怠於農業，道耕農事，託之神農。」
　　〈小說家類〉所載《伊尹說》（二十七篇）下，註云：「其語淺薄，似依託
　　也。」類此辨偽之語甚多。

❹　〈六藝略〉載《尚書古文經》（四十六卷），班固註云：「為五十七篇。」
　　未疑其偽。

❺　顏師古注《漢書‧藝文志》，於《孔子家語》（二十七卷）下，註云：「非
　　今所有《家語》。」柳宗元所疑者為《鬼谷子》、《列子》、《鶡冠子》三
　　書，並見《唐柳先生集》。

品。屈先生之論證，頗多超越前人之說者。以〈禹貢〉一篇為例。近三十年來，討論〈禹貢〉著成時代者甚多，或以為春秋戰國間所作，或以為戰國末年之作，更有以為成於漢代初年者，然均未提出完整確切之證據。屈先生提出四項證據，認為〈禹貢〉著成之時代，約在春秋晚葉。此四項證據為：(1)〈禹貢〉云梁州貢鐵鏤，屈先生舉《左傳》昭公二十九年有「賦晉國一鼓鐵，以鑄刑鼎，著范子所為刑書」等語及《詩經・秦風》有〈駟驖〉之篇，驖即鐵色之馬，以證春秋時代之用鐵，則〈禹貢〉之著成時代，不至於早於西周。(2)屈先生根據甲骨文，商代以前之蜀，非巴蜀之蜀，乃後代屬於魯國之蜀地。梁州大都份屬今之巴蜀。而中原與蜀地有來往，實始於秦繆公之時。〈禹貢〉於梁州之記述，雖有小誤，但〈禹貢〉之作者，於梁州之地理知識，甚為豐富，可見〈禹貢〉之作成時代，當在秦穆公之後。(3)在〈禹貢〉中，無四岳、五嶽之跡象；論及六府，而不及五行。鄒衍九州之說，必當在〈禹貢〉成書之後，據此，〈禹貢〉之著成時代，不得遲至鄒衍之時。(4)《左傳》魯哀公九年云：「城邗溝，通江淮。」杜預注：「於邗江築城穿溝，東北通射陽湖，西北至末口入淮，通糧道也。」而〈禹貢〉揚州所言之貢道，乃「沿於江海，達於淮泗。」可見〈禹貢〉著成時，江淮間尚無河流溝通，〈禹貢〉之作成時代，不早於春秋亦明矣。

《孟子外書》者，《孟子》七篇以外之篇章也。漢趙岐〈孟子題辭〉云：「又有《外書》四篇——〈性善〉、〈辯文〉、〈說孝經〉、〈為政〉。其文不能弘深，不與內篇相似，似非孟子本真，後世依仿而託也。」此《孟子外書》之稱，首度出現之說，趙岐以其為依託，不為之注，後世遂僅傳今之七篇，《外書》則罕見。

《唐書·藝文志》未見著錄，是唐代已罕見矣。南宋孫奕❻嘗見此書。《履齋示兒編》云：

> 昔嘗聞前輩有云，親見館閣中有《孟子外書》四篇，曰〈性善辯〉、曰〈文說〉、曰〈孝經〉、曰〈為政〉。則時人以「性善辨文」為一句，「說孝經為正」為一句，甚乖旨趣。古文辯、辨、正、政通用。

惟孫奕所見之《孟子外書》，著錄宋代藏書之重要書目如《崇文總目》、《郡齋讀書志》、《直齋書錄解題》、《遂初堂書目》、《玉海》、《宋史·藝文志》、《文獻通考·經籍考》等，均未著錄，足見當時傳本已罕見。明代此書又出，即今見之本。書中有胡震亨〈跋〉，云：

> 吾友叔祥客濟南，得《孟子外書》見寄。惜第四篇〈為正〉，殊闕不全，真秘冊也。

清代丁杰、翟灝等已疑此書之偽。丁氏於《孟子外書疏證》云：

> 此書雜採他書引《孟子》文，兼及其不云孟子者，綴輯敷衍，往往氣不貫穿。人名事蹟，譌謬甚多。後人徵引，或由傳聞失實，豈有身接其人，目擊其事，與其徒著書，而紀錄不真者乎！姚叔祥好造偽書，此為叔祥偽造無疑。

---

❻ 宋代有二孫奕，一字景山，閩縣人，仁宗皇祐元年（1049）進士，神宗元祐初官福建轉運使。一字季紹，號履齋，南宋寧宗時嘗官侍從。此指後者。

翟氏則於所著《四書考異》云：

> 《鹽鐵論》引孔子曰：「吾於河廣，知德之至也。」明李詡
> 誤以孔子為孟子，類舉為《孟子》逸文，而此遂捃入篇中。
> 則此書更出李詡後矣。

丁氏以書中「人名事蹟，譌謬甚多」而疑其偽；翟氏以今本捃入李
詡誤引之文，而斷其偽作時代，在李詡之後。按：詡，字厚德，萬
曆間江陰人，少為諸生，坎坷不第，年八十餘而卒。著有《世德堂
吟稿》、《名山大川記》諸書，皆已亡逸❼。屈先生則進而提出更
有力之證據，以證今本《孟子外書》係偽託。屈先生之言曰：

> 姚本的〈文說篇〉中，有這樣一段：「子上謂孟子曰「『舜
> 之誥禹曰：「人心惟危，道心惟微。惟精唯一，允執厥
> 中。」子其識之。』」」這不但證明了姚本的《孟子外書》，
> 其著成時代，當在偽古文《尚書》盛行之後，而且，可以知
> 道它一定產生在真西山的《大學衍義》盛行了之後。因為自
> 真西山把「人心惟危……」，定為「十六字心傳」之後，大
> 家才特別重視這十六個字，認為是「聖學之淵」。姚本《孟
> 子外書》，特別把這十六個字提出來，可見此本的作者，是
> 受了《大學衍義》的影響。那麼，說這書是姚士粦偽作的，

---

❼ 其事蹟見清潘介祉輯《明詩人小傳稿》卷十一，清咸豐間著者手稿本，今藏
　臺北國家圖書館。

大概不冤枉他。❽

屈先生在丁、翟二氏的基礎上，提出更明確的證據，今本《孟子外書》之偽，終成定讞。

2.訓釋經義多有新解

諸經從漢代以後，訓釋者甚多。以《毛詩》為例。自三家《詩》亡，《毛詩》獨傳。歷來注釋《毛詩》者甚眾，舉其重要者言之：漢代鄭玄作《箋》，魏王肅作《詩解》、唐孔穎達作《正義》、宋歐陽修有《詩本義》、王質有《詩總聞》、朱熹有《詩集傳》、明代郝敬作《毛詩原解》、胡廣等撰《詩經大全》二十四卷、何楷作《詩經世本古義》二十八卷，迄清代，訓釋者尤多，其中以胡承珙《毛詩後箋》三十卷、馬瑞辰《毛詩傳箋通釋》三十二卷、陳奐《詩毛氏傳疏》三十卷等最著，其他諸經，如《尚書》、《周易》、《三禮》、《三傳》等，均是注家甚多。前人說解經意，多據《爾雅》、《說文解字》、《廣雅》、《釋名》等書，今人注經，必須援引新資料，方得以超越前人。屈先生訓釋經學之作，專書有《詩經釋義》、《詩經詮釋》、《尚書釋義》、《尚書今注今譯》、《周易集釋初稿》、《周易批注》等；單篇論文有〈經義新解舉例〉、〈周易古義補〉等。屈先生之解經，多有超越前人者，主要有三項：

(1)多用甲骨文及金文注經：近世陸續出土之甲骨文及青銅器文

---

❽ 詳見〈《孟子》七篇的編者和《孟子外書》的真偽問題〉，原載《孔孟學報》七期，民國五十三年四月出版，頁 1-8。後收在《屈萬里全集》第十七冊。

字，頗有能訂正《說文解字》之疏誤或補前代字書之不足者，以之釋經，每能解前人之所未解，定前人之所不能定。屈先生於古文字之學造詣既深，以之解經，多見其功。今舉數例言之：

①《尚書·高宗肜日》篇，〈書序〉云：「高宗祭成湯，有飛雉升鼎耳而雊；祖己訓諸王，作〈高宗肜日〉。……」《史記·殷本記》云：「弟武丁祭成湯，明日，有飛雉登鼎耳而呴……武丁崩，子帝祖庚立，祖己嘉武丁之以祥雉為德，立其廟為高宗，遂作〈高宗肜日〉及〈訓〉。」屈先生於《尚書釋義》云：

〈書序〉謂高宗祭成湯，祖己作此以訓于王。《史記》謂祖庚（武丁子）立，祖己立武丁之廟，作〈高宗肜日〉，皆非是。蓋甲骨文關於肜祭之記載甚多，肜字作彡或彡，如云：「乙酉卜，貞，王賓卜丙，肜日。」又云：「壬寅卜，貞，王賓卜壬，彡日。」肜日上之人名，乃被祭之祖先，而非主祭之人。以此例之，『高宗肜日』乃後人之祭武丁，而非後人之祭成湯也。又武丁之稱高宗，疑至早亦不前於殷代末葉；而祖己之稱，則確知當年在其孫輩以後。篇中既著祖己之名，知亦非祖庚時祖己之作。以此證之，本篇乃後人所作，以述祖庚祭武丁之時，祖己戒王之事者也。以文辭覘之，本篇之著成，亦當在〈盤庚〉三篇之後。

此屈先生用甲骨文辨〈高宗肜日〉非武丁之祭成湯，乃後人之祭武丁也。同時並考訂其著成時代。

②《詩·大雅·文王之什·文王》「儀刑文王，萬邦作孚。」毛公於「作」字無說。〈鄭箋〉云：「儀法文王之事，則天下威信

而順之。」惟「作」字釋為「則」，後世不多見。屈先生於《詩經詮釋》云：

> 儀，式也。刑，法也。言以文王為法式也。按：甲骨文以以乍為則；作，从乍，亦當與則通。孚，信也。言萬邦則信孚於周也。

屈先生又於〈甲骨文、金文與經學〉❾一文中云：

> 甲骨文中常見的 ﹀ 字，也就是金文中常見的 ﹀ 字。這個字隸定之後作「乍」。在金文裡，通常把他當「作」字用。甲骨文中，除了把他當「作」字用以外，還常常把它當「則」字用。乍或作當「則」字用，在後世文字學、訓詁學等書中，是已經湮沒不聞了。由於甲骨文這一個意義的發現，我們又讀通了不少古書的句子。最顯著的《詩·大雅·文王》之篇的「儀刑文王，萬邦作孚」的「作」字，把它解作「則」字，是多麼的文從字順喲！

此乃用甲骨文與金文，補鄭玄之不足者也。

(2)善用成語以詁經：以成語釋經，倡自王國維。王氏〈與友人論詩書中成語書〉❿云：

> 《詩》《書》為人人誦習之書，然於《六藝》中最難讀，以

---

❾　原載《中央日報》〈學人〉二十一期，民國四十六年二月二十六日。後收在《屈萬里全集·屈萬里先生文存》第二冊，頁437-446。
❿　載《觀堂集林》卷二。

弟之愚闇，於《書》所不能解者，殆十之五；於《詩》亦十之一二，此非獨弟所不能解也。漢、魏以來，諸大師未嘗不強為之說，然其說終不可通，以是知先儒不能解也。其難解之故有三：譌闕，一也（原註：此以《尚書》為甚）；古語與今語不同，二也；古人頗用成語，其成語之意義，與其中單語分別之意義又不同，三也。唐、宋之成語，吾得由漢、魏、六朝人書解之；漢、魏之成語，吾得由周、秦人書解之。至於《詩》《書》，則書更無古於是者，其成語之數數見者，得比較之而求其相沿之意義，否則不能贊一辭。若但合其中之單語解之，未有不齟齬者。

王氏復舉數例，其關於《詩經》者，如：

不淑，不弔，猶言不幸。

陟降，猶言往來。

舍命，與勇命同意，即傳布命令。

神保，為祖考異名。

配命，謂天所畀之命。

彌性，即彌生，猶言永命。

不庭方，為不朝之國。

戎工，為兵事。

屈先生解經，亦每以成語說之，曾先後撰〈罔極解〉❶及〈詩三百篇成語零釋〉❷二文，多所創發。以「罔極」一語為例。《詩經·蓼莪》云：

> 父兮生我，母兮鞠我；拊我畜我，長我育我；顧我復我，出入腹我；欲報之德，昊天罔極。

鄭玄《箋》云：

> 之，猶是也。我欲報父母是德，昊天乎！我心無極！

朱熹《詩集傳》云：

> 罔，無；極，窮也。言父母之恩如此，欲報之以德，而其恩之大，如天無窮，不知所以為報也。

鄭、朱二人所說雖不盡相同，惟釋「罔極」為無極、無窮則一。《詩經》三百篇中，「罔極」一詞除見於〈蓼莪〉外，尚有七處：

> 〈衛風·氓〉：「女也不爽，士貳其行。士也罔極，二三其德。」

> 〈魏風·園有桃〉：「不知我者，謂我士也罔極。」

---

❶ 原載《大陸雜誌》一卷一期，民國三十九年七月出版，後收在《屈萬里全集·書傭論學集》，頁 161-164。

❷ 原載《清華學報》新一卷二期，民國四十六年四月出版，後收在《屈萬里全集·書傭論學集》，頁 165-193。

〈小雅·何人斯〉：「為鬼為蜮，則不可得。有靦面目，視
人罔極。」

〈小雅·青蠅〉：「讒人罔極，交亂四國。」

又：「讒人罔極，構我二人。」

〈大雅·民勞〉：「無縱詭隨，以謹罔極。」

〈大雅·桑柔〉：「民之罔極，職涼善背。」

朱子《詩集傳》於「罔極」之「極」字，率以至、窮、已、止諸義
釋之。於〈氓〉之「士也罔極」，釋曰：「極，至也。」於〈園有
桃〉之「謂我士也罔極」，釋曰：「罔極，言其心縱恣，無所至
極。」於〈何人斯〉之「視人罔極」，釋曰：「無窮極之時。」於
〈青蠅〉之「讒人罔極」，釋曰：「極，猶已也。」於〈民勞〉之
「以謹罔極」，釋曰：「罔極，為惡無窮極之人也。」於〈桑柔〉
之「民之罔極」，則釋曰：「言民之貪亂而不知所止者。」大抵所
釋不一，，尤於〈園有桃〉、〈民勞〉、〈桑柔〉三則，屈先生謂
其「增文解經，尤為牽強。」❸。屈先生以為「極」有中義、正
義。鄭玄於「以謹罔極」及「民之罔極」，皆訓極為中。於「以謹
罔極」，且云：「罔，無；極，中也。無中，所行不得中正。」
《周禮·天官》：「設官分職，以為民極。」鄭玄〈注〉云：
「極，中也。」孫詒讓《正義》云：「極訓中，由言中正。《漢

---

❸　說見〈罔極解〉。

書·倪寬傳》：『天子建中和之極。』顏師古〈注〉云：『極，正也。』引《周禮》此文。顏訓與《正義》亦相成也。」屈先生據此，以為「罔極者，為無中正之行，猶詩人所謂無良，今語所謂缺德也。」❹又云：「此義既明，則三百篇罔極之語，皆可迎刃而解。〈氓〉之『士也罔極，二三其德』者，謂其夫無良，三心二意也。〈園有桃〉之『不知我者，謂我士也罔極者』，言不知我之人，乃謂我之為人無良也。〈何人斯〉之『有靦面目，視人罔極』者，言小人不自知其惡，尚靦顏人前，而示人以無良也。〈蓼莪〉之『欲報之德，昊天罔極』者，言欲報答是德（父母生鞠拊畜長育顧復等德），而昊天無良。意謂天奪其父母而去也。〈青蠅〉之『讒人罔極，交亂四國』及『讒人罔極，構我二人』者，言讒人無良，或煽亂於四國，或使我二人結怨也。〈民勞〉之『無縱詭隨，以謹罔極』者，言勿恣於詭譎應慎其無良也。〈桑柔〉之『民之罔極，職涼善背』者，言民之無良，習於背信也。蓋罔極為詩人詈物之習語，見於三百篇者，義皆無殊。彼訓極為窮、為至、為已、為止諸義者，皆非《詩》之本旨也。」❺

〈詩三百篇成語零釋〉一文，共釋「周行」、「不瑕」、「德音」、「不忘」、「九皋」、「有北」、「匪人」、「匪民」、「無競」、「昭假」、「敦」等十一辭。「周行」一辭，三見於《詩》，《毛傳》或釋為周之列位，或釋為至道；鄭箋則概以周之列位說之。屈先生則以行甲骨文𧗟，像四達之通衢，乃釋「周行」

---

❹　說見〈罔極解〉。
❺　說見〈罔極解〉。

為周室之官道，所以行達官、輸粟賦者。「不瑕」之語，《詩》中屢見，瑕或作遐。其語或用於句首，或用於句尾，而意亦互殊。屈先生以其用於句尾者，諸家說解，大致可通；其用於句首者，則迄今尚無達詁。《毛傳》、《鄭箋》或釋為遠，或釋為遍，屈先生細繹詩旨，論定瑕若遐者，乃使語調曼長之助詞，非有何意義也。

「德音」一辭。《詩》中凡十二見，《毛傳》、《鄭箋》異訓紛紜，或釋為聲音語言，或釋為德行，或釋為教令，或釋為聲譽。屈先生以為「德音」有二義：一是斥他人語言之敬詞，猶今語「高論」、「卓見」之比，非必其論皆高而見皆卓也；一是聲譽之義，則德音猶言「令聞」、「令譽」耳。以此按之，〈日月〉之「德音無良」者，謂「其言無良」也；〈谷風〉之「德音莫違」者，謂「莫違其言」也；至如〈有女同車〉之「德音不忘」、〈狼跋〉之「德音不瑕」、〈南山有臺〉之「德音不已」者，皆謂令譽之無盡無休也。「不忘」一詞，《詩》中數見，如〈鄭風·有女同車〉：「彼美孟姜，德音不忘。」〈秦風·終南〉：「壽考不忘。」〈小雅·蓼蕭〉：「其德不爽，壽考不忘。」〈小雅·鼓鐘〉：「淑人君子，懷允不忘。」〈大雅·嘉樂〉：「不愆不忘，率由舊章。」前之說《詩》者，率訓忘為遺忘，然以之說「壽考不忘」，甚為不辭；以釋他語，亦殊費解。屈先生以為「忘」、「亡」古通用，亡，滅也，失也，絕也，是不忘即不失，不絕，亦即不已。以此按之：「德音不忘」，美其聲譽之長在；「壽考不忘」，則頌其長壽難老耳。「九皋」一詞，見〈小雅·鶴鳴〉：「鶴鳴九皋，聲聞于野。」《毛傳》云：「皋，澤也。」《鄭箋》云：「皋，澤中溢出水所為坎，自外數至九，喻深遠也。」屈先生謂此乃感於澤之不可

有九，於是求其說不得乃強為之辭者。屈先生以為九皋者，猶
《易》之九陵，九，高也；皋，丘也；鶴鳴於九皋者，即鶴鳴于高
丘也。「有北」一辭，見於〈小雅·巷伯〉：「取彼譖人，投畀豺
虎；豺虎不食，投畀有北。」《毛傳》云：「北方寒涼而不毛。」
屈先生以為「有北」者，死地也，蓋古俗直以北方為死地，以豺虎
不食之人而投之死所，固其宜矣。「匪人」一辭，見於〈小雅·四
月〉：「先祖匪人，胡寧忍予！」《鄭箋》云：「匪，非也。……
我先祖非人乎？……」又〈何草不黃〉：「哀我征夫，獨為匪
民。」《毛傳》、《鄭箋》於「匪民」皆無說。屈先生以為：鄭玄
訓匪為非，是也，惟以疑問語氣說之則非也。匪人、匪民義同，猶
今語「不是人」，斥人之惡用是語，傷己之遇亦用是語。〈四月〉
憾先祖之靈不能救己之困，故以惡語詈之；〈何草不黃〉哀己如牛
馬之勞而不得息，故以此語自傷耳。「無競」一辭，《詩》中亦多
見，毛氏釋「無」為語助詞，無義，釋競為彊。屈先生考《左傳》
及《周書》、金文，以為「無競」者退讓不爭之謂。〈昭假〉一
辭，《詩》中凡五見，分別見於〈大雅·雲漢〉、〈烝民〉、〈周
頌·噫嘻〉、〈魯頌·泮水〉、〈商頌·長發〉等。《毛傳》率以
至釋假，《鄭箋》則或訓為至，或訓為升。屈先生據金文考之，以
為昭假者，用為主動語氣，則猶今語之「顯靈」；用為被動語氣，
則為祈神「顯靈」。「敦」字見於《詩》者有二：一是〈大雅·常
武〉：「鋪敦淮濆。」〈鄭箋〉云：「敦，當作屯。……陳屯其兵
於大防之上以臨敵。」一是〈魯頌·閟宮〉：「敦商之旅。」〈鄭
箋〉云：「敦，治。」屈先生以兩敦字皆明為殺伐之義，鄭說並非
也。謂此敦字，或作憝、譈、辜。《孟子·萬章篇》引《尚書·康

誥》：「殺越人于貨，閔不畏死，凡民罔不譈。」而說之云：「是
不待教而誅者也。」譈，今本《尚書》作憝。憝，即敦也。〈宗周
鐘〉：「王𩜞伐其至，戜伐乃都。」《周書·世俘篇》：「凡憝國
九十有九國。」𩜞、憝亦皆《詩》之敦，皆殺伐之義。

㈡ 在甲骨學方面

屈先生在古文字學上之成就，一部份是金文研究，大部分則是
在甲骨文方面之論著。

在甲骨文方面之論著，在專書方面，有《殷虛文字甲編考釋》
一書（上下兩冊）。**⑯**論文方面，有〈甲骨文从比二字辨〉**⑰**〈自不
跊解〉**⑱**〈仁字涵義之史的觀察〉**⑲**、〈河字意義的演變〉**⑳**、
〈岳義稽古〉**㉑**、〈釋宂〉**㉒**等。

---

⑯ 此書於民國五十年（1961）六月，由中央研究院歷史語言研究所出版，共上
下兩冊。後收在《屈萬里全集》。

⑰ 此篇原載《中央研究院歷史語言研究所六同別錄》，後又載入該所《集刊》
第十三本，民國三十七年（1948）出版。後又收在《書傭論學集》，頁 245-
250，台北開明書店印行，民國五十八年（1969）三月。

⑱ 本篇原載《中央研究院歷史語言研究所六同別錄》，後又載入該所《集刊》
第十三本，民國三十七年（1948）出版。後又收在《書傭論學集》，頁 251-
254。

⑲ 此篇原載《民主評論》第五卷二十三期，民國四十三年（1954）十二月。後
收在《書傭論學集》，頁 255-267。

⑳ 本篇原載《中央研究院歷史語言研究所集刊》第三十本，民國四十八年
（1959）出版。後又收在《書傭論學集》，頁 268-285。

㉑ 此篇原載《清華學報》新二卷一期，民國四十九年（1960）五月出版。後又
收錄在《書傭論學集》，頁 286-306。

㉒ 此篇原載《中央研究院歷史語言研究所集刊》第四種，民國四十九年
（1960）出版。後又收錄在《書傭論學集》，頁 307-317。

《殷虛文字甲編考釋》一書，是根據民國二十四年（1935），中央研究院歷史語言研究所第一次至第九次發掘所得之有字甲骨為基礎，從事考釋。此書寫作之旨，先生於〈凡例〉中列舉三事：一曰「拓片不清晰者，可藉釋文而辨其字」；二曰「不專為甲骨文者，可藉釋文得利用其資料」；三曰「己有創見，藉以資正於學林」。

此書之作，主要分兩階段：先是將近四千片甲骨拼綴為二二三版；其次則是考釋。拼綴工作，備極辛苦，先生於〈自序〉中，述其辛苦云：「拼綴工作的甘苦，不是局外人所能想像得到的。每次擺出了幾百片甲骨之後，便凝神注目的去尋找他們的『姘頭』。有時聚精會神地看上幾天，而結果卻一無所獲。但有時卻於無意之中，拼合起一版來。『眾裡尋他千百度，驀然回首，那人只在燈火闌珊處。』辛稼軒的詞句，正可以替拼綴甲骨的情景寫照。」拼綴之結果，共得二二三版，其中十六版，是全用《甲編》未著錄之甲骨碎片拼合而成者，同時，改正前人所拼錯者及《甲編》編輯時疏略之處。

考釋工作，尤為艱難。先是於每版甲骨，首著其號碼，次著其實物之特徵，然後識別其時代。共分五時期：盤庚遷殷至武丁為第一期；祖庚、祖甲為第二期；廩辛、康丁為第三期；武乙、文丁為第四期；帝乙、帝辛為第五期。全書新識及訂正舊說者達七十餘字。

至於單篇論文，則每多以甲骨文考訂史料。例如〈岳義稽古〉一文，即以甲骨文中之岳字，論定先秦典籍中之岳字，非指後人所稱之四岳或五岳，以正後人於岳字之誤解。〈自不踬解〉一文，乃

釋甲骨文之自為師，師者，眾也，或指恆人，或謂軍旅。釋踬、震
同聲，義亦相通。震者，驚也，瞥也，亦騷動也。此二字既得其
解，卜辭中所習見之「今夕自不踬」、「今夕自亡踬」等語，其語
乃明。〈甲骨文从比二字辨〉一文之所以作，蓋前之說甲骨文者，
率謂从比二字不分，先生乃辨此二字字形雖相似，然字義則異。比
字作親近解，从字或訓自或訓于。二字既解，然後卜辭中習見之
「比某人」或「勿比某人」等語，乃可渙然冰釋。

(三) **目錄版本學方面**

　　屈先生自民國十八年（1929）在其家鄉山東魚臺縣立圖書館工
作，其後先後在山東省立圖書館及國立中央圖書館工作。其工作主
要在善本圖書及拓片之考訂及編目。積數十年所見眾多善本祕笈，
撰就甚為繁富之著作，在目錄版本學方面，貢獻極為卓著。

　　屈先生在目錄版本學方面之貢獻，主要有三：

1.訂定中國善本書籍拓片之編目規則

　　前人所編古籍目錄，於版本項之著錄，甚為簡略，但云「宋刊
本」、「元刊本」、「明刊本」、「活字本」等，讀者難以詳知其
刊刻時代及地點。且各家著錄方式不同，讀者每感茫然，無所適
從。民國三十年（1941），屈先生任職於國立中央圖書館，擔任編
纂及特藏組主任，其主要工作即考訂善本及金石拓片。於是草擬善
本圖書及拓片之編目規則。所擬訂之〈善本圖書編目規則〉，共三
十四則：

　　　(1)版本之著錄，首朝代、元號、紀年，次處所，最後著錄版
　　　　本之類別（如刊本、活字本、抄本等）。各項如有未具，且無

法考知者,闕之。

(2)凡雕版之書,通稱「刊本」。

(3)凡據舊本影摹上版,行款悉如原式者,曰「覆刊本」。其所據之祖本,應表著之。

(4)凡確知為覆刊本,而不能詳其祖本刻於何年何處者,可依其半葉行數,題云:某年某處覆刊宋幾行本、或元幾行本。

(5)凡書板年久漫漶殘損,經後世補印行者,曰「修補本」。其原刊及修補之年代與處所,應儘可能表著之。

(6)凡後人用舊版增刊評語或序跋等印行者,曰「增刊……本」。其原刊及增刊者之年代與處所,應儘可能表著之。

(7)書有殘缺經抄補者,曰「抄補本」,或曰「配補……抄本」。其原刊者及抄補者之年代及處所,應儘可能表著之。

(8)書有殘缺,以他本配補者,曰「配補……本」。其原刊及配本之刊刻年代與處所,應儘可能表著之。

(9)凡名手寫刻之書,曰「某人寫刊本」。其年代及寫者,應表著之。

(10)凡刻書人之地望,與刻書之處所非一地者(如書帕本等),應著其刻處。原題有用古地名者,應從其原題。其刻處可由刻者之官銜表現者,必要時得著其官銜。

(11)凡朝代元號已知,而刊板之年未詳者,可於元號下著一「間」字,曰「某代……(元號)間某處某氏刊本」。如並刊處未詳者,可但題云:「某代……(元號)間刊

本」。

(12)凡朝代可定而元號年月未詳者，可題云：「某代某處某氏刊本」。如並刊處未詳，而能斷其為某代初葉或中葉、末葉所刊者，可題云：「某代初葉刊本」，「某代中葉刊本」，「某代末葉刊本」；或就書口形狀及半葉行數，題云：「某代刊黑口（或白口、花口）幾行本」。

(13)凡朝代可定，而元號年月及刻處均未詳，但有刻板時編校人之題署者，可以編者或校者之姓名著錄之。

(14)凡朝代可定，而元號年月刊處均未詳，且無編校人之題署，但能審知為官刻或坊刻者，可題曰：「某代官刻本」，或「某代坊刻本」。

(15)凡私家之齋室名，書坊之坊名，以及寺觀名號等，如原書中有題署者，應表著之。

(16)凡官刻之書，應著其官署之名稱。如為內府所刻而未詳其刻於何署者，可但題云：「內府刻本」。

(17)凡釀貲刻板之書，曰「集貲刊本」。

(18)凡叢書中之單本，曰「某某叢書本」；合刻書之單本，曰「某某合刻本」。

(19)凡書板易主，新主用原板（未經修補）印行者，曰「某某印本」。原刊者及印行者之年代處所，應儘可能表著之。

(20)凡以特殊墨色印行者，應依其墨色表著之。

(21)凡套印之書，朱墨二色者，曰「朱墨套印本」。三色以上者，曰「某某幾色套印本」。畫譜等書，以彩色印者，曰「彩色印本」。

⑵凡以公牘紙印者，應表著之。

⑵凡活字本，其活字以膠泥製者，曰「膠泥活字本」；木製者，曰「木活字本」；不能辨識為何種活字者，但曰「活字本」。

⑵凡著者手寫稿本，曰「手稿本」；他人清寫後經著者手自改訂之本，曰「手定底稿本」；他人清寫者，曰「清稿本」。

⑵凡抄本之出於名家手筆者，曰「某人手抄(或寫)本」。

⑵凡藏書家倩抄手傳抄之本，應著錄藏書家之里籍姓氏及其齋室名稱。

⑵凡刊本或寫本卷子，曰「卷子本」。其寫本之傳寫年代或傳寫人未詳但能審其抄於何代者，可依其時代題云：「六朝人寫卷子本」，或「唐人寫卷子本」等。

⑵凡抄本之年月及抄者俱不能詳，但能審知其抄於何代者，可依其時代，題云「明抄本」或「清初抄本」等。如並時代亦不能確定，但能審知為非近時傳抄者，可題云：「舊抄本」。

⑵凡抄本之年代及抄者俱不能詳，但能審知為近時傳抄者，可但題云「抄本」。

⑶凡據舊本影寫而行款無異者，曰「影抄……本」。其所據之祖本，應表著之。

⑶凡據舊本影寫，但知原本之為宋為元(餘類推)，而不能詳其為何年何處刊行者，可題云：「影抄宋幾行本」，或「影鈔元幾行本」。

(32)凡椎搨之本，以墨搨者，曰「墨拓本」；以朱搨者，曰
「朱拓本」；以藍搨者，曰「藍拓本」；餘類推。椎搨之
時代及搨者，如能審知，應依刊本例著之。

(33)凡鈢印鈐拓之本，曰「鈐印本」。鈐拓時代之處所，如能
審知，應依刊本例著之。

(34)凡板式、書品之特異者，應斟酌情形表著之。

此三十四例，係屈先生據多年來考訂無數善本祕笈之經驗，編定而
成。目前，全世界編定善本書目均據此規則，其影響、貢獻甚著。

此外，屈先生曾先後在山東省立圖書館及國立中央圖書館任職
多年，此二館均藏有大量之金石拓片。金石拓片之編目規則，從未
之有。屈先生於民國三十七年（1948）擬訂〈拓片編目規則〉，此
規則分「通則」、「卡片目錄」、「書本目錄」參章。「卡片目
錄」分「總記」、「拓片名稱」（附數量支稱謂）、「作者」、「時
代」、「板本」、「附註」、「號碼」七項。共五十六則。此項編
目規則亦為全世界所採用。

2.為「版本學」之研究奠定基礎

「板本」一詞，始於北宋。《宋史·崔頤正傳》：「咸平
（998-1003）初，又有學究劉可名言諸經版本多舛誤，真宗令擇官詳
正，因訪達經義者，（李）至方參知政事，以頤正對。」又〈邢昺
傳〉：「真宗景德二年（1005），上幸國子監閱庫書。問昺經版幾
何？昺曰：『國初不及四千，今十餘萬，經、傳、正義皆具。臣少
從師業儒時，經具有疏者百無一二，蓋力不能傳寫。今版本大備，
士庶家皆有之，斯乃儒者逢辰之幸。』」迨南宋，「板本」一詞，

則已常見。惟以板本為研究者，則始於清代。其中以黃丕烈《士禮居藏書題跋記》（六卷）、《蕘圃藏書題識》（十卷）等書，多載論歷代版刻之優劣、考訂各書版刻之流傳等資料。清末葉德輝所撰《書林清話》（十卷），則多記刻書源流、官刻與私人刻書之情形及板本相關知識，如裝訂、紙張等。惟黃氏之書，評述板本之資料，散見於各篇題識中；葉氏之書，雖彙聚版本資料於一編，然未能建構為一門有系統之學術。將研究版本之事，建立一系統之學科者，肇自屈先生與昌彼得（瑞卿）先生合著之《圖書版本學要略》一書❷❸。

屈先生於此書〈自序〉中，述此書撰寫之經過。略云：「萬里服役圖書館界，先後歷十餘年。因司中文舊籍考訂編目之事，欲覓一簡明適用之板本學書，而迄不能得。乃發憤搜集材料，擬輯編為書，以就正於國人。此意動於抗戰之前，在山東圖書館執役時也。八年期間，雖未克悉在圖書館界服務；而搜集材料之事，則未嘗或輟。至勝利還都，以任職中央圖書館之便，所見異本益多，所得材料漸富；於是董而理之，開始屬稿。迨三十七年（1948）秋，稿成甫半，而中原板蕩，京華騷動，又復流寓臺灣。由於職業之更易，遂無暇及此；舊稿擱置篋中，蓋四年於茲矣。友人昌彼得先生，英年積學，相與共事於中央圖書館同司考訂善本圖書之事者多年。昌君於此道學驗既豐，於明本書之鑒別，尤具隻眼。既亦避地在臺，故時獲賞奇析疑之樂。客冬談及此稿，承其慨允為之續成。於是抒其卓識，匡我不逮；爬羅疏通，甫半年而全稿以定。……」

❷❸　此書於民國四十二年（1953）六月，由中華文化出版事業委員會印行。

　　此書共四卷,卷一〈前篇〉,旨在考述古代圖書名稱、圖書形製之演變、璽印及石刻之傳拓與書刻之關係。卷二〈源流篇〉,旨在考述五代至清代之刻書概況,並兼述歷代活字本、套印本、石印本、影印本。卷三〈鑑別篇〉,論述從板式、字體、行款、刻工、紙張墨色、諱字等鑑別板本真偽之方法及書估作偽之伎倆。卷四〈餘論〉,旨在論述考訂善本書之重要參考書目、善本書目板本項之著錄方法及圖書板本習用語(術語)等。末附圖版二十二幅。此書之貢獻,為板本學確立研究之方法及使繁雜之板本知識,構成一有系統之學術。

　　在「板本學」之研究領域中,「善本書志」之撰述,為一項重要之工作。「善本書志」之撰寫體例及方法,亦為屈先生所創發。前人考訂善本書,或考其內容,或記其版式行款,無一定之體例與方法。屈先生曾撰〈善本圖書之編目〉❷一文,其中論「善本書識(志)」之撰寫,宜兼及板式行款、牌記或題識、刻工姓名、避諱字、收藏印記、缺卷缺葉、批校題跋、校勘記或該本之優點等項目。此項創發,已成為世人撰寫「善本書志」依循之通則。

3.考訂善本圖書

　　屈先生既為善本書之編目訂定規則,復為版本學之研究奠定基礎,於教學研究工作之餘,亦多從事善本圖書之考訂工作。此項工作分為三項敘述:

　　一是從事善本書目之編訂。

---

❷　此篇原載《主義與國策》四十二期,民國四十四年(1955)一月出版。今收在《屈萬里全集》中《屈萬里先生文存》第三冊,頁957-965。

民國二十一年（1932），先生任職於省立山東圖書館，撰成《山東圖書館圖書分類方法》，由該館油印出版，為山東圖書館書目之編製，奠定基礎。民國二十九年（1940），先生任職於國立中央圖書館，擔任特藏組主任，於是完成《國立中央圖書館善本書目初稿》，於民國三十六年（1947），由該館油印出版。茲編為今日《國立中央圖書館善本書目》（增訂本）之藍本❷。民國五十四年（1965）秋，先生應美國普林斯敦大學高深研究所之聘，為該所研究員及該校圖書館訪問書誌學者，在美期間，完成《普林斯敦大學葛思德東方圖書館中文善本書志》一書，於民國六十四年（1975）一月，由台灣藝文印書館出版。按：美國普林斯敦大學葛思德東方圖書館（The Gest Library of Princeton University），藏有三萬冊中國善本圖書。第二次世界大戰期間，前國立北平圖書館王重民先生在美國，曾為之作志，積稿四冊；其後胡適先生任職於普林斯敦大學圖書館，核王氏稿，發現問題甚多。屈先生赴美一載，而成茲編。普林斯敦大學葛思德東方圖書館館長童世綱先生序此書云：「教授屈君翼鵬，潛心墳典，博通經史；玄覽中區，播風外域。歲次乙巳，以普林斯頓高深研究所之禮聘，停斾於葛館。檢王君之舊稿，寫琳琅之新志。校訂刪補，附益述評，錄序跋則節繁摘要，記行格而並及高廣，究板本之傳衍，著優劣之所在。不特為讀書治學之津梁，亦便鑒古辨偽之參證。其表彰國粹，嘉惠士林者，不亦多乎。」此書於書賈作偽，以明本充宋元本，或以殘帙充全帙者，於作偽之跡，

---

❷　《國立中央圖書館善本書目初稿》，今收在《屈萬里全集》第十六種。民國七十四年（1985）臺北聯經出版事業公司印行。

考訂甚詳。童先生序中所言，誠非虛譽。

二是考訂古籍之流傳及其真偽。

我國古籍，由於流傳既久，又屢經傳抄、傳刻，於是流傳之經過多難詳考，真偽羼雜者亦復不少。不考一書之流傳經過，則無以知何者為善本？何者為偽本？不考古籍之真偽，則易為偽書所欺，影響研究成果之可信度。先生每謂為學必求其真理，於資料之引用，尤不可不辨「直接資料」與「間接資料」❷❻因此，於古籍之流傳及真偽之考訂，論著極多。〈十三經註疏板刻述略〉❷❼、〈明釋藏雕印考〉❷❽、〈漢石經周易為梁丘氏本考〉❷❾等篇，均是考訂古籍流傳之作。〈舊雨樓藏漢石經殘字辨偽〉❸⓿、〈普林斯敦大學所藏中文善本書質疑〉❸❶等篇，則屬考訂偽書之作。〈普林斯敦大學所藏中文善本書質疑〉一文，所疑之書有四類：一是攘竊他人之作品偽充己作者。此類有《福壽全書》（六卷，明崇禎間刊本，題雲間陳眉公輯，鹿城顧錫疇定）、《新鍥簪纓必用增補秘笈新書》（十六卷，明萬曆十九年刊本，題宋先賢謝疊山公編次，明翰林李九我增補）、《彙書詳註》

---

❷❻ 詳見《古籍導讀》。

❷❼ 此篇原載《學原》第三卷三、四期合刊，民國四十年（1951）四月出版。後收在《學備論學集》，頁216-236。

❷❽ 此篇原載《國學彙編》第二冊，民國二十三年（1934）山東齊魯大學文學院國學研究所出版。後收在《屈萬里先生文存》，頁1179-1184。

❷❾ 此篇原載《國立中央圖書館館刊》復刊第一號，民國三十六年（1947）三月出版。後收在《學備論學集》，頁1-6。

❸⓿ 此篇原載《書目季刊》二卷一期，民國五十六年（1967）九月出版，後收在《屈萬里先生文存》第一冊，頁25-35。

❸❶ 此篇原載《圖書館學報》十期，民國五十八年（1969）十二月出版。後收在《屈萬里先生文存》第三冊，頁1139-1156。

（三十六卷，明萬曆刊本，題王鳳洲彙苑詳註，金閭世裕堂梓行）、《類選註釋駱丞全集》（四卷，明萬曆刊本，題上海顧從敬類選，雲間陳繼儒註釋，吳郡陳仁錫參訂）、《唐詩紀》（一百七十卷，明萬曆刊本，題吳郡黃德水彙編，郢郡吳琯校訂）等五書，二是襲取他人刻本冒充己刻者。此類有《性理標題彙要》（二十二卷，明崇禎間刊本，題詹淮撰，陳仁卿訂）、《明辨類函》（六十四卷，題萬曆二十四年刊本，題鍾惺校）；《二十子》（存七十卷，明萬曆刊本，題明新安黃之寀校）。三是以明刻本冒充古本者。此類有《史記評林》（一百三十卷，明凌稚隆輯，明翻刻萬曆四年本）；《群書考索》（存一百三十卷，宋章俊卿編，明正德三年建陽劉氏慎獨齋刊本）；《集千家註批點補遺杜工部詩集》（二十卷，題宋劉辰翁評點，黃鶴補註，明代初年刊本）等。四是以殘本冒充全本者。此類有《青藤館詩前集》四卷《正集》存三卷（明徐中行撰明隆慶刊本）；《唐詩拾遺》（十卷，明高棅編，明崇禎間新安汪氏校刊本）；《蘇雋》（存三卷，明王世充編，明萬曆四十一年刊本）等三種。

三是撰寫善本書志。

屈先生既首創撰寫善本書志之規範，本身亦常撰寫善本書志。除《普林斯敦大學葛思德東方圖書館中文善本書志》一書外，復撰有下列各書之善本書志：《漢隸分韻》（七卷，元刊本）、《廣韻》（五卷，南宋初年婺州刊巾箱本）、《偽齊錄》（二卷，穴硯齋抄本）、《南唐書》（三十卷，清嘉慶間黃蕘圃門僕鈔本）、《南唐書》十八卷《音釋》一卷（明虞山毛氏汲古閣重校刊本）、《新編方輿勝覽》（七十卷，宋咸淳三年建安刊本）、《新定續志》（十卷，宋景定三年刊本）、《金石昆蟲草木狀》（二十卷，明萬曆間文俶女士彩繪原本）、《職官分紀》（五十卷，明鈔本）、《新編婚禮備用月老新書》（二十四卷，南宋

末年坊刊本），《桯史》（十五卷，明覆元刊本），《王建詩集》（十卷，
明崇禎間上黨馮氏抄本），《權載之集》（五十卷存八卷，南宋初年刊
本），《昌黎先生集》（四十卷殘存二卷，宋刊本），《賈浪仙長江
集》（七卷，明初華新縣刊本），《注東坡先生詩》（四十二卷存十九卷，
宋嘉泰二年淮東倉司刊本），《滄浪嚴先生吟卷》（三卷，元前至元三十七
年刊本），《滄浪先生吟卷》（二卷，明嘉靖十二年彭城清省堂刊本），
《唐音輯注》（十二卷，明初建安葉氏廣勤堂刊本），《精選名儒草堂詩
餘》（三卷，元刊清江陰繆氏藝風堂鈔補本），《盤洲樂章》（三卷，明虞
山毛氏汲古閣影鈔宋刊盤洲文集本），《梅屋詩餘》一卷《石屏長短句》
一卷（明虞山毛氏汲古閣影宋精鈔本）。此等作品，自民國三十一年
（1942）起，陸續發表在《圖書月刊》，今則全部收錄在《屈萬里
先生文存》第四冊。屈先生所撰善本書志，為今日海內外撰寫善本
書志之範本。

三、對中國圖書館事業之貢獻

屈先生與圖書館之淵源甚早。民國十八年（1929），屈先生擔
任其家鄉山東省魚臺縣立圖書館館長，為其獻身圖書館事業之始。
其後，先後在省立山東圖書館（1932 年至 1939 年）、國立中央圖書館
（1940 年至 1943 年，1945 年至 1949 年）任職。民國五十五年（1966）九
月至五十七年（1968）四月間，復擔任國立中央圖書館館長。先後
在圖書館任職二十餘年。其間貢獻於古籍之維護整理、考訂研究及
圖書館功能之發揚等，均有卓越之貢獻。

在山東省立圖書館工作期間，除從事善本書之考訂編目外，最
著者為將該館圖書文物，安全運抵四川。山東圖書館創始于清宣統

元年（1909）。最初由山東提學使羅正鈞先生擘畫經營，奠定基礎。民國十八年（1929），向湖老人王獻唐先生擔任館長，經費漸裕，收藏漸富。抗戰初期，所藏圖書已達二十餘萬冊，其中有善本書三萬六千餘冊。此外，所藏鐘鼎彝器、泉幣、鈢印、封泥、甎瓦、石刻、書畫等，亦甚繁富，館藏之富，僅次於國立北京圖書館。民國二十六年（1937）七月，日本來侵，華北阽危。時屈先生任編藏部主任。一日，王獻唐先生謂先生曰：「本館為吾東文獻所薈萃，脫有不測，吾輩將何以對齊魯父老？擬就力之所及，將比較珍祕者十箱，移曲阜至聖奉祀官府。顧此事重要，可以肩其任者，為余與子耳。津浦車時遇敵機攻擊，往即冒險，然欲為吾魯存茲一脈文獻，又不容苟辭。子能往，固善，否則予當自往。」先生聞言，不計道途之艱難，慨然請往，願與此纍纍十箱文物共存亡。民國二十六年（1937）十月十二日晚出發，先是至曲阜，濟南緊張後，輾轉至漢口，然後再至四川，已是次歲春天矣。所運送之文物，共計金石器物七百三十四品，書籍四百三十八種，二千六百五十九冊又一百八十三卷，書七十一件，畫六十七件。翼鵬先生將此次押運文物之經過，撰為〈載書飄流記〉一文。館長王獻唐先生曾撰題詞冠諸卷端。題詞包括四首絕句及跋語。四首絕句云：「心力拋殘意漸狂，十年杜下詡多藏；可憐一炬奎樓火，不待銅駝已斷腸。」「悞國十年是此君，倒行獨自說忠勤；華林玉軸干何事，一例樓頭哭絳雲。」「故家喬木歎陵遲，文獻千秋苦自支；薪火三齊留一脈，抱殘忍死待明夷。」「酒入愁腸日作芒，回頭忍淚說滄桑；夜來展讀西臺記，一覺閻浮夢已涼。」跋語云：「去冬敵陷魯地，余與翼鵬道兄運圖書文物入川，辛苦備嘗，所撰〈載書飄流

記〉，皆實錄也。竭兩夜力籀讀一過，題四截句冊耑，亦長歌當哭
之意。君在曲阜，嚴稽文獻，旁及輿地，皆精确縝密，足備掌故，
異日脩志者當有取於斯，不衹作《金石錄》後敘觀也。」此篇〈載
書飄流記〉，稿藏篋中近四十年，至民國六十五年（1976），屈先
生始倩人抄錄一過，並改題為〈載書播遷記〉，分上下兩篇，發表
於《山東文獻》第二卷三、四兩期，並附載〈山東省立圖書館第一
次運往曲阜金石典籍書畫目錄〉。此篇不僅為山東省之重要文獻，
亦為中國圖書館史之重要史料。

　　屈先生在國立中央圖書館任職期間，對中國圖書館事業之貢
獻，可分兩階段論之。第一階段為在大陸時期，第二階段為在臺灣
時期。

　　國立中央圖書館於民國二十二年（1933）成立籌備處，於二十
九年（1940）八月一日正式成立。屈先生於該館成立之初，即進入
該館工作，直至民國三十八年（1949），其中除有兩年在中央研究
院歷史語言研究所研究外，均在該館擔任編纂及特藏組主任。特藏
組之職掌為從事善本書及金石拓片之保管、編目、考訂、閱覽及傳
佈。中央圖書館之善本書多達十餘萬冊，主要是購自吳興張氏適
園、劉氏嘉業堂、江寧鄧氏群碧樓、番禺沈氏等私人收藏及接收南
京陳群澤存書庫所得。屈先生將此十餘萬冊善本書編成《國立中央
圖書館善本書目初稿》，並制定中文舊籍及拓片之編目規則，此在
前文已言之，不再重複。

　　民國五十五年（1966）秋，屈先生從美國普林斯敦大學講學回
國，即應聘擔任國立中央圖書館館長。

　　屈先生擔任國立中央圖書館館長之初，即發表〈國立中央圖書

館計畫中的幾件工作〉一文[32]，提出幾件亟須努力以赴之工作：一是大量補充人文科學與社會科學圖書；二是善本圖書之閱覽與傳佈；三是恢復館刊；四是擴展與國際文教機構合作業務。此四事在屈先生擔任館長期間，均順利完成。

「臺灣公藏中人文社會學聯合目錄」之編輯，則是屈先生對中國圖書館事業另一重要之貢獻。

圖書館之藏書，需編製完善之目錄，始能為學者所利用。國內圖書館所藏文史資料，除善本書外，復有為數甚富之官書、期刊及清代以後印行之線裝書。此等資料，分散於各學術機構，學者每苦於無一完善之聯合目錄，頗感不便。屈先生有鑑於此，乃徵得中美人文社會科學合作委員會之同意，由其補助從事國內圖書館藏書聯合目錄之編輯。當時決定編輯之聯合目錄是：一、中文善本書聯合目錄；二、中文人文社會科學官書聯合目錄；三、中文人文社會科學期刊聯合目錄；四、中文普通本線裝書聯合目錄；五、中華民國出版圖書目錄彙編續輯。目前，此五項工作，均已完成。此項聯合目錄之編輯工作，不僅方便中外學人檢索資料，亦為日後國內圖書館所進行之館際合作，奠定良好而穩固之基礎。

四、結論

綜觀屈先生一生，其工作單位大致有二：民國三十八年（1949）四十三歲以前，大部分時間任職於圖書館界；民國三十九

---

[32] 此篇載《教育與文化》第三五一、三五二期合刊本，民國五十六年（1967）三月出版。

年（1950）四十四歲以後，則大部分時間任職於中央研究院歷史語言研究所及國立臺灣大學。在圖書館任職，主要在考訂善本書，成就其目錄版本學之造詣。在中央研究院歷史語言研究所工作，其主要研究工作與甲骨文有關，得以在古文字學領域卓有所成；屈先生在民國二十三年（1934）年二十八時，即出版其經學專著《漢魏石經殘字二卷校錄一卷》❸，其後在臺灣大學所講授者，如《周易》、《尚書》、《詩經》等，多與經學有關，不少經學著作，亦陸續完成。民國六十一年（1972），即以在甲骨文、經學及目錄版本學等領域有特殊成就，膺選中央研究院院士。屈先生在學術方面之成就，不僅在此三方面，屈先生曾有《史記今註》及《讀老劄記》二書，又有多篇考訂上古史之論文，是其在乙部及丙部之學，亦多創發也。至於其在中國圖書館事業之貢獻，尤其深遠，是以一併論之。

　　屈先生曾自述其治學過程，少時曾游學於經學家李雲林（繼璋）、思想史學者夏溥齋（繼泉）、文字學家丁佛言及以詩文名家之呂今山先生之門，奠定其深厚之國學基礎。屈先生之能成為一代著名學者，固有良好師承，其勤奮及嚴謹之治學態度，亦為重要原因。嘗自述平生治學，以三事自誓：一是絕對服從真理；二是絕不作意氣之爭；三是絕不用連自己都不相信之理由，以增強自己之論據❸。屈先生逝世後，論其生平及治學成就之紀念文章甚多，然尚

---

❸　由山東省立圖書館出版。今收在《屈萬里全集》第十五冊。

❸　說見《書傭論學集·自序》，民國五十八年（1969）三月，臺北開明書店印行。今收在《屈萬里全集》第十四冊。

未見有系統深入論述者。本篇之作，一則可供學者更深入瞭解屈先
生學術精邃之處，一則或可供研究近代學術史及中國圖書館事業史
者所取資。

潘重規先生與二十世紀敦煌學

鄭阿財

南華大學文學系教授

一、前言

　　1900 年敦煌藏經洞發現了數以萬計的寫本文書，而與甲骨、簡牘及內閣大庫檔案並稱近世中國學術史上的四大發現。由於敦煌文獻數量繁多，寫本的時代綿亙長遠，內容龐雜多元，學術價值更是震鑠古今。藏經洞中數以萬計的寫卷文書自發現以來，旋即在世界近代學術史上產生了無比的光與熱，發揮了深遠的影響，由於各國學者對敦煌藏經洞發現的文物與敦煌石窟壁畫塑像等藝術的研究，興起了一股研究熱潮，並發展成為一門國際顯學「敦煌學」。

　　1930 年，陳寅恪在《敦煌劫餘錄序》中說：「一時代之學術，必有其新材料與新問題。取用此材料，以研求問題，則為此時代學術之新潮流。」「敦煌學者，今日世界學術之新潮流也。」更慨嘆的說：「吾國學者其撰述得列於世界敦煌學著作之林者，僅三

數人而已」。❶剛剛從國外遊學回來的陳先生，站在世界學術的高度，不僅把敦煌當作一門學問且響亮地叫了出來，還指出二十世紀敦煌學迅猛發展的趨向，誠可謂遠見卓識。

敦煌學是一門以文獻資料為核心的新興學科，因此從事敦煌學的研究工作，所面對的則是一批為數達五、六萬卷北宋以前的寫本文書。抄寫年代大致自西元四世紀至十一世紀初期；內容包括：佛教、道教、摩尼教、景教、儒家經典、史地、語言、文學、社會、經濟、法律、政治、教育、公私文書、天文曆算、兵法、醫藥、術數、繪畫、音樂、舞蹈……等文獻。由於它是偶然的封存與偶然的發現，它的可貴在於不為流傳而流傳，更使得這些文獻儼然成為中國中古文化的「時空膠囊」、「活化石」。

學者在面對如此龐雜而多樣的寫卷內容，能從中擷取精華進行研究已屬不易，至於兼跨兩個或者更多的專業領域且有所成就的，更不多見。國學大師家潘石禪（重規）先生就是一位對敦煌學有著多方面研究且極具貢獻的佼佼者。他從事敦煌學研究的起步早，時間長，研究量多而面廣，且成就卓越。

不僅如此，潘先生的影響力更在於他是臺灣敦煌學的開創者，他的深遠見識，是二十一世紀敦煌學發展的明燈。余有幸追隨　先生研習敦煌學，值此盛會，謹將個人親炙所得所知，略述「潘重規先生與二十世紀敦煌學」，以供二十一世紀敦煌學開展之參考。

---

❶　見中央研究院歷史語言研究所專刊，1941 年。又收入《金明館叢稿二編》，上海古籍出版社，1980 年，頁 236。

二、學術背景

潘重規先生，安徽省婺源縣人。1908 年生。本名崇奎，小名夢祥。章太炎先生為之易名為重規，黃季剛先生因易其字為襲善，石禪則先生自號也。民國十三年（1924）入國立東南大學（今中央大學）中文系，從黃季剛先生受業。中央大學中文系畢業後，曾先後擔任國立東北大學教授，國立四川大學中文系教授兼系主任。抗戰勝利後，任國立暨南大學教授、國立安徽大學教授兼主任，國立臺灣師範大學國文系主任兼研究所所長，新加坡南洋大學中文系教授，香港中文大學新亞書院中文系主任兼文學院院長，1973 年，自中文大學退休，應聘為法國巴黎第三大學博士班客座教授，次年返臺，先後擔任中國文化大學中文研究所主任兼文學院院長，東吳大學講座教授，臺灣師範大學、中國文化大學兼任教授。現退休在家。❷

1974 年，法國法蘭西學術院有見於先生敦煌學研究的卓越成就，特主動頒予代表法國漢學最高成就的茹蓮獎（Julian Price）；法國科學院敦煌學研究會聘為名譽會員。1976 年韓國嶺南大學贈予名譽文學博士學位。1992 年，敦煌研究院為推崇先生數十年來在倡導敦煌學研究所投注的心力及其在研究上的貢獻，特由院長段文傑先生率團來臺頒贈該院榮譽院士頭銜；1995 年，行政院為表彰先生發揚中華文化的卓著貢獻，及在敦煌學研究的輝煌成就與倡導敦煌學的不遺餘力，特頒贈中華文化獎。2000 年 7 月，大陸國家

---

❷　論文宣讀時，潘師健在。距離本書出版已隔多年，先生已於民國九十二年（2003）4 月 24 日病逝於台北。

文物局、甘肅省人民政府及敦煌研究院為慶祝敦煌藏經洞發現一百周年，表彰先生的成就與貢獻，特頒予「敦煌文物保護研究貢獻獎」。

先生少從王伯沆、黃季剛游，治學嚴謹，數十年如一日。平生不涉足政治，而於民族大義之發揚，則唯恐不及。1951 年在台灣師範學院設「四書講座」，倡導孔孟學說，以振發人心，撰注《民族文選》，發揚民族精神，主編部定標準本國文，為臺灣國文教育奠定基礎。又與胡適論紅樓夢，與羅家倫辨簡體字，在學術界有深遠之影響。其後更迭次參加國際漢學會議，往來英國倫敦、法國巴黎，甚至隻身遠赴列寧格勒閱讀敦煌寫本，期以闡揚中華民族之絕學。　先生更以他數十年持續不斷的苦心經營與辛勤播種，提出許多敦煌學上重大的關鍵論點與正確的引導方針，並且積極獎掖後進，培育繼起的研究人才；同時還自籌經費創辦以中文發表的第一份敦煌學研究的專門刊物。　先生自 1941 年發表《敦煌寫本尚書釋文殘卷跋》開始，從事敦煌學研究至今已逾一甲子。其研究態度、觀念、方法與精神，在在都足以啟導後學，洵為研究敦煌學者之典範。

三、敦煌學研究的成就

先生 1939 年開始，接觸敦煌寫本。❸ 1941 年 2 月，發表第一篇敦煌學的有關論文〈敦煌寫本尚書釋文殘卷跋〉。直至 2001 年

---

❸　先生《三台日記》中對於接觸法藏敦煌唐寫本《尚書釋文》殘卷照片，喜悅之情處處可見，排日摹寫，並撰論文。

在《敦煌學》23 輯發表〈敦煌變文集新書訂補（三續）〉為止，總計發表有關敦煌學的論著，計專書 15 種，論文 86 篇。茲謹依經學、文學、佛教典籍、語言、文字等方面，簡述先生在敦煌學研究上的主要成就。

㈠ 經學

經學乃中國傳統學術之重心，自來學者研究莫不以經部要籍為先。先生對敦煌寫卷的整理與研究，由於機緣，最先接觸即為《尚書釋文》殘卷的影本照片。其後置身英倫、巴黎，披閱原卷時，亦從經部要籍開始。

1941 年 2 月，先生發表第一篇敦煌學的有關論文〈敦煌寫本尚書釋文殘卷跋〉。1939 年時，先生應聘到四川三台東北大學中文系任教，當時主任姜亮夫教授，以法藏敦煌唐寫本《尚書釋文》殘卷照片見示，此為先生首次接觸敦煌寫卷，他發現巴黎殘卷存〈堯典〉、〈舜典〉二篇，與今本《經典釋文》多所出入，以為今本經宋刻竄改，致失原貌，此敦煌寫卷當是先唐寫本，正可據以訂正清代段、王諸儒之訛誤，並持與宋本相校。發現凡此卷之古文，或全刪，或改易，而其情形與《崇文總目》載「陳鄂奉詔刊定《尚書釋文》」之說正合。此文一出，甚獲各方好評，尤其是四川大學中文系主任向忠魯教授特寫信大加讚揚。

1957 年，先生任教新加坡南洋大學，受邀參加在西德漢堡舉行的國際漢學會議及慕尼黑舉行的國際東方學會，趁此機緣得以到歐洲各大圖書館訪書，真正親眼目睹敦煌寫卷。此後，每逢寒暑假便奔走於倫敦、巴黎，盡情披閱敦煌卷子。敦煌寫卷中存有大量《詩經》卷子，有白文本、有詁訓傳本、有經音，大抵皆唐前手

寫。1967、1968、1969 三年間，先生三游巴黎、倫敦，盡讀英、法所藏敦煌《詩經》卷子，而以為「六朝唐人講習之《詩經》卷子，佚存於世者，其萃於斯。取與《釋文》、《正義》相校，多可印證發明，良由《釋文》、《正義》即取材於此等卷子也」「敦煌卷子壞爛不全，遠過於宋元傳本，其獨善絕佳處，亦迥非宋元傳本所能及」因遍校敦煌《詩經》卷子，將其考索所獲，先後撰成〈巴黎藏伯二六六九號敦煌毛詩詁訓傳殘卷題記〉、〈巴黎倫敦所藏敦煌詩經卷子題記〉、〈王重民題敦煌卷子徐邈毛詩音新考〉、〈倫敦斯二七二九號暨列寧格勒藏一五一七號敦煌毛詩音殘卷綴合寫定題記〉、〈倫敦斯一〇號敦煌毛詩傳箋殘卷校勘記〉。1970 年結集成《敦煌詩經卷子研究論文集》一書。總結諸篇所論可知「敦煌所遺詩經卷子，有可確知為六朝人寫本，有可確知為唐代人寫本，且有可推知為出於南朝或北朝舊本者，要皆傳寫毛傳鄭箋。其中獨有一疏本，即孔氏之正義。間有注音，亦皆附麗於詁訓傳本，是則六朝唐人之詩學，實毛鄭大一統時期」吾人由敦煌《詩經》卷子可覘六朝唐代詩學之風氣。又敦煌《詩經》卷子序文與經文每篇皆相連屬，置序於每篇經文之前乃承詁訓傳舊式；寫卷章句或在篇前，或在篇後，可知經卷章句，標題前後，初無定式；《五經正義》自唐迄北宋，皆與經注別行。倫敦藏斯四九八號《毛詩正義》殘卷，即其舊式；敦煌詩經卷子，有注音於字側者，實宋人注疏本與釋文合刻之先河。1979 年，由巴黎敦煌卷子碎片中，披覽所得詩經殘篇 P.4072-4 及 P.4634-b 二篇迻寫付印，公之於世，撰成〈敦煌詩經卷子拾零〉。其鉅細靡遺，細心認真之研究態度，由此即可窺知。

1986 年 8 月發表〈簡論幾個敦煌寫本儒家經典〉一文,論述極具特色的 P.3573《論語皇侃義疏》殘卷及 P.3378《詩經注》殘卷。P.3573 殘卷不著撰人,校以知不足齋《論語義疏》知即皇侃義疏之單疏本。南宋以前所傳皇疏,並不是單疏本,後人始合疏於注。今本所傳皇侃義疏每攙入邢昺正義及他說,且合疏於注之本於皇疏未盡採入割棄者尚多。以 P.3573 相校,則可發現刪去部份。此外從數千碎片中檢得 P.3573-5,此在重裱前原粘貼於寫卷邊沿,有題字「儀鳳三年十月廿七日於開遠」,因疑此為唐高宗儀鳳三年(西元 678)的寫本。P.3378《孝經注》殘本亦不著名氏,其書雜引故事,發揮經義,所引故事,頗似小說家言。顯係《孝經注》之儒生受佛教俗講風氣之刺激,而採取佛教用故事講經方法注經。

㈡ **文學**

敦煌寫卷中之文學作品有歷代詩文集,而最具特色,且最受學界關注者則係其中之俗文學作品。先生關注傳統詩文集,對於俗文學亦極為重視,舉凡敦煌曲子詞、雲謠集、通俗白話詩、變文、敦煌賦等等,莫不投注相當之時間與心力;既作總結整理,又多開創之論。茲舉其要者,述之如下:

英藏 S.5478 唐人草書《文心雕龍》殘卷,僅存〈原道篇〉至〈諧讔篇〉,但為現存最早之本子,至為寶貴。因此自發現以來即深受學者所矚目,或撰校記,或加題記,不一而足;然以章草難識,或未見原卷,或據影本,中有脫漏,致有見所據參差而疑原卷或有異本。1970 年,先生特擷錄諸家題記,詳列校文,並附原卷攝影,成《唐寫文心雕龍殘本合校》一書,用以闡明唐寫本之勝處,並袪學者莫衷一是之惑,且省讀者翻檢之勞。

1976 年 8 月，先生赴巴黎參加漢學會議，並進行研究工作，卻因航空公司遺失行李之因緣，轉而對敦煌《雲謠集》此一中國最早詞集進行研究。在與原卷細校之後，發現長久以來之諸多問題，並加以解決。如〈鳳歸雲〉二首題為「閨怨」，所以分寫在二首詞牌下，羅振玉將「閨」誤作「偏」字，乃誤「鳳歸雲偏」為詞牌名；王重民則以為「怨」字係正文，而誤將第一句作「怨綠窗獨坐」。先生遂將原卷的全部照片加以影印，附上摹本，並參校各家，作成定本，撰成《敦煌雲謠集新書》，此一整理方式，遂成董理敦煌文獻之法式。

繼《敦煌雲謠集新書》完成之後，先生披閱法國國家圖書館及倫敦英國圖書館所藏敦煌寫卷，每有獨到見解，陸續撰文發表於報章雜誌，1981 年並將其部分成果結集成《敦煌詞話》一書。全書計 12 篇，除〈任二北敦煌曲校錄補校〉外，餘均發表於 1979 年到 1980 年間各報章雜誌，以豐富之學養及對敦煌寫卷文字獨到之詁定功夫，訂正了大家對於敦煌曲子詞的許多誤認、誤校與誤改，提供敦煌曲子詞研究者正確之文本憑藉。

若以中國文學立場來評估，全部敦煌卷子，最重要者當是絕傳已久之變文。由於變文之發現，解答了中國俗文學上許多疑案，因此自發現以來，即成海內外研究敦煌文學焦點。早期，由於寫卷流散，只能依據各國披露之片段進行研究；因此對於變文難有整體而全面之認識，以致稱呼不一：或稱佛曲，或叫俗文，或稱通俗小說，或叫唱文……，直至鄭振鐸以「變文」統稱此類講唱體之俗文學作品，變文始成為中外學者所普遍接受而確定之稱呼。但近年來有以此類作品體制、內容、性質不盡相同，因而主張應將不同類型

之作品加以區分，不可統稱為變文。致有分為詞文、故事賦、話本、變文、講經文等五類，以及押座文附類者。此論一出，咸以為新說而蔚然成風，大有取代以變文稱呼敦煌講唱文學之勢。先生對此深不以為然，於 1979 年撰成〈敦煌變文新論〉一文，舉出《大唐大慈恩寺三藏法師傳》卷九提及之《報恩經變》一部，應是《報恩經》之俗講經文，可見「講經文」亦可稱為「變」。而列寧格勒藏之《雙恩記》，內容即《報恩經變》，則變文亦可稱「記」；因此「變文是一時代文體的通俗名稱，他的實質便是故事；講經文、因緣、緣起、詞文、詩、賦、傳、記等等不過是他的外衣。譬如一位某甲，穿著中裝、西裝、和服、乃至運動衫、游泳衣等等的寫真照片，我們不能以服裝的不同，而斷定這不是某甲的寫真照片。變文所以有種種的異稱，正因為它說故事時用種種不同的外衣來表達的緣故」。先生高論，實具力挽狂瀾之功。

又變文之迻錄校勘工作，學者已多所進行，其中彙集變文材料最為豐富者當推 1957 年北京人民出版社出版王重民等 6 人合編之《敦煌變文集》，此書一出，頓時成為海內外研究變文之主要依據。全書 78 篇，資料極為豐富，然迻錄校勘卻錯漏百出，學者據以研究，無端增加不必要之困擾，甚至襲其錯漏而產生錯誤之推論。先生乃以變文集為基礎，一一覈校原卷，變文集有誤，則加以訂正，變文集漏脫，則加以補充，於 1983 年完成《敦煌變文集新書》，不僅增添舊書以外之新材料，更提出個人之新說法，對於學人研究和參考，提供了方便正確之材料。《新書》除在《變文集》之基礎上加工，訂正其脫誤外；於編次上，復按照唐代俗講之發展過程加以改編，並增收了列寧格勒、台北中央圖書館以及日本龍谷

大學所藏的變文 8 篇，書後更附錄有〈敦煌變文論文目錄〉、〈敦煌變文新論〉及「圖版」，成為繼王重民等《敦煌變文集》後，為研究變文者之主要文本依據。

又敦煌變文中有「押座文」一類，歷來學者如向達、孫楷第、那波利貞、金岡照光等均曾詳加研究，然其名義、性能，各家說法頗多歧異。先生特據敦煌卷子中十二個押座文及 P.3770、P.3849、S.4417 三個俗講儀式卷子，以探討押座文之名義與性能，分析押座文之類別，並廓清緣起一類的變文和押座文之混淆。

在敦煌詩歌方面，先生發現王重民《補全唐詩》誤認與未能辨認之字，為數頗多，乃據原卷一一詳加校訂，於 1981 年撰〈補全唐詩新校〉一文，希望使據敦煌殘卷補全唐詩之工作能更臻完善。又敦煌寫本白話詩人王梵志及其詩篇是海內外敦煌詩歌研究的熱門論題。張錫厚的《王梵志詩校輯》一書出版，成為學界之主要參考，然張輯頗有訛誤，致失王梵志詩原貌，影響極深。先生據原卷，進行更精細、更正確之考訂，於 1984 年發表〈簡論「王梵志詩校輯」〉及〈《王梵志詩校輯》讀後記〉，訂正張輯中許多誤認，恢復了王梵志詩之原貌。

此後又發表了〈王梵志出生時代的新觀察──解答全唐詩不收王梵志詩之謎〉及〈敦煌王梵志詩新探〉。針對王梵志生平事蹟，僅見於《桂苑叢談》、《太平廣記》之記載，許多研究者均將其視為神話式之記載，特舉陸羽之身世與戴震「十歲始能言」為證，認為王梵志乃一棄嬰。《桂苑叢談》中王梵志出生隋代之記載可信，並證以 P.4987 號〈王道祭楊筠文〉而推知王梵志出生時期，最遲在隋代晚期，甚至可能在隋文帝初年。編《全唐詩》者，認定王梵

志是隋代人，此乃《全唐詩》編者不收錄《王梵志詩集》之真正原因。

〈秦婦吟〉，乃唐·韋莊以詩記黃巢寇亂以來之實錄，其詩萬口傳誦，後世失傳，現幸敦煌石室寫本尚多，千載之下，賴以保存不墜。自王國維開始，從事校勘，先後箋釋、校注者甚多，然統觀諸校本，文字頗多分歧，箋釋復多異說，先生有感於比，乃遍觀今存 16 件寫卷，博稽眾議，細覈原卷，校定異文，手寫一遍，並擷錄諸家注釋，兼陳己見，於 1984 年完成〈敦煌寫本秦婦吟新書〉。

對於敦煌寫卷中的唐人詩集，王重民曾作了相當多之整理工作，其中 P.2555 號為唐人佚詩七十二百，王氏逝世後，夫人劉脩業交由弟子白化文等整理，以「舒學」之名發表，題名為「敦煌唐人詩集殘卷」，而以為此七十二首詩乃中唐時被吐蕃俘虜之敦煌漢人所作，因此一般稱之為陷蕃詩。而後研究者不少，然由於寫卷複雜，諸家校錄文字未盡精審；為不使貶損陷蕃詩人之價值，先生披閱原卷，重加校定，自 1979 年起，先後發表了〈敦煌唐人陷蕃詩集殘卷研究〉、〈敦煌唐人陷蕃詩集殘卷作者的新探測〉及〈續論敦煌唐人陷蕃詩集殘卷作者的新探測〉等三篇，論證卷中作者馬雲奇實非陷蕃詩作者之一，並對馬雲奇〈懷素師草書歌〉加以考證，考明懷素生卒年歲與交游，推斷馬雲奇之年齡，判斷〈懷素師草書歌〉與後十二首風格不同，肯定馬雲奇在江南送懷素之作品非陷蕃詩，並指出真正陷蕃詩之作者則是落蕃人毛押牙。

敦煌文學之研究以變文、曲子詞、白話詩等最受學界矚目，相較之下，敦煌賦則乏結集董理。先生對此每興滄海遺珠之慨，因於

1978 年將分別庋藏於各地之敦煌賦寫卷，巴黎十三件十三篇、英倫四件五篇，去其重複，共得十五篇，一一檢閱原卷，細心推勘，力索冥搜，得其文理，彙鈔合校，寫成〈敦煌賦校錄〉，此實敦煌賦之第一次結集。自此，敦煌賦之風貌始大體可觀。文中並闡明文辭好採口語、內容多寫實事等敦煌賦之特色。

⊟ 佛教典籍

巴黎藏 P.3747 為唐前寫本。王重民考證為《眾經別錄》之殘卷，而其敘錄卻誤作 P.3848。先生以為王氏敘錄雖有小疵，然考定此為劉宋時《眾經別錄》則確然無疑。1979 年，先生於巴黎細校此卷，益加確信王說無誤。特手錄全文，撰成〈敦煌寫本《眾經別錄》之發現〉，除辨明 P.3848 非《眾經別錄》之謎外，更論述「《眾經別錄》每經詳辨其文質者，意在因文以明道；每經必揭其宗旨者，期明道以篤行。研精教乘，孰有先於明道篤行者！然則此錄之特色，不獨諸錄之所無，抑亦諸錄之所不及，是此卷之發現，得不謂為經錄一大發現歟！」

敦煌本《六祖壇經》記錄六祖自說求法經過，有「人即有南北，佛性即無南北。獦獠身與和尚不同，佛性有何差別。」丁福保《六祖壇經箋註》解釋說：「獦音葛，獸名，獠音聊，稱西南夷之謂也。」自來均以六祖為「獦獠」，是西南夷的少數民族之一。潘先生以為「獦獠」連為一詞，蓋始見於壇經寫本，惟非為西南夷之一種，乃田獵之獠夷。因於 1992 年撰〈敦煌寫本《六祖壇經》中的「獠」〉一文，列舉諸史皆不見「獦獠」之名號，而「獦獠」一詞，又惟見於寫本之《六祖壇經》。若如丁福保之解，是五祖輕鄙獠族有異於常人，揆之祖師悲心無乃不類。故「獦」字實乃「獵」

之俗寫，並以敦煌寫卷《父母恩重經》、《正名要錄》等證明「獦」確為「獵」字，獦獠即獵獠。獠夷常事田獵是六祖曾長年過著獵人生活。

《六祖壇經》為中國人撰著佛教典籍而被唯一稱為「經」的一部。以往通行本是明藏本，敦煌本《壇經》發現，使《壇經》研究進入一新階段。但近代中、日學者，咸以其書寫文字與後世不同，而認為是抄寫訛誤，甚至鄙視之為「惡本」。先生以為敦煌寫本使用文字乃當時通行文字，於是廣泛徵引敦煌俗寫文字之例證，撰成〈敦煌六祖壇經讀後管見〉發表於 1992 年。文中說明敦煌本《壇經》，不但不是近代學者眼中心中之「惡本」；而且還是接近於六祖原本之抄本。並詳舉力證駁斥胡適之主張《壇經》為神會偽造之說，論據確鑿，極見功力。

敦煌寫本《壇經》只有一萬二千字，惠昕本則有一萬四千字，而明藏本竟增至二萬一千字，足見後世壇經版本，不乏後人增補。近代發現之敦煌本，正可讓世人重睹《壇經》原貌。唯以敦煌本俗寫文字不易確認，致使真本不彰。1991 年先生以年近九十的高齡，於兩次開刀後，發心據北京 8024 號、英倫 S.5475 號、敦煌博物館及大谷光瑞等之敦煌本《壇經》，細為校定，並工楷手錄定本，力求恢復《壇經》原貌，以提供研究禪宗歷史與《壇經》者重要而正確之資料。「凡茲所為，惟欲破除讀敦煌《壇經》的文字障，俾百世以下，讀者如親聆大師音旨。」其用心可知。

四 語言

敦煌寫卷中有關語言之資料，最多也最早受到注意的則推《切韻》殘卷。早期王國維即曾得到法國巴黎藏三件《切韻》殘卷之照

片，並加以臨摹，劉半農留學巴黎，亦曾抄入《敦煌掇瑣》。規模最大者則是姜亮夫《瀛涯敦煌韻輯》四巨冊。1967 年，先生於巴黎國家圖書館研究時，因見鄰座日本馬淵和夫教授正以原卷校對姜亮夫《瀛涯敦煌韻輯》，心想姜書中每卷均經臨摹、抄寫、拍照，回國又重新校對，尤其指出了王國維錯誤二百五十餘條、劉復訛誤二千條，應是精密之作。然在好奇之下，嘗試的選擇該館所藏最重要之一份《切韻》殘卷 P.2129 號卷子，與姜書進行對校，卻意外發現原卷「刊謬補缺切韻序，朝議郎衢州信安縣尉王仁昫字德溫新撰定」，姜書不但漏抄，更在序文前擅加「王仁昫序」四字，而將原可解決《切韻》作者問題之最重要證據給抹去，叫人大感吃驚，於是決心通校姜書，直至 1969 年，寫成《瀛涯敦煌韻輯新編》一書，諟正姜書錯漏不下二千條。

其後龍宇純曾撰《英倫藏敦煌切韻殘卷校記》一書，針對姜書失收之英倫藏敦煌切韻殘卷 S.6187、S.5980、S.6176、S.6156、S.6012、S.6013 等十二片進行校訂。1983 年先生取龍氏校記，對勘原卷，頗有訂正之處，依新編之例，撰成〈龍宇純英倫藏敦煌切韻殘卷校記拾遺〉。又因獲不列顛博物館典藏者之助，以原卷拍照，清晰遠勝龍氏所據微卷影片，特複印附後，可供學者參核。

㈤ 文字

先生以為敦煌學研究，「目錄是門徑，文字是基礎」。由於敦煌寫本文字存在字形無定、偏旁無定、繁簡無定等紊亂現象，造成讀卷人莫大困擾；因此研究敦煌寫卷文字與文書解讀實為首要之務，特將其數十年披閱寫卷、解讀文書的經驗，撰成〈敦煌卷子俗寫文字與俗文學之研究〉一文，將寫卷中俗、訛、繁、簡等複雜問

題歸納出字形無定、偏旁無定、繁簡無定、行草無定、通假無定、標點符號多異等條例，並列舉變文、曲子詞等敦煌俗文學寫卷的書寫文字相互印證，說明敦煌俗寫文字與俗文學之關係，成為研究敦煌俗文學必備的條例。為協助研究者解除俗寫文字之迷障，於1978年鳩集學生編纂《敦煌俗字譜》以為導路之明燈。此編雖僅就當時所能掌握的敦煌寫卷影本資料，台北中央圖書館藏一四四卷及《敦煌秘笈留真新編》所收之法國巴黎寫卷影本為主，以原卷影本剪貼編纂，所錄俗字雖為數不多，但文字條例已具，序文對俗字發展說解精到，觀念清晰，對敦煌文書的解讀，極具貢獻。

其後先生更發現遼·行均編《龍龕手鑑》一書，係根據寫本編纂而成之字書。此是先生在學術上的另一項重大發現。他認為此書應係遼僧行均根據寫本《佛藏音義》編纂而成，而其所據文字正與敦煌寫本相同，均是俗寫文字之淵藪。唯此書歷代評價不高，甚至有直視為廢書者。清儒如錢大昕、李慈銘、羅振玉等，多誤解此書，而未能給予正確的評價。然先生則以為其情況正與敦煌俗寫文字混亂之情形一致，足證行均是據當時流行的寫本加以編纂，因此此書正是校讀敦煌寫卷的工具。為使便於翻檢，於1980年鳩集學生重加編纂，成《龍龕手鑑新編》。標舉「正、俗、通、古、今、或、誤」等字例，確立字頭；編纂索引，以便檢索，末附「龍龕手鑑敦煌寫本字體相同表」以資參考。此論一經發表，震撼學界，《龍龕手鑑》遂由無用廢書，頓時成為幫助解決敦煌寫本文字障礙不可或缺的工具書。

1983年又撰〈龍龕手鑑與寫本刻本之關係〉、1984年撰〈龍龕手鑑及其引用古文之研究〉，除說明此書編成的背景、原因、價

值與影響外，更列舉敦煌寫卷中之俗字、隸古定、武后新字與《龍
龕手鑑》所引者相互印證，證明了《龍龕手鑑》確實是閱讀敦煌寫
卷不可或缺的工具書。1991 年又撰〈用敦煌俗寫文字校釋文心雕
龍刊本中殘存俗字考〉，在在申明了《龍龕手鑑》的真正價值。更
開創敦煌俗文字學的研究。

1995 年撰〈敦煌寫卷俗寫文字之研究〉一文，更進一步推求
俗寫文字紊亂的種種現象，非但民間如此，實乃肇端於書法家。除
以書聖王羲之〈蘭亭序〉為例證外，更提出由於六朝以降，周興嗣
《千字文》作為當代識字的讀本與習字範本，而智永《千字文》真
書之寫法與敦煌寫本同樣俗寫，一千字中幾達二百字之多，實為最
佳明證。

四、對敦煌學研究發展的貢獻

以上簡述，僅能略窺先生敦煌學研究成果之梗概，關於先生之
研究歷程，則可參看先生自撰之〈我探索敦煌學的歷程〉。至於其
治敦煌學之態度、精神、方法、貢獻等，約而言之，略陳如下：

1973 年 8 月，先生為快睹俄國列寧格勒藏敦煌寫卷，不惜隻
身遠役，克服種種困難，終於邁進俄國東方學研究院列寧格勒分院
（今聖彼得堡）「敦煌特藏庫」，成為我國第一位親自披閱、抄錄、
介紹和研究俄藏敦煌寫本的敦煌學者，對推進世界敦煌學研究發揮
了極大的作用。其葆愛文化，篤好真理，發為一種大無畏之精神，
更足為後學之楷模。

敦煌，是我國學術的傷心史。敦煌學雖是中國的學問，但由於
文物外流，卻成為國際顯學，我國研究反較各國起步晚且成果少。

先生每以「不惜去人遠，但恨莫與同」與後學共勉，並期盼「漢學終當作漢聲」，其奮起努力之精神，令人敬佩。

敦煌學是以資料為核心的一門新興學科，本身不是孤立而有系統之學問，所以先生在第一次「敦煌學」課，開場便說：「正常的課程，是餐廳掛牌的名菜；敦煌學就像一從未列入正式菜單的課程，只能說是一群好事之徒，登山涉水，在荒涼的原野中，臨時張羅的野餐。這份野餐，可能是粗劣而不堪入口的，但也可能是從未嘗到的奇珍異味。」其披荊斬棘之開創精神溢於言表。

又先生自詡為「敦煌石窟寫經生」，整理經卷，必手校摹寫，孜孜矻矻，從不間斷。八十六歲時，於兩次開刀後，尚且遍校敦煌本《壇經》，並將全帙工楷手錄。九十三歲時，仍依舊從事《敦煌變文集新書》之訂補工作，其努力不懈之研究精神實為後學之最佳典範。

當面對敦煌寫卷俗寫文字與俗文學時，先生主張必須有尊重原卷與原文之敬謹態度，不可逞意妄改。他說「凡欲研究一時代之作品，必須通曉一時代之文字；欲通曉一時代之文字，必須通曉書寫文字之慣例」。因此絕不可遇到讀不通處，便自以為是，擅自改動，各逞臆說。又其著作中每多以「新編」、「新書」為名，其《敦煌變文集新書》〈引言〉即說：「新書以舊書為基礎，舊書也包含在新書之中。不僅增添舊書以外的新材料，也提出我個人的新說法。新舊同時陳列，讀者展卷瞭然。新舊材料的異同，自可明察；舊說法的是非，自易判斷。」由此可見其肯定自己，不薄前賢的敬謹態度。

此外，先生以為「古之不舊，今之不新」。凡所研究無論總結

整理或開創新說，均不標新立異，唯務是非。例如撰〈敦煌變文新論〉與新說相抗衡，力挽狂瀾，支持鄭振鐸以「變文」為敦煌講唱文學共稱之舊說；〈秦婦吟新書〉一文，多與敦煌學前輩陳寅恪看法不同；〈敦煌六祖壇經讀後管見〉一文則駁斥胡適之《壇經》為神會所偽造之說法。凡此均顯示其「同之與異，不屑古今」之嚴謹治學態度，所有立論，自有定見，絕不與世浮沉。

至於從事敦煌學研究之主要方法，先生以為「文字為基礎，目錄是門徑」。我們從其研究成果加以觀察，無論在《詩經》卷子、《雲謠集》、曲子詞、變文、《王梵志詩》、陷蕃詩、敦煌賦，乃至《瀛涯敦煌韻輯》、《六祖壇經》，在在顯示出其重大之發現，莫不奠基於篤實正確之文字基礎；而其編纂《敦煌俗字譜》、《龍龕手鑑新編》更見呼籲敦煌學研究應以文字為基礎之苦心。在敦煌俗文字學開創之功，為世人所推崇，此可從先生九秩華誕香港饒宗頤教授所撰的壽聯：「龍龕開字學，唐草酌文心」得到明證。

從事敦煌學研究者多矣，然能同時進行文獻目錄編目整理工作的則不多見。先生不僅強調「目錄」工作的重要，更親自於 1968年完成〈國立中央圖書館所藏敦煌卷子題記〉，正是「目錄是門徑」的具體實踐與最佳寫照。1973 年發表〈敦煌的現況和發展〉時，更提出誠摯之呼籲，希望聯合國際學術界力量，編纂一部「寫卷的聯合目錄」及「研究論文著作目錄」。「寫卷的聯合目錄」現正由王三慶教授著手進行；「研究論文著作目錄」則由本人從事，1987 年初稿已先行交由漢學研究資料中心出版，擴大增訂本已付

印，正校樣中，計本年六月出版。❹

　　整體而言，除先生在敦煌學研究之成就外，其影響與貢獻，更見於以下幾點：

　　一、首創《敦煌學》專刊，使中國之學，還歸中國之文，積極推動敦煌學研究之發展。

　　二、倡印敦煌寫卷影本，鼓吹影印全部中央圖書館館藏敦煌卷子，促使資料流通，方便學術研究。

　　三、開設「敦煌學課程」，積極培養研究人才，其中撰寫博士論文者，如鄭阿財《敦煌孝道文學研究》、林聰明《敦煌俗文學研究》、朱鳳玉《王梵志詩研究》❺；撰寫碩士論文者，如陳世福《敦煌賦研究》、宋新民《敦煌因緣類變文研究》❻……等等數十人，為臺灣地區敦煌學研究打下厚實之基礎，開墾出台灣地區敦煌學研究之一片園地。

　　四、鳩集人力編纂《敦煌俗字譜》、《龍龕手鑑新編》❼等解

---

❹　已於 2000 年 4 月由漢學研究中心出版《1908－1997 敦煌學研究論著目錄》；又《1998－2005 敦煌學研究論著目錄》（台北：樂學書局，2006 年 8月）。

❺　《敦煌孝道文學研究》，鄭阿財，中國文化大學中文研究所博士論文，石門圖書公司，1982.04；《敦煌俗文學研究》，林聰明，東吳大學中文研究所博士論文，中國學術著作獎助委員會，1984.07；《王梵志詩研究》，朱鳳玉，中國文化大學中文研究所博士論文，學生書局，1986.08。

❻　《敦煌賦研究》，陳世福，中國文化大學中文研究所碩士論文，1978.06；《敦煌因緣類變文研究》，宋新民，中國文化大學中文研究所碩士論文，1981.06，此外尚有十多篇。

❼　《敦煌俗字譜》，潘重規主編，石門圖書公司，1978.08；《龍龕手鑑新編》，潘重規主編，石門圖書公司，1980.10。

讀寫卷的工具書,掃除文字解讀之迷障,提供閱讀敦煌原卷一把鑰匙。

　雖然 90 年代以來,潘教授退休了,然由於長年的積極倡導與推動,其所培養之弟子遍及各地且皆有所成,目前台灣地區從事敦煌學研究者,幾乎皆出先生門下,足見其對於敦煌學貢獻之鉅大,促進臺灣地區敦煌學研究的發展影響之深遠。

　先生在敦煌學的影響,不僅呈現在對臺灣敦煌學研究的開創,其影響更在於他對二十一世紀敦煌學術發展的高瞻遠矚。2001 年11 月,為慶祝潘重規教授九五華誕暨從事敦煌學一甲子,並展望二十一世紀的敦煌學,中正大學中國文學系特聯合中正大學歷史系、逢甲大學中文系、四川大學中國俗文化研究所、唐代學會、漢學研究中心,舉辦以研究敦煌文獻為中心的學術會議。邀請海內外敦煌學者共同討論,會中宣讀了 54 篇論文。其中大多深受先生影響與啟迪,也頗有對先生之先知先見之闡發。如柴劍虹〈關於俄藏敦煌文獻整理與研究的幾個問題——兼談學習潘重規先生在『新亞』演講的體會〉,榮新江〈入海遺編照眼明——潘重規《國立中央圖書館所藏敦煌卷子題記》讀後〉。❽

　今年（2003）年三月初在日本京都召開了敦煌學國際聯絡委員會的成立大會暨第一次執行委員會。敦煌文獻研究信息檔案之建立,是大會成立的主要宗旨與未來努力的目標之一。事實上,早在

---

❽　柴劍虹〈關於俄藏敦煌文獻整理與研究的幾個問題——兼談學習潘重規先生在『新亞』演講的體會〉,載《新世紀敦煌學論集》項楚、鄭阿財主編,巴蜀書社,2003 年 3 月,頁 1-6;榮新江〈入海遺編照眼明——潘重規《國立中央圖書館所藏敦煌卷子題記》讀後〉,同前引,頁 14-26。

三十多年前先生便已對敦煌學「未來的發展」提出了三個具體工作：「第一，我們應該聯合國際學術界的力量來編纂一部敦煌遺書總目錄。」「第二，我們應該聯合國際學術界的力量，來編纂一部敦煌論文著述總目錄。」第三，「我們現在應該成立一個研究資料中心，做好敦煌寫本攝影、臨摹、楷寫的工作。」❾這雖是三十年前所宣示的，然如今看來依舊是深具時代意義，似乎先生早已為我們『敦煌學國際聯絡委員會』的成立宗旨與發展目標，預先提出了指導方針，成為敦煌學之先知先覺。

附錄：潘重規先生敦煌學論著目錄

鄭阿財、朱鳳玉整理

一、專著部分

敦煌詩經卷子研究論文集　香港新亞研究所印本　1970.09　294 頁
唐寫文心雕龍殘本合校　香港新亞研究所印本　1970.09　96 頁；
　　　又：1975.12 木鐸出版社《文心雕龍論文集》中轉載
瀛涯敦煌韻輯新編　香港新亞研究所印本　1972.01　611 頁
瀛涯敦煌韻輯別錄　香港新亞研究所印本　1973.03　92 頁；台北
　　　文史哲出版社曾合兩書為編，景印行世　1974.06
列寧格勒十日記　學海出版社　1975.01　150 頁　又：東大圖書公
　　　司　1993.08　233 頁

---

❾　1972 年 12 月 16 日在新亞研究所的學術演講，題目為：「敦煌學的現況和發
　　展」，講詞載《新亞生活》15 卷 9 期，頁 1-4，1973.01.20，又收入《列寧格
　　勒十日記》附錄，學海出版社，1975 年，頁 133-150。

國立中央圖書館藏敦煌卷子（編）　豪華本 6 冊、普及本 3 冊　石
　　門圖書公司　1976.12

敦煌雲謠集新書　石門圖書公司　1977.01　202 頁

敦煌俗字譜（主編）　石門圖書公司　1978.08　58+391 頁

敦煌唐碑三種（編）　石門圖書公司　1979.05　107 頁

龍龕手鑑新編　石門圖書公司　1980.10　443+226 頁　又：北京
　　中華書局影印

敦煌詞話　石門圖書公司　1981.03　117+95 頁

敦煌變文論輯（編）　石門圖書公司　1981.12　322 頁

敦煌變文集新書(上、下)　中國文化大學中文研究所　1983.07、
　　1984.01　1399頁　又：文津出版社　1994.12　1322頁

敦煌壇經新書　佛陀教育基金會　1994.08　284 頁

敦煌壇經新書附冊　佛陀教育基金會　1995.11　106 頁

二、期刊論文

敦煌寫本尚書釋文殘卷跋　志林　2 期　1941.02　又：學術季刊
　　3 卷 3 期　15-29　1955.03

略談巴黎所藏敦煌卷子題記　香港新亞生活　10 卷 13 期
　　1968.01.26

國立中央圖書館所藏敦煌卷子題記　新亞學報　8 卷 2 期　頁 321-
　　373　1968.08　；又：敦煌學　2 輯　頁 1-55　1975.12

敦煌毛詩詁訓傳殘卷題記　香港新亞學術年刊　10 期　頁 1-36
　　1968.09；又：載 1970 香港《壽羅香林教授論文集》

王重民題敦煌卷子徐邈毛詩音新考　新亞學報　9 卷 1 期　頁 71-
　　192　1969.06

巴黎藏毛詩詁訓傳第廿九第卅卷題記　香港東方文化　7 卷 2 期
　　　頁 158-162　1969.07

巴黎倫敦所藏敦煌詩經卷子題記　新亞學術年刊 11 期　頁 259-
　　　290　1969.09

敦煌詩經卷子之研究　華岡學報　6 期　頁 1-19　1970.02

倫敦藏斯二七二九號暨列寧格勒藏一五一七號敦煌卷子毛詩音殘卷
　　　綴合寫定題記　新亞學報　9 卷 2 期　頁 1-47　1970.09

倫敦斯一〇號毛詩傳箋殘卷校勘記　敦煌詩經卷子研究論文集　頁
　　　65-76　1970.09

敦煌詩經卷子研究論文集序　華僑日報　1971.12.01　又：木鐸
　　　3、4 期合刊　頁 21-25　1975.11；華學月刊　52 期　頁 1-3
　　　1976.04

敦煌學的現況和發展　新亞生活　15 卷 9 期　頁 1-4　1973.01.20
　　　又：收入《列寧格勒十日記》附錄　1975 年

瀛涯敦煌韻輯別錄　新亞學報　10 期下　1973.07　又：收入《瀛
　　　涯敦煌輯韻新編別錄》　文史哲出版社

變文雙恩記試論　新亞學術年刊　15 期　頁 1-8　1973.09　又：
　　　收入《列寧格勒十日記》　1975 年

瀛涯敦煌韻輯新編序　中華學苑　12 期　頁 19-35　1973.09
　　　又：木鐸　2 期　頁 31-47　1973.11

我國在列寧格勒的國寶　幼獅月刊　38 卷 6 期　頁 2-3　1973.10
　　　又：收入《列寧格勒十日記》　1975 年

敦煌第一輯發刊辭　敦煌學　1 期　頁 1-2　1974.07　又：《華學
　　　月刊》　34 期　1974.10；《創新月刊》　138 期　頁 2-3

1974.12

瀛涯敦煌韻輯拾補　新亞學報　11 期上　頁 37-38　1974.09

敦煌寫本祇園圖記新書　敦煌學　3 輯　頁 103-110　1976.12

韻學碎金　幼獅學誌　14 卷 2 期　頁 38-41　1977.05

敦煌雲謠集之研究——中國第一部詞的總集之發現與整理　中華文
　　　化復興月刊 10 卷 5 期　頁 2-5　1977.05

敦煌學的瞻望與創新　嶺南大學開校三十周年紀念國際會議發表論
　　　文　1977.05　又：華學月刊　69 期　頁 33-36　1977.09

敦煌賦校錄　華岡文科學報 11 期　頁 275-303　1978.01

敦煌變文新論　幼獅月刊　49 卷 1 期　頁 18-41　1979.01　又：
　　　收入《敦煌變文集新書》附錄　頁 1297-1315　1984.01

「偶然」的影響（上、下）　臺灣日報　1979.05.14、15

敬悼戴密微先生　敦煌學　4 輯　頁 1-8　1979.07

敦煌詩經卷子拾零　敦煌學　4 輯　頁 9-13　1979.07

〔不知名變文〕新書　敦煌學　4 輯　頁 14-23　1979.07

敦煌寫本眾經別錄之發現　敦煌學　4 輯　69-79　1979.07　又：
　　　載華學月刊 97 期　1980.01

敦煌變文集四獸因緣訂定　大陸雜誌　59 卷 4 期　頁 1-3
　　　1979.10

敦煌俗字譜序　華學月刊　95 期　頁 25-26　1979.11

一字萬金　中華日報　1979.11.07

完整無缺的山花子詞　臺灣時報　1979.11.14

敦煌寫本曲子孟姜女的震盪　中央日報　1979.11.28、29　又：東
　　　方宗教　55 期　1980.07

敦煌唐人陷蕃詩集殘卷研究　幼獅學誌　15 卷 4 期　頁 1-22
　　　1979.12　又：敦煌學 13 期　頁 79-111　1988.06
〈長興四年中興殿應聖節講經文〉新書　木鐸　8 期　頁 1-28
　　　1979.12
天真質樸的敦煌曲子詞　中華日報　1979.12.12
敦煌詞不可輕改　中央日報　1979.12.17
敦煌寫本唐昭宗菩薩蠻詞的新探　中央日報　1980.01.26、27
瀛涯敦煌詞話　華學月刊　98 期　1980.02
敦煌愛國詞　中央日報　1980.03.05
從敦煌遺書看佛教提倡孝道　華岡文科學報　12 期　頁 197-267
　　　1980.03
論敦煌本唐昭宗菩薩蠻詞答毛一波先生　中央日報　1980.04.01、
　　　02
敦煌學研究論著目錄分類索引序　文藝復興　111 期　1980.04
變文雙恩記校錄　幼獅學誌　16 卷 1 期　頁 3　1980.06　又：東
　　　洋研究　57 期　頁 53-92　1980
敦煌詞史　中央日報　1980.07.05
敦煌卷子俗寫文字與俗文學之研究　孔孟月刊　215 期　頁 28-46
　　　1980.07　又：木鐸 9 期　頁 25-40　1980.11
龍龕手鑑新編引言　文藝復興 119 期　1981.2
補全唐詩新校　華岡文科學報　13 期　頁 171-227　1981.06
敦煌變文與儒生解經　靜宜學報　4 期　頁 47-52　1981.06　又：
　　　收入《唐君毅先生紀念論文集》　頁 47-52　1983
國立中央圖書館所藏敦煌卷子影印流通的貢獻　漢學研究通訊　1

卷 1 期　頁 1-3　1982.01

敦煌押座文後考　華岡文科學報　4 期　頁 79-100　1982.06

瞭解敦煌獻詞　自立晚報　1982.06.07

敦煌閩人詩篇　自立晚報　1982.06.11

敦煌變文集新書引言　敦煌學　5 輯　頁 63-69　1982.09

我探索敦煌學的歷程（上、下）　中央日報　1982.10.03、04

龍龕手鑑與寫本刻本之關係　敦煌學　6 輯　頁 87-92　1983.06

龍宇純英倫藏敦煌切韻殘卷校記拾遺　華岡文科學報　15 期　頁
　　　177-213　1983.12

龍龕手鑑及其引用古文之研究　敦煌學　7 輯　頁 85-96　1984.01

敦煌寫本秦婦吟新書　敦煌學　8 輯　頁 1-44　1984.07

簡論「王梵志詩校輯」　明報　8 期　頁 34-36　1984 年　又：中
　　　央日報　1984.08.16　文藝評論第 21 期

「王梵志詩校輯」讀後記　敦煌學　9 輯　頁 15-38　1985.01

王梵志出生時代的新觀察——解答全唐詩不收王梵志詩之謎　中央
　　　日報　1985.04.11 文藝評論第 54 期

敦煌唐人陷蕃詩集殘卷作者的新探測　漢學研究　3 卷 1 期　頁
　　　41-54　1985.06

張曉峰先生對敦煌學之啟導　敦煌學　10 輯　頁 1-18　1985.10

書評——法國國家圖書館藏敦煌寫本目錄第一冊　敦煌學　10 輯
　　　頁 57-58　1985.10

國立中央圖書館選展館藏敦煌卷子敘錄　國立中央圖書館訊　8 卷
　　　4 期　1986.02

讀「雲謠集考釋」　敦煌學　11 輯　頁 59-68　1986.07

簡論幾個敦煌寫本儒家經典　孔孟月刊　25 卷 12 期　1986.08

敦煌王梵志詩新探　敦煌學國際研討會論文　1986.08　又：漢學
　　研究　4 卷 2 期　頁 115-128　1986.12

續論敦煌唐人陷蕃詩集殘卷作者的新探測　國際敦煌吐魯番學術會
　　議論文　1987.06

敦煌學研究論著目錄序　漢學研究通訊　6 卷 2 期　1987.06

關於敦煌雲謠集新書敬答任半塘先生　明報月刊　1988.10　又：
　　中國敦煌吐魯番學會研究通訊　1989 年 1 期　頁 1-7
　　1989.06

〈長興四年中興殿應聖節講經文〉讀後記　敦煌學　14 輯　頁 1-7
　　1989.04

敦煌寫本最完整的一篇講經文的研究　孔孟月刊　28 卷 1 期　頁
　　2-26　1989.09

讀項楚著「敦煌變文選注」　敦煌學　16 輯　頁 1-8　1990.09

敦煌卷子俗寫文字之整理與發展　1990 年敦煌研究院敦煌學國際
　　研討會論文　1990.10　又：敦煌學　17 輯　頁 1-10
　　1991.09

用敦煌俗寫文字校釋文心雕龍刊本中殘存俗字考　第二屆敦煌學國
　　際研討會論文集　漢學研究中心　頁 155-170　1991.06

敦煌寫本《六祖壇經》中的「獦獠」　敦煌學　18 輯　頁 1-10
　　1992.03　又中國文化　9　頁 162-165　1994.02

敦煌六祖壇經讀後管見　敦煌學　19 輯　頁 1-14　1992.10　又：
　　中國文化　7　頁 48-55　1992.11

敦煌寫卷俗寫文字之研究　中正大學全國敦煌學研討會論文集　頁

1-12　1995.04　又：1990 敦煌石窟研究國際討論會文集
（石窟史地、語文編）　頁 343-356　1995.07
敦煌變文集新書訂補　敦煌學　20 輯　頁 1-22　1995.12
敦煌變文集新書訂補（一續）　敦煌學　21 輯　頁 1-28　1998.06
敦煌變文集新書訂補（二續）　敦煌學　22 輯　頁 1-34　1999.12
敦煌變文集新書訂補（三續）　敦煌學　23 輯　頁 1-19　2001.09

國家圖書館出版品預行編目資料

二十世紀人文大師的風範與思想—中葉

黃兆強主編. － 初版. － 臺北市：臺灣學生，
2007[民 96]
面；公分

ISBN 978-957-15-1334-8(精裝)
ISBN 978-957-15-1335-5(平裝)

1. 人文科學 － 論文，講詞等
2. 社會科學 － 論文，講詞等

119.07   95023188

二十世紀人文大師的風範與思想—中葉(全一冊)

主　　　編：黃　　　兆　　　強
出　版　者：臺 灣 學 生 書 局 有 限 公 司
發　行　人：盧　　　保　　　宏
發　行　所：臺 灣 學 生 書 局 有 限 公 司
　　　　　　臺 北 市 和 平 東 路 一 段 一 九 八 號
　　　　　　郵 政 劃 撥 帳 號 ： 0 0 0 2 4 6 6 8
　　　　　　電　話　：（0 2）2 3 6 3 4 1 5 6
　　　　　　傳　眞　：（0 2）2 3 6 3 6 3 3 4
　　　　　　E-mail：student.book@msa.hinet.net
　　　　　　http://www.studentbooks.com.tw

本書局登
記證字號：行政院新聞局局版北市業字第玖捌壹號

印　刷　所：長 欣 印 刷 企 業 社
　　　　　　中 和 市 永 和 路 三 六 三 巷 四 二 號
　　　　　　電　話　：（0 2）2 2 2 6 8 8 5 3

定價：精裝新臺幣六〇〇元
　　　平裝新臺幣五〇〇元

西 元 二 〇 〇 七 年 一 月 初 版